【中国通史】第十一册

蔡美彪 贾熟村 茅海建 刘小萌 著

人民出版社

道光帝御题《平定回疆战图》

虎门销烟池纪念碑

太平天国玉玺

太平天国玉玺

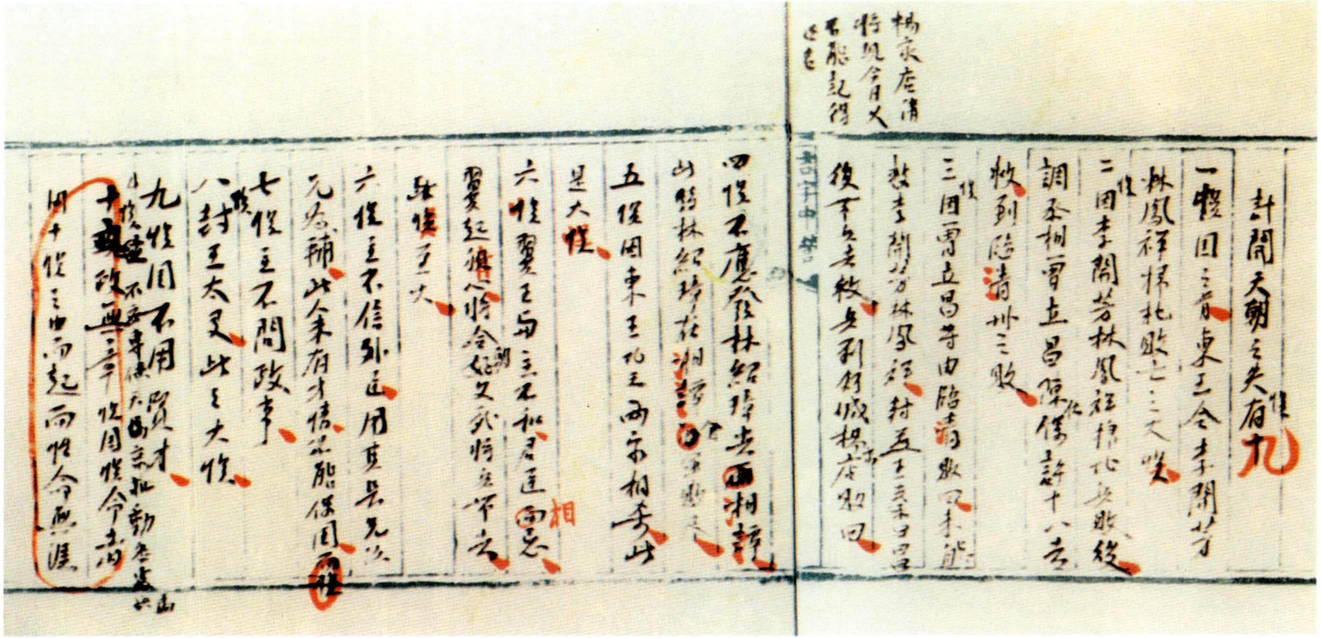

李秀成供状“天国十误”

天津大沽炮台

圆明园长春园谐奇趣图

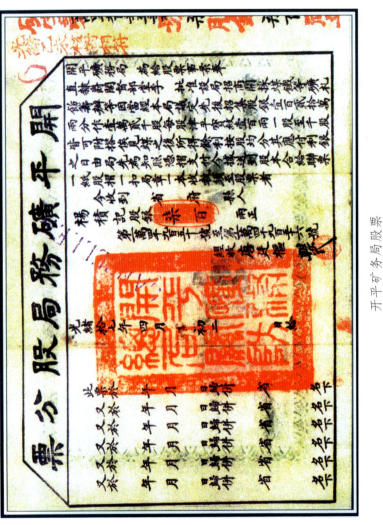

开平矿务局股票

上海布业公所绮藻堂

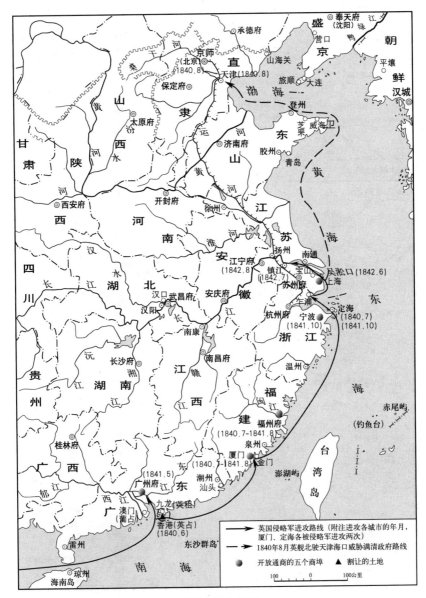

英国武装入侵图

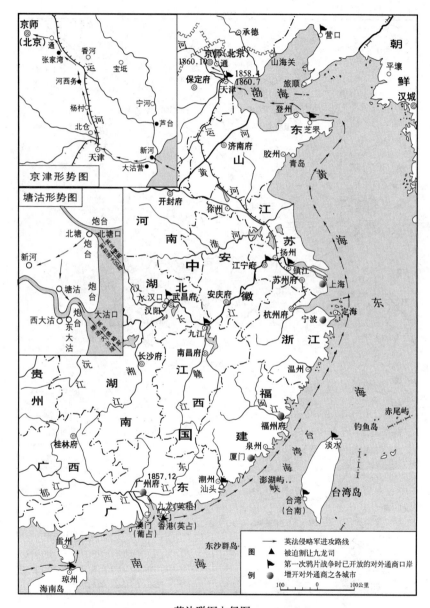

京津形势图

塘沽形势图

图例
— 英法侵略军进攻路线
▲ 被迫割让九龙司
▲ 第一次鸦片战争时已开放的对外通商口岸
● 增开对外通商之各城市

英法联军入侵图

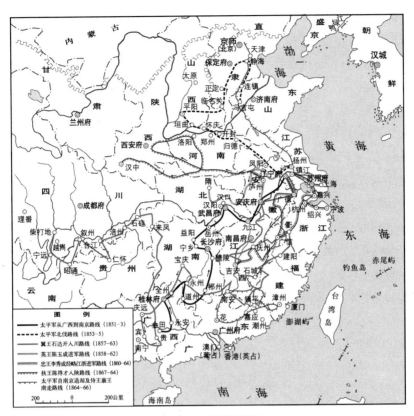

太平天国进军路线图

第十一册编写说明

（一）本书第六编清朝的衰落与灭亡，分编为第十一、第十二两册。起于一八二〇年道光帝即位，止于一九一二年宣统帝退位，清朝覆亡。按照本书编写体例，依朝代顺序叙事，并不表示社会历史的分期。

（二）本编两册，依据具体史实综合叙述这一时期外国入侵、中国逐步沦于半殖民地和中国资本主义企业产生、发展过程，农民革命与民主革命进展过程，清王朝由衰落到灭亡的过程。叙事力求平实简要，辞约事丰，以便阅读。对于这一时期的学术文化状况，也只是择要评述，以见梗概。

（三）关于道光以来晚清历史的研究，中外学者著述累累。本书的编写，从中获得不少的助益。限于见闻，也限于体例，不能遍采，当蒙鉴原。本书关于史实的叙述，容有错误，深盼专家随时指出，惠予匡正。见仁见智，当有待学术讨论的展开。

（四）本编由蔡美彪主编。本册第一章道光帝的统治与英国的入侵，蔡美彪编写。以次各章，关于太平天国革命、各地农民起义及同治朝新政等内容，由贾熟村创稿，英法武装入侵与俄国的领土掠夺、征收厘金、两宫夺权等内容由茅海建创稿,慈禧后再执政与外国侵略的深入等内容由刘小萌创稿,统由主编者写定。

本书的编写,分工合作,主编定稿。各著者在各自撰写的其他相关论著中,所持论点或与本书不尽相同,自是有利于学术研讨的深入。本书的论述,如有错误,应由主编者负责,期待着读者的指正与批评。

(五)本书第九、第十册均附有清代地名表。本编两册不重录。不见于前表及需要标注的地名,在文内括注今地。

(六)本编两册的编写,得到国家社会科学基金的资助,中国社会科学院近代史研究所给予多方面的支持,人民出版社历史编辑室仔细审阅全稿,谨在此一并致谢。

二〇〇五年三月

2

目　录

第　六　编
清朝的衰落与灭亡

第一章　道光帝的统治与英国的入侵 ……………… 3

　第一节　西北边陲的平定与东南沿海的禁毒 …… 4

　　(一)西北边陲的平定 ……………………… 4

　　　　一、张格尔之乱　二、浩罕入侵与议和

　　(二)自然灾害与漕盐改制 ………………… 18

　　　　一、自然灾害　二、漕粮改行海运

　　　　三、两淮盐务改制

　　(三)东南沿海的禁毒 ……………………… 32

　　　　一、道光帝诏谕禁毒　二、英国走私贩毒

　　　　的加剧　三、虎门销烟　四、洋面退敌

　第二节　英国的武装入侵 ………………… 53

　　(一)英国远征军的侵掠 …………………… 55

　　　　一、入侵定海、强占香港　二、清军南下

　　　　剿办　三、英军北上侵扰　四、清军反击

　　(二)入侵长江与和约的订立 ……………… 84

　　　　一、英军入侵长江　二、江宁条约的订立

（三）侵略性约章的扩展 ··················· 96

（四）民众反侵略的抗争 ··················· 107

　　一、广州民众抗英斗争　二、澳门人民反

　葡斗争

第三节　社会动荡与人民起义 ··················· 114

（一）西南和西北地区的动乱 ··················· 114

　　一、云南地区　二、新疆地区　三、西藏

　地区

（二）东南地区的动荡 ··················· 123

（三）各地农民起义 ··················· 128

第二章　太平天国革命与英法联军的侵掠 ········· 137

第一节　咸丰帝继统与太平天国革命 ············ 139

（一）咸丰帝初政 ··················· 140

（二）太平天国的建立 ··················· 145

　　一、起义的发动　二、胜利进军　三、建

　都与建制

（三）太平军的征伐与天京内乱 ··················· 166

　　一、地方团练的兴办　二、太平军北伐

　三、太平军西征　四、清军江北江南大营

　溃败　五、天京裂变

第二节　英法武装入侵与俄国的领土掠夺 ······· 189

（一）英法等国侵掠上海,强占广州 ··············· 190

　　一、勒索租地特权,助剿上海起义

　二、修约要求与亚罗船事件　三、强占广州

（二）俄英法美的入侵与天津条约 ··············· 212

2

一、俄国入侵黑龙江与瑷珲条约 二、英法入侵大沽与天津条约 三、上海谈判与大沽炮战 四、中俄会谈

（三）英法联军侵掠京师 ……………… 225
一、再侵大沽 二、入侵京师，焚掠圆明园 三、三国续约

第三节 农民起义的发展与皇室政争 ………… 232
（一）太平天国进军 ……………… 232
一、重建天国体制 二、打破清军围攻 三、东进与西征

（二）捻军、天地会与各地农民起义 ……… 245
一、捻军起义 二、天地会起义 三、湖北江南的农民起义

（三）征收厘金与督办团练 ……… 257
一、清廷的财政危机 二、厘金的创行 三、湘军与团练

（四）两宫夺权 ……… 272
一、咸丰末季政局 二、祺祥之变 三、两宫垂帘听政

第三章 农民起义的失败与同治新政 ………… 284
第一节 两宫统治的确立与农民起义的失败 … 284
（一）两宫统治的确立 ……… 284
（二）太平天国败亡 ……… 291
（三）太平军余部的战斗 ……… 305
（四）各地农民起义的失败 ……… 311

第二节　同治朝新政 ………………………… 321

（一）总理各国事务衙门诸政 ………………… 322

一、总署建置　二、各项新制　三、中外
交涉诸案

（二）机器局与船政局的设立 ………………… 346

（三）同治朝终局 ……………………………… 351

第四章　慈禧后再执政与外国侵略的深入 ……… 358

第一节　边疆事变与处置 ……………………… 360

（一）浩罕入侵，新疆建省 …………………… 360

一、浩罕阿古柏入侵新疆　二、俄国侵占
伊犁　三、清军出战，收复新疆　四、收
回伊犁，新疆建省

（二）云南滇案条约 …………………………… 376

（三）英国入侵西藏 …………………………… 379

（四）法军侵台，台湾建省 …………………… 381

第二节　列强对中国周邻诸国的侵占 ………… 384

（一）日本侵占琉球 …………………………… 385

（二）法侵越南，中法大战 …………………… 389

一、法军侵略越南　二、中法大战
三、屈辱的和约

（三）英国侵占缅甸 …………………………… 404

（四）日本侵略朝鲜 …………………………… 407

第三节　官办工业的扩展与海军的兴建 ……… 412

（一）官办工业的扩展 ………………………… 412

4

一、矿冶　二、交通　三、邮电　四、纺织业

（二）新式海军的创建 ………………………… 424
一、四洋水师的创建　二、海军衙门的设立与北洋海军建军　三、海军建设的停顿

第四节　满汉权势的消长 ………………… 434

（一）满洲贵族统治的衰微 ……………… 434

（二）八旗兵力的衰落与旗户的贫困 ………… 438
一、满洲八旗兵的衰落　二、八旗人户的贫困

（三）汉人权势的增长 ……………………… 444
一、地方军政　二、总督巡抚　三、中枢政要

人名索引 ……………………………… 454

第 六 编

清朝的衰落与灭亡

第 一 章

道光帝的统治与英国的入侵

　　嘉庆二十五年(一八二〇年)七月,嘉庆帝在热河行宫病死。临终前开启建储的密缄,立次子绵宁为皇太子,继皇帝位。遵照乾隆时定议,因绵字常用,继皇位者改绵为旻。八月,旻宁即位,改明年年号为道光,上嘉庆帝庙号仁宗,谥睿皇帝。

　　道光帝生于乾隆四十七年(一七八二年)八月①,是嘉庆帝的次子。母喜塔腊氏(孝淑睿皇后)。嘉庆四年(一七九九年)四月,嘉庆帝因长子早殇,遵照前朝家法,密缄次子为储君。嘉庆帝对绵宁督教甚严,在瀛台读书,南苑习射,培育他做个绍述祖业的恭孝太子。嘉庆十八年(一八一三年)八月,嘉庆帝去木兰射猎。九月,林清起义军攻入皇宫。绵宁在危急中,亲自

---

　　① 本编纪年依前例用公元,月日用夏历。年月日连用时,用清帝年号纪年,括注公元。追述前朝史事随宜处理。记述外国史事,标明西历。

射死二人,飞章奏报。嘉庆帝大为赞赏,称他"忠勇自效",进封智亲王。这时,绵宁已年逾三十,上章答谢,说是"事在危急,又无御贼之人,势不由己","子臣年幼无知,于事后愈思愈恐"。所说当是事实。这表明他并非娴于武事,但也显示出他的恭谨诚实。道光帝即位时,年三十九岁。生长深宫,勤学受教,并未在外经历世事,更没有作战的经历。中年即位,只想做个守成的皇帝。但这时的清朝已日趋衰落。嘉庆一朝,农民起义连年不断。吏治日益腐败,贪官污吏遍布朝野。西北边陲潜伏着动乱的危机。东南沿海,面临英国的侵扰,鸦片流毒,有增无减。面对人祸天灾、内忧外患的败局,志在守成的道光帝自知"守成非易",孜孜兢兢,举步维艰。

第一节　西北边陲的平定与东南沿海的禁毒

（一）西北边陲的平定

道光帝八月即位,九月即得到喀什噶尔参赞大臣斌静的奏报,西北边陲(今新疆南部)发生张格尔发动的骚乱。道光帝急令伊犁将军庆祥派兵前往剿捕。刚即位的新皇帝面临一场严峻的挑战。

回部(维吾尔族)和卓霍集占及其兄波罗尼都在乾隆二十四年(一七五九年)反清败死(见本书第十册第五章第二节)。波罗尼都的三岁幼子萨木萨克由乳母携往安集延境外。乾隆五十一年(一七八六年),清廷得知他在浩罕所属霍占特地区劫掠商旅,曾谕浩罕擒捕。嘉庆四年(一七九九年)五月,清廷又得知他在布哈拉一带活动。嘉庆帝谕:"此时萨木萨克既经远匿,在天朝体制,当置之不管"(《清仁宗实录》)。此后,萨木萨克在布哈拉病死,长子玉素普成为当地伊斯兰教的阿訇。次子张格尔生于乾隆五十五年(一七九〇年),成长后在浩罕和布鲁特部(柯尔克孜部)居地活动,企图窜回喀什噶尔。

浩罕在费尔干纳盆地,原为月即别(乌兹别克)明格部的领地。浩罕一词,清廷又译为霍罕或敖汉,源于阿拉伯语,义指盆地。早在十三世纪时,蒙古拔都军的组成部落中即见有明格部。十五世纪时,土绵明格即明格万户(土绵,蒙古语,原义为万),是月即别五部之一。大约在十八世纪初,浩罕成为明格部沙鲁赫伯克的领地,信奉伊斯兰教。沙鲁赫四传至额尔德尼。乾隆二十四年(一七五九年),清廷因防止霍集占外逃,曾遣使至浩罕城。额尔德尼迎请清使,上表称:"我等得为大皇帝臣仆,永受康宁,不胜感悦"(傅恒等撰《西域图志》),派遣使团来北京朝觐,受到乾隆帝的接见和赏赐。乾隆帝视浩罕如藩属,向额尔德尼颁发敕书,内称"一切事物俱遵驻扎喀什噶尔叶尔羌大臣等节制"(《清高宗实录》乾隆二十八年正月)。此后,额尔德尼及其继承者那尔巴图,曾多次进京朝见。外逃的萨木萨克企图经由浩罕窜回喀什噶尔。那尔巴图告诫说:"你们从那条路来的,还是从那条路上回去,我这里不准你们过去。"(乾隆五十二年明亮奏折,王熹译满文月摺档)。嘉庆四年(一七九九年),那尔巴图的次子爱里木即位,称汗,曾两次遣使进京朝觐。嘉庆十六年(一八一一年)其弟爱玛尔继汗位建立国家机构,宣告成立浩罕汗国。

明格部在浩罕的领主原称伯克(比)。经过几代伯克不断扩展领地,至爱玛尔建国时,统治的领域北至锡尔河下游的阿克美切克,西与布哈拉汗国为邻,东接清朝回疆的喀什噶尔地区,南抵阿赖岭。自东部边界城市安集延而西,有那木干、塔什干等商埠,是清朝至布哈拉之间的商业通道。商业收入是浩罕汗国的主要经济来源。历年有大批商人在回疆喀什噶尔等地贸易。清廷自乾隆时定制,对浩罕商人只征三十取一的轻税。喀什噶尔的阿奇木伯克(满语称"呼岱达",即商人头目)管理收税等事务。嘉庆十九年(一八一四年)二月爱玛尔呈请"在喀什噶尔添设哈子伯克,自行办理安集延事务,不必阿奇木伯克办理",(《清仁宗实录》)遭到清廷的申斥。阿奇木伯克玉努斯得知萨木萨克之子张格尔欲经浩罕往攻喀什噶尔,被浩罕兵截回,派人前往追查,并向清廷奏报。清廷不信有萨木萨克之子张格尔其人,认为是玉努斯编造谣言邀功,竟将他革职。嘉庆二十二年(一八一七年),浩罕爱玛尔汗遣使朝觐,清廷指责奏书不合体制,予以拒绝。嘉庆二十五年(一八二〇年)正月,爱玛尔自行派遣征税官(阿克萨哈尔)去喀什噶尔接代商目管理商务,被清廷遣回,严词驳斥。浩罕的爱玛尔转而支持张格尔入境侵犯,清朝的西北边陲不得安宁了。

一、张格尔之乱

张格尔之乱始于嘉庆二十五年(一八二〇年)八月。在此之前,张格尔曾和浩罕南境的布鲁特部联络,企图经布鲁特住地窜入喀什噶尔。布鲁特部伯克苏兰奇向清廷喀什噶尔参赞大臣属下的回务章京绥善告密,反而遭到斥逐,遂接应张格尔烧毁边境卡伦,窜入清朝边地,杀死清护军参领及满洲兵丁十余人。喀什噶尔领队大臣色善征额出兵剿捕,生擒来犯的乱军二十余人处死,又俘虏八十余人,解送参赞大臣斌静,就地正法。张格尔逃出境外,清兵不再追剿。

此次边境骚乱,没有酿成大乱即告平息。但这个突如其来的事件却使新即位的道光帝茫然不得其解。自九月初至十一月初两月之间,连发五道谕旨,提出若干疑问,令伊犁将军庆祥彻查追究。

庆祥回奏,张格尔确系萨木萨克之子,实有其人。

道光帝始悟前朝不明境外情事,处置失宜。庆祥谕知浩罕的爱玛尔,要他"献贼(指张格尔等)立功。"爱玛尔声称张格尔实未在浩罕居住,无从擒献。

庆祥又奏称,张格尔欲图抢掠喀什噶尔,久蓄逆谋,并非由于斌静"激变"。但在初查中,喀什噶尔回部诸伯克控告斌静行止不端,绥善与斌静家人交结,倚势勒索凌辱伯克等节。上奏后,道光帝即将斌静、绥善革职解问。斌静发往黑龙江效力,绥善枷号一年,发往伊犁效力。色善征额也因杀俘办理错谬解任,听候查办。道光帝迅速采取这些果断措施,表明他企图整顿吏治以稳定边疆。道光元年(一八二一年)正月的诏谕说:"新疆开辟以来已六十余年,休养生息,边圉无事。""总当安不忘危,使各安居乐业。""该将军(伊犁将军)有总统之责,凡都统参赞以下,廉能者不可壅于上闻,贪劣尤不可稍为回护"。(《清宣宗实录》)道光帝在这道诏谕中,称近六十余年开辟的回疆为"新疆"。他认为要保持新疆的安定应当先让这里的各族人安居乐业,能否做到的关键在于各级官员的优劣廉贪。

张格尔败逃后,道光帝对境外之事不再追究,张格尔仍在各地聚集兵力,伺机再犯。道光四年(一八二四年)八月,张格尔在阿赖地方纠合二百余人到边界卡伦骚扰,烧杀抢劫。此时任喀什噶尔参赞大臣的宗室永芹派出官兵与阿奇木伯克迈玛萨依特的护卫兵前往堵截。又令革办大臣巴彦巴图与色善征额带领官兵

8

随后去卡伦追剿。作战中官兵伤亡三十余人。张格尔犯军先后被杀六十余人，逃出卡外。巴彦巴图部出卡追击，张格尔已不知去向。道光帝得到奏报，诏谕"如能解获张格尔……永绝根株，实为妥善。如该逆杳无踪迹，亦不必带兵深入"。称赞迈玛萨依特"深明大义，可嘉之至"。

道光五年（一八二五年）秋，张格尔等在布鲁特雅萨克部落住地活动，地近边卡。迈玛萨依特把这一消息告知官军。七月间，永芹派巴彦巴图领兵二百出卡捕拿。深入四百里，不见张格尔踪迹。回归途中竟将萨雅克部牧民百余人屠杀，企图谎报军功。布鲁特萨雅克部头领汰劣克愤而起兵，率部民两千余人围攻清军。巴彦巴图败死，所率二百人全军覆没。十月，道光帝始得知详情。次月，改授长龄署伊犁将军，庆祥为喀什噶尔参赞大臣。永芹夺职，不久病死。

道光六年（一八二六年）初，张格尔在布鲁特已聚集兵力千人。长龄调集伊犁等地官兵两千五百人增援喀什噶尔驻军。庆祥到任时，多次击退张格尔军在边卡的侵掠，擒获乱军头目数人。道光帝得报，对作战有功的将军及回部诸首领，传谕嘉奖。

六月间，张格尔绕过边卡，由开齐山路夜行军，进至阿图什。庆祥命协办大臣舒尔哈善、领队大臣乌凌阿领兵堵截。张格尔军战败，分兵攻打英吉沙尔、叶尔羌、和阗，亲率一军进至喀什噶尔城附近，在一处伊斯兰陵园（玛杂）驻军，自称圣裔和卓祭先祖，散发传单，鼓动喀城伊斯兰教徒响应。清军围攻陵园。六月中旬，张格尔乘夜逃出，沿途煽动各族教民，扩大乱军近万人，进围喀城。六月底至七月初，喀什噶尔、英吉沙尔、叶尔羌、和阗等西四城均被乱军围攻。清军文报不通，朝中震动。

道光帝急命陕甘总督杨遇春为钦差大臣，统领陕兵三千名驰往新疆增援。随后，又采纳长龄的建策，增派山东巡抚武隆阿为钦差大臣，协同指挥军事。加号长龄扬威将军，悉听节制。增援的陕甘兵增至五千五百名，又调集宁夏、乌鲁木齐、伊犁等地满汉官兵和吉林、黑龙江等地劲旅，总数达二万人，并准长龄奏请续调官兵驰援。一切应用军需由陕甘和乌鲁木齐、哈密筹备接济。又饬户部筹款，接济经费。各地大军在阿克苏会集，志在必胜。

张格尔军攻下喀什噶尔回城后又进攻汉城（汉回分居两城）。参赞大臣庆祥领兵在城中蹲守。张格尔久攻不下，得知清廷大兵结集，遂向浩罕请求援兵。浩罕原来只图清朝贸易，既不奉清廷的指示擒拿张格尔，也不愿助张格尔在浩罕与清朝的边卡滋事。所以张格尔的几次侵扰都是从布鲁特内犯。这时，浩罕的爱玛尔已病死，子迈买底里继汗位。张格尔请求他出兵支援，许诺平分回城的财物，并割让喀城酬谢。迈买底里召臣下集议，听说回城有大量金银财宝可图，遂决意出

10

兵，并妄图取代张格尔，占据整个喀什噶尔地区。七月间，迈买底里领兵五千，直抵喀城。

这时，张格尔知喀什城内日渐空虚，尚无援兵，不再承认献城酬谢的许诺。浩罕军独力攻城，不下。深恐孤军深入，背腹受敌，沿途抢掠财物后撤军回国。张格尔追随其后，据他说，浩罕军"在半路逃回一千多人转来随我"。（《明清史料》庚编，张格尔供词）

七八月间，新疆西部三城相继被张格尔军攻陷。叶尔羌陷落，帮办大臣多隆武、办事大臣印登额战死。英吉沙尔陷落，领队大臣苏伦保败死。和阗陷落，领队大臣奕湄战死。八月二十五日喀什噶尔汉城在死守七十日后也被攻陷。清参赞大臣庆祥自缢殉职。张格尔进驻汉城，自称"算端"（王）。

张格尔军在攻下西三城后，即移军北上，向阿克苏进攻。阿克苏是东疆通向喀什噶尔的要冲，也是清军准备结集的基地。七月间，乱军攻下阿克苏南部数处要塞，阿克苏办事大臣长清命参将王鸿仪领兵六百在都齐特堵截，全军覆没。王鸿仪战死。八月间，长清在阿克苏以南约四十里的浑巴什河，出奇制胜，全歼乱军近两千人，收复浑河两岸。

八九月间，清廷续自四川等地调集援兵总数增至六万六千人，陆续向阿克苏结集。两军的决战展开了。

十月间，长龄先派杨芳率领清兵六千六百名至阿克苏西南的柯尔坪，全歼占据这里的乱军三千人，扫清了进军的道路。严冬过后,道光七年(一八二七年)二月,长龄、杨遇春、武隆阿率领清兵两万余人,向喀什噶尔大举进发。一路扫荡阻截的乱军,二十五日到达沙布都尔。兵分三路与乱军激战,大获全胜。二十八日,清军骑兵大举攻击阿兹巴特的乱军,又获全胜,距喀城近八十里。次日,向喀城进军,夜渡浑河。六月一日,收复喀城。生擒乱军四千余人,杀伤无数。张格尔逃去,家属被俘。杨遇春、武隆阿随即向英吉沙尔进军,六月五日顺利收复该城。杨遇春又领兵进取叶尔羌。十六日城中伯克、阿浑(阿訇)擒献乱军头目来迎。提督杨芳统兵四千五百,向和阗进发,受到沿途回部百姓的夹道欢迎。途中斩杀乱军残部三百余人。三月二十九日,进驻和阗。

清军自二月初自阿克苏出发,以绝对优势的兵力,一路势如破竹,回城相继收复。张格尔乱军入境时不满万人。张格尔在入境后自称圣裔和卓,宣称"见其一面,两世受福",利用宗教迷信,煽动各地回部民众。喀什噶尔回城即被骗从乱。乱军不断扩充,进攻喀什汉城时,兵已数万人。故长龄请发大兵四万克敌。收复四城过程中,大臣奏报沙布都儿乱军十余万人,歼灭四五万人。阿瓦巴特也有乱军十余万人,击杀二三万人。所奏数字,不免为邀功而有夸大。但成千上万的回部民众被裹胁从乱,当是事实。这些回众误信张格尔的骗术,被人利用,玉石俱焚,留给后人的教训是深刻的。

　　四城被清军收复后,张格尔逃逸,去向不明。道光帝一再下谕,严令剿捕。十一月,清大军撤退,长龄留一万八千兵丁,继续追剿。十二月,长龄得报,张格尔又在布鲁特聚集兵力。清军扬言撤退,诱敌入境。二十七日张格尔领兵五百自开齐山路窜入,遭到清军六千人的围剿。张格尔逃出边卡,奔向铁盖山。长龄急命杨芳领兵出卡追击,全歼五百乱军。次日,张格尔率十余人逃到山顶,被清军俘获。道光八年(一八二八年)正月初二日,解到大营。初六日押往京师。

　　道光帝得报大喜,传谕加封长龄、杨遇春、武隆阿、杨芳,嘉奖有功人员,并在铁盖山立碑纪功。五月间,张格尔押送到京。道光帝亲登午门,举行盛大的受俘典礼。经廷讯后,将张格尔处死。

　　自道光帝初即位,张格尔在回疆窜扰,乱事前后经历七年有余。清廷自喀什噶尔参赞大臣庆祥以下,十余名回疆大臣死于乱事。将士伤亡数千人。道光七年(一八二七年)发动大军,草粮军需,自各地解运,调运军饷银即达一千一百余万两。道光帝不惜重负,以巨大的兵力和财力平定了回疆。

二、浩罕入侵与议和

　　张格尔之乱,浩罕迈买底里在道光六年(一八二六年)七月领兵入境趁火打劫,中途退去。次年四月,清廷责令浩罕擒拿张格尔。浩罕遣使至喀什噶尔陈诉。长龄正告浩罕，如不肯擒拿，永远不准进卡贸易。清廷处死张格尔后，以直隶总督那彦成为钦差大臣，协同办理回疆善后事务。道光八年（一八二八年）四月，浩罕遣使臣到喀什噶尔贺喜。那彦成责令献出张格尔家属，否则不准进卡贸易。又因浩罕属部安集延曾参与张格尔之乱，将回疆的安集延商人全部驱逐出境，没收其田产和茶叶大黄等商货。十月，浩罕又正式遣使到喀什噶尔，送还俘掳去的回部阿浑，要求通商。那彦成要浩罕交出张格尔之子布素鲁克才准通买卖，随后又派人到浩罕，索要布素鲁克，向朝廷奏报。道光帝意在求得边境安宁，指责那彦成邀功生事。次年正月，把他调回。

浩罕强大后，希冀在回疆获得通商减免的特权。清廷向来把对外通商看作是对藩国施恩和控制的手段。声言"如不恭顺，即不准通商。"事实上，浩罕商人仍通过与回疆商人间走私，获得茶叶、大黄等必需的商品。但因通商被禁，与清朝日益处于对立的状态。

张格尔之乱平定后，长龄回京，授领侍卫内大臣。杨芳为御前侍卫。杨遇春授陕甘总督。道光九年（一八二九年）七月，武隆阿也被召回，因平乱作战不力，降为头等侍卫。道光帝调任军机大臣玉麟为伊犁将军，札隆阿为喀什噶尔参赞大臣。札隆阿于冬季到任，对浩罕不加防范。次年秋季，浩罕纠集重兵大举入侵。

浩罕此次入侵前，伊犁将军玉麟已得到情报，告知札隆阿，加紧戒备，喀什噶尔守臣也自布鲁特处得知消息，札隆阿一概认为不可轻信，不做防御布署。八月初九日，浩罕大兵突然袭击边卡。喀什噶尔帮办大臣塔斯哈急率马队万余名抵御，中伏兵战死。浩罕军兵分六路，指向喀什噶尔、英吉沙尔和叶尔羌三城。札隆阿张皇失措，急向伊犁、阿克苏等处官兵求援。又纵火焚烧喀城郊民房，放弃回城，将兵民撤入汉城坚守。英吉沙尔回城失陷，坚守汉城。叶尔羌办事大臣璧昌率回汉两城兵民协同抗敌，浩罕兵攻城受挫，不能取胜。八九月间，浩罕兵仍只占有喀什噶尔和英吉沙尔两处回城。

九月初，道光帝得到陕甘总督杨遇春关于喀什噶尔战事的奏报。急命杨遇春为钦差大臣，选带官兵驰赴肃州，督办军务，时任固原提督的杨芳和甘肃提督胡超领兵去阿克苏会剿。又命四川总督琦善选调川兵赴肃州。再授长龄扬威将军，赴回疆督师。拟调陕川伊犁等地兵近四万人出征，由甘肃藩库供应军需银两。

清廷得到杨遇春的奏报，还以为是"安集延贼匪扑入卡伦"，不知这是浩罕的一次有计划的入侵。这次入侵，由浩罕迈买底里亲自策划指挥，派遣汗国大臣明巴什阿哈胡里、伊散等多人统领，结集大兵近三万人（库图鲁克供词档）。迈买底里还从布哈拉接出张格尔之兄玉素普，随同进军，企图袭用张格尔的故技，以圣裔和卓的名义欺骗新疆回部内应。回部民众有前次的经验教训,不再受欺骗,与满汉官一起坚决抵抗外来侵略。浩罕军筑炮台,用火药、大炮攻城,从八月到十月,围攻喀什、英吉沙尔、叶尔羌等三城都遇到顽强抵抗,不能攻下。

九十月间,清廷调集的援兵,陆续在阿克苏结集。伊犁参赞大臣容安(那彦成之子)领兵先至阿克苏,与阿克苏办事大臣长清会商进兵。容安坐拥重兵畏葸不前,命乌鲁木齐提督哈米阿率兵三千绕道和阗救援叶尔羌。十月末,浩罕主力围攻叶尔羌,又调集进攻英吉沙尔的兵力助战。璧昌率领汉回兵民保卫回城,杀敌五十余人。哈米阿援兵于十一月初五日来到,攻破敌营。璧昌、哈米阿配合围剿,浩罕兵败,溃退。清军获胜,叶尔羌围解。

浩罕侵犯军在围攻三城期间,将已占据的喀什、英吉沙尔两回城及附近台站的财物抢掠一空,每天夜晚用骆驼二十余只向安集延运送。叶尔羌败后,见清援军陆续到来,遂于十一月初九日撤退出卡。杨芳、胡超的援兵奉长龄之命自阿克苏向英吉沙尔进军。兵抵英城,敌已溃去。长龄派赴喀城的援兵,也在浩罕兵退后才到达。伊犁将军玉麟奏请停调四川、陕甘援兵。浩罕入侵战事,告一段落。次年二月,道光帝将札隆阿革职问罪。

浩罕侵犯军退后,处理回疆善后问题,仍然是清廷棘手的难题。浩罕与回疆边界毗连,可随时派兵冲入边卡窜扰。清军驻疆兵力不足,自川陕等地远道调兵,劳师靡饷,所费甚巨。道光八年以前,回疆军费每年七万七千余两,两年后增至四十万余两。而且"兵到贼遁,兵撤贼来",清廷去守两难,苦于应付。道光帝采朝臣议,拟弛禁通商,以靖边圉。

道光十一年(一八三一年)正月长龄命喀什噶尔参赞大臣哈朗阿向浩罕发出檄谕,要求将此次入侵的领兵头目明巴什等拿送喀什噶尔,还可通商。七月,浩罕使臣到喀什噶尔呈递信帖,奏请照旧通商。长龄恐立即答允,外夷轻视,向浩罕提出缚献头目和送回裹胁去的民(汉)回人众两项条件,并报朝廷。道光帝求安心切,十月诏谕长龄明示浩罕仍旧通商,并免其货税,"其缚献贼目送出民回一节,竟可置之不问,以示大方。"(《清宣宗实录》十一年十月壬寅)。十一月,再次诏谕长龄重申此意。长龄命阿奇木伯克作霍尔敦写信给浩罕的迈买底里,说大皇帝已准照旧入卡做买卖,永远通好。次年二月,浩罕使臣吊噶尔拜,送上迈买底里禀文,仍自称伯克,不称汗。文中要求四件事。一是将随从浩罕及张格尔作乱被清廷逐放的喀什噶尔回部人众赦免,准其回城。二是将那彦成任职时没收的安集延穆斯林们的土地、房屋、茶叶等发还。三是要求给予自卡外入回疆之人的管理权及商税征收权。这实际上仍是由浩罕在回疆设立"商目"。四是要求贸易免税。

（参阅潘志平《中亚浩罕国与清代新疆》页一四二）长龄奏报清廷，道光帝谕"一切如其所请""照议先准"。（《东华续录》道光十二年三月）长龄回京，晋封太傅。

五月，浩罕使臣吊噶尔拜送还裹胁作乱的民回八十余人至喀什噶尔城，奉上浩罕伯克迈买底里表文呈大皇帝，内称"抱经发誓"、"永远恭顺"。喀什噶尔参赞大臣哈朗阿接受表文，给予赏赐，又拨付银万两，作为原没收茶叶等商品的补偿。事毕，返京。

道光帝于十一年七月已接受长龄等的建策，将新疆参赞大臣自喀什噶尔城移至叶尔羌，任命平乱有功的璧昌为参赞大臣，总理八城。道光十二年（一八三二年）八月，璧昌接见浩罕来使，发给参赞大臣谕帖，带回浩罕。

浩罕入侵败退，清兵在作战获胜之后，因不堪兵力财力的重负，仍然不得不以妥协退让，换取西北边陲的暂时平静。

（二）自然灾害与漕盐改制

道光帝即位之初，朝廷的行政与财政都面临着严峻的局面。

嘉庆时，大规模的农民起义严重打击了清王朝的统治，但吏治的腐败仍在继续发展。从皇室贵族到满汉官僚，从朝廷到地方，贪污腐败的种种劣迹，不一而足。行政效能低下，奢靡浮华成风，并且日渐形成为相互依存的顽固势力。道光帝初即位，九月间曾采军机大臣英和议，诏谕直省大小官员，清查"陋规"。所谓"陋规"，即各地于正税之外，自立名目，巧取豪夺。"直省相沿陋规，如舟车行户，火耗、平馀杂税、存剩盐、当规礼，其名不一。"名为"办公之费"，实则"办公之外，悉以肥私"。诏谕各省逐一清查，应存者存，应革者革。（《东华续录》道光朝）。清查并非清除，只是有所整饬。但谕下之后，朝野官员，纷纷上疏谏止，以此事为不可行。十二月道光帝下谕收回成命，"宣示各督抚，停止查办"并说"朕心已悟。"一年后，道光元年(一八二一年)十二月道光帝又亲自撰写《声色货利论》一文颁布。文中论及声色货利之害，说："必当力除旧弊，有损无增。兹难概行除却者，实朕之苦衷不能以言喻之也。"又说："故人君不可有私财，有私财必有私事，有私事必有私人，有私人则不为其所愚者鲜矣。"他在文中提出在上者应"力崇节俭"，限制地方入贡物产、停止内廷兴造宫室苑囿。如有违反，满汉大臣应犯颜强谏。道光帝将此文作为谕旨颁发，旨在躬行节俭，为天下倡，用心可谓良苦。此后，又一再撰文，重申此意。事实说明，道光帝有心倡廉，无力反贪，只能对臣下规劝讽谕，却无法实施强劲措施，整饬积重难返的腐败吏治。

道光帝秉政，天不做美，自然灾害频仍。黄河与淮

19

河流域水灾与涝灾连年。大水之后,流行大疫。受灾地区遍及塞北江南。朝廷不能不付出巨款治理水患,又不能不减免赋税,赈济灾民。贪官污吏遍及全国上下,治河的经费被贪官污吏挥霍,救灾的赈款被冒领侵渔。天灾伴随人祸,更加重了朝廷的财政负担。

道光帝即位以来的十多年间,西北平乱付出大量的军费和军需,自然灾害又带来严重损耗。朝廷财政支出增加,收入减少,几乎难以支撑。在道光帝的主持下,对漕运和盐政做了某些制度上的改革,取得一定的成效。

一、自 然 灾 害

道光帝即位以来的十多年间,各地各种自然灾害连绵不断。《清史稿》灾异志依年代顺序分别纪录了这一时期的大水、大疫、蝗、旱等各种灾害。其中尤以水涝成灾是这一时期最严重的灾害。

依据气象学家据近五百年历史记载而建立的水涝灾害等级序列,黄河、淮河、海河平原,北起太行南至桐柏的广大地区,先后出现四次特大级涝灾,受灾面积在百分之三十至五十左右。道光二年(一八二二年)被定为毁灭性大涝年。受灾面积多达百分之五十六,是顺治五年(一六四八年)以来,一百七十余年未有的大灾。(国家气象局科学研究院编《中国近五百年旱涝分布图集》。邹逸麟主编《黄淮海平原历史地理》)直隶、山东、河南、湖北等地河水决溢,禾苗被淹,人民死伤无算。

嘉庆时期,黄河多次决口,已成大患。道光四年(一八二四年)十一月,江苏桃源高偃十六堡石堤一万一千余丈被冲毁,黄河决溢。江南河道总督张文浩因堵堤稽迟,酿成此患,被免职遣戍。十一年(一八三一年)七月,黄河在江苏杨河厅十四堡及马棚湾(高邮境)决口。九月,又在江苏桃源决口,于家湾大堤被毁,次年正月始塞。这几次黄河决口,周邻州县屡遭大水,灾害严重。

长江流域,道光二年(一八二二年)钟祥、光化汉水溢。次年石首,江波大水。太湖溢,苏州等地大水。四年,江陵大水。十一年,黄冈、蕲水等地大水。宜都、公安大水,石首溃决。钟祥、汉阳、武台大水。江西南昌、饶州、抚州等府大水。江苏上元等二十六州县水灾。十二年,钟祥大水、汉江暴涨。均州汉水溢入城内,水深七尺,是一次罕见的大灾。十三年,武昌大水,直至城下。黄冈蕲州大水。汉江水溢。此后几年间,湖北地区长江、汉江连年决溢,两岸州县深受其害。

北至黑龙江南至珠江,这一时期也留下了水涝灾害的纪录。水灾地区大量农田被淹没。大水伴随大疫,民众死伤无数或被迫逃亡他乡,成为流民。自然灾害带来重大的经济损失和社会动荡,也使清王朝的财政受到巨大的冲击。(一)清廷历年治理水患,收效不

21

大,所费不资。黄河年例岁修银约三百三十万两(《水窗春呓》卷下)"东河、南河于年例岁修外,另案工程,东河率拨一百五十余万两,南河率拨三百七十余万。逾十年则四千余万。"(《清史稿》农贸志)。道光十六年(一八二六年),一年拨付南河堤坝银即达五百一十六万两。直隶、山东、江苏等省浚湖修堤,年需在数十万,乃至百万两。(二)各地区灾害频仍,人民流徙。清廷事实上已无法按常例收取赋税,不得不宣告捐免。《清宣宗实录》载入了历年捐免或缓征州县赋税的纪录。道光二年(一八二二年),黄淮海平原大水,捐免近三百个州县的赋税。此后,历年因灾情不同,捐免州县或多或少。道光十二年大水,捐免赋税的州县将近六百。自道光二年至二十年,历年均有州县捐缓赋税的纪录,平均总在四百处左右。清廷赋税收入,因而锐减。(三)捐免之外,清廷还不得不拨出大量库银和粮米,赈济饥民。以求得社会秩序的稳定。道光二年、三年连续大水。道光帝下谕说"本年直隶被水,朕恫瘝在抱,不惜帑金发给,至一百八十万两之多,截留漕粮共五十五万石,又拨奉天粟米十五万石。"此外,拨安徽关税及捐监银十万两赈无为等六十三州县,拨龙江关税银六十三万两赈江苏太仓等四十七州县,拨浙江运库银三十万两赈海宁等二十州县。受灾州县另拨粮米,赈济饥民口粮。道光十一年,拨给江苏一省赈银,即达一百余万两。道光二十年以前,清廷每年都要拨出大批粮米和库银,用于赈济,在清廷财政中是一笔巨大的支出。

受灾地区的贪官污吏不顾百姓死活,千方百计贪污中饱,人祸加重了天灾。道光五年(一八二五年)六月的一道上谕说:"近年以来,河底淤高,险工迭出,偶有失事,请帑动以数百万计。"(《东华续录》)数以百万计的帑金成为贪官污吏的利薮。各地河工的贪污手段,有虚贮、花堆、克扣、偷减等名目,致使堤坝工料低劣,屡堵屡决。甚至应修处所也故意暗留不修,以便来年汛至抢险,再另案报请帑银。(《宣宗皇帝圣训》卷一一四)黄河的治理,专设东河、南河两处治河总督,下设河道、河厅,有同知、通判等专任官员,形成庞大的官僚机构,豪侈奢靡,挥霍无度。清代河工,历来照军营法,督理甚严,治罪甚重。道光帝一再诏谕,对河工疏防人员贪官污吏从重治罪,并一再革罢治河不利的河督等大员,但对厅道胥吏的多方巧取肥私,却无从治理。河防工程需经查勘。查勘人员收受贿银,与河吏通通作弊。历年拨付赈济灾民的银米,也被贪吏谎报冒领,以饱私囊。道光十三年(一八三三年)大水之后,给事中金应麟奏报:"被灾地方,穷民最苦而豪棍最强,富户最优而吏胥最乐,有搀和糠秕,短缺升斗,私饱己囊者;有派累商人、抑勒铺户,令其帮助者;有将乡绅家丁佃户混入丁册,企图冒领者;有将本署贴写皂班,列名影射者;有将已故流民乞丐入册分肥者;有将

23

纸张、饭食、车马派累保正,作为排捐者;有将经纪贸易人等捏作饥民,代为支领者;甚至将已往报荒之地,水退不准耕种,以待州县履勘,名曰指荒地亩。""加以疲猾州县克扣赈粮,弥补亏空,病国病民,尤勘痛恨。"(《宣宗圣训》卷四十八)道光朝治灾和赈灾中出现的种种劣迹,是吏治腐败的典型和缩影。它表明即将倾倒的王朝大厦,到处布满了蛀虫。

二、漕粮改行海运

道光四年(一八二四年)黄河高堰决口,大水成灾,迫使清廷对漕运制度做了改革。

清廷南方几省的税粮漕运,沿袭明代旧制,经大运河北道到京城。嘉庆以来,每年约有四百万石,号为"正供"。沿途各省赈灾和驻防军粮等可经朝廷核准截留拨运。高堰决口,河水倒溢,江苏境自高邮至清江浦运河淤浅,漕船无法行驶,南粮不能北运。道光五年,吏部尚书文孚请引黄河入运河,添筑闸堤,但黄河久未疏浚,夹带泥沙,只会使运河更加淤垫。道光帝以为"借黄济运,终非善策"不予采纳。协办大学士户部尚书英和建策改行海运,说"唯有暂停河运以治河,雇募海船以利运。"两江总督琦善、安徽巡抚陶澍也请将江苏四府一州的粮米全由海运。陶澍还提出,雇船海运,可运米一百五、六十万石。安徽、江西、湖广离海口较远,浙江乍浦、宁波海口不能停泊,可仍由河运。道光帝令布政使贺长龄亲赴海口查勘,会同地方官员,招募商船,筹议海运。

海运漕粮曾行于元代,被誉为"一代之良法"。元代修通大运河,原用于漕运,后来主要是行驶商船贩运货物。漕粮经海运至大都。海运航道在元世祖至成宗时,逐渐确定。自江苏太仓刘家湾至崇明三沙启航,经黑水洋至成山(今荣成山)、刘岛(今山东威海刘公岛)、芒果岛(今山东烟台)进入天津界河。道光帝改行海运,大体上沿袭元代航道。在上海县设立海运总局,陶澍调任江苏巡抚,去上海召集商船筹办督运。又在天津设立分局,命理藩院尚书穆彰阿署漕运总督,驻天津验收监兑。

道光五年(一八二五年)江苏各地的漕粮于次年正月至六月,陆续由海路运抵天津,计一百六十三万余石。经穆彰阿等检视,粮米成色优于河运数倍。清廷河漕行之既久,弊端丛出。州县浮收税粮米,仓储醦变,仓吏掺杂作弊。甚至掺药添水加热,以少充多。运粮的军弁、运丁,收受贿赂,即准通关。最后送到通州粮仓,管仓官吏也受贿收缴。以致米色低劣,潮湿不纯。河运所经关卡,层层勒索。《清史稿》食货志漕运条说:"夫河运剥(剥船)浅(搁浅)有费、过闸过淮有费,催趱通仓又有费。上既出百余万漕项,下复出百余万帮(各省漕职分帮押运)费,民生日蹙,国计益贫。"大体上概括了河运的积弊。改行海运后,雇募海上商船,将南粮北运。空船南返,准购运粮米及杂货贩运。商船领运漕粮无误,给予嘉奖。万石以下给匾额,五万石奖职衔。朝廷由此减省了大批运费,沿途军丁民丁免去了搬运劳役之苦。商船也由此获利。因而被认为是利国、利商、利民的善政。

沿河赈灾与漕粮海运是互有联系的两件大事。漕粮海运事由两江总督兼署漕运总督琦善主持办理。有关事宜由琦善奏报道光帝亲自裁决。江苏巡抚陶澍招募商船督办其事,成绩卓著,受到道光帝的褒奖。陶澍又以海运节省银二十万两,兴工疏理吴淞海口,以治太湖水患,卓有成效。

道光七年(一八二七年)两江总督琦善因治理黄河减坝,造成河水倒漾,被革职,降授内阁学士。军机大臣蒋攸铦继任两江总督。奏请江苏四府一州继续实行海运,道光帝曾诏谕准行。随后因运河疏通,又下诏停止海运,恢复河运。

三、两淮盐务改制

粮与盐是人民生活所必需。漕粮与盐课是朝廷的两项基本税收。

清代产盐之地遍布全国,包括蒙古、新疆和长芦(天津)、奉天、山东、两淮、浙江、福建、广东、四川、云南、河东(山西运城)、陕甘等十一个盐区。各盐区设盐政都转运使司(简称运司)专管盐务。蒙古、新疆和河东、陕甘等区产池盐,四川、云南为井盐。其他盐区均为海盐。

两淮设为盐区,始于元世祖时。辖区包括长江以北淮南、淮北各地盐场,故称两淮。清代两淮盐产量为全国各盐区之冠,所产海盐行销于江苏、安徽、江西、湖北、湖南、河南等地。在清廷的盐课收入中,两淮盐课实居首位,每年额课盐一百六十余万引,每引四百斤。但自嘉庆以来,两淮盐务日益衰落。道光十年(一八三〇年),只销盐引五十二万引,亏欠历年应交的课税积至银六千三百万两。

两淮盐务日坏,主要是:(一)清代承袭明万历时旧制,由各地富商为官府包卖盐引,称为"纲法"。纲册上注明富商姓名,称为引商。每年据册派行新引。引商各有专卖地区,称为"引地"。在引地内,世袭专卖特权,因而又被称为"引窝"或"根窝"。运商购盐贩运,首先向根窝购买"窝单",再据以向运司纳税领取引票至盐场购盐运销。根窝垄断取利,任意抬高窝价,散商备受敲剥。(二)盐的运销,实行官督商运。设总商总揽其事,并主管散商纳税。总商由盐政、运司在富商中委任,给以薪俸。行之既久,总商并不认真出力运办,反而以办公为名,弄权营私,对散商摊派勒索。(三)散商运销,要负担多种费用。口岸有岸费,堤坝有扛坝费,运司书吏多至十九房,办运请引文书,多至十一次。大小衙门,层层稽查,层层勒索。此外地方

"公费"及各种名目杂费也要摊派盐商按引抽捐,无所限止。(四)盐务系统官员自盐政至各岸、坝吏员,每年例受"陋规"数十万至数万两,是官场公开的秘密。道光时人金安清在所著《水窗春呓》中说:"盐务盛时,盐政一年数十万(两),运司亦一、二十万,南掣(稽查)几十万,北掣较苦亦二、三万,三分司与南掣相仿。""各省作宦,无两淮优裕。"两淮盐政被视为优缺,为谋私利,对各项积弊,放任不理。道光帝在一道上谕中说:"两淮盐政弊坏已极,皆由历任盐政,自顾身家,不以全事为重,或苟且因循,不知天良为何事,实堪痛恨。"(《东华续录》道光九年十月)(五)私盐运销日益发展。私盐贩充斥各地,结成帮伙。大盐枭可统领千百人,自备船只、武器,往来江淮,势力浩大。官吏受贿,相互勾结,听任横行。上述种种积弊,多由于吏治腐败,也由于旧制疏失。场盐每斤只值钱一、二文。商人贩运所付费用要多出十数倍至数十倍。成本高而售价低,故请买官引者日益减少。造成官盐滞销,税课锐减,私盐盛行。民间买不到官盐,也多买价廉的私盐,不能禁止。

道光十年(一八三〇年)四月,道光帝得到密报,两淮巨枭黄玉林,在江苏仪征老虎颈汇聚盐贩,屯储私盐发卖。自有大河船可载运数千石,由海入江,小船载百石,百十成帮转运。船上陈列武器甚至抢劫江船的官盐。资本甚多。党羽甚众。沿途关卡受贿,任其往来,肆行无忌。道光帝诏谕两江总督蒋攸铦查拿,不惜动用兵力,及早剪除。黄玉林被指名缉拿,当地官府多有他的耳目。于是买通关节,带领同伙八人自首,称情愿效力赎罪。两淮盐政福森为他请奏免罪。蒋攸铦上疏请宽免黄玉林应得的流罪(流放),要他指引缉私立功。道光帝诏允。六月,蒋攸铦因病调回军机。陶澍署两江总督,八月,实授两江总督兼署江苏巡抚。黄玉林的自首效力赎罪,其实是在官员庇护下欺蒙朝廷的权宜之计。他仍在派人占据仪征老虎颈,蓄谋继续走私。九月间,道光帝得知其事,诏谕将黄玉林即行正法。蒋攸铦革去大学士,降补侍郎(兵部)。两淮盐政福森降四级调用,改命钟灵接任。陶澍因曾附署蒋攸铦上奏,降四级留任。随后,又派遣户部尚书王鼎、侍郎宝兴去两淮查勘,与陶澍会商整顿盐务。

陶澍以为,盐务的积弊主要是两条:"一由成本积渐成多,一由藉官行私过甚。"因此他主张"唯有大减浮费,节止流摊,听商散售,庶销畅价平,私盐自靖。"十二月,王鼎、宝兴查勘后,与陶澍共同拟订整顿办法十五条,联署上奏。主要是:(一)裁减盐商各项杂费一百一十余万两。汉口各岸盐商按引抽捐的衙门公费,规定每引四钱,永不加增。(二)窝家卖给运商的窝单每引高达银二、三两。现限定每引只给银一钱二分。(三)删并大小衙门的稽查,以减少需索陋规。(四)盐课正项与杂费分别入正库与外库,不准挪移。

（五）择用行盐最多办事公正的商人数人作为办事之商，取消原设总商名目以及不准私制桶秤，不准勒扣船户，自仪征至汉口往返运盐预定水程，两岸大商不准封辐抬价等等。多是针对时弊，但还只是对各项积习有所限制，制度上并无重大改革。道光帝诏准实行。王鼎又奏陈盐政无管辖地方之责，难以令行禁止，请将两淮盐务改归总督管理。道光帝也予诏准，裁撤盐政，调钟灵回京，两淮盐务由两江总督陶澍直接管理。

陶澍得王鼎支持，锐意治理盐务，依奏准整顿办法行之一年，略见成效。到道光十一年（一八三一年）十二月，淮南运盐增至五十余万引，淮北仍只捆二万余引，尚不足定额的十分之一。陶澍上疏奏请淮北畅岸仍归商运，滞岸仿山东、浙江票引兼行之法作进一步的改革。获准试行。五月间，又奏上“筹议淮北票盐试行章程”对票盐的实施办法作出具体规定，请在安徽凤阳等二十二州县江苏山阳等二十一州县滞岸实行。主要办法是：在江苏海州所属中正、板浦、临兴三盐场适当地点设立税局，商民贩盐先从所在州县领取写明姓名、年龄、籍贯的护照，到局、场衙门纳税，领取盐票。盐票由运司统一印刷，十引至百引以上为一票，票上注明人员姓名、贩盐数量及行销地点。商民凭票买盐，秤验出场，分赴指销口岸行销。所经关卡，查对盐票放行，不得需索。所经州县，验票通行，不再检查。（详见《陶云汀先生奏疏》卷四十）。这一改进办法被称为

"票验法"。它减少了商民请引和运销查验的手续。也消除了窝家的盘剥、官吏的勒索。又规定一引四百斤的盐价和课税公费共交银一两八钱八分。另加运费一两、船价一两。一引共付银五两左右,较之前此一引需银十余两,减少了一大半。远近商民有利可图,争相领票贩盐。盐船往来河上,据说是数十年来所未有。七月至九月三个月间,已请票引十五万,较原定额九万超出六万。

票验法的实行,使得堆积如山的滞销积盐渐得行销。朝廷与商民都因而获利。但原来的窝商、总商和中饱盐利的官吏却大受打击。金安清《水窗春呓》卷下说:"陶文毅(陶澍谥)改两淮盐法,裁根窝,一时富商大贾顿时变为贫人,而恃盐务为食者亦皆失业无归,谤议大作。"富商谤议大作,言官也纷起弹劾。闰九月,陶澍上奏说:"蠹商被革,干俸全裁,从前之每年坐食数千金数百金者俱多怨恨。兼闻扬人相斗纸牌(叶子戏),绘一桃树,另绘一人为伐树状,以寓诅咒,其切齿若此。恐误全局,请易专管为兼管,以顺物情。"陶澍请辞专管,显然是惟恐道光帝为浮议所动,故率先奏请,以退为进。道光帝览奏下谕说:"此辈固堪发指,然为国为公之大臣止可屏除不顾,尽心报国。为是应究者,处之以法可也。"(《东华续录》道光十二年闰九月)陶澍再次获得道光帝的支持,不顾物议,坚持改制。一二年后,谣诼也渐平息。淮北实行票法,淮南减浮费、裁总商,消除积弊,都取得"减价敌私"的效果。官盐行销日畅,盐课收入激增。至道光十七年(一八三七年),共完盐课正杂银二千六百四十余万两。财政日绌的清廷增加了盐税收入。

两淮盐务的整顿,道光帝态度坚决,任用得人。王鼎等大臣倾力相助,陶澍悉心筹划,锐意兴革,终于取得了成功。这一事例表明,如能上下一心,力除积弊,腐败的吏治并不是不可整饬的。

(三)东南沿海的禁毒

道光帝即位后,决意清除一大积弊和"风俗之害",即鸦片烟毒的泛滥。

嘉庆朝对鸦片烟毒曾屡次诏令禁止而不能止,鸦片的输入有增无减。(参见本书第十册第五章)道光帝即位后的二十年间,一再与朝臣谋议,采取越来越严厉的措施,严禁烟毒。英国鸦片商人则在英国政府的庇护下越来越多地自东南沿海输入鸦片贩卖。禁毒与贩毒的斗争日益尖锐。道光十九年(一八三九年)清廷在广州实行了"虎门销烟"的壮举。

一、道光帝诏谕禁毒

道光帝即位之初,即严厉查禁烟毒。道光十年(一八二一年)二月,据御史奏陈,山西太谷、介休等地发现私贩鸦片。道光帝随即下谕："将贩卖之人拿获,按律惩治,勿令渐染成习,有害民俗。"(《清宣宗实录》)十月,两广总督阮元奏报说："臣到任至今,会同海关监督破获鸦片之案与夫解官烧毁之鸦片,时时而有,但不塞其源,其流终不能止息。臣访得鸦片来路大端有三:一系大西洋(葡萄牙)、一系英吉利,一系米利坚。"(《鸦片战争档案史料》)他查出行商首领伍敦元包庇葡萄牙商人叶恒澍夹带鸦片贩运,请将伍敦元摘去前朝赏给的三品顶戴,以示惩戒,得道光帝谕准严查。英、葡夹带鸦片的商船被逐出珠江口外。同年八月,福建还曾奏报福宁府宁德县控指福宁南营兵丁煮熬鸦片。道光帝朱批："必须彻底严究,按律定拟。"(前引书)

次年二月,掌贵州道监察御史黄中模奏请严禁私贩鸦片、偷漏纹银出洋。嘉庆朝旧制,与外商贸易,只许货物交换,不准用银。但广东洋面偷漏白银出洋,日益严重。黄中模奏称："耗财伤生,莫此为甚。"道光帝谕:"通饬各省关隘,一体严密查拿。"又诏谕两广总督阮元、广东巡抚嵩孚,查禁纹银出口及鸦片进口,"惟当实力奉行,不得徒托空言"。十二月,再次敕谕阮元及粤海关监督达三"于通海各口岸地方并关津渡口,无论官船民载,逐一查拿,勿任负弁稍有捏饰"。(具见《鸦片战争档案史料》)

烟毒的输入,起初是明季葡萄牙商人以其强占的澳门为基地,将印度出产的鸦片贩卖到中国。乾隆时,英国设立在东印度殖民地的东印度公司垄断了鸦片贩卖,从而超过葡萄牙成为主要的鸦片烟贩。美国约在嘉庆时开始自土耳其等地向中国贩卖鸦片,道光初年迅速发展到年贩一千箱左右。这时英国的年销量已超过四千箱(每箱约一百斤),仍居主要地位。英、美、葡的鸦片贩卖,原来都以澳门为据点,经黄埔输入广东。道光帝严令各口岸查禁后,贩烟的活动转入广东虎门口外的零丁洋(伶仃洋),在停泊的趸船(趸音 dun,存货的浮船)上走私交易。从印度加尔各答至零丁岛开辟快速航线,十八天内即可到达。走私的鸦片,经零丁岛自海路运往福建、浙江及天津等处海口,转贩内地。英国的所谓"鸦片贸易"从而成为国际间的走私贩毒,利用行贿等手段收买沿途关卡的官吏、兵丁,以逃避清朝的禁令。广东海面缉私的官船也受贿放行。道光帝严令禁毒后,国际间的走私贩毒以零丁洋为据点,反而更加猖獗了。

道光三年(一八二三年)八月,道光帝命兵部和户部酌定失察鸦片条例颁行。诏谕说:"向来地方官只有严参贿纵之例,并无议处失察之条","嗣后如有洋船夹带鸦片进口并奸民私种罂粟煎熬烟膏,开设烟馆,文职地方官及巡查委员如能自行拿获究办,免其议处。其有得规(陋规)故纵者,仍照旧例革职"。失察的文武官员也要给以罚俸、降级等处分。这个条例在"严参贿纵"之外，又增加了"失察议处"的内容，并把云南等地出现的民间种烟熬烟也列入究办和失察之内，禁毒的措施更为严格，查处的范围也更为扩大了。

道光帝即位六年来陆续颁布禁毒诏谕，日益严厉，但鸦片的输入却在逐年增长。据不完全统计，道光元年进口鸦片上升到七千箱。道光四年，增加到一万二千多箱，是道光帝即位前的三倍。

鸦片走私的逐年增加造成了清朝白银的外流。在中英两国的商品的贸易中，清朝原来一直以丝、茶的出口处于出超的优势，直到嘉庆中叶，英国每年都要向中国输入白银，至少四五十万两，最多时超过一百五十万两。主要由于鸦片的走私贩入，道光六年（一八二六年）以后，白银由内流转而变为外流。道光九年（一八二九年）正月，福建道监察御史章沅奏报，粤洋通市，私易银钱，因走私鸦片致使外流白银，多达一年数百万两。白银的外流不仅使清朝失去了出超的优势，而且使清朝的财政以致整个社会经济都受到重大的冲击。清朝的货币，原是铜钱与银两并用。铜钱千文折白银一两。白银大量外流，造成银价上涨。一两白银可高达一千五六百文。作为清朝赋税命脉的漕粮与盐课，原规定交纳铜钱，由地方官府换成白银奏销。白银不断涨价，官府无法奏销，形成亏空，又不能不多方转嫁给纳税的商民。白银大量外流几乎使整个社会都蒙受了损害。

道光帝虽然颁布过严禁鸦片进口和纹银出口的诏谕，但英国商人以走私的鸦片换取走私的白银，与日俱增，不能禁止。道光帝严禁鸦片，原是着眼于风俗之害。白银大量外流，后果严重。饬令两广总督李鸿宾（道光六年五月，阮元调任云贵）议定《严禁官银出洋及私货入口章程》七条。李鸿宾奏报：英船"私带鸦片烟泥入口，偷买内地官银出洋。"建策"驯顺则准令往还，狡黠则严行驱逐。"道光帝谕"实力严查"，如英人仍"故作刁难，即不准开舱。"次年六月，又命李鸿宾与广东巡抚卢坤等拟定《查禁纹银偷漏鸦片分销章程》。禁止鸦片分销各省海口，流入内地。各海口委员、书役及守口弁兵，如贿纵或失察，分别治罪。道光帝谕准实行，上谕说"务当严饬所属实力奉行，有犯必惩。无得视为文告故事，日久又致有名无实。"道光帝此时已渐知下情，英商行贿走私，吏员受贿难于禁止。这年鸦片的输入又增加到一万七千箱左右，超过道光帝即位时的四倍。

　　鸦片烟毒流入内地，日益蔓延。东南沿海各省以外，东北的盛京（奉天）、西北的陕甘、西南的云南以至京师和直隶各地，共有十几个省区的城乡市县，都有众多的吸毒者。吸毒人上至宗室贵族、内侍太监、朝廷命官，下至缙绅、吏胥、兵丁、平民，遍及各个阶层。随着吸毒群的扩大，各地陆续出现私贩烟毒的群体，相互勾结、辗转牟利。一些省区不断出现私种罂粟熬煮鸦片贩卖。烟毒日益深入到中国社会的脏腑,贻害无穷。道光帝一再下谕,对吸毒者、贩毒者和私种熬煮严加惩治。但这些诏谕,不免被视为文告故事,有令而不能行,有禁而不能止。

二、英国走私贩毒的加剧

在人类历史上,无论任何时代,任何国家,制造、贩卖毒品,戕害民命以谋利,都是不可饶恕的罪恶,没有任何理由可以为之辩解。英国是当时世界上最发达的资本主义工业强国,又号为文明王国,王国政府对待所属英印机构和私商的走私贩毒活动,不但不加制止,反而多方支持、参与,甚至不惜动用武力加以保护,以攫取巨额利润和税收。清朝日益严厉禁毒,英国的走私贩毒,却日益加剧了。

推销白皮土——东印度公司所垄断的鸦片输出,原来主要是产于孟加拉等地的公班土(Beugall Opium)。印度麻洼(malwa)另生产一种质量较差的鸦片,被称为白皮土,主要由称为港脚商人(因港脚船而得名)的私商以低价向广州等地走私贩卖。售价只相当公班土的一半,因而行销渐广。约在道光帝即位前后,英政府对麻洼生产鸦片加以限制,并由东印度公司每年买进四千箱,再向私商拍卖。道光元年(一八二一年),改变办法,放弃垄断,听任私商推销白皮土,但要交纳高出一般商品税十倍的通过税。当年,东印度公司征收白皮土通过税即多达二十万英镑。私商的推销,也因而急剧增长。道光十一年(一八三一年)以后,公班土运销中国七千余箱,白皮土竟多至一万六千余箱。两者合计,共约二万四千箱,相当道光帝即位时的六倍。

扩大贩运——道光十三年(一八三三年)英国议会通过了取消东印度公司垄断权的法案,从而结束了该公司长达二百六十六年之久的亚洲贸易特权。这是由于此时的英国已控制了除信德和旁遮普邦外的整个印度,巩固了对印度的全面的统治权,也由于港脚商人势力的发展日益强烈地反对该公司的垄断。此后,港脚商人得以放手发展东方贸易,也得以放手向中国走私贩毒。贩毒商人最大的公司是怡和洋行,由毒枭查顿(W. Jardine)和马地臣(J. Matheson)两人经营,拥有走私商船十余艘。其次是宝顺洋行,也以走私贩毒为业,行商颠地(L. Dent)通晓中文,被称为"著名走私鸦片之奸夷",是最大的毒枭。道光十三年,走私贩毒的大小商行约有六十几家。十七年迅速发展到一百五十六家。洋行的贩毒不再沿用零丁岛趸船批售,而是各自备船,并制造快速的飞剪船,自澳门、黄埔、广州海面到福建的泉州、浙江沿海岛屿,甚至驶入内河,直接销售各地。贩运的数量也因而急剧增长。道光十五年销售中国的鸦片已突破三万箱,相当道光帝即位时的八倍半。鸦片烟毒像洪水一样泛滥于全国。

政府庇护——东印度公司的垄断取消后,英国的对华贸易由伦敦的联邦外交部直接管理。一八三三年议会通过的法案还自行规定,委任驻中国的商务监督。英国外交大臣巴麦尊(H. I. T. Palmerston)不经清廷同意,即任命一个海军军官律劳卑(W. J. Napier)为商务监督进驻广州,以接代东印度公司的大班。道光十四年(一八三四年)六月,律劳卑携带眷属乘英国兵船经澳门至广州,按照巴麦尊的指示,直接给两广总督投致公函,被两广总督卢坤(道光十二年接任)拒绝。卢坤命行商传告,按照清朝制度只能经行商转禀,不能直接通信。律劳卑自称是英国官员监督,应与各衙门公文往来。卢坤又批示行商传告,中外贸易"从无官为主持之事",律劳卑仍置之不理。八月,卢坤下令封舱,停止英国商船贸易。律劳卑拒不申请入境牌照,指令两艘兵船往虎门闯入内河,清兵开炮拦阻,英船回炮抗拒。卢坤调集兵船,陈兵布防,英船不得前进。英国商人则因停止贸易,利益受损。九月间,律劳卑只得退回澳门。不久,病死。卢坤下令开舱,恢复贸易。英政府改委原东印度公司的广州大班德庇时(J. F. Davis)为驻华商务监督。

商务监督是英政府委任的官员。巴麦尊在委任律劳卑时曾向他下达训令,明确任务。一是向广州以外地方推广英国商务势力,二是去中国沿海寻找可供英海军停驻的基地,三是不干涉和阻止鸦片走私。鸦片走私从来是英国政府的大利所在。英国外交大臣在任命商务官员时公然申明不干涉和阻止鸦片走私，以谋取巨额利税。这表明英国政府实际上已成为国际上走私鸦片的支持者、保护者和参与者，鸦片走私更加猖獗了。

三、虎门销烟

道光帝屡诏禁烟，禁而不止。英政府庇护走私，清廷禁毒更加困难。道光十六年（一八三六年）四月，太常寺少卿许乃济提出弛禁的建策，奏请开放禁令，变通办理，听任外商贩卖。内地种烟，依例征税。民众吸毒也予弛禁，只禁官员。道光帝将此奏章交两广官员议复。两广总督卢坤于是年病死任上。安徽巡抚邓廷桢调任两广总督，与广东巡抚祁𡎴、海关监督文祥在七月间联署奏复，请旨照准，并拟具弛禁章程九条奏陈。内阁学士朱嶟、给事中许球分别上章提出驳议，仍请严禁。八月初九日，道光帝又谕邓廷桢等，称"近日言者不一，或请量为变通，或请仍严例禁，必须体察情形，通盘筹划，行之久远无弊，方为妥善。"道光帝对弛禁与严禁之取舍，犹豫踌躇，但仍命邓廷桢于查拿贩卖奸民各节"悉心妥议，力塞弊源。"九月初，因御史姚元之奏陈纹银出洋事，又谕邓廷桢"实力稽查""严拿重惩"。邓廷桢奉旨查明许球奏章中所指广东外商情形具奏，又与祁𡎴、文祥会奏"当今急务，无论申禁弛禁，总以

杜绝纹银出洋为第一要义。"道光帝谕"总期银不出洋,行之有效,毋得徒托空言,务使名实相副。"(具见《鸦片战争档案史料》)

邓廷桢奉谕在广东严厉查禁贩毒。次年,道光帝陆续诏谕邓廷桢查拿纹银偷漏出洋;严缉私开窑口;缉办鸦片私贩;查禁外国商船越界贩烟。广东陆续奏报缉获匪犯一百四十四名、纹银及番银共一万一千六百余两,鸦片烟泥三千八百余斤。道光帝又谕令福建、浙江和盛京等地严禁鸦片贩卖,取得一定的成效。但查获的鸦片及出洋纹银都只是极少的数量。鸦片走私在英国政府支持下,与日俱增。道光十六年(一八三六年)输入三万四千多箱,十八年超过四万箱,相当道光帝即位时的十倍。

道光十八年(一八三八年)闰四月,鸿胪寺卿黄爵滋奏上请严塞漏卮以培国本摺,尖锐地提出"道光三年以前,每岁漏银数百万两。其初不过纨绔子弟习为浮靡,尚知敛戢。嗣后上自官府缙绅,下至工商优隶,以及妇女僧尼道士,随在吸食,置买烟具,为市日中。盛京等处为我朝根本重地,近亦渐染成风。外洋来烟渐多,另有趸船载烟,不进虎门海口,停泊零丁洋中之万老山、大屿山等处。粤省奸商,勾通巡海兵弁,用扒龙快蟹等船运银出洋,运烟入口。故自道光三年至十一年,岁漏银一千七八百万两。自十一年至十四年,岁漏银二千余万两。自十四年至今,渐漏至六千万两之多。此外，福建、浙江、山东、天津各海口，合之亦数千万两。以中国有用之财，填海外无穷之壑，易出害人之物，渐成病国之忧，日复一日，年复一年，臣不知伊于胡底。"（《鸦片战争档案史料》）他认为严查海口，因官员获利而不能禁，禁止通商并不能杜绝走私，查拿兴贩，严治烟贩，因与地方官吏勾通而不能查拿，禁止民种罂粟，更不能禁绝洋烟。他提出的禁烟办法主要是限令吸毒者一年内戒烟，逾期不戒，处以死刑。吸毒者"畏刑感德，革面洗心，如是则漏卮可塞，银价不致再昂。"全国吸毒者人数，没有确切的统计，总在二百万人左右。黄爵滋提出以极刑示警的办法，朝臣多有异议。但他所奏陈鸦片吸食者日众，白银外流逐年增多等情形之严重，却不能不使道光帝震惊。道光帝将此奏章下发，谕盛京、吉林、黑龙江将军和直省各督抚"各抒所见，妥议章程"。九月，各省意见陆续奏到，谕军机大臣与刑部拟议禁烟章程，宗人府参与会议。又将吸食鸦片的宗室王公二人削爵，奏陈弛禁的许乃济降级休致，以示朝廷决心禁毒。

湖广总督、福建侯官人林则徐原在江苏巡抚任内，曾随同两江总督陶澍于道光十二年七月会奏，请搜查英国船只，陈兵海上示威，道光帝严词批驳。说："若因此别生枝节，致启衅端，则责有攸归，该督筹自问能当此重咎乎。"对陶澍、林则徐传旨严行申饬。（《宣宗圣训》卷一零一）道光十六年（一八三六年）林则徐署

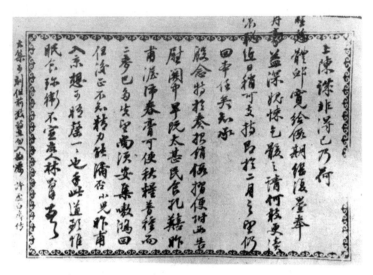

林则徐《答戴绚孙书》手迹

两江总督兼两淮盐政,著有政绩。次年正月,道光帝召见,授任湖广总督。十八年五月,黄爵滋奏章下发后,林则徐上章附和黄议,并提出戒烟一年期限,可分为四限,逐渐加重治罪以及缴烟具、惩开馆、治失察、收烟土等六条章则。上奏后随即在湖广发布禁烟告示,去武昌、汉口等地收缴烟具,发放戒烟药丸。至六七月间,汉阳、江苏两县收缴烟具一千二百余件,收没鸦片烟土、烟膏共一万二千余两。湖南查获烟贩十余起,收缴烟枪六千五百四十余杆。八月,奏报清廷,道光帝诏谕嘉奖。林则徐随后又上一折,恺切陈奏"迨流毒天下,则为害甚巨,法当从严。若犹泄泄视之,是使数十年后，中原几无可御敌之兵，且无可以充饷之银，兴思及此，能无股栗。"（《林则徐集》奏稿中册）道光帝览奏震动，九月二十六日，急召林则徐来京陛见。

十一月，林则徐奉召到京。在此以前，署四川总督苏廷玉、署直隶总督琦善、两江总督陶澍、山东道监察御史黄臻、太仆寺少卿杨殿邦、闽浙总督钟祥、山东巡抚经额布等满汉大臣相继上章，奏陈查禁烟毒办法。林则徐来京陛见，道光帝在八天之内，先后召见八次，密商禁毒方案。随即加授林则徐钦差大臣关防（条印），节制广东水师，去广东专任查办鸦片及纹银出口事。又谕两广总督邓廷桢会同查办，"为中国祛此一大患"。清朝立国以来，满汉大臣的封授，畛域分明。林则徐以汉人湖广总督超授钦差大臣，为前此所未有。这表明道光帝此时决意倚用林则徐，严厉禁烟。一场轰轰烈烈的禁毒斗争展开了。

十二月，林则徐奉旨离京，经安徽、江西去广东。行前向同行师友征询禁烟之策。礼部主事龚自珍是当时卓有识见的名士。自撰"送钦差大臣侯官林公序"，深情送别，建言禁毒十事。道光十九年（一八三九年）正月二十五日林则徐到达广州，在越华书院住宿。随即与两广总督邓廷桢、广东巡抚怡良、水师提督关天培、粤海关监督豫堃等人，会商禁烟办法。二月九日召见各行商，传谕禁毒。当时鸦片烟土多贮存在洋面趸船之上。林则徐命洋商传告英美等国鸦片商人，将船上违禁贩运的鸦片烟土全部呈交,并出具甘结,保证今后不再贩毒,如有违反,人即正法。限三日内回禀。三天之后,林则徐查知英国宝顺洋行的毒枭颠地从中阻挠破坏,随即札饬广州府传谕英人"速将颠地一犯交出,听候审办。"(《信及录》)

英国原在广州设置的商务监督,自律劳卑被拒后,即委广州大班兼任。一八三六年末,英国政府任命驻在澳门的第二商务监督义律(C. Elliot)为驻华商务监督,统管广州、澳门等地商务。次年三月,义律依清朝规定向两广总督呈禀,自称领事,得清廷允准驻广州,兼驻澳门。义律得知林则徐饬令审办颠地后,于道光十九年(一八三九年)二月初十日自澳门来广东,去到行商的商馆颠地住所,企图掩护他潜逃,并通告英国鸦片商人,抗拒交烟。林则徐得知义律的举动后,随即下令将停泊黄埔的外国货船封舱,暂停贸易。又谕行商伍绍荣等不准为外商雇赁搬运工人和船只。各商馆中雇佣的中国买办人役等一律撤出。商馆周围的通道戒严,布设兵弁防守,稽查出入。义律和三十余名英国毒枭们被围在商馆,饮食起居,都难于自理。义律禀呈邓廷桢,请发红牌离粤,遭到拒绝。二月十二日,林则徐颁布"示谕夷人速缴鸦片烟土"文告,斥责贩卖烟土"真是谋财害命""贻害民生",劝谕呈缴鸦片,恢复正当贸易,仍可致富,"既不犯法,又不造孽"。

二月十六日,义律以不列颠女王陛下政府的名义并代表政府责令英国商人交出鸦片,以便转交中国政府。鸦片的价值,"将由女王陛下政府随后规定原则及办法。"(《中国通信汇编》,引自杨国桢《林则徐传》)次日,禀呈林则徐,愿负责呈交英商趸船的全部鸦片二万二百八十六箱。林则徐与邓廷桢商议后,随即为外国商馆送去牛羊等食品,以示奖赏。又传谕美国等国领事,禀报呈交鸦片数目。

林则徐准义律派遣副监督参逊(A. R. Johnston)赴澳门洋面招徕趸船交烟,佛山同知刘开域等同行。制定"收缴趸船烟土章程",由水师提督关天培率领兵弁在广州附近的虎门外龙穴岛收缴。二月二十七日林则徐与邓廷桢、豫堃等亲赴虎门沙角炮台督办验收。至四月初六日,共收缴二十二艘趸船上的鸦片烟土一万九千一百八十七箱,二千一百一十九袋(约合一箱),基本上实现了尽数收缴的目标。

林则徐初战获胜,奏请道光帝,将收获的鸦片烟土解运京城销毁。道光帝采监察御史邓瀛的建策,谕令林则徐、邓廷桢率文武兵弁,就地目击销毁,以使中外商民"共见共闻,咸知震詟。"林、邓得旨,与关天培等详密筹划,择定虎门海滩,挖掘大池两个,引盐卤水入池,投入烟土浸泡,夹以石灰使烟土糜烟销溶。

道光十九年(一八三九年)四月二十二日,钦差大臣林则徐由广东巡抚怡良、海关监督豫堃两位满人大员陪同,登上礼台,鸣响礼炮,开始了虎门销烟的壮举。

由于鸦片烟土数量巨大,投池销烟,历时二十天。收缴的烟土全部销毁,只留各类鸦片样品六箱解京。销烟过程中,远近商民前来围观,拍手称快。来自澳门的英美商人、传教士等被允许到现场参观,并受到林则徐的接见。林则徐告以走私鸦片,今后仍将严惩,正当的商业贸易则仍予优惠,不受牵累。整个销烟过程部署周密,积存待销的烟土,偶有不法之徒企图偷窃,即被逮捕严惩。中外观者无不为销烟的认真彻底而叹服。曾在广州兴办印刷所并任澳门《中国丛报》编辑的美国文人卫三畏(S. W. Williams)在所著《中国总论》(一八四八年出版)中说,中国皇帝宁愿销毁害民之物而不用之以谋利,是世界史上仅见的事例。他称赞虎门销烟"全部事务的办理,在人类历史上也必将是一个最为卓越的事件"。(译文引自牟安世《鸦片战争》)虎门销烟震动了清廷朝野,也曾获得外国人士的赞誉。林则徐马到成功,一举取得禁毒斗争的重大胜利!

林则徐到达广州后,曾颁布禁烟章程十条,对广东地区的贩毒吸毒严加惩治。在收缴外商鸦片约略同时,已在广东各地收缴烟土烟膏四十六万余两,烟枪四万余杆,逮捕贩毒吸毒人犯一千六百名。在广东的影响下,东北、西南边疆各地的禁毒也取得不同程度的进展。五月初,大学士敬敏等遵旨会议拟具严禁鸦片章程六十九条上奏,道光帝谕准颁布,在全国范围内严厉禁烟。

　林则徐缴烟销烟,曾经一番周折,但大体上较为顺利,因而认为外商具结,更是易事。他自拟具结条式,内称:"嗣后来船永不敢夹带鸦片,如有带来,一经查出,货尽没官,人尽正法,甘愿服罪。"原被围在商馆的颠地等十六名毒枭具结后随义律离广州去澳门出境。林则徐传谕义律督促各国商船具结贸易。义律置之不理,并要求在澳门装卸货物,被林则徐拒绝。五月间,美国商船相继遵照具结,开进黄埔贸易。英商也拟具结,被义律阻止,令英国商船撤出广州,不准开进黄埔贸易,又纵容英商继续在海面走私贩毒,标售鸦片。林则徐严拿与英商串通的中国鸦片贩子,亲自审处,并没收鸦片销毁。随后又向外商发送甘结式样,颁布英文告示,劝谕具结通商。

　五月二十七日,英船水手在九龙尖沙咀登岸酗酒闹事,打死当地军民林维喜。义律在当地处理此事,说是出于误会,给予受害人家属一千五百元赔偿了事。林则徐查明此事,六月二十三日派员到澳门告示义律交出凶犯,交由清朝官府审判处死。七月初四日,义律私设法庭审理,邀请中国官员旁听,被林则徐拒绝。义律声称要按照英国律例审问罪名,不交罪犯。

　销烟以后发生的具结与交凶的争议,实质上是英国人在中国地方犯法(贩毒、杀人),应不应该由中国

48

政府审处？义律不准英商具结服法，又不交出杀人正凶，实际上是要把英国曾在土耳其等地实行的"治外法权"即所谓领事裁判权，乘机推行于中国。林则徐素来留心外国事务，又悉心调查原委，坚决维护中国主权，不肯退让。具结与交凶之争实际成为侵权与护权之争，矛盾日益激化。七月七日，林则徐沿用原来行之有效的办法。布告断绝澳门英国商人的食物供应，撤出中国买办和服役的人工。两日后，澳门同知蒋立昂送呈义律审讯罪犯的禀帖，林则徐批复说："查该国向有定例，如赴何国贸易，即照何国法度，其例甚为明白。""若在伊国地方，自听伊国办理，而在天朝（清朝）地方，岂得不交官宪审办？"与邓廷桢会衔再次谕令义律速交凶犯。义律自澳门退至尖沙咀船上，拒不接受林、邓的谕令。林则徐告谕澳门葡萄牙总管将英国商人全部逐出澳门。七月十八日，英商五十七家陆续迁往尖沙咀等地英国船上暂住。林则徐在香山县颁布告示：未带鸦片的外国商船应进口贸易，不得逗留洋面。夹带鸦片者应立即呈缴，可免议处，仍准进口贸易，不愿进口者即可回航，不予追究，并重申立即交出杀人凶手。

四、洋 面 退 敌

林则徐到达广州后，在筹办缴烟具结等禁毒事务的同时，已着力加强沿海兵力，以防英国的侵扰。广东虎门等炮台原有大炮二百七十余门,但炮径狭小,多年不用,多已锈蚀。林则徐自国外密购西洋大炮二百余门,命水师提督关天培整顿广东水师,惩治腐败的军官,加紧操练士兵,又招募民间丁壮五千,给予训练,以加强作战能力。在尖沙咀和官涌修建炮台,以捍卫虎门。截断与香港间的海道。对于英船可能的来侵,也拟具了防卫的计划和作战部署。

义律对具结和交凶,拖延不办,蓄谋发动武装侵略,进行威胁。道光十九年(一八三九年)三月,即曾要求英国印度总督派兵舰来中国。七月二十三日,英兵船窝拉疑(volage)号佩带二十八门大炮驶抵香港。随后装配大炮的海阿新(Hyacinte)号也到达中国海面。义律恃有武力,在以后数月间接连发动了多次武装侵扰,均被清军击退。

九龙战争——七月二十五日,义律恃有兵船作后盾,向广东官府提出书面抗议,要求接济需用物品。两日后义律与窝拉疑号舰长士密(H. Smith)乘装有十门回旋炮的兵船及巡洋舰、快艇,直驶九龙山口岸向清水师递送信件,声称如不供应物品,即将水师兵船轰沉。在交涉间,突然采取敌对行动,向清水师发炮,清兵一名中炮身亡。清水师大鹏营参将赖恩爵随即下令开炮还击。英船一艘被击沉,主舰前来助战,又被清兵大炮击退。战斗持续约三个小时,时近黄昏,英船败退。英军死伤多人。林则徐奏报此次战况说:"查英夷欺弱

50

畏强，是其本性。向来师船未与接仗，只系不欲衅自我开，而彼转轻视舟师以为力不能敌。此次乘人不觉，胆敢先行开炮，伤害官兵。一经奋力交攻，我兵以少胜多，足使奸夷胆落。"（《林则徐集》奏稿）

义律败后，八月初七日写信给清澳门同知蒋立昂要求进行谈判，和平解决。林则徐命蒋立昂在澳门与义律会晤，义律答复英船若搜出鸦片，货物没收。英船具结，违者驱逐。杀人凶犯按英国律例审处。林则徐批复具结必须写明"如有夹带鸦片，人即正法"，凶犯限十日内交出。义律虚与周旋，拒不接受。谈判陷于僵局。

穿鼻战争——义律阻挠英商具结，进行正当贸易的英国商船长期停泊洋面，损失日剧。九月十日，英商船担麻士葛号申请具结，获准进黄埔口岸贸易。随后，英船皇家萨克逊号也申请具结进口。九月二十七日，义律令窝拉疑号和海阿新号两艘巨舰开到穿鼻洋面，截住去往黄埔的通路，迫令英船折回。次日，窝拉疑号船长士密向皇家萨克逊号开炮阻行。水师提督关天培率水师船五只前来，士密突发大炮攻击，关天培下令开炮还击。两军激战一小时，清船三只被击沉，兵丁死伤数十人。英国两舰均被清水师大炮击中，士兵伤亡落水，英船撤退。

官涌战争——英船自穿鼻洋退驻尖沙咀，见清军在官涌山上修筑炮台工事，派出士兵刺探军情。清营

51

参将陈连升出兵捉拿,打伤英兵二名,余众逃走。九月二十九日凌晨英兵船排列海面,向清官涌军营,发炮仰攻。清军发炮反击,英船败退。林则徐得报,增调官兵二百名与乡勇增援官涌,又令关天培调去大炮六门,加强兵力。十月初六日,英兵船在正面开炮,小船扑岸,百余名英兵抢上山岗。清坊城营把总刘明辉领兵下山,砍伤来犯的英兵数十人。次日,英船又至官涌东之胡椒角开炮试探,清军开炮击退。初六日,林则徐增调的官兵,齐集官涌,安装六门重炮。英船再次发动炮攻,清军兵分五路,重炮齐发,激战两小时。英军败逃。初八日,又有英国武装商船两只率领小船十余只,驶近官涌。清守军发现后,随即开炮猛攻。英船多利号连中两炮,不敢回击即仓皇逃遁。英船在官涌败退,分散到外洋停泊。

林则徐指挥清军连续挫败英船的侵扰,喜不自胜。九龙战后,曾上京报捷。官涌获胜,再次奏报大胜。道光帝在接获九龙战报后,诏谕林则徐说:"既已大张挞伐,何难再示兵威?"又谕示:"日后再有反复,即当示以兵威,断绝大黄茶叶,永远不准贸易。"(《筹办夷务始末》卷八)接到穿鼻官涌战报后,十一月初八日,再次下谕称:"彼时虽加惩创,未即绝其贸易,已不足以示威","著林则徐等酌量情形,即将英吉利国贸易停止。所有该国船只,尽行驱逐出口,不必取具甘结,其殴死华民凶犯,亦不值令其交出。""并著出示晓谕各

国,列其罪状,宣布各夷。"(前引书)

林则徐奉到前谕后,商同邓廷桢、豫堃于十一月初一日宣布停止英国贸易。英商在此以前已卖货给别国者,仍准具结进口,并允许已具结的英船皇家萨克逊号驶进黄埔贸易。十一月二十八日接到道光帝初八日的诏谕,对林则徐力争的具结交凶两事,予以批驳,不了了之,又明令对英停止贸易。林则徐不得不遵旨于十二月初一日正式宣布封港,驱逐英国商船出口,断绝一切贸易。

清廷昧于世界形势,历来以"天朝"自居,视他国为蛮夷。自认"天朝无所不有",对外贸易是对外夷的"恩惠","如不驯顺,即断绝通商",把断绝通商作为制裁的手段。道光帝即位之初在颁给浩罕的谕旨中即曾一再申明此义,现在对待英夷仍沿故智,满以为英国商业利益受损便会慑服。殊不知这时的英国政府已决定派遣重兵对中国进行武装侵略了。

第二节　英国的武装入侵

道光二十年(一八四〇年)五月,以英国女王名义派遣的英国军舰开到中国海面,发动了对中国的武装入侵。

道光十九年三月,林则徐去广州收缴鸦片时,义律即向英国外交大臣巴麦尊(H. J. T. Palmerston)报告一切，要求英国以武力占领舟山，封锁广州。此后，他又一再请求巴麦尊派海军来中国。颠地等毒枭回到伦敦后，也不惜巨金，多方活动，要求英国政府出兵索取赔偿，受到巴麦尊的接见。八月间(一八三九年十月)，英政府召开内阁会议听取巴麦尊的报告，决定派遣一支海军舰队到中国海远征。随后，任命义律的堂兄乔治懿律(George Elliot)为远征军总司令，全权公使，义律为副总司令、副使，率军封锁珠江，占领舟山群岛，北上威胁清廷。道光二十年三月(一八四〇年四月)英国国会下议院就此事展开辩论，反对党托利党激烈反对执政党辉格党提出的侵华方案，但最后还是以五票之差的微弱多数通过了出兵远征的作战计划。

英国侵略军于六月到达中国海上，有军舰十六艘，载炮五百四十门，武装轮船四艘，运兵舰一艘，运输舰二十七艘，多兵种陆军四千人，另调孟加拉联队一队和两个工兵团。出兵前已拟定作战目标：索取缴销鸦片的价款、商馆被围的赔偿、行商欠付的债务和英军远征的军费，割让沿海一个岛屿以保证英商的安全。显而易见，这并不是由于某种国际纠纷而发生的一般性的冲突，而是武装保护走私贩毒，讹诈勒索，进而强占中国海岛的海盗式的掠夺。英国一位托利党人格兰斯顿(Clad Stone)说："我不知道而且也没有读到过在起因上还有比这场战争更加不义的战争，还有比这场战争更加想使我国蒙受耻辱的战争。""那面国旗的升起是为了保护臭名远扬的走私贸易。"（贺尔特 E. Holt：《在中国进行的鸦片战争》，译文据《剑桥中国晚清史》中译本页二一二转引）

一场由英国毒枭和战犯们发动的不义的、永久耻辱的侵华战争爆发了。

（一）英国远征军的侵掠

一、入侵定海、强占香港

林则徐奉旨宣告断绝英国贸易时，被任命为两广总督（原调两江，未赴任）。道光二十年（一八四〇年）正月初一日正式接篆。原两广总督邓廷桢改任两江又改任云贵，未及赴任又调任闽浙总督。贸易断绝后仍有英国商船在铜鼓洋海面雇佣渔船和疍民的小艇走私鸦片，林则徐用大小火船在深夜火攻，正月二十七日烧毁载运烟土船二十三只，擒拿烟犯多名。同时又修造炮台，购置西方船炮，训练兵勇，加强防务，做抵抗英军来侵的准备。

英国侵略军到达广东海面，下令封锁广东珠江海口，不准中国船只出入。侵略军主力沿海北上。携带巴麦尊致中国大臣的信件，指责林则徐侵犯英商利益，借此敲诈勒索。六月初四日懿律率英军到达厦门海面，派出布郎底率军舰向厦门水师提督投递信件。水师提督陈阶平不在厦门,署厦门同知蔡观龙、守备陈胜元拒绝接受。英舰以开炮相威胁,清水师还击,英舰退去。

英国另一支侵略军由英海军司令伯麦(Bremer)率领,有军舰五艘轮船二十四艘,六月五日,到达浙江定海。定海县位于舟山岛南部,统辖舟山群岛,英国侵略者早已蓄谋侵占。清朝定海水师毫无戒备,还误以为是商船入港。次日,英舰陆续结集,向清船投送汉字文书。无理要求"定海县主,速将所属海岛堡台一切投献。惟候半个时辰,即行开炮轰击。"(夏燮:《中西纪事》)清定海县知县姚怀祥招募乡勇,仓促设防。六月七日下午,英舰威里士厘号炮轰清水师兵船。水师提督张朝发中炮落水,救起后身亡,水师溃散。英海军司令布尔利(C. Borrell)指挥陆军登岸强占东岳山炮台,炮轰定海县城,清守军还击溃败。英军于次晨占领定海县城。定海知县姚怀祥投湖自杀殉国。英国兵士入城后,或数十人或百余人结成一伙,闯入居民住房,大肆抢掠。居民的衣服、财物、食品、牲口等都被抢掠一空,桌椅、字画、日常用品等被抛掷街道,遇有抵抗便刀砍枪杀,定海城内尸横遍地。号为文明大国的"远征军"竟是这样一伙野蛮的强盗!

英军侵占定海后,懿律和义律率舰只来到,发布告示,宣称定海一切政务由英陆军司令布尔利管理。随后派船去宁波、镇海投递书信,均被拒绝。英军在乍浦

56

开炮,遭清军还击,退走。七月,英舰威里士厘号由舟山起航北上,经山东半岛驶往天津,向直隶总督琦善递送敲索文书。

定海失陷,败报传到京城。道光帝将浙江巡抚乌尔恭额革职。调福建提督余步云去浙江会剿。命两广总督伊里布为钦差大臣,去浙江查办,收复定海。又诏谕沿海各省加意防堵。谕直隶总督琦善,英船倘驶至天津求通贸易,不能转奏。

道光帝自即位以来,就把严厉禁烟与"勿启边衅"作为两项并行的方针。西北战乱之后,灾害频仍,财政拮据,清王朝不具有开战的经济实力,也不具备对英作战的军事实力。林则徐去广东布防,购用西方船炮,是深知旧式的军事装备不敌西方。既要严厉禁烟,又能不启边衅,是道光帝理想的目标,也是他多次昭告林则徐的谕旨。英国军舰北上威胁京畿。七月初九日,琦善奏报天津港口筹防情形,称英夷远来"显怀异志,不可不严兵戒备"。七月十二日,道光帝谕:"据琦善奏,驰赴天津海口亲督筹备,并预调兵丁驻集防堵,其宁河等处海口一体防御等语,所办尚属周妥","如该夷船驶近海口,果无桀骜情形,不必遂行开枪开炮。倘有投递禀帖情事,无论夷字汉字即将原禀进呈。"不必开炮,接受禀帖,道光帝这道谕旨表明"勿启边衅"正是他此时首要的考虑。

琦善仰体道光帝的避战意向,遵旨行事。两日后,

57

懿律、义律率领英舰聚集到大沽口外,派人投递致直隶总督的信件。琦善接信后,派千总将巴麦尊的来函取回,呈道光帝御览。这封由英国外交大臣签署的官方文书,着意攻击林则徐的禁烟,提出英国商人的利益和女王政府的尊严,随后按照出兵前的既定计划,向清廷提出五项敲诈勒索的要求。一、赔偿烟价,二、对英国官员依西方惯例接待,三、割让岛屿给英国,四、清还商行欠款,五、偿付英国远征军的一切费用。道光帝阅后,密谕琦善,将禁烟之事归咎于林则徐"未能仰体(皇帝)大公至正之意,以致受人欺蒙,措置失当","必当逐细查明,重治其罪"。对于所提各项要求,据理驳回。八月初四日,琦善奉旨到大沽南岸与义律谈判,历六小时而无结果。八月初六日,懿律、义律照会琦善,说清廷对多项要求"款款不允",本统帅将饬令军师相战。琦善奏闻后,道光帝于初九日谕"令其返棹南还,听候办理。倘该夷始终坚持,该督总当相度机宜,妥为措置"。十九日,琦善递懿律照会两件,劝说返回广东商谈。在第二件照会中说:"虽明知烟价所值不多,要必能使贵统帅有以登复贵国王,而贵领事亦可申雪前抑。"(《鸦片战争档案史料》)示意先去广东,赔偿事也可商量。懿律确认清政府极力避免战争,所提要求将被接受,八月二十日复函琦善,起航南下去广东商谈。

道光帝得知英军离津南下,八月二十二日在琦善奏呈的照会稿上批示:"所晓谕者,委曲详尽,又合体

58

统,朕心嘉悦之至。"随即命琦善为钦差大臣往广东查办。九月初三日谕斥林则徐等"办理不善",林则徐、邓廷桢交部分别严加议处,命琦善署两广总督。五天之后,谕林则徐、邓廷桢不必来京,革去原职,去广东"备查问差委"。

懿律与义律率兵舰南下,八月到达定海。侵占定海的英国陆军,此时已进驻逾四个月。城中被屠掠后,疾病流行,居民多逃往城外山林避难。英军供养匮乏,病疫严重。四个月间,病死四四八人,因病住院治疗者多达五千余人次。英炮兵陆军上尉安突德(P. Arstruther)在定海城南山中测量地势,被村民发现,将他擒拿。英运输舰风鸢号(kite)驶近余姚号海岸搁置,船员二十多名被当地清军俘虏。奉命收复定海的清钦差大臣伊里布与余步云等到达镇海,见道光帝意在避战,奏陈:"严密防守"、"密为部署",实则按兵不动,以观望形势。英国去定海的远征海军司令伯麦致函浙江巡抚乌尔恭额索还俘虏。伊里布以乌尔恭额名义照会伯麦称钦差大臣已到此,以英军交还定海作为换俘的条件。懿律等到达定海后,命义律去镇海与伊里布、余步云商谈,双方各执一端,不得结果。懿律在照会中称交还定海本可在广东会议中一并商议。伊里布见索城无望,但愿英军早日启程,免开衅端。双方协议,由懿律发布停战通告;双方不得逾界(英军占领舟山群岛地界),不阻止民众往来,英军不得扰民。伊里布发布

59

"晓谕定海居民告示",称本大臣不复攻击,居民"各安耕读,各保身家,如果夷人并不向尔等扰害,尔等不得复行查拿。"所谓协议,实际上是承认了英军占领定海和舟山各岛的现状,双方休战。懿律等率英舰南下广东。

十月二十七日,懿律率领英舰队到达澳门。半月之后,琦善到达广州。懿律因病辞职,由义律任全权公使,伯麦担任舰队司令。以义律为一方,以琦善为一方的交涉展开了。

此时的道光帝仍拘于传统观念,以天朝自居,视英国为蛮夷。误以为只要应允"昭雪申冤"(惩治林则徐),施恩通商,便可驯服。此时的英国政府在工业革命后自诩为文明大国,实际上也是以世界上的"天朝"自居,视东方的黄种人为落后的种族,以为依恃武力震慑,便可征服。此次交涉,史家或称之为"会谈"、"谈判"。清廷的诏谕实为"查办夷务"。英国巴麦尊的训令,则是以武力威胁勒索,"用大炮说话"。

琦善到广州后,对奉旨在广州"备查问差委"的林则徐置之不理,并奏报他种种措置失当。倚任路过山东时招雇的曾是颠地的买办略通英语的鲍鹏作为交涉的中介,传递照会。一个多月间,双方往来照会多达十五通。义律坚持前递巴麦尊信中的各项要求,步步紧逼。琦善自称"不惜颖脱唇焦,与之多方磨折",逐步退让。称缴毁的鸦片不能由清廷赔偿,但可私下筹措五百万元偿付烟价，后又增至六百万元。又应允代向清帝奏请，在广州之外开辟一口岸，在船上交易通商，不登岸留住。其余各款拖延不受。义律要求琦善当面会谈，琦善不允。十二月十三日义律照会琦善，将依照巴麦尊训令，武力解决。

十二月十五日英国侵略军发动了对零丁洋面虎门口的沙角炮台和大角炮台的进攻。林则徐去任时曾与水师提督关天培在虎门炮台布兵设防。英国从海上正面进攻沙角，派遣陆军自山后登岸直到山顶，居高临下，从背后袭击清炮台守军。清水师协台陈连升中弹战死，守军坚持抗敌，战斗自晨至午，死二百七十人，伤

虎门炮台

节兵义坟墓碑

四百六十多人。陈连升子陈鹏举也在作战中阵亡。沙角炮台失守。英军对大角炮台的进攻，也是以兵舰炮攻，派陆军登岸，经一个多小时占领了大角。

英军占领沙角、大角后，英国远征军司令伯麦照会清水师提督关天培，说："顺理讲和"方可停战。关天培照复，来照已转呈琦善。义律与伯麦又照会关天培，提出占领沙角、管理广州贸易并办结赔款、割让岛屿等条件，限三日内答复。琦善复照义律以英军交还定海为条件，所称给予外洋寄居一所，愿代为奏恳，但不能给予沙角。义律在得到复照的当天，即复照琦善，说："今拟以尖沙咀洋面所滨之尖沙咀、红坎即香港等处，代换沙角予给，事尚可行。"（佐佐木正哉编，《鸦片战争研究》资料篇）道光帝二十年十二月二十三日，琦善照会义律，说尖沙咀与香港只能择一处地方寄寓船舶，代为奏恳。次日，义律复照提出"以香港一岛接收为英国寄居贸易之所"，要求与琦善面议

62

订约。道光二十一年(一八四一年)正月初四日琦善到虎门与义律商谈。但此前一日,英国侵略军便已强占了香港。

香港岛位于珠江海口,邻近广州和澳门,是英国侵略者和鸦片商人们早已觊觎的海岛。道光二十年十一月,琦善曾奏陈:大屿山与香港岛是英国所垂涎,如或给予,流弊不胜言,"不能准其两处"。义律提出以香港为"英国寄居贸易之所",琦善允予代为奏恳。义律见有机可乘,不待琦善奏陈,便由伯麦率领英军抢先占领,造成既成事实,胁迫清廷承认。香港岛居民和驻军多在岛上南部地区,北部居民稀少,无清军设防。道光二十一年(一八四一年)正月初三日上午,伯麦命英舰硫磺号自大屿山西南驶向香港岛北部的大笪地登陆,在岛上升起了英国国旗。初八日,向清军大鹏营副将赖恩爵发出照会,诡称义律与琦善已"说定诸事","议将香港等处全岛地方让给英国主掌"。要求岛上清军撤退。初十日,义律与伯麦又在岛上发布告示,说香港等处居民"现系归属大英国主之子民"。(《奕山会办广东军务摺档》,引自中国史学会编《鸦片战争》资料第四册)义律等人在文书中把琦善的"代奏"改为"说定",英国的"寄居"改为"主掌",香港居民也于是变成了"英国子民",倒换概念,欺人自欺,以兵舰加谎言偷占了中国的香港。

二、清军南下剿办

英国远征军的节节入侵,打破了道光帝恩准通商勿启边衅的幻想。

英国攻打沙角、大角炮台后,道光帝于道光二十一年(一八四一年)正月初三、初五接连收到奏报,即决心出兵作战,下谕说:"惟有痛加剿洗,聚而歼旃,方足以彰天讨而慰民望。"著钦差大臣两江总督伊里布进兵收复定海,沿海各省洋面"迅赞肤功,共膺上赏,朕实有厚望焉"。(《鸦片战争档案史料》)随后又命御前大臣、领侍卫内大臣奕山为靖逆将军赴粤剿办,收回香港。户部尚书隆文、湖南提督杨芳为参赞大臣,驰赴军营。谕广东将军阿精阿等阅练兵勇,储备军需,待奕山到后协力进剿。林则徐、邓廷桢协办夷务。琦善因失沙角,交部严加议处。广东水师提督关天培革去顶戴,戴罪立功。在沙角作战中捐躯的陈连升父子,因"忠义可嘉",加恩加等赐恤。

琦善在对英交涉中曾几次奏陈英国兵势强劲,火炮猛烈,清军抗战实无把握,因而在交涉中着意拖延时间,力求避战媾和。朝中重臣都奏陈不能一味退让,请出兵收复定海。道光帝剿办诏下,抗敌正气为之一振,收到"慰民望"的效果,但事出仓促,并无周密的作战方案,面对强敌,形势是严峻的。清廷财力匮乏,军需困难。兵源虽可从各省遣调,但士兵缺乏训练,更无海上作战经验，难以御敌。林则徐去广东布防，兵船火炮均购自外国。清军武器装备不敌英军，已是人所共见。此外在广东海面作战还存在若干不利的因素。（一）广东海口设置炮台，意在防守阵地。英舰远来，海陆军协同作战，得胜则登岸掳掠，不胜则游弋海面。清守军不能出海追击，处于被动的局面。（二）英国侵略军早自律劳卑来华时，即蓄意多方刺探军情，又收买汉奸了解沿岸地理形势，守兵部署情况。故沙角之战，可以居高制胜。清军对英海陆军的内部状况和惯用的战略战术，所知甚少。敌军知己（清），清军并不知彼，作战是艰难的。（三）广东与福建、浙江守军，各守一方，分散作战，缺少周密的部署和配合。英国侵略军统一指挥，集中行动，得以往来海面，各个击破。（四）道光帝自边远各地调来援军，不熟悉广东情势，不利于沿海作战。任命的将帅伊里布、奕山、杨芳等将领都没有海上作战和对英作战的经验，面临大敌并不能实现道光帝的"厚望"。道光帝下诏出兵抗敌自是反侵略的正义之师，但克敌制胜的希望是渺茫的。

收回定海　奉诏去浙江收复定海的钦差大臣两江总督伊里布于正月十一日奏称琦善正在抚谕英夷，请暂缓进兵。十九日道光帝接到奏报愤怒，免去伊里布钦差大臣，另任江苏巡抚裕谦（蒙古镶黄旗人）为钦差大臣去浙江会同提督余步云攻剿。此时英国因定海不宜久驻，已决定放弃定海南下。义律照会琦善以割让香港作为交还定海的条件。伊里布得到琦善的咨文，不待裕谦到任，即抢先派员与定海英军联络。英军重提释放俘虏的要求，伊里布将俘虏送往英军营。二月初五日，英军舰队自定海启航，南下广东，初七日，伊里布奏称"初四日午刻，我兵齐抵定海，""城内各夷立刻纷纷退出，我兵整众入城。"十四日，道光帝览奏，认为"可见逆夷并无能为"，斥责伊里布"观望迟延，株守数月"，"直到探明该夷愿交定海确信，始行遣将带兵前往"，将伊里布拔去双眼花翎，革职留任两江总督。

虎门口大败　道光二十一年（一八四一年）正月初四日，英军侵入香港后，义律邀约琦善在虎门会晤签约。琦善称病磨延，互致照会。琦善提出酌拟英人在香港地方一处寄居及来粤通商章程稿四条，被义律拒绝。义律提出自拟的草案，有"中国皇帝批准，将香港一岛给予英国国王"等七条，迫令琦善签署。这时琦善接到"交部严加议处"的谕旨，正月二十三日奏称"此后该夷再来投文，自当遵旨拒绝"。两天后又接到义律的照会，限令在西历二月二十日（夏历正月二十九日）前签署，否则开战。琦善复照诈称有病，病好再议，义律不理。

二月初三日（西历二月二十三日）英国舰队对虎门炮台发动了进攻。

虎门口在珠江海口，因地处大虎山与小虎山两岛之间而得名，是零丁洋入狮子洋的必经之路，广州的海上门户。晏臣湾三门水道东岸有镇,名虎门寨,简称虎门。广东水师提督关天培在虎门口布设三道防线。第一线在零丁洋入口,分设沙角、大角两炮台,已被英军攻破。第二线以狮子洋南上横档岛为中心,在东西一线建炮台设置重炮,各有专名,统称虎门炮台。第三线在大虎山岛设大虎炮台,防卫广州。横档防线原有兵约八千五百人,大炮三十七尊,是水师的主力所在。

英军兵舰复仇神号自晏臣湾闯入三门口,攻毁清军三门口炮台。初五日晨,在伯麦指挥下进攻狮子洋的下横档岛,此处无清军设防,英军轻易攻占。随后兵分两路,东路攻占东岸的武山,在山顶高地设重炮猛射山下海口清军各炮台。西路军舰六艘,火炮二百门,进攻清军主力所在的上横档岛。战斗至黄昏,清军炮台全被摧毁,水师提督关天培战死,将官多人阵亡。清军伤亡三百多人,被俘千余人。经此一战,清广东水师主力被歼,损失惨重。

二月初七日,琦善奏报战败,称"咎实难辞",请"从重治罪"。此前一日,道光帝已收到广东巡抚怡良奏章,弹劾琦善向义律"擅许香港"等情,谕将琦善革职锁拿,押解来京严讯,查抄家产入官。

休战通商　英国舰队攻下横档岛防线后继续深入内河侵略,进攻清军乌涌卡座。此处炮台有清兵一千六百名,河上有兵船四十艘。英舰猛攻,清兵败溃,总兵祥福战死,兵士阵亡四百余人。二月十一日,英军又深入攻下琵琶州炮台,日益逼近广州。此时,锁拿琦善的上谕尚未到粤,琦善命广州知府余保纯去英舰交涉,义律提出一份更为苛刻的割地赔款草约,限令三日内答复。二月十三日,道光帝任命的参赞大臣杨芳经江西赶到广州。次日向道光帝奏报,已到广州,"与臣琦善、阿精阿、怡良、英隆(副督统)及原任总督臣林则徐、邓廷桢等相见,询知贼船离省二十余里"。并奏布署来自江西、贵州、湖南的援兵防守广州。是日,义律因限期已到,又进兵攻下两炮台,再次提出停战谈判。

杨芳继续布署兵力,在广州城外设防,二月二十一日奏报,受到道光帝的奖谕。同日,副督统英隆押解琦善离广州北上。义律不知底里,二月二十四日再次照会琦善要求谈判,派员乘小艇树白旗速往广州。途经凤凰岗炮台,遭到清守军炮击,退回。二十八日,英舰猛攻凤凰岗炮台,进而攻陷海珠炮台,占领广州城西南商馆,升起了英国国旗,广州城形势危急。

杨芳是久战沙场、年逾七旬的老将。道光帝即位初年,曾受命转战西北,擒获张格尔,名噪一时。年老致仕后又被起用为湖南总督,进京陛见,途经江西南丰而有参赞大臣之命。他富有作战经验,又老于事故,但对广州海上情势所知甚少。到达广州后,即倚任广州巡抚怡良和原总督林则徐咨询一切。英国远征军入侵后,道光帝以"昭雪申冤"为由,罢免林则徐,但仍留广州,革职备查问差委。随后又谕林则徐、邓廷桢协力剿办,但琦善并不委用,直到虎门大败之后才奏报"惟有会同前督臣邓廷桢、林则徐督率文武,戮力同心,坚拒固守。"杨芳到广州后,十四天内与林则徐交往十一次,过从甚密。广州商馆失陷后,杨芳移住林则徐家中,与广东巡抚两广总督怡良昼夜共筹对策。

清虎门水师溃败,捍御广州的炮台相继失落,英炮舰兵临城下,广州危在旦夕。二月二十七日,义律向广州知府余保纯送致备忘录,提出广州恢复通商,英军停止攻城的拟议。广州断绝中英通商,已近两年,英国对华贸易损失巨大,义律利用威胁广州的有利时机,提出恢复通商,借以谋取商业利益。尔后再向清廷勒索巴麦尊提出的多项要求。杨芳、怡良等固守危城,力难退敌,利在休战,准许通商也可不失国体。次日,即由余保纯送去回文,接受义律的拟议。同意恢复通商征税,只有鸦片及走私货物应予没收,但不对外国商人拘捕惩治。澳门的《中国丛报》还刊出杨芳、怡良的告示,准外国商人一体进黄埔贸易。

杨芳、怡良暂时保住广州,免遭侵掠。但这显然违背了道光帝"痛加剿洗"的谕旨,杨芳作为特命剿办的参赞大臣,更难于向道光帝报命。未经道光帝谕准,擅准通商,也于例不合,不敢如实上奏。二月三十日会奏:二十四日英船在凤凰岗被追击,二十七日以后几日兵船已陆续离开省河。附奏在粤外国人代英国恳请照常贸易。奏称"第既有此情形,理应据实入告,固不敢冒昧陈乞,亦不敢壅于上闻。"杨芳的这个奏章夸大凤凰岗击退英军的战果,隐瞒英军已占领商馆和已许通商休战等情,只称外国商人代恳据实入告,冀察帝意。道光帝谕"代恳通商等情,此系该逆奸谋"待奕山等抵粤断其后路,克复香港。三月初九日,休战贸易已经十日,杨芳又会同阿精阿、怡良奏陈英船退出省河,各国货船进至黄埔,遵旨分布要隘,加强防守。奏摺中又附带提到英国商人希冀通商。当时广州至京城,奏上谕下,约需半个月左右。杨芳不待谕下,三月十二日与怡良同上一摺,奏陈广州防守困难,明确提出,"商情既已相安,兵船即不能妄肆""以目前局势而论,似宜先准贸易。"道光帝一意出战,仍视通商为施恩,绝商如制裁,接到前一奏摺后,谕"英商虽未协同助逆,总系英人,断不准其通商。"接到后一奏摺,怒斥杨芳"不知及时进剿,迁延观坐,甚至仍请准令英属之港脚商船在粤贸易,是有意阻挠,怠慢军心。"谕将杨芳、怡良交部严加议处。闰三月初三日从宽"革职留任,以观后效"。

兵败广州　道光帝任命赴粤剿办的总统帅奕山是皇室宗亲(康熙帝子允禵的四世孙)。道光初年,曾参与平定张格尔之乱,晋为伊犁将军,但对广东沿海的形势并不熟悉。他在正月初八日受命为靖逆将军,闰三月初五日才到达广州。在此期间,广东清军连续败阵,损失炮位约千尊。原设的防线全被摧毁。调集广东的各地客兵不满万人，不及集中训练，又不习海战。奕山面对强敌，要想"痛加剿洗"并无必备的兵力。

道光帝委任奕山后，又命曾任广东巡抚的刑部尚书祁墳办理粮饷，随后晋为两广总督。增派参与平定张格尔之乱的四川提督齐慎为参赞大臣。奕山、隆文、杨芳、祁墳、齐慎等五人组成指挥作战的核心。奕山在赴广州途中曾与隆文联名写信给林则徐，邀他共商大计。林则徐于三月二十一日到佛山，会见祁墳，查看新铸大炮。次日奕山到佛山与林则徐会晤，进驻广州城后又会晤两次。林则徐提出堵塞水道要口，验演炮位、用火船水勇火攻夷船等六条防御建策。闰三月十一日，他意外地奉到三月间的谕旨，因在浙江的钦差大臣裕谦保荐，"赏林则徐四品衔驰赴浙江军营"。林则徐再被起用，离广州赴任。

义律得知奕山到广州备战，照会广州知府余保纯要求奕山撤军。一周后未得复照，遂于闰三月二十七日下令调集香港等英军向广州进军。但因海上风潮，进军迟缓。

清廷自各省调集的援军，闰三月陆续到达广州，共约一万七千人。奕山得知义律已调兵来攻，遂抢先出战，以符"进剿"的谕旨。四月初一日，采用水勇火攻之策，以水勇一千七百人，火船百余只，乘英军无备，深夜发动袭击。火船适于火攻小型烟船，对英兵舰似无能为力。广州两炮台配合火攻，向英舰开炮。义律的官船路易莎号与英舰一艘、商船一艘被清军大炮击中，随行的小船数只被毁，英军也有伤亡。天明，英舰发起反攻，压住广州两炮台的炮火，两炮台被破坏。火船数十只被毁。奕山谎报战果，向道光帝奏捷。

四月初三日，香港等地英军陆续聚集到广州，西凤凰岗一带共有战舰十一艘，轮船两艘，海军千余人，陆军二千三百人。当日派船去广州西侧缯步等处，侦察登岸的路径。沿岸俘掠民众，焚毁民房。次日，英军大举进攻，兵分三路，一路攻打广州城与海珠炮台，东西两面夹击。一路自广州西南登陆，再次占领商馆。一路由二千四百人组成的步兵主力，携大炮十五门，攻打缯步。初五日晨登陆，攻打广州城北越秀山的清拱极、保极、永康、耆定等四炮台。清总兵长春坚持抵抗，守军出击肉搏，五百人战死，千余士兵受伤。此时奕山已将内外兵一万七千余人都撤入城内。英军占领城北炮台，俯瞰广州，旦夕可取。四月初六日，奕山在广州城内升起白旗求和。义律原计划自香港北上，胁迫清廷实现各项勒索。对广州，志不在攻占而在保护通商利益。向余保纯提出：城内各省援军撤出城外，赔偿所谓"使费"六百万元，七日内交清后，英军交还炮台，退出外洋。次日，奕山与隆文、杨芳、阿精阿、祁墣、怡良联署付广州知府，称现在英国公使情愿罢兵议和，所有一切友善章程，该府妥为办理，完全接受义律的条件。当日即交出第一批赔款，四日内陆续交清。广州城内外省援军撤往城北金山寺一带。

英军依议准备撤退。撤退前遭到广州人民的打击。英军占驻城北山顶炮台后，不时下山骚扰民众，掠夺牲畜，调戏妇女。英军对广东沿海一再侵掠，早已为民众所切齿，无端骚扰更激起民愤。四月初十日午后，以广州城北三元里居民为核心，附近民众近两万人，围攻英军驻地。天下大雨，英军以火炮射击无效。村民持兵械肉搏，英军死伤数十人。次日清晨，余保纯赶到，告知英军即将撤退，说服民众散去。三元里民众这次自发的抗击，使久遭压抑的正气伸张，民心大快。远近文人记其事，得自传闻，或有渲染，但正反映了人们对这次反侵略斗争的赞颂和景仰。

三元庙遗址

余保纯向英军交清"使费"后，四月十二日英军开始自城北炮台撤军。奕山隐瞒实情，谎奏：英国"只求照前通商，并将历年商欠清还，伊即将兵船全部撤出虎门以外"。(《鸦片战争档案史料》四月十五日朱摺)英军在七日内陆续退出广州洋面，按原定计划向香港结集。

道光帝钦派靖逆将军赴粤剿办之举，至此告一段落。诏谕：奕山交部从优议叙。

三、英军北上侵扰

当英国侵略军自广州向香港集结时，英国政府已决定将义律撤职召回，接替他的新任公使璞鼎查(H. Pottinger)，正在启程东来。

英国远征军自入侵中国以来，已近一年，巴麦尊所提出的各项敲诈勒索的要求，并未能实现。巴麦尊对义律的打打停停，拖延不决，日益不满，道光二十一年三月二十日(一八四一年四月三十日)英国内阁正式决定召义律回国，任命东印度公司陆军少将璞鼎查为驻华全权公使并任驻中国领事。七月初五日自伦敦到达澳门。接替原海军司令伯麦的新任远征军海军司令、东印度船队总司令巴加(William Parker)少将同船抵澳。依据巴麦尊的训令，璞鼎查立即调遣集结在香港的海军主力军大举北上侵略。

攻占厦门 璞鼎查做了军事布置后，七月初七日即登上英舰,驶向义律原计划攻占的厦门岛。厦门岛地处海上要冲,属福建泉州府同安县。邓廷桢任闽浙总督时,曾修建炮台,部署防御。原云贵总督颜伯焘,道光二十一年二月到福州,任闽浙总督。三月亲赴厦门,在厦门南岸修建长达三里许的花岗岩石壁,设置大炮一百位,石壁之后建兵房驻军。在石壁东面和鼓浪屿、屿仔尾各建炮兵阵地,又在厦门北岸、东岸设置防兵大炮。总共设置守军五千余人,雇兵勇近万人。英军撤出广州后,道光帝即以为剿办成功,命福建撤防。颜伯焘得知英军即将来犯,拖延不撤。七月初九日晚,璞鼎查与海军司令巴加、陆军司令郭富(H. Gough)集合海陆军到达厦门口外。共有战舰十艘载炮三百余门,另有武装轮船四艘,运输轮船二十二艘,运送陆军两千五百人,是一支强大的侵略军。次日清晨侦察情况,指定作战步骤,中午发起进攻。颜伯焘坐镇厦门,指挥作战。两军在鼓浪屿展开炮战,英军火力猛烈的大炮百门齐发,清守军只有火炮七十六门,火力不及英军。经过一个多小时的激战,清炮台被毁。英陆军从右翼沙滩登陆,占据各炮台。厦门岛南岸,清军防守薄弱,被英军炮火控制。陆军绕过石壁从以东的沙滩登陆,占领南岸石壁内的清军各阵地。颜伯焘苦心经营的石壁防线,毁于一旦。当晚,他率领官员连夜渡海逃往同安县城。守军溃散。七月十一日晨,英军长驱直入,占领厦门。

清军在反侵略战斗中,总兵江继芸、副将凌志等军官多人战死,士兵死亡七十余人,败兵多自逃散。颜伯焘对石壁防线的修建意在巩固据点,防御英舰的炮攻,忽视对陆战的部署。英军前此攻城,多采海军正面炮攻陆军侧翼抄袭的战术。厦门之战仍用这种惯用的战术,一日之间,占领了全岛。

再侵定海　义律因退出定海未能实现巴麦尊的勒索而受到指责。璞鼎查来华前,巴麦尊即指定他再次攻占定海。英军侵占厦门后,在城内烧杀抢掠,并将库存的金银抢走。璞鼎查留驻军舰三艘士兵五百五十人据厦门,率领主力海陆军于七月二十日北上进犯定海。

清军收回定海后,由总兵葛云飞与安徽寿春镇总兵王锡朋、浙江处州镇总兵郑国鸿分三队驻守。受命赴浙的钦差大臣裕谦曾主持规划定海的防务。定海县城北临海面,裕谦命在县城之南修建土城为防御工事。在城中东岳山上修造石砌炮台,布置火炮,称震运城。驻防军兵由三千人增至五千六百人。与厦门的石壁相似,定海的土城仍在正面抵挡英军的炮攻。

八月十一日,英海陆军分别由巴加、郭富率领聚集定海。次日起,分别派出海陆军小队侦察形势,布置攻势。陆军小队绕道土城之西的竹山和县城之南的晓峰岭,侦察登陆途径,做试探性登陆,被清军开炮击退。原驻县城的总兵王锡朋进驻晓峰岭,总兵郑国鸿进驻竹山,以防御英军登陆。英海军兵舰进至土城以南的海中孤岛大五奎山岛(俗名乌龟岩),无清兵设防,英军在岛上布置重型火炮建起炮兵阵地。清土城震远火炮射程不能及此。

八月二十六日晨,英海陆军发起全面总攻。英舰队发炮猛攻土城防御工事,大五奎山岛上射程较远的重炮直接炮击清土城的震远炮台。陆军左纵队一千五百人在晓峰岭西登陆,直攻岭上清军,清总兵王锡朋率部力战,中炮身亡。另一支英登陆军向竹山进攻,清总兵郑国鸿坚守兵败,战死。英军陆续东进,土城东部疏于设防,总兵葛云飞率部下二百余人坚持抵抗,转战到滨海的竹山门,壮烈牺牲。当天下午,清军全部溃败。

定海之战,清三总兵阵亡,官兵英勇抗敌,伤亡惨重。英国侵略军再次施用正面炮攻、侧翼登陆,海陆配合的战术,一日之间,侵占了定海。

窥伺台湾 英国发动侵华战争后即蓄谋占领中国沿海岛屿,台湾岛与香港岛、舟山岛都在策划之列。邓廷桢任闽浙总督时,曾指示福建台湾道姚莹、总兵达洪阿(满洲镶黄旗人)部署防御。有官军三千六百余人,义务水兵五千余人,各海口设置炮位,分兵驻守。璞鼎查在攻打定海的同时,派出兵舰三艘去台湾海面侦察。其中两艘中途遇海风停泊。另一艘纳尔不达号于八月十六日孤舰开进台湾鸡笼口(基隆)外,试放两炮。清参将邱镇功开炮还击。纳尔不达号船桅中炮退出口外,遭遇海风浪起,触礁沉没。落水英军被清军俘掳百余人。次日清晨,清军陆续追寻搜索,又擒获英军二十余人,俘获英炮四门。在英国侵略军侵占定海的同时,台湾清军取得了反侵略的胜利。

侵占镇海 英军攻占定海后七日,主力军即越海侵略镇海。镇海是宁波府属的重镇,地处海口,南临大峡江(甬江),东北有招宝山,建威远炮城。江南有金鸡山,建炮台防守。林则徐奉旨到浙江军营。钦差大臣、两江总督裕谦命驻扎镇海,与浙江提督余步云会同筹办防堵、铸炮诸事。林则徐、余步云与浙江巡抚刘韵珂定议,在金鸡山加固原建各土石炮台,另在东北筑土堡,安设大炮。北线招宝山威远城后墙以沙袋加固,防御炮攻。又在大峡江口钉桩,阻挡英舰内驶。

七月十三日,裕谦来到镇海,是日接到道光帝的诏谕,林则徐遣戍伊犁。裕谦在镇海部署防务,余步云镇守招宝山。处州总兵张化龙镇守威远城炮台,江苏狼山镇总兵谢朝恩驻守金鸡山炮台。衢州总兵李廷扬督率军兵防守大峡江口。共有兵勇四千余人,火炮一百五十七位。裕谦在镇海县城坐镇指挥。

八月二十五日,英海陆军主力在镇海外洋侦察形势。次日清晨即发起进攻。兵分两路,海陆配合。一路舰队炮攻金鸡山,海军纵队在山东面的沙滩登陆。清守军溃败,总兵谢朝恩战死。另一路主力军船驶入大峡江口。重炮猛攻招宝山,远射威远炮台。陆军纵队在山西北侧登陆。清军溃败。英军进攻镇海县城。裕谦见县城不守,投孔庙泮池,自杀殉国。被人救起,急送宁波府城,不治身亡。余步云逃往宁波。

当日下午,清守军溃散。英军一日之间侵占了镇海县城。

入侵宁波 英军侵占镇海后,八月二十八日,海军司令巴加即乘船沿大峡江察看宁波府城形势。次日率战舰四艘汽船四艘,兵士七百余人,直抵宁波。浙江提督余步云、宁波知府邓廷彩等官员见英军袭来,相率逃离府城,去往上虞。城中守军逃散。巴加领兵到来,不经作战即开入了宁波府城。城中库银仓储全为英军掠取。

璞鼎查奉命东侵,主要任务仍是以武力胁迫清廷接受巴麦尊勒索的各项要求。他遵照巴麦尊的训令,侵占定海后,又轻而易举地占领镇海与宁波,获得大宗财货。但清廷并未因而屈服。英军却因战线过长,兵力分散。这时英军兵舰与陆军分驻两岛(香港、鼓浪屿)三城(定海、镇海、宁波)。既不便转移退出,又不能集结北上。主力军驻守宁波府城,数月间不再前进,以等待英政府的训令,观察清政府的举动。

四、清军反击

浙东三城失陷,奏报送到京师。道光帝览奏,朱批"愤恨之至"。九月初,遣将调兵,驶赴浙江,以期收复三城。

遣将——吏部尚书署理藩院尚书宗室奕经（乾隆帝子永瑆孙）加号扬威将军，户部左侍郎文蔚、原宁夏将军授都统衔特依顺为参赞大臣，赴浙江办理军务。原福建水师提督陈阶平仍以提督衔去浙江军营。浙江巡抚刘韵珂仍驻杭州省城，会同杭州将军奇明保防堵。余步云、邓廷彩招募兵勇，俟大兵到浙会剿。擢任治水有功的河南巡抚牛鉴为两江总督。又授广东巡抚怡良为钦差大臣，驰赴福建。

调兵——自河南，湖北，四川，山西，陕甘续调大兵赴浙，合裕谦原调安徽、江西、江苏等地兵，共约一万二千名。

恤忠——钦差大臣裕谦"投水殉节，为国捐躯"赠太子太保衔，照尚书例赐恤，附祀京师昭忠祠。定海总兵葛云飞、王锡朋照提督例赐恤，郑国鸿照总兵例赐恤。总兵谢朝恩赐予世职。道光帝一再诏谕奖恤死难军官，以激励将士。

募勇——浙江循旧例招募当地义勇、水勇而外，道光帝又诏谕：（一）"其沿海各处乡村，均宜自行团练兵勇，联络声势，上为国家杀贼，下即自卫身家。"（二）"其有奇才异能，足备御侮之用者，许赴军营，自行投效。"（三）"其或被胁陷贼，自拔来归，亦即宥其既往，予以自新，俾得同赞肤功。"（《宣宗圣训》卷一百六）所谓"陷贼"即曾参加反抗清朝统治的起义民众也准"自

80

新"抗敌。

自道光帝任命奕山赴粤剿办以来,清军屡屡战败,连失岛屿,自总督到总兵多人战死。军力与财力损失惨重。道光帝不甘失城之辱,再次调兵遣将,力图收复。他不惜依靠地方团练和民力,可见已知国力难支。战事的成败还在于统帅是否得人。

新任统帅,加号扬威将军的奕经,道光十年曾随从扬威将军长龄出征喀什噶尔。十四年以后两任黑龙江将军,盛京将军。十六年回京,任吏部尚书。二十一年署理藩院尚书。奕经曾充经筵讲官,长于文事疏于兵略,并非转战沙场的帅才。因是皇室宗亲,而有此任命。奕经受命后,无意全力备战,而只是遵旨行事,以求自保。他受命陛辞请训后,于九月十六日离京,十月二十日到达苏州,即停留不进。道光帝原有"奇才异能"许赴军营投效的诏谕,奕经在营门设一木柜许纳名投效,密陈得失。先后献策者四百余人,投效者一百四十余人。他停驻苏州两月,说是待各方兵到后再进兵入浙。苏州繁胜之地,官兵多方勒索,娱乐宴饮,物议纷起。浙江巡抚刘韵珂驻军杭州,催促进兵。十二月十一日进驻浙江嘉兴。川陕各地兵陆续到浙。奕经于道光二十二年(一八四二年)正月初一日到杭州,正月十八日到曹娥江部署备战。

这期间,英国侵略军仍驻守浙东三城,主力在宁波。十一月间,巴加与郭富曾指挥自宁波攻打余姚和慈溪,劫掠仓库军需。随后又攻打奉化,劫掠仓库后返回宁波。璞鼎查去香港。浙东三城由巴加、郭富指挥海陆军驻守,得知奕经将至,布署海陆军,加强防御。

奕经离京时,道光帝曾指示作战方略"著奕经等广募水勇驾驶商渔船只,乘机焚击,使夷众惊惧,首尾不能相顾。如此水陆交攻,痛加剿戮,该夷必纷纷逃窜,不战自溃"。(《宣宗圣谕》卷一百六)道光帝的训示,如此具体,奕经正好遵旨行事。道光二十二年(一八四二年)正月二十五日他与特依顺、文蔚联衔奏报作战计划,称"已预备火攻柴船多只"攻剿三城,兵力的部署是,特依顺驻杭州,文蔚率领各地援兵两千名在慈溪西北长溪岑扎营。奕经率河南兵千名,炮兵二万名驻扎上虞县东关镇,距宁波百余里。军兵分三路进攻三城,一路由山西遣缺知府王用宾与候补盐大使郑鼎臣(亡将郑国鸿之子)率领渡洋。一路自乍浦调回三等侍卫容照会同御前侍卫明奕、金华协副将朱贵等督率陕甘等地兵自慈溪岭进攻镇海。另一路派御前侍卫珠勒亨会同贵州安义镇总兵段永福督率守备王国英等带领四川、河北及本队兵共一千六百余名由大隐山攻打宁波。

奕经奏报方略"明攻暗袭,同时并举"。正月二十九日凌晨,宁波一路乘深夜暗袭。施放火船四只,火攻江上停泊的英国轮船,又由兵勇手持火器进攻宁波城外的英船,均无效果。段永福、王国英率领四川藏汉各

82

族兵猛攻宁波城西门，在浙江听候差遣的提督余步云奉命督率湖北兵攻打南门，但并未亲临城下。游击黄泰、守备徐宦率军攻城。两路入城后遭英军炮击，守备王国英、徐宦等军官多人战死。天明撤退，又遭英兵截击，黄泰等战死，损失惨重。

奕经的战略是，同日同时用同样的战术进攻镇海。深夜施放火船十只，火攻江上英船，未能奏效，被逼至岸边。游击刘天保率兵勇进攻镇海西门。英军出城迎战。清兵败退。

王用宾、郑鼎臣等进攻定海一路，先期结集在岱山岛，准备同时发动进攻。正月二十七日晨遭英军袭击，溃败。伤亡数十人。

道光帝收复三城的火攻计划，一夜之间，全部失败了。

清兵败后，各路将官率部向慈溪撤退。英军巴加、郭富率海军一千二百人分乘轮船三艘沿江而上，进攻慈溪。原奉命攻镇海的副将朱贵部因迷失去路，未至镇海，集结于慈溪城外一里许的大宝山。英军分两路来攻。朱贵率部英勇抵抗，开炮守山。朱贵跃马举旗指挥作战，右臂被英炮击断，仍以左手执旗，指挥部下短兵接战，身中火箭坠马身亡。朱贵子昭南继续举旗指挥，被炮击中，战死。清军伤亡四百余人。朱贵父子英勇抗敌事迹传播远近。此时参赞大臣文蔚驻军慈溪城外长溪岭，得知大宝山兵败，仓皇逃往上虞，部众溃散。二月初五日,英军自大宝山进至长溪岭,清军营已是空营,英军放火烧毁。次日,返回宁波。

文蔚逃到上虞东关镇奕经大营,奕经得知英军来攻,急速逃往杭州,命文蔚退守绍兴。

浙江兵败的奏报于二月十三日送到京城。在此之前,浙江巡抚刘韵珂曾于二月初十日奏陈慈溪失利事势可虑。他列举焦虑者十端:一、各省兵勇两遭挫败,锐气全消;二、续行添调,无济于用;三、(英)大炮火箭火弹猛烈异常;四、(英)侵地攻城,皆在陆攻,有汉奸导引;五、我无坚大之战舰,只能望洋兴叹;六、无赖之徒,勾充汉奸,乐为效力;七、大兵屡败,攻剿极难,防守不易;八、漕粮难收;九、各县匪徒聚众抢掠,不逞之徒,乘机而起;十、沿海七省,防费甚巨。二月十七日道光帝诏谕奕经、刘韵珂等:"该逆凶焰甚炽,必四路纷窜掳掠。尤当设法羁縻,毋令蹂躏地方。"(《鸦片战争档案史料》)浙东兵败,道光帝已深感克敌制胜并非容易。所谓"设法羁縻",即试图妥协休战。但这时的英政府经过增兵布阵,又要大举入侵了。

(二)入侵长江与和约的订立

英军侵占宁波后,分驻二城三岛。璞鼎查于道光二十二年(一八四二年)初去香港,将驻华商务监督机构自澳门迁到香港办事,等候英政府的训令。英国政府见璞鼎查来华后,仍未能使清廷接受勒索的要求,决定增派重兵,大举侵华。英国皇家海军运兵船自英国运送陆军一千五百余人来香港增援。又训令印度政府开来运输船三十六艘。增调步兵、炮兵六千七百余名。英国远征军原有陆军约五千名。增兵后多达一万二千余名,组成一支庞大的侵略军。作战方略也改变原来对海岛的占领,集中兵力入侵长江。

奕经败后,道光帝于二月间任命原盛京将军耆英为钦差大臣,署杭州将军,会同特依顺守杭州。齐慎为参赞大臣,协同办理浙江军务,又采刘韵珂的建策,起用已革职的伊里布,赏七品顶带赴浙江军营效力。

一、英军入侵长江

自道光二十二年(一八四二年)四月至七月,英国远征军先后发动三次战役,入侵乍浦、吴淞和镇江。

侵掠乍浦 四月初,原驻宁波的英海军司令巴加、陆军司令郭富,不待英国增兵到来,便集中驻宁波和镇海的兵力,渡杭州湾,攻打浙江乍浦。

乍浦属浙江嘉兴府平湖县,地处杭州湾之北,长江口之南,是清朝设防的重镇。驻有兵勇七千余人。四月初九日,英军到达乍浦海面,次日,发动进攻,仍采用海军正面攻击,陆军侧翼登陆的战术。主力舰七艘,轮船四艘正面攻打清兵炮台。陆军分编为右纵、左纵和中央纵队在东侧山地登陆,然后西进围攻乍浦城。

英陆军直至乍浦城南的天尊庙,遭到清军的顽强抵抗。驻防满洲营兵在统领隆福率领下英勇打击来犯的英侵略军,激战三个小时。英军施放火炮火箭烧庙,隆福突围出,刺杀英军数人,自刎殉国。署佐领额特赫、防御贵顺埋伏庙内抗敌,在火攻中战死。满洲驻防兵阵亡二百余人。军兵家属幸存者多投水自尽。英军受到沉重打击,陆军中校汤林森(Tomlison)被击毙,尉官多人负伤。军士伤亡五十余人。英军进攻乍浦城,署乍浦同知韦建甲率义勇防堵,中炮身亡。英军入城后烧杀抢劫,掳掠民女,再次暴露了海盗面目。

钦差大臣耆英和随行的伊里布于三月二十九日到达杭州,随即得知英军将进攻乍浦。四月初九日,派伊里布去乍浦"羁縻"。伊里布行至嘉兴,乍浦已经失陷,遂派兵向英军送去照会,商议通商休战。四月十七日英海陆军司令复照,要钦派全权大臣来谈,全面实现巴麦尊和璞鼎查所提各项要求。次日,英军即撤离乍浦,北上进攻长江的吴淞。

耆英在四月十一日会同特依顺、刘韵珂等具衔,奏报乍浦失陷。附片密陈:"此时战则士气不振,守则兵数不敷,舍羁縻之外别无他策,而羁縻又无从措手。""臣刘韵珂愤恨之余,哭不成声。臣等亦均束手,惟有相向而泣。""伏乞圣鉴。"(《鸦片战争档案史料》)

军机大臣王鼎,继续主战。王鼎历事嘉庆、道光两朝,位列军机。道光初年,与陶澍整饬盐法,成效卓著。

二十一年七月,受命去河南的祥符督治水患。林则徐遣戍伊犁途中,奉命于九月间来祥符襄办,出力甚多。王鼎与河南巡抚牛鉴合力治水成功。祥符堵水工程在次年二月完工合龙。王鼎晋升太子太师。牛鉴受任两广总督。奉旨:"林则徐于合龙后着仍往伊犁。"王鼎甚为不平。当时,军机大臣首席穆彰阿,满洲镶蓝旗人,次为潘世恩,乾隆五十八年状元。王鼎位列第三。依制:汉臣不能决事。穆彰阿自嘉庆时历任部侍郎。道光八年授军机大臣,得道光帝宠信,善伺帝意行事,权势最重。原曾附议免林则徐荐用琦善。后潘世恩保荐林则徐,也因穆彰阿阻议不果。林则徐治河有功不赏,仍旧遣戍,王鼎认为必是穆彰阿的主意。王鼎在二月间升赏后,因病给假一月。三月间回京。四月,乍浦失陷的败报传到京城。王鼎进见道光帝,建言反对和议,并在道光帝面前,责问穆彰阿为何遣戍林则徐。面斥穆彰阿是宋之秦桧、明之严嵩,说天下事都坏于你手。道光帝劝王鼎回去养病。五月初一日,王鼎写成长篇奏疏置于怀中,效古人尸谏之义,自缢而死,年七十五岁。穆彰阿门下搜出遗疏销毁,内容不得而详。王鼎一代名臣,素以正直端方著称于世,一旦自缢身死,朝野震动,传说纷纭。

占领吴淞 英军攻占乍浦,并不打算长久占据。击溃驻守的清军后,去长江的海路,得以畅通无阻。四月十九日向吴淞进军。

吴淞属江苏松江府上海县,地处吴淞江与黄浦江汇合后入长江的口岸,是清军海防的重镇。道光二十一年,两江总督裕谦、江苏巡抚梁章钜与江南提督陈化成曾在此部署防务。东西两岸分设炮台,各驻兵一千名。吴淞以北的宝山县城设大小火炮,驻兵两千名。宝山西北江岸小沙背驻兵七百名,另在黄浦江内部署师船(兵船)和轮船,以防侵入。北至宝山,南至上海构成一道火炮防线。

　　英军入侵的舰队,有战船和武装轮船十四艘,运输舰十四艘,陆军两千名。四月三十日到达长江口外鸡骨礁,侦察清兵防守。五月初八日清晨六时向吴淞发动总攻。东炮台守军多次击中来侵的英舰,终因炮火不敌,东炮台被英军占领。西炮台是清军防守的要塞,江南提督陈化成亲自坐镇指挥。英舰首先进攻西岸的新月偃炮台,清军坚守战敌。英军占领新月偃炮台,从两翼围攻西炮台。陈化成亲临前线督战,英勇抗击,最后亲自点放火炮,致以佩刀接仗,负伤八处,壮烈战死。清军阵亡八十余人。西炮台失守。

　　新任两江总督牛鉴驻宝山督战。西炮台战急,曾领兵来援,遭英军炮击,退回宝山,又北逃嘉定。英军进攻宝山,知县周荣寿率兵勇三千迎敌,兵败北走。英军占领宝山县城。驻守小沙背的徐州镇总兵王志元得知宝山城陷,率兵西撤。黄浦江上的师船也遭到英舰的炮击。英舰沿江南下,至上海县城。上海水勇的参将继伦与上海兵备道巫宜禊、知县刘光丰相率逃往松江。水勇无人统领，抢掠后溃散。五月十一日，英军到来，县城已无兵防守。英军不战而进入上海。清军布设在上海一线的火炮一百七十余门，都为英军占有。

英军进入上海县城，照例掳掠烧杀。两日后，又派出武装轮船两只，进攻松江。驻守松江的寿春总兵尤渤率领陕甘兵两千守城，在城外八里的港口，沉塞坏船，防堵舰道。又令兵士埋伏以躲避炮击。待英炮停止，再行还击。相持半日，英军退去。几天后，英舰又来攻，仍未得逞。这时，英政府自印度等地调遣的增兵已陆续到达吴淞口外。五月十九日，英军奉命退出上海等地，向吴淞口结集，大举入侵长江。

入侵镇江 英政府在决定增调军兵来侵时，已策划所谓扬子江战役，进攻重点选定镇江。镇江地处长江与大运河交汇点，是清廷南粮北运的枢纽。占领镇江截断漕运，不只是清廷在军事上的威胁，也将是经济上的威胁。五月十四日璞鼎查自香港至吴淞后，汇集印度等地的援军和吴淞上海的海路军，兵船七十二艘，兵力约两万人。五月二十八日自长江口顺流而上，入侵长江，直取镇江。

英军入江，清军全无戒备。两江总督牛鉴，在英军侵入乍浦时，部署保卫省城。英军撤离上海后，奏报将北上天津。对长江防务，则奏称，大江各要隘口岸弁兵已足，毋庸添拨。"逆夷不犯内河，究属确有把握。"英军大举入江,牛鉴惊慌失措。十三日牛鉴赶到镇江,略作部署,次日即去往江宁。参赞大臣齐慎自苏州领兵七百人来援,驻于镇江城北。十六日湖北提督刘允孝领兵千名到来,与齐慎协同防守。镇江城内原有满洲驻防京口旗兵约一千二百名,青州旗兵约四百名,由副都镇海龄(满洲镶白旗)统率镇守。

英军舰于六月初五日开到长江入海的要隘鹅鼻咀,清守军已先退。十四日攻占圌山炮台,清守军败走。英军先后占领了大运河北口的瓜州和南口的京口(镇江城西北)。二十日,英军七千人陆续到达镇江江面,次日晨兵分三路,自北、西、南三面围攻镇江。南路进攻焦山,齐慎、刘允孝退军至阳彭山深处,英军自焦山下登陆。海龄闭城拒守。北路进攻镇江城北的北固山;清守军用大炮和火器,猛烈阻挡。英军在城北门用云梯登城,守军以刀枪猛刺。英上校卓弗尔(C. Driver)被击毙,校尉死伤多人。清军寡不敌众,北门失守,西路英军猛攻西门,清军发炮还击。英军舰来援,被清军大炮击中,官兵伤亡多人。英军集合五百人登城,清守军奋不顾身,持刀矛拼持,宁死不降。英军用炸药炸开镇江西城门,南路军攻下南城门入城。

英军自城北西南三门入城,驻守旗兵,坚持巷战,拼死搏斗。副都统海龄全家自杀殉国。镇江失守。

镇江之战是英军入侵以来最激烈的一次战斗。据英方统计,伤亡一百七十余人,校尉官多人负伤或战

90

死,是历次攻城伤亡最多的一战。镇江之战也是清朝官兵,主要是满洲官兵,反抗外来侵略最英勇坚决的一战。据奏报,京口满营死一百七十人,伤一百六十一人,青州、满营伤亡一百二十人。道光帝在奏报朱批"不愧朕之满洲官兵,深堪悯恻。"

英军占领镇江后,休兵十日,即向两江总督的驻地江宁府进军,以威胁清廷屈服。

二、江宁条约的订立

英军占领吴淞后,钦差大臣耆英曾与伊里布联名照会璞鼎查提出停战会谈。五月十九日璞鼎查复照拒绝。五月二十六日耆英奏报说:"至羁縻之说,原非得已,无如现在夷情狡诈异常,逆船日渐加增,抚之一字亦有所不受。奴才等昼夜焦思,迄无良策,自愧无能"。(《鸦片战争档案史料》)六月初八日,道光帝密谕耆英,指示方略。要他派人与英军处密商,若能将兵船撤回广东,"我必奏明大皇帝,将香港一处赏给尔国堆积货物,与中国照常贸易。此外,沿海省分如福建浙江海口,或每年约定时候将货船驶至口岸,我国必派官员代为照料"云云。(前引书)英军入侵镇江,璞鼎查照会耆英附送他在吴淞发布的告示,其中提出停战的三项要求:一、赔偿烟价战费。二、两国交往用平行礼。三、割让海岛。六月十九日,道光帝得到镇江陷落的奏报,又密谕耆英、伊里布"广东给过银两,银价碍难再

91

议,战费彼此均有,不能议给。其平行礼可以通融,贸易之所,前已谕知耆英将香港地方赏借,并许以闽浙沿海皆准通市。该逆既来诉冤,经此次推诚晓谕,当可就我范围"。(前引书)英军一再提出谈判的大臣必须经朝廷授予全权。道光帝同日又诏谕"著耆英、伊里布遵照前奉谕旨,开诚晓谕,设法羁縻,有应行便宜行事之处,即着从权办理,此事但期有成,朕亦不为遥制"。(前引书)道光帝的这几道谕旨,实际上已经接受了英国提出的割让香港、沿海口岸通商和外交用平行礼等要求,只是赔款一项"碍难再议",但授权耆英、伊里布便宜行事,从权办理,不为遥制。英军入侵长江后,清守军屡屡败阵,道光帝节节退让。镇江失陷后,道光帝的许诺已经与英军勒索的要求渐渐接近了。

六月二十八日,英军舰驶抵江宁(今南京)城下。海陆军司令巴加和郭富即照会牛鉴,敲诈三百万元,说以此赎城,可以不攻入城内,否则仍当争战。牛鉴当时驻在江宁。自吴淞败退的总兵王志元和自镇江退败的提督刘允孝率领汉兵不足三千人,加上江西兵和河南兵,共约四千五百名左右,驻守江宁城。牛鉴复照英军,说皇帝已明降谕旨交与钦差大臣耆英、乍浦副都统伊里布筹办一切。赎省城之费先送上三十万元,以后再续送三十万元。七月初三日,伊里布到达江宁。调来他原来信用的译员张喜,命张喜送照会给璞鼎查,次日去取回文。张喜回江宁,说英军即将攻城。伊里布急忙命张喜再送照会,附上道光帝授权他全权办理的诏谕,自称"钦差大臣,头品顶戴",自行承诺"所有烟价、码头及平行各条,均可酌商定议,写立合同。"璞鼎查见伊里布已经屈服,允开谈判,赎城之事可以不议。七月初六日,耆英到达江宁,次日会同伊里布照会英方,派遣委员张士淳(张喜)、塔劳布前来,面为熟商,一切不难早定。英方委派璞鼎查的秘书麻恭(Malcolm)与汉语译员出面在江宁城外静海寺谈判。英方列出赔款、割地、五口通商、废除行商、交涉用平行礼等八条要求。张喜回报,耆英、伊里布未置可否。次日,继续谈判,张喜称钦差大臣们将逐条斟酌。英方大怒,到谈判结束时宣称"候至天明为度,天明若无回信,即便开炮。"张喜回报,耆英、伊里布、牛鉴等连夜商定一概允准。次日,改委地位较高的原吉林副都统四等侍卫咸龄和署江宁布政使、江苏镇守使黄恩彤作为中方代表,与英方重开谈判,表示接受英方一切要求,只是提出酌议付款期限,要求英军交还占领的舟山、镇海的招宝山和厦门的鼓浪屿。英方只同意在赔款付清前先交还招宝山。谈判于七月初十日结束。七月十二日英方交来所拟条约草稿,耆英等奏报朝廷。七月十七日道光帝诏谕耆英、牛鉴、伊里布等,称"览奏忿恨之至。朕因亿万生灵所系,实关天下大局,故虽愤懑莫释,不得不勉允所请。"(《鸦片战争档案史料》)七月二十一日,中英双方官员在江宁城内正式会晤。英国全权公使璞鼎查提出拟定的条约文本。中国钦差大臣耆英提出若干文字上的修改意见,全被璞鼎查拒绝,只能一字不改。七月二十四日耆英、伊里布按照英方的安排,登上英国汉华丽(Coruwallis)号军舰,在英国提出的英文和汉文条约文本上钤盖关防印信。英军在舰上响起礼炮,祝贺胜利。

由英国拟定的这一条约,首称"大清国大皇帝,大英君主,欲以近来之不和之端解释,息止肇衅,为此议定设立永久和约。"两国并列是英国多次力争的"用平行礼"的体现。"和约"是两国间首次使用的正式名称。因在江宁议定,习称"江宁条约"。条约的主要内容是:

一、准英国人民"寄居大清沿海之广州、福州、厦门、宁波、上海等五处港口贸易通商无碍"。英国在五处城邑派设领事、管事官,"专理商贸事宜"。

一、"准将香港一岛给予大英国君主暨嗣后世袭主位者常远据守主掌,任便立法治理。"

一、道光十九年二月"索出鸦片""补偿原价"六百万元;额设行商"累欠英商"的商欠,"由中国官为偿还"三百万元;英国的水陆军费"准为补偿"一千二百万元,以上三条共银二千一百万元,"此时交银六百万元",其余在四年内分期交付。

一、"凡是大英国人,无论本国、属国军民等今在中国所管辖各地方被禁者"准即释放。"凡是中国人

94

为英国事被拿监禁受难者,亦加恩释放。"

一、英国商民在广州等五处经商纳税"均宜秉公议定则例,由部颁发晓示,以便英商按例交纳"。中国商人贩运英货,所经税关增税,议加限制。

一、"议定英国住中国之总管大员,与大清大臣无论京内京外,有文书来往,用照会字样。""两国属员来往,必当平行照会。"

一、六百万元交清后,英水陆军退出江宁、京口等处江面并退出镇江之招宝山。定海之舟山海岛和厦门之鼓浪屿"仍归英兵暂为驻守","所议洋银全数交清"所议各海口通商后退出。(引自王铁崖编《中外旧约章汇编》)

这一和约包括了巴麦尊在发动战争时提出的割地赔款开放口岸等全部勒索,又增加了控制关税、释放英国俘虏及被捕汉奸、鸦片罪犯即所谓"为英国事被监禁受难者"等条款。史家或沿用近代国际例语斥之为"第一个不平等条约"。其实这所谓和约,不过是英国侵略者报复禁毒敲诈勒索的清单,清政府割地赔款出让主权的文契,本无"平等"可言。和约用印时,璞鼎查在军舰上说,这次战争因鸦片而引起,中国"若将鸦片的入口,使之合法化","下便人民,上裕国课,岂不甚好?"(齐思和译利洛著《缔约日记》,引见中国史学会编《鸦片战争》资料)此后,又继续劝说着英要求清廷不再禁毒,开放鸦片贸易。这说明,贩毒是英国政府

95

的大利所在,和约订立后仍在企图继续向中国贩卖鸦片。耆英在订立和约后,于七月二十六日奏报"已定和约,钤用关防",将和约十三条附呈。道光帝于八月初二日收阅后,诏谕军机大臣:"耆英等奏夷务已定和约","著照所议办理"。(《清宣宗实录》)

英国发动的这次侵华战争,前后延续了三年。战争由英国走私鸦片而引起,因而被称为"鸦片战争"。从中国来说,这是一场反贩毒反侵略的正义之战。从英国来说,是一场在国际上走私贩毒、野蛮侵略的罪恶之战。这场战争在中英两国的历史上都留下了耻辱的记录。中国战败,割地赔款的耻辱,将随着失地的收复而得到洗雪。英国走私贩毒、侵略抢掠的可耻行径,将永载史册,垂鉴后人!

(三)侵略性约章的扩展

道光二十年至二十二年(一八四〇年至一八四二年)英国的武装入侵,标志着中国的历史进入了遭受西方资本主义国家侵略的时期。中英和约的订立,向侵略者表明:以武力威胁订立约章,掠夺权益,是最便当的侵略手段。和约订立后英国继续与清廷商订新约,谋取更多的利益。美、法、比利时、挪威、瑞典诸国也开始胁迫清朝订约,谋取各项利益。清朝日益丧失国家主权,开始了沦为半殖民地的历程。

中英续约 江宁条约订立后,清廷又与英国陆续订立了若干不同形式的条约或送致承诺的照会,继续丧失了许多主权。

五口通商章程海关税则——和约订立时,对于英货在中国境内贩运的子口税,未能议定,约文中预留空格,作"每两加税不过口分"。耆英担心和约实行中有关通商的若干事项再启事端。江苏巡抚刘韵珂也向他陈言,多有可虑。七月二十七日即签约后三日,即照会璞鼎查,提出十二项交涉内容。璞鼎查把这看作是进一步攫取利益的机会,当即同意在广州举行谈判。

道光帝在八月初二日批准和约的诏谕中,原提出"添注"若干具体规定,待耆英奏报,当即允议。八月底,清廷付清一批赔款,英军退出长江。道光帝追究前事,两江总督牛鉴,在长江口作战中咎有攸归,将他革职查问。任命耆英为两江总督。伊里布授任钦差大臣、广州将军,去广州办理饷税及一切通商事宜。原曾参与中英交涉的江宁布政使黄恩彤,因耆英之荐,奉旨去广州协办。

伊里布于当年十二月到达广州。在与璞鼎查多次商谈中得病,次年二月初五日病死在广州。三月,道光帝再授耆英为钦差大臣,去广州办理。在耆英到达广东前,黄恩彤先就关税的税率等事,在香港与英方商谈。五月十七日,耆英到达广州。五月二十六日与黄恩彤去香港,三日后,中英双方在香港互换中英和约正式批准文本。当日，由耆英、璞鼎查联合发布"过境税声明"，宣布"今复议明内地各关收税，洋货各税一切照旧缴纳，不得加增。"随后，双方又议定《五口通商章程》海关税则，由耆英奏报道光帝批准。英方则由璞鼎查于西历七月二十二日率先在香港公布实行。《章程》共列十五条，附列"海关税则"，基本上按照当时国际上最低的税率百分之五制定了一百九十余种进出口货物的具体税额。

这一章程和税则的制定，中国丧失了许多权益。（一）海关税率的制定，原是国家的主权。中英和约原来也规定由中国制定公平的规范的关税（汉文本"秉公议定则例"，英文本 a fair and reqular tariff）户部颁布。海关税则由中英双方议定低率税款，中国不仅由此损失了海关税收，也因此丧失了关税自主权。（二）耆英在致璞鼎查照会所附交涉事项中主动提出"此后英国商民，如有与内地民人交涉案件，应即明定章程，英商归英国自理，内地人由内地惩办，俾息衅端"。璞鼎查当即表示欢迎。在《五口通商章程》十三条，正式列入"英人华民交涉词讼一款"，规定"其英人如何释罪，由英国议定章程、法律，发给参事官照办"。照此规定，在通商口岸的英国商民可以不遵守中国法律，自行其是。清政府无权审判治罪。英政府则由此获得当时西方国家所谓的"领事裁判权"。（三）《章程》十四条"英国官船口内停泊一款"规定"所有通商五口，每

98

口内准英国官船停泊一只,俾管事官及属员严行约束水手人等,免致滋事"。"和约"原规定,英国派设领事,管事官住五口通商城邑理事。《章程》增订英官船包括武装船舰在五口停泊常驻,是对中国沿海主权的侵犯并构成经常的威胁。

善后事宜附粘和约——耆英提出继续交涉事项后,璞鼎查复照中提出"应另缮一单,附粘本约,以便大清大皇帝大英君主均准施行"。这是说,继续交涉协议的事项,需经两国君主批准作为和约附加的部分。至于附粘和约的内容则"由本公使另写一单",即仍由璞鼎查拟订。英方草拟的约文于道光二十三年(一八四三年)八月十五日在虎门寨由双方盖印画押,因而又被称为虎门条约。

附粘和约共十六款附入小船则例一则。十六款中对五口通商以及五口与香港贸易的有关问题作了若干规定。英国又从中掠夺了若干权益。主要是:(一)第五款规定,倘有英人到内地远游,交英国管事官依法治罪。这实际上是把领事裁判权从通商五口岸扩大到了内地。(二)第六款规定通商五港口由中英双方官员议定英人租赁房屋或基地的地界,英人租赁房屋由英国管事官通报中国地方官立案。五口通商原来只是通商贸易,中国拥有对港口城市的完全的主权。此条规定,英人居住地界由双方共同议定,租房建屋由英国管事官管理,通报地方官立案。这是由司法裁判权扩大为地界的管理权。（三）第七款规定，清廷如准其他国家去五口岸通商，"英国毫无靳惜"。"设将来大皇帝有新恩施及各国，亦应准英人一体均沾"。称大皇帝"新恩施及"云云，显然是给清帝以体面，以便于批准。事实上，却是塞入了国际条约中的片面最惠国条款。照此规定，此后任何外国侵略中国获利，英国都要"一体均沾"。英国对中国的侵略无止境了。（四）第九款对英船在通商五口停泊，增加"其官船将去之时，必另有一只接代""凡有此等接代官船到中国时，中国兵船不得拦阻。"照此规定，英国的官船或兵船，可以接代为由，自由往来中国海面，不得拦阻。中国领海的主权丧失殆尽了。

　　附粘和约是和约的续补，经两国君主批准，具有与和约一样的法律效力。前此拟订的《五口通商章程》海关税则作为附件而生效。附粘和约与通商章程的订立使英国获得了在中英和约中未能获得的许多权益，中国则丧失了原来尚未丧失的许多主权。

　　禁烟照会——江宁条约以及《通商章程》《粘附条约》都未直接涉及禁毒法令，但既已规定，英国商人在中国犯法，由英国管事官依本国法律治罪，中国政府便已丧失了对英国鸦片走私商人惩治的权利。虎门签约后，耆英奏陈：英商请抽鸦片烟税，即开放鸦片贸易。十月初十日道光帝谕耆英"著于回任后，统所属申明禁令，此后内地官民如再有开设烟馆及贩卖烟土并仍前吸食者,务当按律惩办,勿稍姑息。特不可任听关吏人等过事诛求,致滋扰累"。(《鸦片战争档案史料》)内地官民申明禁令,沿海"关吏人等"不可"过事诛求",即放宽了对鸦片走私进口的禁令。道光二十四年(一八四四年)二月,着耆英调任两广总督并办理各省通商善后事宜。四月,英公使璞鼎查奉调回国。七月初六日,着耆英致英国新任公使德庇时(J. F. Davis)的照会中明确宣告"华民犯鸦片禁者,由中国照例惩办,英国不得过问。英商贩鸦片进口者,由英官方照本国之例办理,中国亦不过问",(佐佐木正哉《鸦片战后之中英抗争》资料篇,引自萧致治《鸦片战争史》)这个照会明白宣布,中国不再过问英商的鸦片进口,宣告了贩毒禁令的终止,也宣告了清廷反贩毒的失败。英国鸦片商人得以毫无阻碍地向中国贩毒走私,鸦片烟毒更加泛滥了。

中美五口贸易章程 美国自嘉庆时即开始向中国输入鸦片,道光中叶输入的数量仅次于英国。林则徐销烟,一些美国商船愿立甘结,恢复通商。美国政府没有直接加入英国侵华战争。中英和约订立后,美国派遣来华的舰队司令加尼(L. Kearny)曾向两广总督祁㙰提出最惠国待遇的要求。耆英奏陈:"莫若因势利导,一视同仁。"道光帝允准,著耆英照所议妥办。道光二十三年(一八四三年)夏,美国派遣众议员顾盛(C. Cushing)为使华委员携国书来华,向清廷要求等同于英国的各项权利。次年初,顾盛到达澳门。道光帝得报,再由两江调耆英为两广总督(两广总督祁墳病重在假),办理各省通商善后事宜,颁给钦差大臣关防去广东办理。四月末耆英到广东后,与黄恩彤等往澳门,五月初六日,在澳门边界的望厦村与顾盛谈判。顾盛提出进京觐见皇帝,呈上国书。清廷以天朝体制不见外夷,不准来京。顾盛以坚持进京作为谈判的要挟。耆英以代呈国书作为谈判的条件。双方经过十几天的往来交涉,顾盛交出国书,不再要求进京,五月十七日,双方依据中英五口通商章程海关税则的基本内容,在望厦村签订了中美五口贸易章程海关税则四十三款。史家或称为"中美望厦条约"。

双方谈判前,耆英曾多次宣告中国待各国商人"一视同仁"、"一体通商"。美国坐收渔人之利,轻而易举地取得了英国所获得的全部通商权益,并且通过章程的制定,又获取了若干新的特权。中英通商章程中,曾由双方商定低率税额。中美章程中增加"倘中国日后欲将税例变更,须与合众国(美国)领事等官议允",中国因而丧失了关税自主权。此外,如美国货船转口,不再征税。美国货物由中国商人转贩内地,照旧例纳税"不得另有加增"。美国民人涉讼"由领事官捉拿审议"较之中英章程增加了"捉拿"二字,即中国官方不得审讯也不得逮捕。通商五港口,美国人民可以"久居"租地建房,"并设礼拜堂及殡葬之处"等等。经

102

过章程条款文字的修改和增添,美国获得了多于英国的十几项利权。

中美五口通商章程,载明最惠国条款:"如果有利益及于各国,合众国民人应一体均沾"。此外,在最后一条又增添了修约期限的规定。十二年后,由两国派员酌办变通。这项规定为十二年后进一步勒索利权提供了依据。

中美通商章程中惟一一条似乎有利于中国的新增条款是第四十二条,合众国民人"或携带鸦片及别项违禁货物至中国者,听中国地方官自行办理治罪,合众国官民不得稍有袒护。"照此规定,贩卖鸦片毒品不在领事裁判权的范围。但章程签订后不久,耆英便在致英国的照会中公开申明,英商贩运鸦片进口,中国不再过问。依据最惠国条款,美国又得以从印度向中国大量输入鸦片,并且逐年增长,以致在美国对华的出口贸易中,贩卖鸦片成为最重要的收入。

中法五口贸易章程 法国对中国的商业贸易,范围有限,远不能与英美两国相比。中英、中美订约后,法国见有利可图,道光二十三年(一八四三年)由外交部派遣原驻希腊公使拉萼尼(Merie de Lagrene)为全权代表来华,与清廷商谈订立与英国权利相等的通商条约。拉萼尼于道光二十四年六月到达澳门。随行使团多人,军舰八艘,载炮五十门,向清廷显示国威。

八月十八日,耆英与广东布政使黄恩彤到达澳门。

八月二十六日，法方派出参赞斐列勒（Theophile Fer-reiere）与黄恩彤谈判。在此之前，耆英曾向法国领事表示"一切章程悉照英吉利办理"。谈判以中英、中美通商章程为蓝本，进展顺利。九月初九日，双方拟订了条款文字。依据法方的安排，九月十三日，耆英登上停泊在广州黄埔江面的法国军舰阿吉默特号（Archimede），钤盖印章，正式订立了中法五口通商章程海关税则，史家或称为中法黄埔条约，共三十五款。

中法通商章程依据中美章程规定，在通商口岸可以设立礼拜堂。法国代表在谈判过程中又提出天主教"弛禁"的要求。

康熙末年，因天主教罗马教廷干涉中国礼仪，斥逐不尊重中国礼仪的外国传教士回国（参见本书第九册第四章）。雍正时重申禁令，外国传教士陆续离去。原来在中国社会具有很大势力的天主教法国巴黎外地传教会也被禁逐。道光时，中国的天主教会事务均由中国教士管理。中国天主教徒约二十余万人。

拉萼尼的所谓弛禁要求，原向耆英提出。九月初七日耆英的奏报称"务求大皇帝将传教之人免其治罪，以见伊国并非异端"。道光帝十月初二日谕："著该督再行婉转开导，以天主教来自西洋，在中国并未指为邪教，并未尝严申禁令。""既未申禁，更无所谓弛禁。该夷久住澳门，自必有所闻见"。同时又密谕耆英"即许以开禁，亦无不可"，但不能明降谕旨。

道光帝所称"未尝严禁"是不曾禁止中国人信教。拉萼尼所要求的弛禁，实际是要求清廷允许外国传教士在中国传教，允许中国信徒加入外国教会，在外国教堂入教礼拜，并要求清帝降旨，各地遵行。耆英从中转圜，提出由他奏请，皇帝批准，晓谕各省。耆英的拟议，笼统地称"以后无论中外民人，凡有学习天主教并不滋事为匪者"免罪，犯罪者照定例办理。"法美及外国传教之人，止准其在通商五口岸地方建堂礼拜，不得擅入内地传教"。道光帝朱批"依议"。这实际上是在通商五口岸范围内同意了法国的"弛禁"要求。

　　拉萼尼去通商五口岸考察情况后返回广东，道光二十五年（一八四五年）八月，中法"章程"经两国批准正式换文。拉萼尼又向耆英提出，所有口岸及附近地区，尚未明令天主教弛禁，请求清帝下谕，通令各省对教徒供十字架等宗教活动给予保护。十一月，又提出康熙以来被查禁的各地天主教堂，发还给教士。耆英陈奏请旨，说此事成全，拉萼尼即可回国。次年正月二十五日，道光帝谕："其设立供奉处所，会同礼拜，供十字架图像，诵经讲说，毋庸查禁"已依议行。"此次所请亦应一体准行。""所有康熙年间各省旧建之天主堂准其给还该处奉教之人"。"各省地方官接奉谕旨后，如将实在习学天主教并不为匪者滥行查拿，即予以应得处分"。（中国第一历史档案馆编《道光朝上谕档》）道光帝的这道谕旨，不仅对耆英原奏习教的中外民人免罪,而且明令保护。康熙时各省天主教堂多为外国传教士修建,发还后,便转入外国传教士手里。原称"不得擅入内地传教"也不能不成为具文。谕旨颁行各省后,实际上是对法国传教士在中国各地传教,全面开放。依据最惠国条款,其他国家传教士也都可照此例办理,影响是深远的。

中比通商 比利时原来很少来中国贸易,道光时已多年不至。道光二十五年(一八四五年)三月,比利时驻印度支那总领事兰瓦(M. Lannoy)作为国王特使来澳门,向两广总督耆英呈请将五口贸易章程一体颁发一例通商,并由法使拉萼尼写信给耆英,为之荐引。耆英奏陈"尚可俯允所请"。六月初四日道光帝谕"即将五口贸易章程一体颁发,以示怀柔。"此所谓"章程"即中英五口通商章程。比利时照此实行,即可获得与英国同等的通商利益。但中比两国间并没有另订章程或条约。

中瑞挪通商章程 清嘉庆时,瑞典与挪威联合立国。瑞典原来只有少数货船来华贸易。中英、中美通商章程订立后,派遣公使李利华(C. F. Lileralch)于道光二十六年(一八四六年)十二月来广州,依据中美贸易章程拟订中国与瑞典、挪威国通商章程约稿送致两广总督耆英请求立约,并要求减少钢铁税额。耆英拒绝减税和接见,不待奏请即于二月初四日在约稿上加盖钦差大臣关防,对方由李利华签署,订立中国与瑞典、挪威国的五口通商章程海关税则,交李利华带回本国。章程内容与中美章程完全相同,只是把合众国改为"瑞典国、挪威国"。所附"海关税则",全同于中英章程税则。耆英于事后奏报经过,道光帝朱批:"所办甚是"。

(四)民众反侵略的抗争

清廷战败,屡屡求和,英国及西方诸国得寸进尺,相继掠取权益。沿海和沿江人民一再举行自发的反抗。广州人民抗拒英人入城和澳门人民反抗葡人统治的斗争是最为激烈的两次战斗。

一、广州民众抗英斗争

道光帝在对英作战过程中,曾经依据前朝的成例,诏谕地方自办团练兵勇,以抗击侵略。林则徐在广东时也曾由民间自办团练,官募兵勇。道光二十二年和约订立后,当年夏季禺县石井村成立升平社学,又在与花县交界处的江村设升平公所,聚募壮丁,以百人为一甲,八甲为一总,八总为一社。广州东南各地,分设东平、南平、隆平等社学和公所相互联络,以抗击外来的侵略。

这年十一月,因英国水手(黑夷)在广州商贩区街市购买水果不给钱并打伤卖水果的小贩,激起民众的反抗。商馆开枪,射击民众。当夜,群众愤怒放火,烧毁英国商馆房舍。三元里等乡的社学丁壮赶来支援。璞鼎查提出缉凶索赔。时已革职留任的两广总督祁𡎴奏报朝廷,捉拿放火民众数人斩首,向英商贩赔款了结。

英国与广州通商,历来是在广州城外东南郊的商馆区留住。道光二十三年(一八四三年),璞鼎查向耆英提出进入广州城的要求。升平公所何有书等八十余人联名上书反对。耆英照复璞鼎查,说"粤民犷悍""诚恐激起事端",劝谕缓议。二十五年(一八四五年)十一月,英国本应依据和约,在清廷已付清赔款后交还占据的舟山群岛,却又乘机提出以进入广州城作为交还舟山的条件。两广总督耆英与擢任的广东巡抚黄恩彤命广州知府刘浔发布告示,准英人入城,民众不得阻挠。广州民众群情激愤,散发告帖,宣称"倘夷入城,鸣鼓攻之"。十二月十八日,愤怒的群众闯入广州知府衙门,焚烧衙署,要求罢免知府刘浔。耆英深恐事态扩大,免刘浔,收回准许英人入城的告示。英人入城的要求由于民众的反抗再次被遏制。

道光二十六年(一八四六年)三月,耆英与德庇时在虎门议订英军退还舟山条约,将舟山群岛交还中国。条约第一款写入"此次地方官难管束粤城土民,故议定,一俟时形愈臻妥协,再准英人进城。"道光二十七年二月,英国驻华公使德庇时又率英舰四艘闯入虎门,扬言强行入城。城内民众聚集,准备决一死战。耆英见事态严重,与德庇时秘密约定,延期两年入城。英舰退出虎门,城内散布揭帖说"耆英内心早向英夷""实是罪该万死"。次年五月耆英称病回京上觐。留京,以协办大学士管理礼部,又调兵部。原广东巡抚黄恩彤已于二十六年十二月革职,由云南巡抚徐广缙继任。耆英回京,徐广缙擢任两广总督、钦差大臣办理通商。原广东布政使叶名琛擢任巡抚。

道光二十九年(一八四九年)正月,英国接任德庇时的驻华公使文翰(S. G. Bonhanm),以密约两年已满为理由再次提出进广州城的要求。徐广缙在虎门与文翰会见,婉言拒绝,将面议情形奏报。二月十七日道光帝谕"自应相机办理,以免别出枝节"。说"天朝抚驭外夷,总以信义相待","此次暂准入城,以践前约","天朝亦不致失信"。徐广缙接谕后,于三月初四日抗章密奏,说"惟思进城一事,实属万不可行。"并奏报说:"近日,城厢保卫壮丁已将及十万人,名为御匪,实为防夷。""同出义愤,志壮心坚,地方文武安能有千亿万化身为之禁止? 且夷情叵测,必欲进城,其居心实有不可问者。"广东巡抚叶名琛也在同日上奏说"广东之士农工商无不同仇共愤,切齿裂眦","现在城厢内外互相保卫,各出壮丁,已有十万之众,均皆良善并非匪徒,本系各顾身家,非官所能操纵"。入城一事"有弊无利,断难隐忍坐视,堕其术中。"(具见《鸦片战争档案史料》)此时广州附近各地社学已聚集武装壮丁,在城郊昼夜操练枪炮,声闻十里。又发布绅士公启致文翰,劝说罢议。徐广缙得民众的支持,再次照会文翰拒绝入城。文翰亲见民众声势浩大,难冒风险,于六月十七日复照徐广缙同意罢议,返回香港。广州民众抵抗英人入城的斗争,取得了成果。道光帝得报,朱批:"可嘉之处,笔实难宣。"对徐、叶及广州守城有功人员及绅士练勇等分别嘉奖。

二、澳门人民反葡斗争

明万历时,葡萄牙租占澳门地界,作为贸易和传教的基地。清军攻占广东后,澳门归香山县管辖。清康熙七年(一六六八年),照准葡萄牙人继续留住澳门。二十七年,清廷在澳门设立粤海关澳门监督行廨,收取关税。五十二年在香山县令之下设香山县丞驻前山寨,稽查澳门地方事务,又称分防澳门县丞。乾隆八年(一七四三年)设广州府海防同知驻前山寨管辖府属四县外船出入监检诸事。设海防营,驻马步兵一万名镇守。香山县丞移住澳门以北的望厦村。

明清之际,葡萄牙政府开始向澳门派遣总督,统兵驻守,并在澳门葡人住地修筑城墙和炮台。由于中葡居民之间不断出现纠纷,乾隆十四年(一七四九年),澳门同知张汝霖、香山县丞暴煜与葡澳总督庇利那会商后颁布《澳夷善后事宜条议》,以中葡两国文字刻石立碑。内容包括澳门华工犯夜或拖欠债款、侵犯洋人，应交由清地方官究治，葡人不得拘禁。葡人犯杀人盗窃等斩罪，由县丞看管，协同澳葡官员处置。葡人在澳住地不得添造新房以及关于外船停泊，禁止贩卖子女，窝藏匪类等共十二条。条议的制定维护了清廷在澳门的主权，也保障了葡人的合法权利。

西方诸国在广州黄埔贸易，商船停泊澳门海口。清廷不准外国商人在广州居住，因而多居澳门。条议颁布后，广东官府通告澳葡当局，经中国准许的外国商人可在澳门住冬。此后十年间，各国商人旅居澳门成为合法。法国、荷兰、英国相继在澳门设立据点。清嘉庆以来，澳门成为英国走私鸦片的转运港，英国与葡萄牙分享贩毒的利益。英国在澳门设商务监督后，澳门又成为对中国进行商业贸易和侵略活动的基地。

中英五口通商章程议定后，葡萄牙见有机可乘，即由澳门总督照会清钦差大臣耆英提出七项要求包括：（一）豁免历来向中国交纳的地租银五万两。（二）澳门葡人居住区三巴界墙以北至关闸一带由葡萄牙派兵驻守。（三）允许各国商船赴澳贸易。（四）裁减澳门货税。（五）准葡萄牙在五口通商。（六）革除葡人修造房屋船只需请领牌照制度。（七）华商运赴澳门货物，在澳门上税，不限担数。耆英于九月间召见澳门葡萄牙官员，同意葡萄牙在五口通商，与他国"一视同仁"。澳门华人货税准裁减三成，运货不限担数，并准

111

在葡人界内"任意修造,不必请照"。"但不得于三巴门外,擅有建造"。对于侵犯中国主权的免交地租,界外驻兵和开放澳门通商等三条予以拒绝。(耆英九月二十二日奏,见《鸦片战争档案史料》)澳葡当局继续提出要求,道光二十四年(一八四四年)九月,继任两广总督的耆英奏准各国商船赴澳门一体贸易,县海关照新官税例收纳税银。

道光二十五年(一八四五年),葡萄牙女王玛丽亚不经中国同意,即颁布敕令,宣布澳门为自由港,任命海军上校亚马勒(J. M. F. do Amaral)为澳门总督。亚马勒到达澳门就任总督,随即展开一系列侵犯中国主权的暴行。

道光二十六年(一八四六年)五月,亚马勒擅自宣布对澳门的中国商民和外国商民一律征收地租、商税和人头税、不动产税。十月,葡军出兵镇压拒不交税的中国商船。商民约一千五百余人群起围攻葡澳市政司。葡军炮击中国商船二十余艘落水,死伤多人。澳门商民罢市抗议。香山县丞前来交涉,亚马勒拒不接待。

道光二十七年(一八四七年)亚马勒越过乾隆时划定的葡人居住区的界墙,自三巴门至关闸强行占据民地修筑公路。次年,又自界墙的水坑尾向北修路,直抵关闸,并宣布自三巴门至关闸的中国居民需向葡澳总督交纳地租。

道光二十九年(一八四九年)二月十一日,亚马勒进而侵夺中国税权,自行发布告示,宣称澳门已是自由港,中国海关不得再征收关税。又照会两广总督徐广缙,称"香港既不设关,澳门关口亦当仿照裁撤",被徐广缙严词拒绝。亚马勒竟然派兵数十人将中国在澳门的海关行台封闭,驱逐海关人员,并将"澳门善后事宜条议"石碑捣毁。徐广缙宣布澳门海关迁往黄埔,来澳门贸易的商船必须到黄埔海关纳税,否则以走私论处。又奖励澳门的中国商民到黄埔贸易。一时之间,澳门街道荒凉,港口空空。葡澳总督亚马勒下令中国商民不经葡澳当局批准离澳,葡政府将没收其在澳门的财产。澳门的中国商民,备受欺凌,忍无可忍,进行了拼死的搏斗。

　　七月初五日,关闸北界龙田村民沈志亮(又名亚米)与郭金堂等数人密谋除亚马勒。当亚马勒骑马至关闸附近,沈志亮等埋伏路旁,假称告状申冤。亚马勒接状,诸人持刀而上,沈志亮向前将他杀死。亚马勒随从人员负伤逃走。澳总督亚马勒被杀,远近震动。澳门商民为除害而欢呼。葡澳当局面向各国领事呼吁求援。随即出兵占领关闸以北的北山岭清军拉塔炮台,要求惩凶。沈志亮挺身出首。郭金堂也随同出首,愿代沈受刑。清廷命将沈志亮斩首,郭金堂遣戍。葡军自北山岭炮台退回。

　　沈志亮的义举,当然不能消除葡萄牙殖民者的侵略,但表示了澳门居民同仇敌忾的义愤,使正气伸张。沈志亮处死后,当地居民将他葬在前山寨,墓前立碑书"义士沈亚米之墓",并建立庙堂供奉,以寄托怀念和景仰。

第三节　社会动荡与人民起义

江宁条约订立后,东南沿海地区的战火暂告平息。西北和西南地区又相继爆发了民族间的动乱。东南几省由于鸦片毒品的再度泛滥,白银外流,银价上涨。农村的赋税与地租急剧增长,造成大批农民的破产。五口通商后,上海代替广州成为主要的通商口岸。商道的变动,工商平民中出现数量巨大的失业人群。水旱灾荒与吏治败坏更加促发了各地人民的起义反抗。

(一)西南和西北地区的动乱

云南地区由于回汉民族冲突形成动乱,引发了回民的起义。新疆地区再次遭到境外回部和卓后裔的入侵。西藏地区受到英国侵略者的觊觎,面临着外国势力侵入的威胁。道光帝在东南沿海战争结束后,不能不去加强西南和西北地区的统治。

英国入侵过程中,道光帝曾先后罢免林则徐、琦善等钦差大臣数人。战争过后,追究战败责任,又将奕山、奕经、文蔚、余步云等多人交部议处。但只将余步云一人因失镇海罪处斩。其余分别论罪。西部地区需人,道光帝又先后赦免一些重臣,重新起用他们去西北西南等地任事,以稳定西部边陲。

一、云南地区

云南是多民族聚居区。元代以来即以产铜著称。清代汉回民众多以开采铜矿为生。嘉庆以来矿业衰落。回汉矿工往往因争夺开矿发生冲突。

道光二十五年(一八四五年)五月,云南西部永昌府保山县以万林桂为首的汉人帮会香把会与以马效青(绰号大白象)张世贤等的回民千余人发生械斗。回民发布揭帖,声称"不惹别处汉人,只与板桥万林桂讲理"。官府助汉剿回,回民继而与官军作战。八月,回民自保山勐庭寨聚集出击,杀清都司、守备及清兵百余人。九月,驻在大理的该管迤西道道员罗天池、署邓州知州恒文等奉命前往镇压,密令金鸡村练头沈盈(沈聚成)纠集香把会众及丁壮三千人,九月初二日夜袭保山县城,屠杀城内外回民四千余人,形成大案。

回民遭到迫害,由受害之家丁灿庭、杜文秀等人赴北京,向朝廷控诉。永昌附近回民继续与官军作战,各地回民来援,道光二十六年(一八四六年)春攻打永昌,清军官多人被杀。八月,道光帝得报将云贵总督贺长龄交部议处,降为河南布政使,擢任江苏巡抚李星沅继任云贵总督。李星沅到任,先后镇压缅宁厅马国海、顺宁府云州(今云县)马登霄等反抗官府的回民,奏报。弹劾迤西道罗天池滥杀过多,致回众寒心,贻误大局。道光二十七年三月,道光帝嘉奖李星沅加太子太保衔,调任两江总督。罗天池革职永不叙用。贺长龄一并革职。擢任林则徐接替云贵总督。

林则徐自道光二十二年(一八四二年)六月在祥符协同治河后,仍遣戍伊犁。二十四年冬奉旨查勘南疆屯垦事务,成效卓著。次年九月,有旨嘉奖,奉召回京以四、五品京堂候补。十二月,自哈密至凉州。前此一月,陕甘总督惠吉病死,伊犁将军布彦泰奉调接任。布彦泰到任前,有旨命林则徐以三品顶戴先行署理。二十六年正月,又降旨命林则徐暂留西宁,与布彦泰及西宁办事大臣达洪阿,镇压青海地区汉藏起义民众。与林则徐同遣新疆的邓廷桢于二十三年七月开释,以三品顶戴授甘肃布政使。二十五年二月擢任陕西巡抚。次年三月病死。林则徐奉旨接任陕西巡抚。二十七年二月,擢任云贵总督。六月到达昆明赴任。

林则徐到任后接办云州事件。查明原系回汉民互斗,进而聚众烧抢。官兵弹压,回众抗拒。汉民练首范小黑等乘势抢掠,杀死回民多人。官兵拿获范小黑。同伙张小沅等聚众劫夺,未成。林则徐将回众为首者郭望年等四人斩首。又将汉人范小黑、张小沅斩首示众。其余杀人要犯分别量情治罪。云州事件得以了结。

七月初,道光帝诏谕林则徐与云贵巡抚程矞采查办回民丁灿庭等控诉的保山屠回事件。称"必须彻底追究,水落石出","不得因案已将就了结,颟顸塞责,遂将万余人之屈抑郁而不伸"。林则徐到任后即曾派员去滇西,明察暗访追究保山事件原委。向道光帝陈奏,说汉回皆为赤子,"但当别其为良为匪,不必岐以为汉为回","以汉保回,以回保汉,协力同心,共驱外来游匪"。(《林则徐集》奏稿)香把会首万桂林已由贺长龄处斩。林则徐奉谕后命将香把会首领周曰庠等九人提解到省城审讯。十一月二十九日,沈盈之义子沈振达与传布邪教金混秋等纠集会众万余人,在保山北四十里的高坡袭击押解的官兵,将周曰庠等劫夺。次日,又闯入保山县城,焚烧县衙,屠杀城内回民,拆去缅沧江桥板,截断交通道路,再次造成屠回事件。

林则徐得报,认为"事等反叛"并查得各地帮会"哨匪"不下数十万人。遂决计调集大兵,亲赴大理督剿。派遣省标昭通及贵州提标等官兵共六千名,由东路前往,永昌以西调兵二千名,东西两路夹击。兵力部署后,林则徐定于道光二十八年(一八四八年)正月十九日自昆明起身赴大理。

林则徐自昆明行抵楚雄,得到大理府赵州弥渡地方动乱的报告,又不得不改变进兵计划,先去弥渡剿捕。

　　弥渡是迤西道的商镇,常有川、陕汉回商贩往来贸易。道光二十七年(一八四七年)秋冬间,四川回民沙金陇、沙玉陇与汉民古明发来此贩货,与当地素称强梁的回民麻汝淮交结。二十八年正月初九日,川民张国福因与军犯张世保赌博争斗,被杀身死。弥渡通判拘捕张世保审议。沙金陇等纠集当地四川回民多人闯入通判衙门,杀死张世保后散去。沙金陇等遂邀约外来客户及本地商民共约六七百人于正月十八日在五显宫烧香结拜,歃血盟会。入会者进山分为九排,有总领。又有大爷、二爷、五爷、幺大、满大、满五、十爷、幺五、小老等名号。古明发、麻汝淮与沙金陇等均列排首。二十日结队出山,抢劫富户,施放枪炮。官兵镇压,赵州知州与弥渡通判均在战乱中负伤。会众围攻通判衙署,官员被困署中。二十一日至二十三日,分股攻抢附近村寨,村民惊走。

　　林则徐急调去永昌的清兵,转道往弥渡。二月初一日,提督、总兵均到弥渡扎营,调集官兵二千余名。林则徐驻扎距弥渡四十里的云南县(今云南驿)指挥作战。初三日,提镇和督标、抚标分队前进,大举镇压。放火焚烧回民会众聚集的清真寺及外来商民居住的六大旅店,会众冒火逃出,即遭官兵斩杀。事后林则徐奏报"统计烧毙歼毙约有四、五百名。"又俘虏一百余名。会首沙金陇在拒战中被杀。古明发、麻汝淮、沙玉陇等

118

被擒处死。又处死参与烧杀的回汉会众六十二名。沙玉陇处死前供认"纠约四川、陕西、贵州及赵州、永北、姚州各处汉回结盟焚抢,抗拒官府"。(《林则徐集》奏稿)起事的回汉会众遭到林则徐的残酷镇压。

林则徐自弥渡移兵大理查办保山事件。督抚会衔出县告示,晓谕献出人犯,以免尽行剿洗。大军驻永平。逮捕保山乡绅与甲长等参与屠回事件的人犯一百三十余名。林则徐又命缉拿劫犯屠城的人犯金混秋、沈振达等近百人。至六月底共获三百二十九名。沈盈病死狱中。林则徐将周曰庠、金混秋、沈振达等近百人处死。约二百人被处流刑和徒刑。原署永昌知府恒山革职永不叙用。其长随黄溃策动香会屠回,斩首示众。林则徐严厉处置屠回的汉民后,又将原居保山的回民二百余人强行送至城外二百余里的官乃山定居,驻兵弹压。六月间,林则徐回到昆明,将查办保山控案情形复奏。七月得旨以"剿办弥渡保山哨匪功",加太子太保,赏花翎。次年八月,林则徐因病奏请开缺。奉旨准予病免,回福州原籍休养。

二、新疆地区

道光二十七年(一八四七年),新疆喀什噶尔又爆发来自浩罕的维族和卓后裔的侵扰,史称"七和卓之乱"。

浩罕自道光十二年(一八三二年)获准通商后仍

不断在新疆边地侵扰。十六年曾侵入色勒库尔,遭到当地人民的反抗,清伊犁参赞大臣奕山处死被俘的浩罕入侵头目八人。浩罕退兵。二十二年,布哈尔攻陷浩罕都城,道光帝谕"置之不问",不予介入。浩罕迈买底里汗被布哈尔处死。其叔希尔阿里,在钦察(西皮察克)人木素满库里支持下,重建汗国。希尔阿里遇刺,死。木素满库里扶立其幼子十三岁的胡达雅尔即汗位,自为摄政当国。二十六年,木素满库里曾向清廷提出收取喀什噶尔等地商税等要求,被清廷拒绝。次年七月,维吾尔族和卓玉素普长子伊木罕迈买的明(又称卡塔条勒,意为大首领)联合和卓家族的克奇克罕、塔瓦克尔、萨比尔罕、阿克恰干、伊善罕、倭里罕等首领(条勒),纠集骑兵千余人自浩罕进兵,越过边地卡伦,七月十八日围攻喀什噶尔回城。浩罕商目引兵入城,七月底,喀什噶尔回城被攻陷。和卓军继续围攻英吉沙尔。

奕山在鸦片战争之后,追论罪责,革职,斩监候。道光二十二年末,押解至京,在宗人府圈禁。次年十月开释,起用为和阗办事大臣。二十五年,调任伊犁参赞大臣。奕经也论斩监候监禁,道光二十三年起用为叶尔羌参赞大臣。二十七年,因刑讯良民得罪革职,发往黑龙江当差。八月,奕山调任叶尔羌参赞大臣。

七和卓攻陷喀什噶尔,伊犁将军萨迎阿(满洲镶黄旗人)檄调伊犁、乌鲁木齐、土尔扈特、霍硕特各路

120

官兵,命奕山统领进剿。九月十二日,奕山率军到达巴尔楚克。各路官兵陆续调集,途中遇和卓军,屡次获胜。大兵聚集后共四千八百人,经叶尔羌,进兵英吉沙尔,在科科热瓦特地方与和卓兵相遇,一日之间,先后三战。清军均获大胜,英吉沙尔围解。占据喀什噶尔的和卓军抢掠财物后奔逃,裹挟当地民众约二万人,途遇雨雪溃散。迈买的明率败兵逃回浩罕。浩罕将他拘留,遣使至喀什噶尔,向清廷陈说,和卓之乱浩罕伯克并不知情。清廷为平息事态,不再追究。八月间,道光帝授任陕甘总督布彦泰为定西将军,督办喀什噶尔军务,奕山襄办。布彦泰未至,乱事已平,仍回本任。道光帝奖奕山功,封二等镇国将军,赐戴双眼花翎。又加授内阁学士,调任伊犁参赞大臣。

三、西藏地区

西藏地方,自乾隆时颁布钦订章程,由朝廷任命驻藏大臣督办藏务。原钦差大臣署两广总督琦善,于道光二十年春,革职论处,议斩监候,九月开释。次年,充叶尔羌帮办大臣。道光二十三年(一八四三年)十月,任驻藏大臣。

英国自乾隆时即觊觎西藏地区,乾隆三十九年(一七七四年)曾派员去日喀则面见班禅,要求允许英人入藏。班禅答复说:"纯以拜佛为职志,殊不敢容许英人入境"(荣赫鹏:《英国侵掠西藏史》孙煦初中译本)予以拒绝。道光二十六年(一八四六年),英国征服克什米尔,建立查谟克什米尔邦,与后藏交界。当年十一月,克什米尔邦部落首领向边境堆噶尔本(今噶尔雅沙)营官投送信件,声称克什米尔已归属英国,要求清方派人会议通商划界。琦善代营官复信,婉言拒绝。英国驻华公使、商务监督德庇时又向办理夷务通商的两广总督耆英发出正式照会,要求定界通商,并扬言欲往天津交涉,进行威胁。耆英照复,据中英五口通商章程载明不准赴他处港口通商,疆界毋庸再定,予以批驳。十二月二十六日道光帝诏谕琦善训练兵丁,预为防范,"仍一面广为侦探,随时斟酌情形,妥协办理。一面谕以通商事宜现系钦差大臣耆英专管,如有禀请事件,可赴广东商量"。(《鸦片战争档案史料》)道光帝原已升任琦善为四川总督,谕暂缓前往,留藏办理夷务。

　　道光二十七年(一八四七年)正月初十日,耆英奏报,接到德庇时复照称"定界一事只欲指明四界,并非另定新界,亦无须委员往勘。其通商一节,系因加治弥耳(克什米尔)夷人本与西藏贸易,现拟仍照旧章,亦不另拟新条,与来五口通商之英商无涉。"(前引书)耆英认为"似该夷为正论所屈,妄念已息。"半年之后,德庇时又在六月间照会耆英,称已派印度兵头三名,前往查明四界,要求中国派员妥办。十一月二十八日再次来文,称业已派员前往。请中国官员立刻前往后藏、克什米尔交界边境。耆英请旨,饬下驻藏大臣妥办。琦善与驻藏帮办大臣穆腾额等派遣西藏噶伦诺依金彭错率领随从人等于道光二十八年五月到达边境堆噶尔本地方,在各处边界细心访查,并无英所人员前来勘界。琦善此时已赴四川总督任。穆腾额继任驻藏大臣。八月间,穆腾额奏报"所有现在边界静谧,并无英夷前来。"该噶伦仍住边界,俟雪化后再为探访。

英国占据克什米尔后,向清廷提出所谓通商定界的要求,旨在以此为借口,入侵西藏。所谓派员勘界,也是虚声恫吓,要挟入侵。西藏噶伦亲往勘查,英国的诡计破灭了。

(二)东南地区的动荡

开放五口通商后,通商口岸由广州扩展到长江流域,东南地区的城乡社会受到多方面的冲击。

商品滞销烟毒泛滥　英国迫使清朝开放五口通商,满以为可以由此获得向中国推销商品的广阔市场。但正如清王朝不了解英国一样,英国对中国的社会经济状况也是十分茫然。英国的对华贸易,主要是以纺织品换取中国的丝茶。璞鼎查曾欣喜地预言"英国兰开厦郡(Lancashire)全部工厂的出产,也不够供给(中国)一个省的衣料。"据估计,自一八四二年至一八四五年,英国运到中国推销的棉纺织品从总值七十万镑猛增到一百七十万镑。但是，当时的中国社会经济结构，仍是以农业与家庭手工业相结合为基础的自给自足的自然经济。处在贫困状态的广大农民男耕女织。消费的棉布主要依靠自己的纺织生产或廉价交换，根本不可能去购买洋布。当时，来华的一个英国人曾说，他从来没有见过一个中国劳动者穿过一件英国布料的衣服。英国的棉纺织品运到中国，需要附加运输费用，交纳关税和商业经营费用，在价格上也无法与农民生产的廉价的土布比高低。它只能成为城市中富有者的奢侈消费。棉纺织品大量运到中国，不能不陷入滞销的困境。至于英商视为奇货的钢琴、刀叉餐具等更没有多少销路。五口开放后的三年间，原来惟一的对外贸易港广州，进口的商货，大量积压，不得不转运到上海出售。上海开放通商后，日益超过广州，成为新兴的贸易中心。一八四五年就已商品滞销，货价低落。此后三年间，进口货值逐年下降。一八四八年较前一年下降百分之二十。英国原来看中的福州，曾估计每年可进口棉织品二百万匹，实际上只能有几百匹上岸。英国遭遇的情况如此，美国等国也莫不如此。英美等国企图向中国推销工业品换取巨额利润的奢想，难以实现了。

售卖鸦片，走私贩毒，仍是英美等国攫取大利的最便当的手段。英美等国由于获得治外法权，清廷不能再对外商走私贩毒直接惩治，又由于五口开放，鸦片贩卖得以由广州延伸到上海等口岸。一八四三年由印度输入的鸦片即多达四万二千余箱,超过了鸦片战前的进口数字。而至一八四九年,鸦片的输入激增到五万三千余箱。鸦片出售的价格也不断上涨。鸦片再次大量输入,烟毒继续泛滥,使中国的社会经济受到巨大冲击。

英美等国出口的棉织品行销受阻,从中国进口的丝茶却大量增加。一八四三年,中国的生丝出口下降到一千四百多担,一八四五年超过了一万担。中国茶叶出口下降到十三万余担,次年增加到五十三万担。丝茶出口的价值不断下降。茶叶出口量增加,出售的总值反而减少。依据一八四六年的一项估算,中国对英美出口三千一百万元。英美对中国出口四千一百万元,其中英国由印度输入的鸦片即达二千三百万元。英美等国以高价的鸦片换取中国廉价的丝茶,使中国由出超变成入超,英美由入超变成出超。丝茶一再压价,也使经营丝茶的农户的利益受到严重的损害。(以上统计数字参见汪敬虞《十九世纪西方资本主义对中国的经济侵略》)

烟毒泛滥的另一后果,是中国的白银继续外流。道光二十四年(一八四四年)的估算,外流的白银约合一千七百万银元。白银大量外流,造成银价上涨。清廷原规定一两白银合铜钱一千文。道光二十年(一八四〇年)由于鸦片输入白银外流,银钱的比价已上升到一两白银值一千六百文。战争期间因禁烟而有所回落。但到道光二十五年(一八四五年)市上比价上涨到二千三百五十五文。

赋税加重农民贫困 乾隆以来,中国人口不断增长,据推算道光时已达到四亿五千万人。其中淮河以南超过三亿人,(参见姜涛《人口与历史》)东南地区尤为密集。人口的增长的另一面,是平均占有耕地数量的减少。从乾隆时人均不足四亩,到道光时人均不足两亩。依据东南几省的零星记录推算,无地或少地的农民约占农村人口的万分之五、六十乃至八十以上。人均耕地减少,负担的赋税却不断增加。地税折银交纳,农民要把收获的粮食,按市价出费,再把铜钱折合白银纳税。白银外流、银价成倍上涨,农民交纳的税粮,实际上增长了一倍以上。地税而外,丁税和漕粮地都相应地成倍增长。赋税的加重,使越来越多的农民失去土地,陷于破产。少地的农民减少,无地的农民增加。

占有土地出租的地主,把加重的赋税转嫁给租地耕种的佃农。东南几省的地租因而普遍增长。原来对成收取的地租,增长到收取收获的六成、七成甚至八成以上。佃农交纳租税而外,还要承受各种名目的勒索,一年耕作,所余无几,不得不借贷过活,遭受高利盘剥。各地不断出现农民抗粮抗租的斗争,以至形成武装反抗。

126

商路改道贫民失业 清朝的对外贸易,原来只有广州一处商港,自广州至江西九江和湖南湘潭,形成两条商路。外商经此两路收购丝茶等商货。五口开放后,上海成为进出口贸易繁盛的港口。上海自元世祖至元二十九年(一二九二年)设县,属松江府。明清相沿不改。清嘉庆时已有人口逾五十万人,商业兴盛。苏松太道又称上海道驻此。上海处吴淞江口,沿江而上,经江苏、江西,转道湖南,较广州商路更为便利。英美等国商民常住上海经营进出口贸易。上海的进出口货物逐年增长,广州则逐年下降。

原来广州至湘潭一路,以搬运商货为生的贫民劳工不下十万人。九江一路也大体相当。广州商路衰落,大批劳工和依附商运为生的贫民失去了生计,形成庞大的失业人群。广州进出口贸易日益下降,失业人群随之不断扩大。

道光二十五年(一八四五年)以来,英美法等国把贩卖劳工作为获取暴利的手段。失业的劳工和破产的农民被骗卖到拉丁美洲等地去垦殖。订立契约为买主劳动若干年,称为"契约苦力"或"契约华工"。他们像被贩卖的非洲"黑奴"一样,沿途遭受非人的恶劣待遇以致在途中惨死或跳海自杀。道光末年,厦门和广州两地每年都有成万的贫民被拐卖出国。香港澳门等地也大量贩卖人口,日益形成颇大的规模。

水患连年灾害惨重 道光二十一年(一八四一

年)黄河在开封决口,次年,王鼎、林则徐等治河成功,保住开封。二十三年,黄河又在中牟九堡决口,形成大患。正溜自贾鲁河入于安徽境内的颖河。旁溜经通许、太康,夺涡河会入淮河。沿途所经河南、安徽两省近百万居民的地区,遭受水灾,至次年十二月水塞。清廷耗帑一千一百九十余万两。

长江流域道光二十二年(一八四二年)湖北江陵大水入城,二十四年再次大水,冲毁城垣,松滋、枝江大水。江西南昌、袁州、饶州环鄱阳湖地区大水。此后数年间,湖北、江苏、江西一些州县连续遭受水患。二十九年酿成大灾。江苏苏州、嘉兴,江西兴安,浙江湖州、桐乡相继大水。湖北长江两岸受灾最重。黄岗大水入城。黄陂、汉阳大水。公安、枝江、宜昌、安陆、蒲圻等地大水。黄州大水入城。武昌陆地行舟。连年水灾,殃及上千万居民。大批受害灾民,逃亡他乡,流离失所。

(三)各地农民起义

英国入侵以来的几年间,各地不断爆发武装反抗清廷的起义。

钟人杰起义 道光二十一年(一八四一年)十二月,湖北武昌府崇阳县生员钟人杰等因代人陈词抗拒漕粮,以包庇罪被革发配。钟人杰逃走,与被革武生陈宝铭、县学生员汪敦族等聚集饥民约三千人攻打县城,杀死知县,占据崇阳县起义。树立都督大元帅红旗,自为元帅,陈、汪为副帅,下设千总等职名,随即南下,占领通城。起义队伍迅速扩大,约有万余人。钟人杰宣称:"破通城有银粮,破通山有银矿,破蒲圻有战场,破了咸宁下武昌,到了武昌做国王"。(《汪敦族口述》引见近代史资料一九六三年一期)次年正月,起义军数千人西越山岭,攻打通山县。分兵乘船北上,攻打蒲圻。湖广总督裕泰亲往咸宁督剿,调拨官兵分守。起义军围攻通山县城,施放枪炮,被官兵击退。攻打蒲圻的水陆军,也设炮位攻城。裕泰奏称"该匪恃众拒敌,四面扑城,势甚猖獗",清副将双福领兵击退义军,夺获炮位。义军再次攻城,守备玉贵登城,颊中枪伤,双福兵来策应,义军退散。提督刘允孝带兵会剿,分五路围攻崇阳,联络城内地主绅民为内应。崇阳县绅士诱首领出城。钟人杰、陈宝铭等中计出城,被官兵义勇合围生擒,崇阳被官军收复。正月二十二日,通城地主豪民捆绑义军知县但扶泷,送交官军行营斩首。钟人杰、陈宝铭、汪敦族等解赴京师处死。此次起义爆发后,迅速聚至上万人,拥有船只和新式枪炮等武器,转战四城,历时两月,震动了邻省。起义军事起仓促,急于扩展,致使兵少分散,终于遭到官军与地主豪绅的联合镇压而失败。

曾如炷起义 道光二十三年(一八四三年)五月,湖南武冈县民曾如炷等聚众阻米出境,官府查拿。民众遂起义反抗,杀死武冈州知州徐光弼。湖南巡抚吴其浚奏报朝廷,已领兵前往督捕。永州镇总兵派兵会剿。道光帝得报,命广西巡抚协同兜拿。吴其浚到后,擒获曾如炷及手杀知州的曾以得等数十人。馀众逃往洪崖洞中拒守。该处地形险阻,官兵不知路径。由当地练勇探路,分路围攻。起义者多人败死,七十余人被捕。曾如炷被凌迟处死。

洪协起义 道光二十四年(一八四四年)三月,闽浙总督刘韵珂奏报,嘉义县洪协等"纠众竖旗谋逆,并有已革武生郭崇高合伙起事,所纠匪党共约二千余人。"与官兵交战六次,洪协被擒。郭崇高与起义首领刘取、叶周、余朝等逸去。

捻民起兵 安徽、江苏、山东、河南等省农村的居民,自嘉庆以来,结聚互助,号称为"捻"。捻的本义是凝结成股,如民间有"灯捻"、"纸捻儿"之类。数十人为一小捻,百人以上为大捻。捻首被称为"响老",邻里有事,出为排难解纠,判别曲直是非,故有人比之为古之"游侠"(蒋湘南《七经楼文钞》卷三)。入捻者均出自愿,不得威胁,被称为"捻子"。不信教,不拜神。穷困无食,外出他乡劫掠富户财物粮米均分,以求生存。官兵镇压,即武装反抗。村中有捻者,他处捻子便不来劫掠。所以时人又称"一庄有捻一庄安,一族有捻一族幸"因而获得本村的庇护。捻民四出劫富济贫,可远至外县或外省,掠取后仍回本村,地方官府难以捉拿。因而多在邻省交界地带活动。入捻者主要是贫困农民、矿工、破产饥民、灾民、水上渔民以及抗清失败逃散的流民。据说外出劫掠时，往往"墨面朱须"，地方乡绅詈称为"红胡"。官府则称之为"捻党"、"捻匪"。

道光帝即位初年，即曾饬令安徽、河南等地镇压捻民，先后逮捕多人，但不能禁止。鸦片战后，贫困无告的饥民和灾民增多，结捻抢掠的活动，也随之扩大。道光二十二年(一八四二年)十月，安徽巡抚程楙采奏报江苏萧县捻匪从(一作纵)红、马宗禹等"窜至亳州，拒伤差役壮勇多名，逃往河南交界地方藏匿"(《东华续录》卷四十六)。道光帝谕令江苏、安徽、河南各督抚，派兵勇四路兜擒。从红等返回安徽，在亳州、宿州等地流动，被官兵捕获。从红、李兆相等十二名首被擒。同月，湖广总督裕泰奏报：河南沁阳捻匪进入湖北枣阳，捕获三十余人。

道光二十五年(一八四五年)山东、直隶境内也出现结捻劫掠活动。道光帝命直隶、山东、河南三省协同镇压。五月，山东曹州清兵至钜野县，遭到捻民的武装反抗，捻首刘洋被擒。曹州镇兵分往濮州、郓城，两路追捕。捻民在濮州境内与清军激战拒捕，施放枪炮，互有伤亡。捻民四十余人被俘。二十七年，山东捻民大批进入直隶和河南境内劫掠。九月间山东曹州一带的捻民进入直隶开州抢掠，菏泽县捻首邵知文率领捻民，闯入河南商虞厅通判衙署,劫去官银六千三百余两。道光帝将山东巡抚崇恩免职议处。

英国入侵后几年间,北起直隶、山东,南至江淮,结捻劫掠反抗官府之事,时有发生,屡见记载,不备举。贫困农民和饥民流离,入捻求生形成这一地区的潮流。捻不过数十人至一二百人,分散各地,并无统一的组织和共同的领袖,也没有政治目标和宗教宗旨。但捻民劫掠反抗不断扩展,势将汇为巨流,酝酿着更大规模的武装起义。

雷再浩起义 道光二十七年(一八四七年),湖南新宁瑶族民众雷再浩与汉民李辉、李世德等在山中聚众立棒棒会,广西全州瑶民萧立山等率众入伙。官兵前来弹压,雷再浩等率众抗拒官兵起义,建立将军等名号,进入全州。十月间,湖南巡抚陆费泉奏报朝廷,道光帝命广西巡抚郑祖琛严饬全州防堵。两省官兵多次进剿,起义者伤亡三百余人,李世德被擒。雷再浩、李辉等率众进入新宁深山黄坡峒固守。十一月,官员与地主团丁设计,使雷再浩出峒,官兵猛攻,雷再浩、李辉被擒。馀众千余人多投归李沅发,继续反抗。

李沅发起义 湖南新宁县水头村民李沅发(一作元发),在本地聚集瑶汉民众,立把子会,"把子"即结盟为兄弟,入会者以兄弟相称。遇有饥寒,群出劫掠富户,互助求活。道光二十九年(一八四九年)秋,新宁县官府前来查拿,捕去把子会杨昌实、李世英等人。李

132

沅发遂率众起义。十月十三日聚众三百余人,攻入县城,攻打衙署,捕杀署知县万鼎恩,打劫监狱,救出杨、李等人。入会乡民二千余人,相继入城,夺取枪炮器械,参加武装起义。起义者分编为前营、后营、中营、左营、右营,营首领称大哥。李沅发称总大哥,在城中树立大旗,上书"三军司令""劫富济贫"。分遣会众,四出联络,起义军迅速扩大。

十一月初,道光帝得报,急令初到任的湖南巡抚冯德馨与广西巡抚郑祖琛派兵合力剿捕。中旬,宝庆府知府张镇南督率新宁县兵勇围攻新宁县城,义军拒战兵败,死三百余人,退入城中拒守。十一月二十九日,冯德馨与提督英俊命官军用地雷轰开城角,施放枪炮,义军被擒百余人。李沅发率众在夜间撤退。冯德馨奏报,"复经兵勇拼力前攻,施放枪炮,焚烧贼棚,生擒一百六十余名,搜杀馀匪,不计其数,地方一律肃清,官兵酌撤"。十二月十四日道光帝接到奏报,谕"此案该匪等始则拜会抢劫,继而戕官据城,并敢四路邀人,抗拒官兵四十余日,实属罪大恶极。"又谕根究李沅发下落,谕称:"倘含混奏称歼毙,日后仍有李沅发其人,一经发觉,朕惟该抚等是问。"(《东华续录》)

李沅发率众退出县城,进入新宁罗远峒,与来自广西境内的义军会合。十二月初四日,与清军追兵激战,清守备熊钊败死,清兵伤亡数百人。义军翻越山岭进入广西境内活动,有兵近三千人。冯德馨驰奏:"新宁城破之后,广西猫儿山及新宁罗远峒各地方又有另股匪徒,潜匿滋事。"十二月二十一日道光帝览奏,下谕指出"显系李沅发逃窜,该匪徒四面接应,勾结为患。"著令湖广总督裕泰选派精兵前往剿捕,冯德馨俟后议处。

天地会起义 天地会是民间的秘密组织,不同于公开的结捻。关于它的起源,官员奏报得自传闻,不尽可信。会众传述,附会夸张,也未必属实。较可信的记录是,乾隆五十一年(一七八六年)台湾彰化县林爽文起义时,曾有福建漳州人严烟在台湾传布天地会,林爽文应邀入会,组织会众起义(参见本书第十册第五章第三节)。嘉庆以来,福建、广东、广西、湖南等省均有天地会秘密活动。提出"劫富济贫"口号,劫掠富户,周济贫苦会众。又打出"反清复明"旗号,公然反抗清廷的统治。为逃避官府的查拿,另有添弟会、三合会、三点会、小刀会等多种名目。入会者结盟为兄弟,伸出三个手指为暗号,以"洪"字为标记,又称"洪家"或"洪门"。各地自立山堂名号,堂主称大哥。入会不限出身,会众成分较为复杂,基本群众是贫困无告的饥民和流民。官府则称之为"会匪"、"堂匪"。

早在道光十二年(一八三二年)闰九月,台湾嘉义县曾爆发大规模的天地会起义。北至漳化,南至凤山,各地会众纷起响应。台湾知府吕志恒,署嘉义知县邵用之等领兵镇压。起义军首领张丙、陈办、陈连、詹通等分兵围困官军,先后杀死邵用之、吕志恒。合兵近万人围攻嘉义县城,台湾镇提督刘廷斌在城中拒守。攻城四日不下。道光帝得报,急调福建陆路提督马济胜、金门镇总兵窦振彪合兵三千往剿。闽浙总督程祖洛前往调度。随后又命署福州将军瑚松额为钦差大臣赴剿。清援军与台湾驻军乡勇合共两万人向起义军猛攻。窦振彪军先至嘉义,起义军败退。马济胜与刘廷斌会兵嘉义,起义军连续失败。起义领袖多被俘或战死。次年春,瑚松额到达台湾,搜捕起义领袖二十余人。械送张丙、陈办、詹通、陈连等人至京师处死。

台湾起义失败后,天地会在广东广西等地继续得到发展。道光二十四年(一八四四年),广州三合会被查拿。次年,官员奏报,又有广州府属香山、新会、顺德等处会匪聚会数万人劫掠,春夏之交报劫者不下数千案。二十七年广东荔浦开设染房的贫民罗亚旺(阿旺)与李亚佑拜盟入天地会起义。李亚佑被擒。会众二、三百人遇害。罗亚旺率众转移到广西,改名大纲。

广西地区,嘉庆时曾有南宁府邕宁县民沈惠平、苏义兴等结拜添弟会,自称万户侯。道光二十年(一八四〇年),柳州府象县韦玉钰设忠义堂,揭竿起义。此后,各地区天地会活动频繁。光绪《郁林州志》载:当地天地会,又名添弟会,或数百人,或百数十人结拜,为首者称大哥,次一人称"老晚"。"道光间,州中此会最多,至甲辰(二十四年)乙巳(二十五年)尤盛,几无村不有大哥。""聚党以墨涂面,夜劫富家,未晓而散,莫可踪迹。"二十七年,邕县天地会众曾在夜间劫掠圩上当铺。当铺经营高利贷典当,敲剥贫民,最为民众所痛恨,故多被劫以济贫。二十八年,镇安府天保县天地会黄天送率会众入平孟隘边境聚集起义。归顺州知州施鸣盛领兵镇压,起义者由大道北上入阳万州境,天保县令沈毓寅率兵结剿,被义军杀死。知州与都司在府城会兵。起义军由小路返回平孟隘,进入越南境内的保乐。知州、都司均被革职。二十九年,镇安府向武州境,义胜堂廖春晚、得胜堂宁正刚率会众数千人劫掠。柳州府武生区振祖率众千余人,立"替天行道"大旗,劫掠当铺钱铺财物,在圩上分给会众。设英雄堂反抗官府。浔州府武宣东乡人陈阿贵(亚贵)立联义堂与来自广东钦州的陈香晚(又作覃香晚、秦兴晚)率领的胜义堂王亚二、寿义堂唐晚等会众在武宣起义。官兵大举镇压,起义者被俘数万人。陈阿贵率部北上攻掠象州,远至柳城。

无计谋生,走投无路的农民群众纷起反抗。东南沿海地区,饿殍遍地,烽火连天,预示着巨大风暴就要到来。

第二章

太平天国革命与英法联军的侵掠

道光三十年（一八五〇年）正月十四日道光帝旻宁在圆明园病死，年六十九岁。庙号宣宗，谥成皇帝。道光帝在位三十年，有志守成而不能守成，有心抗敌而无力御侮，在外国入侵、农民反抗的声浪中结束了他的一生。

道光帝有九子。长子奕纬，和妃那拉氏所生。道光十一年四月，年二十三岁病死。次子奕纲，三子奕继，都是静妃博尔济特氏所生。均早殇。四子奕詝，道光十一年六月即奕纬病死后两月出生。母全贵妃钮祜禄氏，因生子晋为贵妃。道光十四年又立为皇后。道光二十年正月，病死。谥孝全皇后。奕詝由静贵妃抚养。五子奕誴，与四子同龄，祥妃钮祜禄氏所生，道光二十六年正月过继给皇弟惇亲王绵恺（仁宗第三子）降袭郡王。第六子奕䜣，小于奕詝一岁，静贵妃所生。七子奕譞、八子奕詥、九子奕譓，均为琳贵妃乌雅氏

137

所生。

　　全皇后死后，没有再立皇后。静贵妃晋为静皇贵妃实居后宫之长。五子奕𬤇过继后，四子奕詝、六子奕䜣在诸子中实居长次。四子静妃所养，六子静妃所生。两皇子在宫中习文练武，最为道光帝与静妃所钟爱。

　　依照传统的密封建储制度，道光帝在道光二十六年六月十六日就已亲自写好建储朱谕，封存镭匣。道光帝临终时，由宗人府会御前大臣、军机大臣和内务府大臣公启镭匣，宣示御书。这份御书现仍保存在历史

道光帝遗建储谕

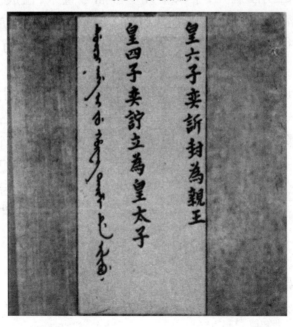

档案馆,满汉文并书"皇四子奕詝立为皇太子",又以汉文附书"皇六子奕訢封为亲王"。历来建储朱谕只是写明继位的皇子,附书亲王为前此所未有。道光帝的这一创例,为奕訢确定了高于诸皇子的显要地位,也为奕詝确立了未来的辅翼,对此后的政局产生了显著的影响。

道光三十年正月二十六日,不满十九岁的奕詝奉遗诏即位,遵照道光二十六年三月诏谕,帝名上一字不再改避。次年年号改为咸丰。奕訢封恭亲王。七皇弟奕譞封醇郡王、八弟奕詥钟郡王、九弟奕譓孚郡王,位在亲王之下。咸丰帝顺利地继承大统,建立起他的统治。

第一节　咸丰帝继统与太平天国革命

咸丰帝生长深宫。遵祖制六岁起从汉人师傅杜受田在书斋读书。杜受田,山东滨州人。礼部左侍郎、大学士杜堮之子。道光三年进士,二甲第一。授翰林院编修,以詹事府中允升用,屡充各地学政。道光十六年命在上书房行走,教皇四子读书。杜受田授读十余年,勤谨不懈,屡受封赏。晋为翰林院侍读学士,又升内阁学士,兼礼部侍郎衔,仍专心授读。道光二十九年,充上书房总师傅。奕詝对道光帝极恭顺,被誉为"秉性仁孝"，对师傅也极为爱戴，自称"深资训诲"。即位前深居书斋，恭谨自持，对世事全无阅历，即位后却不能不面对声势浩大的农民起义和外国侵略的严重威胁。

（一）咸丰帝初政

咸丰帝即位，尊奉静皇贵妃为皇贵太妃，逐日问安，亟表恭孝，但太妃并不干预朝政。少年天子继承大统，仍然不得不仰赖师傅的襄赞，"周谘时政利弊"。由此开创了汉人师傅参与朝政的新例。

咸丰二年（一八五二年）七月，杜受田病死。咸丰帝即位后的两三年间，在杜受田参与下，实行了如下的初政。

颁诏求言 历来新皇帝即位，多颁诏旨求言，以便了解下情，博得拥戴。咸丰帝即位后，二月间即颁诏通行晓谕"凡九卿科道有奏事之责者，於用人行政一切事宜皆得据实直陈，封章密奏。"三月间，大理寺卿倭仁应诏陈言行政用人，严辨君子小人。六月间，御史陈枚奏陈漕运盐法等病民积弊。通政使罗惇衍奏请保举京员广开言路，左副都御史文瑞奏陈为君之道四事，礼部侍郎曾国藩奏陈用人之策。咸丰帝均优诏嘉纳，但不见有任何切实施行的举措。曾国藩在致友人信中说："自客春求言以来，在廷献纳不下数百余章，其中岂乏嘉谟之计。或下所司核议，辄以'毋庸议'三字了

140

之,或通谕直省,则奉行一文之后,已复束之高阁,若风马牛不相与。"(《曾国藩全集》书信)清廷积弊相沿已久,咸丰帝初即位只是表明"虚衷延纳,博采谠言"(求言诏),并不打算大力兴革,曾国藩信中所说,是合乎事实的。

重建中枢 咸丰帝初即位,首先对内阁中枢的汉大臣作了调整。即位前内阁两汉人大学士,一是年逾八十的老臣,道光时曾充上书房总师傅、加太傅的潘世恩,一是历任兵、户、吏部尚书的卓秉恬。协办大学士是户部尚书祁寯藻。即位后当年六月,潘世恩以年老乞休,咸丰帝擢任祁寯藻为大学士。杜受田加太子太傅衔以刑部尚书协办大学士,不赴刑部办事。次年,加恩以协办大学士管理礼部。

六部汉尚书、侍郎及都察院大臣也依举荐,多有迁调。潘世恩、杜受田等交章推荐林则徐,军机大臣穆彰阿认为林则徐在病中,不堪录用。道光三十年(一八五〇年)五月初三日,咸丰帝传旨,召林则徐迅速来京听候简用。

内阁两满人大学士是穆彰阿、耆英,协办大学士是琦善。满洲镶蓝旗郭佳氏穆彰阿,嘉庆十年进士,道光初充总管内务府大臣。八年授军机大臣,在上书房行走。九年充翰林院掌院学士。十六年武英殿大学士,次年署直隶总督。十八年,晋文华殿大学士。穆彰阿是老于事故的官僚典型,遇事阿从帝意,依违两可。

对英作战,兵败议和,决策者自是道光帝本人。但自林则徐被罢免至江宁和约的订立,均由当时作为内阁首揆统领军机的穆彰阿经办。因而割地赔款之耻,朝野多归咎于穆彰阿和耆英。穆彰阿当权日久,屡任考官,门生故吏朋比援引时称"穆党"。咸丰帝要想平息物议重振朝声,不能不罢斥穆彰阿,要建立新朝的统治,避免大权旁落,也不能不罢斥穆彰阿。汉臣中枢确立后,当年十月,颁布长篇诏谕,历数穆彰阿之罪,指斥他"保位贪荣,妨贤病国。小忠小信,阴柔以售其奸,伪学伪才,揣摩以逢主意。从前夷务之兴,穆彰阿倾排异己,深堪痛恨。"指斥耆英"畏葸无能","伊前在广东时,惟抑民以奉夷,罔顾国家"。"今年耆英于召对时,数言及英夷如何可畏,如何必事周旋,欺朕不知其奸,欲常保禄位。"(《清文宗实录》)穆彰阿从宽革职,永不叙用,耆英降为五品顶戴,以六部员外郎候补。蒙古正蓝旗人户部尚书赛尚阿协办大学士,次年晋文华殿大学士。

琦善于道光二十八年十一月复任协办大学士,仍留四川总督任。二十九年九月调陕甘总督。咸丰帝即位后,道光三十年五月兼署青海大臣。咸丰元年(一八五一年)五月,以在西宁率意妄杀,革职。满洲镶黄旗佟佳氏裕诚,以兵部尚书协办大学士。

咸丰元年内阁中枢的组成是:大学士三人:卓秉恬、祁寯藻、赛尚阿,满人缺一人。协办大学士满汉各

142

一人:裕诚、杜受田。依制,满汉大学士各一人统领办理军机处事务。祁寯藻、赛尚阿充军机大臣,统领军机。

咸丰帝在重建中枢的同时,召用林则徐,罢斥穆彰阿、耆英,借以向国人表示,有志于抗御外侮,改弦更张。朝野为之一振。

筹议海防　道光二十九年(一八四九年)英人入广州城的企图受挫后,英国外相巴麦尊(H. J. T. Palm-erston)指示英国驻华公使文翰(S. G. Bonham)致穆彰阿、耆英照会,继续交涉。次年四月,文翰到上海与两江总督陆建瀛会谈,要求转递照会。陆建瀛奏报,咸丰帝命陆建瀛劝谕文翰,有事只许与兼理五口通商事务钦差大臣的两广总督交涉。文翰又派翻译麦华陀(W. H. Medhurst)往天津投递文书,也被当地拒绝。只得在六月间返回香港。

英使退后,咸丰帝诏谕沿海各省加强海防具奏。但各地督抚只是因循故事,并不能提出加强的措施。

直隶奏报,以大沽、北塘的海口炮台为依托进行抗击,并在炮台后路组织团练。

盛京奏称:若英军前来,诱之登岸,坚壁清野,然后以所部"劲旅"剿灭。

江苏奏称:松江、苏州一带河汊,用沉船阻止英舰进军,募勇火攻。

浙江的办法,一是继续补造战船,二是将团练之法寓于保甲之中。

广东奏称:沿用反入城之策,一是断绝通商,二是借助民力。

福建称:英国控制制海权,海战无法取胜;陆战诱敌深入,将导致英军蹂躏内地,福建港宽水深,无险可扼;团练战时不足恃,平时又易流为寇;筹防措施会刺激英方,招致祸患。实际是无计可施,一筹莫展。

此时沿海各省农民起义蜂起,地方财政拮据,地方官无心也无力切实筹措海防,造船设炮。内阁中枢,并未认真筹议,提出有力措施。咸丰帝加强海防的诏谕,犹如具文,并无实效。

镇压起义　湖南新宁李沅发起义军,于道光二十九年末转入广西境内,流动作战。次年三月,在贺县与清军交战。清贺县县丞赖绵荣败死。四月,李沅发即返回新宁,据守金峰营。四川提督向荣调任湖南提督,领兵围剿。李沅发兵败被俘。五月,解送京师处死。

天地会陈阿贵起义军自柳州府柳城一带东向攻战。道光三十年七、八月间攻占修江、荔浦。咸丰帝命两广总督徐广缙调广东官兵赴广西督广西巡抚郑祖琛镇压,又调向荣为广西提督会同剿办。自湖南、贵州各调官兵二千名驰援。陈阿贵兵败,南下至桂平山中,被擒牺牲(一说战死)。李沅发、陈阿贵起义失败后,广西境内天地会起义军在太平府、宁明州、

144

左州、龙州、迁江、永康州、河池州等地,四出作战,声势日盛。

这年九月,通政使罗惇衍荐用林则徐去广西镇压天地会起义。林则徐自家乡侯官奉旨启程。九月末在福州途中接到咸丰帝谕旨,授任为钦差大臣,自福州驰赴广西。十月间,咸丰帝将广西巡抚郑祖琛革职,又命林则徐署广西巡抚。十一月十二日林则徐行至广东潮州府普宁县行馆病死,年六十九岁。咸丰帝下谕"著加恩赠太子太傅,照总督例赐恤。任内一切处分,悉予开复。"赐谥文忠。

林则徐死后,咸丰帝起用因病解职回籍的前两江总督李星沅为钦差大臣。又依杜受田的推荐,起用已休致的前漕运总督周天爵为广西巡抚,去广西协同进剿。

农民起义军与清军的大战展开了。

(二)太平天国的建立

一、起义的发动

道光三十年(一八五○年),广西桂平县金田村爆发了洪秀全领导的拜上帝会农民起义。

广东花县人洪秀全,原名仁坤,小名火秀,后改名秀全。嘉庆十八年(一八一四年)十二月初十日生于农民家庭。七岁时起,在村塾习读经书,十六岁停学。

一年后受聘为本村塾师。此后，多次应试不第。道光十六年（一八三六年），在广州赴试时，曾在街头得到基督教布道书，题《劝世良言》。二十三年，表兄李敬芳借阅《劝世良言》后大加称赞，洪秀全开始潜心研读，自称六年前病中曾出现幻象，见到华丽光明之所，即天堂。见到至尊老人，即天父上帝。曾赐给利剑，要他斩除妖魔，除去世间不平。洪秀全与李敬芳依书中所述自行受洗礼奉教。随后又劝说父母、兄嫂等人信奉上帝。与族弟洪仁玕、村塾同学冯云山等建立起最初的宗教组织，称"拜上帝会"。

洪秀全、冯云山、洪仁玕等人，信奉上帝后，依《圣经》中"从未有先知受人尊敬于本乡及家中"之说，与冯云山等在二十四年二月结伴远游，历经广州、顺德、南海、番禺、增城、从化、清远、英德、曲江、阳山、连山等地，宣传教义，又由连山前往广西，至贵县赐谷村，住在洪秀全表兄黄盛均家传教，受洗奉教者百余人。冯云山辗转进入桂平县北部紫荆山区传教。洪秀全回花县，仍做塾师，撰写通俗传教读物。先后写成《原道救世歌》、《原道醒世训》、《百正歌》、《改邪归正》等。《原道救世歌》指出："天父上帝人人共，天下一家自古传"，"普天之下皆兄弟，上帝视之皆赤子"。在《原道醒世训》中，强烈谴责相凌相夺，相斗相杀的旧世界，称颂唐虞三代是无欺压的理想社会。说天下凡间，分言之则有万国，统言之则实一家。天下男子都是兄弟，

146

天下女子都是姊妹，不应该有此疆彼界之分，更不应该有尔吞我并之念。又借《礼记·礼运篇》所描绘的大同社会，以寄托对于理想社会的向往。

鸦片战争后，清廷被迫取消了对外国传教的禁令，外国各个教派的传教士纷纷至通商口岸传教。道光二十六年(一八四六年)，正在广州传教的美国人罗孝全(I. J. Roberts)得知洪秀全自行传道的经历，写信约其前来相助宣教。次年二月，洪秀全与洪仁玕来到罗孝全的教堂。洪秀全读了旧约和新约圣经，申请加入教会，因遭到罗孝全的两名助手的反对未能如愿(韩山文《太平天国起义记》)。洪秀全离开广州，再赴广西。七月，在紫荆山与冯云山会面，从此开拓了全新的局面。

冯云山三年来一直在紫荆山传教，后在富户曾玉珍家任塾师。曾玉珍父子随同奉教。紫荆山区有平在山(又作平隘山、朋隘山)，在桂平县北，穷苦无业的贫民群居山中，伐木烧炭为生。冯云山去平在山传教，以烧炭为业的广西桂平人杨秀清，广西武宣人萧朝贵(壮族)与妻杨宣娇等人相继入教，冯云山在平在山建立拜上帝会，成为传教的据点。

洪秀全到紫荆山后，见传教有成，大喜过望。大约就在此时，又写成《原道觉世训》一书。书中把现实社会划分为两个营垒，一个是正，是善；一个是邪，是恶。正的、善的一面概括出一个皇上帝，是代表光明的神，是天下凡间大共之父;邪的、恶的一面概括出一个阎罗妖,是与天下凡间兄弟姊妹势不两立的敌人。抨击历代帝王信邪神,僭越称帝,指出"皇上帝乃是帝也,……救世主耶稣,……亦只称主已耳!……他是何人,敢觊称帝者乎?只见其妄自尊大,自干永远地狱之灾也。"洪秀全、冯云山在各地传教,入教者多至两千余人。

九月,洪秀全发动清除邪教偶像,率众去象州捣毁甘王庙,为拜上帝会立威。十一月,紫荆山区石人村地主王作新率团练逮捕冯云山,被拜上帝会弟兄在途中劫回。王作新控告冯云山是妖匪,桂平县江口巡检司传冯云山到案,冯云山据理申诉。继任知县以无业游荡之名将冯云山押解回原籍花县管束(方玉润:《星烈日记》,引见《太平天国史料丛编简辑》)。冯云山在押解路上向两名解差宣传教义,两人奉教加入拜上帝会,随冯云山返回紫荆山。

冯案发生时,正在贵县的洪秀全曾赶回紫荆山营救,又赴广州,企图申诉,未果,再返紫荆山。杨秀清于道光二十八年(一八四八年)三月,假托天父下凡,团结会众。洪秀全回到平在山后,承认杨秀清代天父传言。九月,萧朝贵又假托天兄下凡,代天兄传言。杨、萧奉洪为君权神授的天下万国真主,洪以杨、萧与冯云山为开国军师(《天父天兄圣旨》)。称上帝之子耶稣为长兄,洪为二兄,冯为三兄,杨为四兄。金田村富户韦正（昌辉）因冯云山劝说入会，为上帝第五子，杨宣娇为上帝之女，位居第六，萧朝贵称妹夫。贵县富家石达开因得洪秀全尊礼，倾家产入会，为上帝第七子。由此组成了拜上帝会的领导核心。道光三十年二月二十一日（一八五〇年四月三日），洪秀全于平在山称太平天王。萧朝贵依托天兄下凡说："太平事是定，但要紧口，根机不可被人识透"（《天兄圣旨》）。所谓太平，即发动武装起义，实现太平的理想，但仍需秘密准备。"太平"一词由此成为发动起义的号召。这时，广西境内，自桂平西至贵县，东至藤县、平南，北至象州、武宣，南至玉林、陆川、博白和广东境内的信宜等地，拜上帝会已得到广泛的发展，信徒日众。约在春夏之间，各地会众首领聚集平在山密谋起义。商定洪秀全、冯云山暂不公开出面，称为"密藏"或"避吉"。随后即转移到平南县山人村。各地发动会众，准备武装。起义由杨秀清、萧朝贵组织领导，韦正襄理。又以杨秀清、萧朝

天兄下凡聖旨卷之二

庚戌年七月初五日

天兄勞心下凡時在平山

天兄囚韋正欲見

天王后宮准其迎接來家暫任爰齋，韋正曰韋正爾識得爾，星嫂麽，韋正奏曰藏得但未曾見面也小弟想十六七同妹夫到黃蔴去見星兄星嫂迎接，星兄星嫂到小弟家也。天兄曰爾家有空房與星嫂住見，韋正奏曰有天兄曰既然有爾同妹夫打筭也。

韋昌輝

天兄下凡圣旨

149

贵名义发布《奉天诛妖救世安民谕》，宣传上帝的权能，敦促参加地主团练的三合会党和各省有志之士共同反清（中国史学会编《太平天国》资料第一册）。

十月初一日，杨秀清在桂平金田村调集近处团集的会众（称"团方"）在花州团营，与当地地主团练激战。十一月，广西各地起义会众陆续来到金田村。十一月二十五日，洪秀全自平南县至金田，为起义军制定五条军纪：一、遵条命；二、别男行女行；三、秋毫莫犯；四、各遵头目约束；五、同心合力，不得临阵退缩（《太平天国文书汇编》）。起义军称太平军，仿照《周礼》编制，以五人为伍，五伍为两，四两为卒，五卒为旅，五旅为师，五师为军（《天父天兄圣旨》），做好起义的准备。

驻在广西浔州府的清军，此时由前来助剿的贵州镇远镇总兵周凤岐统领，派遣副将伊克坦布领兵来金田攻剿。杨秀清率起义军迎战，斩伊克坦布。周凤岐领兵来援，激战一日夜，败退。太平军旗开得胜，全军雀跃。

十二月初十日，正值洪秀全三十八岁生日。聚集在金田的太平军在金田村集会，为他祝贺生日，也祝贺初战的胜利，军中树起大书"太平"二字的军旗，在金田村公开宣布起义。起义者易服蓄发，不再依满洲风俗剃发梳辫，蓄留长发编髻或披肩。因而清廷詈称为"发逆"，民间又称为"长毛"。

清廷派赴广西剿贼的钦差大臣李星沅到达广西，

驻在柳州。派广西提督向荣去金田剿办。太平军在金田起义后即沿大黄江口去紫荆山。咸丰元年(一八五一年)正月十八日,途经牛排岭与向荣军相遇。向荣兵败。太平军自紫荆山西进武宣。二月十日到达武宣县东乡。广西巡抚周天爵偕向荣来攻,又被太平军击退。太平军连败广西清军的重兵,全军振奋了。

太平军旗开得胜,在武宣东乡正式建立国号太平天国。洪秀全为太平天国国王,仍称太平天王。三岁的幼子天贵称为幼主。杨秀清为中军主将,石达开为左军主将。太平天国以国号纪年,不另立年号,本年为太平天国元年。

洪秀全立号建国,表明彻底推翻清朝统治的决心,但起义军兴不久,便匆忙地登王位,立幼子,又表明他未能摆脱改朝换代世袭王权的传统。

二、胜利进军

清军攻剿无功,李星沅、周天爵、向荣联衔上奏,请简总统将军兼程来粤督剿。咸丰帝颁给文华殿大学士赛尚阿钦差大臣关防,驰往湖南、广西督办。命广州副都统乌兰泰赴广西帮办军务。以邹鸣鹤为广西巡抚,加周天爵总督衔,会同向荣专办军务。四月十二日,李星沅病死于武宣军中。由周天爵暂署钦差大臣。

太平军驻武宣两月余,盐、粮俱缺,四月十五日夜,北击象州,在梁山村、独鳌岭大败乌兰泰部。太平军转战象州四十余日，六月回师紫荆山。向荣部猛攻紫荆山后路，占领猪仔峡、双髻山。太平军向金田、新墟转移。清军又攻占风门坳。八月，太平军东进平南，在官村大败向荣的追军。转道北上，闰八月初一日，攻下永安州城，取得重大胜利。

太平军攻打象州，周天爵被革去暂署钦差大臣和总督衔，仍署巡抚。赛尚阿去广西，周天爵交卸养病。太平军攻下永安，赛尚阿下部议处，带罪自效。清军整军备战，太平军得以据守永安。

永安诸政　永安州城四面环水，有山岭雄峙东西两侧，水陆道路四通八达。太平军进驻后，修筑城防，建造炮台，建长墙两道捍卫州城，作据守之计。在永安期间实行了若干新政。

分封诸王——十月二十五日，洪秀全发布诏令，封杨秀清东王、萧朝贵西王、冯云山南王、韦昌辉北王、石达开翼王，分管四方各国，羽翼天朝。又以杨秀清为左辅正军师，所封各王，俱受节制。作战有功军士，论功行赏。战死的"升天功臣"，军职世袭。

颁布天历——太平天国不立年号以干支纪年，但地支的"亥"改作"开"，"丑"改作"好"，"卯"改作"荣"。又创制太平天国壬子二年新历书，于二年正月实行。新历又称天历，一年三百六十六日，不再置闰。双月三十天，单月三十一天。节气和中气，分属于各月的初一和十六或十七。每日之下注出二十八宿星名，

152

七日为一星期,注明"礼拜",以适应奉教的需要。删除旧历书吉凶禁忌等邪说以破除迷信积习。新历实际上是以确定节气为制历的依据,但每年岁实超出天象回归年(三百六十五日五时四十八分)则是不可克服的缺欠。据说新历的制定出于冯云山等人之手。颁行新历,以表示不奉清朝正朔,再次表明了推翻清朝统治的坚决意志。

规定礼制——太平天国元年在永安州颁行《太平礼制》规定天王以下诸王将帅及其子女的称谓。天王长子称世子,臣下呼称"幼主万岁",以下诸子呼称"殿下千岁",女称"天金"。分封五王诸子,王号之下长子呼称"嗣君千岁",次子以下称"殿下万福",女称"金"。丞相至军帅称"大人",子称"公子",女称"玉"。师帅以下也各定称呼。天王家族亲戚称"国亲",诸王称"贵亲",如此等等。《太平礼制》的颁布旨在建立上下秩序以强化纪律,但烦琐的称呼规定又表明,太平军作战得胜,原来拜上帝会宣传的兄弟姐妹平等相称的宗旨日益淡泊,世袭特权的等级观念却日益浓重了。

太平军在永安城内封王建制整顿军旅,清军则集中兵力部署围攻。广西提督向荣驻营永安城北,广州副都统乌兰泰驻军城西南,两路夹攻。城东城西也分兵驻守,截断出路。十二月下旬,赛尚阿到永安督战,炮攻北城。清军四面包围,太平军困守孤城,粮尽援

153

绝,难以为计。咸丰二年(一八五二年)二月十五日,洪秀全发布破围诏令,次日,全军撤离永安突围。三月初三日自东路冲击。清军追袭,太平军死伤两千余人。初六日,在仙回岭前山与清兵激战,清四总兵战死。太平军经荔浦直逼桂林城下,大败乌兰泰追军。乌兰泰败死。咸丰帝将赛尚阿降四级,向荣革职留任。下"罪己诏"称清军将吏因循疲玩,"挫师折将,皆予罪也。"(《清文宗实录》卷五七)太平军围攻桂林月余,不能攻下。撤围北上,进至全州,沿湘江水陆北进,遭到清军调用的湖南新宁乡勇江忠源部的阻截。太平军穿地道攻入全州城,随后又出城北上。战船二万余只聚泊蓑衣渡,江忠源来袭,损失甚重,南王冯云山战死。冯云山与洪秀全同乡同学,共同发动起义,是太平天国中地位仅次于洪秀全的起义领袖。冯云山战死,太平天国的损失是严重的。

进军湘鄂 太平军自广西全州,进入湖南,南攻道州(今道县)。湖南提督余万清弃城走。四月二十五日,太平军入城,湖南天地会众前来聚集,声威大振。咸丰帝命将余万清革职拿问。湖广总督程矞采驻衡州,广西巡抚劳崇光驻永州,合围道州。太平军连克江华、永明、嘉禾、桂阳、郴州。八月间,西王萧朝贵率军进攻长沙,亲至长沙城下督战,中炮身死。太平军又损失了一名领导人。

洪秀全率大军自郴州赶往长沙。咸丰帝命两广总

154

督徐广缙,高州镇总兵福兴率兵数千名去长沙增援。又将赛尚阿革职拿问,程矞采革职留营,办理粮台事务。授徐广缙为钦差大臣,署理湖广总督,所有军营及地方文武,均归节制。这时,长沙城内外,清军已集中了兵勇六万余人。由向荣总统诸军。太平军三次轰城不克,历时八十日,大小数十城,师劳无功,粮饷短缺。洪秀全在此得美玉,制造"天王玉玺",玺成后于十月十九日即撤离长沙。太平军北上,连克益阳、临资口,得船数千艘,水陆兼程,直指岳州。湖北提督博勒恭武闻风先逃,十一月初十日,太平军入岳州,获大批军械及民舟五千余号。咸丰帝将博勒恭武革职,徐广缙革职留任,湖南巡抚张亮基,湖南提督鲍起豹降四级留任。十一月十三日,太平军直逼武昌东门外。占领汉口镇汉阳城,清廷震动。

咸丰帝急命河南巡抚琦善,直隶提督陈金绶带兵三千名,迅赴河南、湖北交界地方布防,阻止太平军北上。命江西巡抚张芾赶往九江办理堵截事务。从山东、浙江各调兵勇二千名,交安徽巡抚蒋文庆调遣。调直隶、陕西、甘肃兵共六千名,拨饷银二百万两,备琦善使用。赏还向荣提督衔,帮办军务,提、镇以下,悉归节制,企图对进攻武昌的太平军形成大包围。

十二月初四日,太平军胜利攻克武昌。第一次占领了省城。武昌位于长江中游,为四省通衢,形势十分重要。湖北巡抚常大淳,湖北提督双福已死。咸丰帝

将徐广缙革职拿问，授向荣为钦差大臣，赏还提督顶戴，专办军务，所有军营文武，统归节制。(《清文宗实录》卷八十)

洪秀全等在武昌，发动军民，构筑长墙，固守城池。长江盐船水手数万人参加太平军，编组进行教育。没收官库公仓，鼓励贸易，号召进贡。太平天国的领导者进驻武昌后，宫室盛饰，袍服华美，舟车轿马，无所不具，甚至还有"选妃"的举动。奢靡享乐之风逐渐滋长。

攻占江宁　咸丰三年(一八五三年)正月，太平天国在武昌庆贺了新春元旦。次日，水陆军号称五十万，自武汉东下。

太平军进军湘鄂以来，以杨秀清、萧朝贵的名义，陆续发布号召各地有志者响应起义。"奉天讨胡"檄

奉天讨胡檄

156

文把征讨的目标集中于清朝的满洲贵族。历述其"弥天罪恶":"今满洲悉令削发,拖一长尾于后","今满洲另置顶戴,胡衣猴冠,坏先代之服冕";"今满洲妖魔悉收中国之美姬,为奴为妾";"今满洲撰为妖魔条律,使我中国之人,无能脱其网罗";"满洲又纵贪官污吏,布满天下,使剥民脂膏,士女皆哭泣道路"。最后说"予兴义兵,上为上帝报瞒天之仇,下为中国解下首之苦,务期肃清胡氛,同享太平之乐",檄文号召反满以实现反清,借以争取汉族社会各阶层的广泛支持,随着太平军的胜利进军,起义队伍日益扩大了。

太平军撤离武昌,清廷授两江总督陆建瀛钦差大臣赴江西九江防守。太平军进至广济县境老鼠峡,击败清防军。寿春镇总兵恩昌战死。陆建瀛退守江宁。署河南巡抚琦善赏都统衔,授钦差大臣率部从江北东下,与进驻武昌的向荣南路兵势成犄角。太平军攻克九江,江西巡抚张芾退保南昌。太平军进而攻占安庆府,斩安徽巡抚蒋文庆,攻占了又一座省城。

咸丰帝罢免陆建瀛,听候治罪,授向荣湖北提督,周天爵安徽巡抚,与工部左侍郎吕贤基会办军务。授江宁将军祥厚钦差大臣,兼署两江总督。二月,命向荣援江宁,琦善与督办军务陈金绶兼程赴援。向荣、琦善兵未到,太平军已于初十日攻克江宁,陆建瀛死于城中。祥厚及副都统霍隆武领兵拒战,败死。太平军随即分兵攻占镇江、扬州两府,军威大振。

二十日，向荣部到达江宁城外，驻扎孝陵卫一带，有兵约一万四千人，称"江南大营"。三月初九日，琦善、陈金绶部至扬州城外，驻扎帽儿墩、雷塘集、司徒庙等处，有兵约万人，称"江北大营"。

三、建都与建制

太平军自金田起义以来，两年间转战广东、广西、湖南、湖北、江苏、江西、安徽省，相继攻克武昌、安庆等省城。刚过两年即占领江苏省城江宁府，取得重大胜利。江宁古称金陵，因金陵山（钟山）得名，是三国时的吴国和东晋、南朝六代的古都，被称为帝王之州。明初置应天府，定都北京后，设为陪都，称南京。清代改设江宁府，是经济繁荣的商城，也是江南的政治中心和军事基地。太平军攻占江宁，在此建都建制。"太平天国"不再只是起义军揭出的旗号，而成为与清王朝相对峙的政治实体。

建都天京　太平军自广西北上时，杨秀清即主张"专意金陵，据为根本"（张德坚：《贼情汇纂》卷十一）。进军湘鄂时，军中曾有攻取四川或河南建立基业之议。攻下江宁后，杨秀清托称天父下凡降旨，建都江宁，改名天京。天京由此成为太平天国反清的政治基地和军事指挥中心。

建都表明太平天国已是和清朝对立的"天朝"。四月间即大兴土木，建造天朝宫殿。半年后建成失火。

次年正月重建。城墙厚四尺，高二丈。外城称太阳城，内城称金龙城。城内建金龙殿，梁栋涂赤金，绘龙凤。正殿之后又有后殿，建水池石船。池后为内宫，左右造大楼五层。楼后为后林苑，建亭台园林。洪秀全曾在《千字诏》描述说："京都钟阜，殿陛辉鲜，林苑芳菲，兰桂叠妍，宫禁焕灿，楼阁百层，廷阙琼瑶，钟磬锵铿。"天朝宫殿规模宏大，穷极侈丽。另造东王府，为杨秀清平居理事之地。

军政建制 洪秀全等创拜上帝会。采基督教义，多有变改。基督教义耶稣是上帝的独生子，赐给世人，使信教者永生。上帝、耶稣都没有妻室。拜上帝会称洪秀全是上帝的次子，耶稣的二弟，见过"天妈""天嫂"，到人间做天王。天王称"主"而不能称"上"，以别于上帝。天国自造国字，在口字中置王字，表明是天授的王国，以别于大清国（國）。天王是拜上帝会的教主又是太平天国的君主，神权与王权结为一体，拥有最高的元首地位。

天王临朝而不理政。一切号令都由正军师杨秀清发布。下设丞相、检点、指挥、将军等职。军师是太平军的最高统帅，也是太平天国的最高执政官。杨秀清的东殿，沿旧制设吏、户、礼、兵、刑、工六部尚书，分掌国务，每部设官十二员。军权与政权相结合，太平天国的实际权力，均归杨秀清掌握。杨秀清在拜上帝会中是"圣灵"（又译"圣神风"）化身可代天父立言，掌握军政大权又拥有神权,地位仅次于天王。因而清代官绅往往洪杨并称,指为"洪杨之乱"。

西王萧朝贵原封又正军师,南王冯云山为副军师,两人逝后,北王韦昌辉为又副军师,翼王石达开衔系左军主将,分领诸军,转战各地。北王和翼王府各设六部,分管一方政务。

太平军的编制,军以下设师、旅、卒、两,源于《周礼》"地官小司徒":"五人为伍,五伍为两,四两为卒,五卒为旅,五旅为师,五师为军"。军、师、旅官长都称为帅,卒称为长,两称为司马。两司马是基层军官,统率之伍有伍长,兵士称伍卒。依《周礼》定制,一军有兵士一万二千五百人,但太平军一军,实际不过二千五百人。采用汉族《周礼》的建制称谓,旨在表示不同于满族统治下的清朝兵制。(参见罗尔纲《太平天国史》兵志)

建都后的几年间,陆续刊印了《太平条规》《十款天条》等法规,又刊行《行军总要》,对太平军的建制和行军纪律做了规定。

王侯封授 太平天国在永安州分封五王时,又曾参据《周礼》设天、地、春、夏、秋、冬等六官,作为一种职阶,实同于"爵"。建都天京后,当年九月,又对起义将领封授侯爵。在永安州封天官正丞相的广西贵县人秦日纲为顶天侯,对清作战有功将帅春官正丞相胡以晃为护国侯,天官副丞相林凤祥为靖胡侯,地官正丞相

160

李开芳定胡侯,春官副丞相吉文元平胡侯,秋官正丞相朱锡崑剿胡侯,以次封侯者约二十人。随后,又晋封秦日纲为燕王,胡以晃为豫王。王侯作为爵位,表示身分等级,与实任的官职不同。封爵者拥有子孙世袭的特权,他们是太平军的领导者,又是起义农民中的新贵。天朝以加封王侯激励将领,不能不更为背离拜上帝会宣传的人人平等的教义。

天朝田亩制度 太平天国定都天京后,当年十一月颁布《天朝田亩制度》,刊行。按早、晚二季的产量,分田地为九等,每亩年产量一千二百斤为上上田,一千一百斤为上中田,依此类推,至四百斤为下下田。不论男妇,按各家人口分田,好丑各一半。十六岁以上者受田多过十五岁以下者一半。《天朝田亩制度》宣称:"凡天下田,天下人同耕。此处不足则迁彼处,彼处不足则迁此处。""务使天下共享天父上主皇上帝大福,有田同耕,有饭同食,有衣同穿,有钱同使,无处不均匀,无人不保暖。"

农民少地无地,破产流亡是武装起义的根本原因。《天朝田亩制度》的颁布表达了广大农民的共同愿望,也表达了太平天国的革命理想。但定都天京后,仍需稳定秩序,行军作战,不可能依照制度的规定,改变土地占有的状况,不能不照旧交粮纳税。天朝向占有田地的业主征收田赋,业主向租种田地的佃户收租。只是在业主逃往他乡时,可由佃户收粮。

《天朝田亩制度》还规定农民以二十五家为一"两",由两司马督管,是居民的基层组织。一"两"设一国库。农田收成时,除每家每人留足可接新谷的粮食外,其余麦、豆、苎麻、鸡、犬各物和银钱都归国库,宣言"天下人人不受私,物物归上主"以使"天下大家处处平匀"。这当然也是难以付诸实现的空想。

《天朝田亩制度》规定:由二十五家组成的基层组织"两"中,各家有争讼,由两司马听理。不能平息时,可向上一级申诉,直到上报军师及军中的官员"典执法"判断。既成狱辞(判决书)由军师逐级上详,军师奏天王请旨。天王主断生死予夺,军师遵旨处决。太平天国的民间讼案不可能都奏报军师天王,但规定讼案当事者有上诉的权利,则是反映了清朝黑暗统治下遭受欺压的农民的愿望。

《天朝田亩制度》还规定了太平军的建制与军官等级制度。九口以下的农家,出一人为兵。

《天朝田亩制度》的颁行,为农民群众勾绘出一幅理想社会的蓝图,动员、号召起义者为实现这一理想而战斗。

工商货币制度 太平天国定都天京后,对天京京城内和天京以外占领区的工商业,实行了不同的制度。

江宁原是工商业繁荣的城市。天京建都后,城内手工业全部由天朝直接经营,各行业的手工业者分别编为诸匠营和百工衙。诸匠营有土营、木营、金匠营、

162

织营、金靴营、绣锦营、镌刻营等七营。与原有的军匠，合编为营，按军事建制设指挥统领，下设总制、监军至两司马逐级管理。百工衙包括军需、衣、食、建筑、铸造等各个行业，江宁原有手工业工人都被收编。管理者称"职同指挥""职同监军"。基层部门由卒长和两司马统领。

天朝建都天京后，即发布告示，称"商贾资本，皆天父所有，全应解归圣库"（《贼情汇纂》卷十）。对江宁大小商铺全部没收。天京城内，不准再经营商业。城内需用不足，许到城外买物转卖。尔后一度准许商贾领照设店，行之数月，便又停罢。

天朝军政一体，民众编入两伍，手工业者编为营衙，商贾停业，天京实际成为一座军事化的都城。

天京以外各占领区，基本上仍照旧制经营工商，别是一番景象。

各地手工业作坊大抵仍继续从事生产，但须向天国的官员领取照凭纳税。安徽怀宁县榨户榨油一百斤交税油二斤。商业店铺开业，先领取"印照"，经核查后，发给正式的"商凭"，称"印凭""店凭"或"照凭"。店铺交纳一定的课税。牙行征收牙税。沿江商埠，设置关卡，向往来货船收取关税。

建都天京后，当年三月英国驻华公使文翰（S. G. Bonham）前来访问。杨秀清告谕文翰，四海皆兄弟，欢迎平等通商。此后几年间，江南地区盛产的丝茶继续向英国出口。但天朝对英国的鸦片输入,则郑重禁止。(见曹堇居译《英国政府蓝皮书中之太平天国史料》:一八五三年五月十一日文翰函附件)

建都天京的次年,天朝开始铸造自己的钱币。销毁清朝的制钱,另铸铜钱。通行小钱,约当清制钱一文。大钱重一两至五钱不等。(参见罗尔纲《太平天国史》食货志)。钱面以不同形式刻铸太平天国国号字样,不称"通宝"而称"圣宝",以示出自天朝圣库。

考试任官制度 天朝以及日益扩展的占领区日益需要众多的文职官员和吏员。建都天京的当年,即开科取士,通过考试选任人才。此时尚未建立天国的完整的科举制度。据残存文献可知,建都天京的癸好三年(一八五三年)和次年,都曾在天京举行考试,称为"天试"。中试者仍沿用状元、进士等名目。湖北武昌县(今鄂县)和安徽安庆并曾举行乡试,中试者称举人。湖北考中举人八百余名,安徽七百八十五名。

太平天国指儒学为妖言,建都后将原刊太平诏书和天条书中引用儒学字句尽行删去。考试命题不本四书五经,而依据拜上帝会的基督《圣经》和天朝刻印的文告与各类书籍。癸好年天试的文题"天父鸿恩,广大无边,不惜己子,遣之受难,因为代赎吾侪罪孽,尚未报恩,又得荣光"即出自圣经新约马可福音。当年刻印的圣经,依据当时通行中译本,译名称为《旧遗诏圣书》(即《旧约全书》)、《新遗诏圣书》(即《新约全书》)。

164

次年,洪秀全依据天父下凡,对圣经的内容作了修改和批解。加入"天王""太平王"等称谓,删去与太平天国制度和主张不合者多处。又在"批解"中任意附会。修订批解本题为《钦定旧遗诏圣书》《钦定前遗诏圣书》,刻印通行。此后,开科考试,均以此书为据。

甲寅年(一八五四年)天京还曾举行过武科考试,乡试会试联考。取武举人一百十七名,武进士二百三十余名。经杨秀清从中评定武状元职同指挥,榜眼、探花职同将军。进士职同总制,听候调用。

太平天国的文试和武试,不论门第出身,据说"无虑布衣绅士倡优隶卒"均可中试(《贼情汇纂》卷三)。由此广泛吸收各阶层人士加入到官员的行列。

天朝军政一体,天国占领区日益扩展,太平军流动作战,地方行政则需专员治理。省级行政官员仍统一用军职,但不领兵,称"文将帅"。郡设总制,州县设监军,也为文职,均由天朝直接任命,责在守土安民,习称"守土官"。县以下文职军帅至基层的两司马,均在本地人中保举,报上级审详,职名上加乡字,习称"乡官"。乡官治理本土政务,供应军需,也可统领当地乡兵,协同作战。

太平军自金田起义以来,连续作战获胜,起义队伍不断扩大,这主要是由于清朝的黑暗统治迫使广大农民、贫民投向义军,大规模的农民反清风暴已经酝酿成熟。起义的领导者洪、杨等人创拜上帝会以平均平等

"奉天讨胡"为号召,颁布《天朝田亩制度》更使农民的愿望成为制度化的理想。太平天国立国号、建都城、颁用新历、订立各项制度,以至蓄发易服,自定称谓,处处与清朝立异创新,表明领导集团决意彻底推翻旧王朝,重建新天朝。这一切显示,它已不同于只是争取轻徭薄赋的农民起义,而是一场志在革故鼎新的农民革命。

汉文文献中的"革命"一词原指变革王命。《易经》革卦:"天地革而四时成,汤武革命,顺乎天而应乎人。"孔颖达疏:"革其王命,改其恶俗,故曰汤武革命。"依据这个传统的解释,革命即改变统治政权与改革旧俗。这是和太平天国的旨趣相一致的。但是,太平天国理想的社会制度仍然只限于封建制度下农民小生产者平分土地的愿望,天朝改建的政治制度虽然多所兴革,仍然沿袭了等级世袭特权的旧俗。起义者并不是当时社会中处在萌芽状态的资本主义生产方式的代表,而只是最大限度地反映封建制度下贫苦农民的愿望与追求。所以,它是一场规模巨大、震撼一时的农民革命,但还不是改变整个社会制度与社会形态的"社会革命"。

(三)太平军的征伐与天京内乱

一、地方团练的兴办

太平军胜利进军,攻下江宁,建都建制,不能不震动整个中国。清廷自道光朝以来,连年用兵,兵虚财匮。面对农民起义军的强大攻势,急调各地官兵,加强京师防卫。又传谕各地,办理地方团练,以阻止太平军的扩展。

团练原指地方保甲和丁壮,是守卫乡土的民间地主武装。嘉庆时,清廷倡导各地办理团练官给饷银,镇压白莲教起义。道光时,曾诏谕广东等地乡绅自办团练,以抗御英军的入侵。

道光三十年(一八五○年)七月,两广总督徐广缙、广东巡抚叶名琛奏称:广东韶州、肇庆、廉州,广西横州、博白等地已经办理团练。咸丰帝命照依原《粤东防夷团练章程》办理。次年,采杜受田坚壁清野办理团练及前太常寺卿唐鉴筑堡团练之议,诏谕各省。广西桂林、平乐、梧州、浔州、柳州、庆远、思恩等府办成团练四十余处。

咸丰二年(一八五二年),太平军进军湖南。长沙、宝庆、衡州、永州、郴州、桂阳、靖州等地乡绅相继聚集团练防堵。咸丰帝为加强团练,镇压起义,连续任命九卿督抚等大员去各省办理。八月,命前刑部尚书陈孚恩帮办江西团练。十一月,命丁母忧在籍(湘乡)的前礼部侍郎曾国藩帮办湖南团练。十二月,前漕运总督周天爵协办安徽团防。前广西巡抚邹鸣鹤帮办江苏团练。次年正月,又增派工部左侍郎吕贤基会办安徽军务,前江南河道总督潘锡恩帮办安徽团练。前左都御史沈岐,闽浙总督季芝昌等酌办江苏团练。

咸丰三年(一八五三年)二月间,清廷在北起直隶南至福建各省,派遣督办团练人员情况如下:

河南——前广西巡抚周之琦,内阁学士祝庆蕃,广东布政使王庭兰等。

直隶——前兵部侍郎孙葆元,浙江巡抚梁宝常,甘肃凉州镇总兵杨禄之等。

山东——前山西巡抚梁萼涵,闽浙总督刘韶珂,广东巡抚黄恩彤,江苏巡抚傅绳勋,湖南巡抚冯德馨,漕运总督李湘棻,江西巡抚陈阡,工部侍郎车克慎等。

江西——前江苏布政使程焕采,大理寺卿邢福山等。

贵州——前漕运总督朱树,陕西布政使陶廷杰,湖北布政使唐树义等。

福建——前太常寺卿廖鸿荃,光禄寺卿杨庆琛,浙江提督李廷钰,江南福山镇总兵孙云鸿等。

浙江——前兵部侍郎载熙,内阁学士李品芳、朱兰等。

太平军攻占江宁的两月间,清廷迅速调遣可以调遣的大批在任或已不在任的九卿督抚提镇等大员分赴各地督办团练,说明此时的清廷已经把地方武装作为镇压农民起义的重要依靠。团练是各村自为一团,或数村共为一团,联村为堡,严守要隘。经费由本地乡绅自理,不经胥吏之手。团练控制本村农民不能出村参

168

加起义,也不能与村外农民军联络内应。起义军来攻,团练配合官兵作战守土,但不得调遣出境。

团练责在守卫乡土,另有"乡勇"是地方自办的乡兵。道光时,林则徐曾在广东建办乡勇,在民间招募丁壮训练,官给兵饷,是独立于官兵绿营之外的地方武装,可以调遣出境征战。湖南新宁人江忠源在本乡训练乡兵,镇压雷再浩起义,擢任知县。咸丰帝继位,曾国藩曾应诏荐举。咸丰元年(一八五一年),江忠源率乡勇五百,奉调入广西镇压太平军,号为"楚勇"。次年十一月,在湖南帮办团练的曾国藩上疏,建策招募各县丁壮来省操练,建一大团,但求其精,不求其多。湖南巡抚张亮基将曾国藩家乡湘乡的兵勇千余人调集长沙,编为三营,由曾国藩统领。至咸丰三年六月扩展到三千余人,号为"湘勇"。

太平天国曾发布奉天讨胡檄,企图争取汉族各阶级的支持以反对满洲皇帝。满洲皇帝则力求依靠汉族地方武装镇压太平天国。清初,对汉人地方武装限制极严,在镇压太平天国革命的过程中汉族地主武装和地方武装力量,空前地发展了。

二、太平军北伐

太平天国在天京,经过两月余的建置整顿,开始了大规模的征伐。

咸丰三年(一八五三年)四月,太平军分两路出征。北伐军由林凤祥、李开芳等统帅北上，直指京师，企图一举推翻清朝的统治。西征军沿长江西进，以巩固天京，扩展基地。

天官副丞相林凤祥，地官正丞相李开芳，春官副丞相吉文元等率精锐约二万人北伐。在浦口会师，击败清廷调集的黑龙江都统西凌阿等部，北上攻克滁州。咸丰帝命将驻守江北大营的琦善议处。琦善奏称："诸臣皆有专责，臣不敢不先顾北路，请饬慧成（署四川总督，未到任，奉调率陕西官兵数千来援江北）来扬援剿。"（《中兴别记》）琦善受命节制江北诸军，太平军进克安徽凤阳。琦善奏遣帮办军务的内阁学士兼礼部侍郎衔胜保（满洲镶白旗人）率兵援临淮，山东巡抚李德自兖州进驻宿迁，分兵扼守黄河两岸。

河南之战 太平军攻克安徽的怀远、蒙城，由安徽入河南。驻防永城的河南巡抚陆应谷移驻归德。五月初，太平军进逼归德，陆应谷向咸丰帝告警。咸丰帝命各地奉调领兵来援江南的将领，京师署步兵统领（咸丰二年九月授）奕经，绥远城将军托明阿、贵州提督善禄、新授湖北按察使江忠源等进援河南。初七日，太平军攻克归德。陆应谷被革职留效。胜保援皖之师改赴河南。又命陕西派兵四五千名来河南增援。太平军至刘家口，因清军已将船只销毁，不能渡河，西向攻下睢州、兰仪。直隶总督讷尔经额命大名镇总兵董占元布防，布政使张集馨等进扼黄河北岸，古北口提督保恒进驻保定。太平军逼开封,驻朱仙镇,向天京奏报战况,继续西行。咸丰帝布署京城防御,命御前大臣蒙古科尔沁郡王僧格林沁,步军统领花沙纳,右翼总兵达洪阿,军机大臣内阁学士穆荫督办京城各旗营巡防事宜。兵部尚书桂良赴直隶省城办理防剿。

太平军至汜水、巩县地区,得民船北渡。六月,围攻怀庆。咸丰帝命直隶总督讷尔经额为钦差大臣,节制河南、北诸军。理藩院尚书恩华与托明阿帮办军务。托明阿、善禄与革职都统西凌阿等率部至怀庆,驻防城东。胜保部驻扎城东南。太原镇总兵乌勒欣泰部驻扎城西北,恩华、李僡等部驻扎城北清化镇。合力坚守怀庆。太平军屡攻不下,先后三次挖地道埋火药轰城,均被守军击退。清廷赏加胜保都统衔,帮办河北军务。

山西之战 八月,太平军自怀庆撤围,入山西攻克垣曲。山西布政使郭梦龄奏报,请派援军,咸丰帝命讷尔经额派兵入晋,又移正定防兵直抵太原,趋灵石、霍州迎战。山西巡抚哈芬调大同镇兵千名赴太原,省兵千名扼灵石韩侯岭。太平军克平阳、洪洞。胜保命托云保、董占元等部围剿,自与善禄驰出太平军之前,阻其北上。咸丰帝将钦差大臣讷尔经额革职,命胜保为钦差大臣,各路官兵统归节制。太平军由洪洞出击,胜保派西凌阿率马队追袭,自与善禄扼韩侯岭,保卫太原。太平军克潞城、黎城。胜保率部赶至获鹿、正定,以防太平军北进。太平军再入河南境,克陟县、武安,

171

入直隶境,攻克任县。太平天国表彰屡立战功的北伐将领林凤祥、李开芳、吉文元与朱锡崑等均加封侯爵(见前)。

进军直隶 九月,太平军攻克直隶的柏乡、栾城、赵州。桂良派保恒严防保定,调讷尔经额、张集馨等部回省协守。咸丰帝命长芦盐运使文谦会天津镇总兵特克慎督理防务。天津知县谢子澄率兵约千人,募勇四千人,绅团二千人分守天津内外。太平军克深州。咸丰帝将讷尔经额、恩华逮问。授和硕惠亲王绵愉奉命大将军印,僧格林沁参赞大臣关防。僧格林沁率劲旅出京,与回军正定的胜保部协同作战。恭亲王奕䜣,定郡王载铨等办理巡防事宜。善禄、西凌阿帮办军务。胜保至保定。僧格林沁驻涿州。左都御史文瑞等赴通州防堵。胜保进攻深州,太平军弃深州,进克献县、交河。胜保奏称:"臣揆贼意本欲北扰,现因大兵云集,贼胆已寒,况天津四围积潦,防卫又严,恐其即由交河南窜山东,已飞咨慧成、崇恩扼要严防,以便夹击。臣愚见将贼驱出直隶境,再行追杀,方为稳便。"(《中兴别记》)僧格林沁自涿州移军固安。太平军克静海,林凤祥领兵驻守。克独流镇,李开芳驻守。又克杨柳青,攻天津,阻于积潦,不得进。胜保领兵来攻。十月,天津知县谢子澄败太平军于稍直口。僧格林沁进驻杨村,堵天津北上水陆要冲。胜保入天津,布置战守。僧格林沁移营王庆坨。胜保围攻独流、静海。十一月,独流太平军突围出击,击毙谢子澄与蒙古副都统佟鉴,获得清军大批炮械。十二月,静海太平军突围,西走大城,向天京求援。天朝派夏官又正丞相曾立昌,夏官副丞相陈仕保,冬官副丞相许宗扬率六七千人北上增援。

咸丰四年(一八五四年)正月,独流太平军突围至静海,再至大城。僧格林沁、胜保等率部追至。二月,太平军突围,进克献县,又从献县转到阜城。僧格林沁、胜保奏称:"阜城城内房屋无多,积水之处十居八九,……十日后,……大炮调到,极力进攻,以期殄灭。"(《剿平粤匪方略》卷八十一)月底,咸丰帝发严谕责问僧格林沁、胜保:"逆匪窜扰畿疆已逾五月","每云贼势穷蹙,何以占据阜城后复任令坚匿死拒",(《剿平粤匪方略》卷八十二)太平军在阜城拒守,平胡侯吉文元中箭身亡。此后不久,朱锡崑也在作战中牺牲。

曾立昌等率北伐援军于三月间进入山东境,连克冠县、阳谷、莘县。逼近临清,沿途捻军与其他起义军相继参加太平军,众至六万。胜保率部南下,阻挡援军去阜城。太平军攻下临清。军中新附之众,纪律松弛,在城内抢掠争雄,无意北援。曾立昌不得不率军南撤,胜保部追至,两战两胜,曾军溃散。曾立昌悲愤自缢死。四月,太平天国燕王秦日纲再次统军北援。行至安徽舒城,受阻不得前进。

北伐失败 拒守阜城的太平军突围而东,进驻东光县连镇。僧格林沁追至,挖长濠围困连镇。胜保等也来会合。五月,北伐军始得知援军北上,李开芳率马队约一千人南下迎接,占领高唐州。胜保部尾追而至。崇恩、善禄等也先后赶到,包围高唐州。从此,北伐军分隔两地。林凤祥部困守连镇,李开芳困守高唐。胜保屡攻高唐,不下,受到咸丰帝斥责。九月,胜保射招降书入城,太平军出降者数百人。李开芳率守军挖隧道,运粮食、牲畜入城,继续坚守,并不时由隧道出兵,袭击清军。

围攻连镇的僧格林沁部久攻不下,也遭到咸丰帝申饬。咸丰五年(一八五五年)正月,僧格林沁部攻陷西连镇。太平军撤入东连镇死守。僧格林沁陷东连镇,太平军伤亡殆尽。林凤祥伤重不能行,藏隧洞中,服毒自尽,被清军俘获服药解毒,槛送京师,壮烈牺牲。

胜保久攻高唐不下,被逮解京治罪,发往新疆效力。僧格林沁受命节制诸军,移师进攻高唐。李开芳率高唐太平军突围南走,占领茌平县冯官屯固守。二月,僧格林沁导运河水灌冯官屯。冯官屯濠沟不能藏身,楼房全毁,炊饭无地,粮食、火药被淹,无法再守。李开芳等投书约降,于四月十六日率部出濠,被擒。将士百余人在当地被杀牺牲。李开芳与部下黄懿端等七人被押解到北京处死,英勇就义。

太平天国定都天京后,急于求功,企图一举推翻清朝的统治,北伐军孤军深入,犯了兵家之忌。清廷调动黑龙江、吉林、蒙古、山东、河南、山西等地与京师、直隶、八旗、绿营官兵数万人,协同地方练勇,并力捍卫京师。太平军仓促进军,缺少战略布署,虽然不畏强敌英勇战斗,终不免于失败。领兵四大将全部牺牲,北伐军几乎全军覆没,损失是惨重的。后来太平天国的名将忠王李秀成写"天朝十误"说"东王令李开芳、林凤祥扫北败亡"是"误国之首"。这应是太平军将士从历史教训中得到的共识。

三、太平军西征

咸丰三年(一八五三年)四月,在太平军出师北伐后几日,天朝又派出春官正丞相胡以晃,夏官副丞相赖汉英等率领战船千余艘,步兵二万余人,由天京出师西征,夺取长江中游地区。

江西之战 五月,太平军沿江进军攻占安徽安庆。由安徽进入江西。赖汉英率部至彭泽。江西巡抚张芾驰檄九江镇总兵罗玉斌及奉调赴皖途经九江的江忠源部自九江赴南昌,会保省垣。江忠源率楚军至南昌。罗玉斌被革职,新任九江镇总兵马济美率部来会,与帮办江西团练的前刑部尚书陈孚恩等共守南昌。太平军赖汉英部自彭泽渡鄱阳湖至南康府,当地百姓缚清知府、知县来献。太平军进围南昌,张芾、陈孚恩奏准以江忠源总统各营,以一事权。太平军掘地道攻城,屡受挫。六月,张芾、江忠源攻太平军营垒,被击退。太平军又以地雷轰城,被江忠源等堵完,不得进。两方各有伤亡。清总兵马济美败死。

江南大营向荣遣音德布率兵一千二百人增援江西。署湖广总督张亮基遣都司戴文兰,署湖南巡抚骆秉章遣赣州镇总兵阿隆阿,贵州巡抚蒋蔚远遣署古州镇总兵布克慎,各率兵援南昌。七月,太平天国派国宗(诸王亲属封号)石祥祯、石凤魁、韦志俊等率万余人增兵南昌,分兵攻占南昌外围州县,先后攻克丰城、瑞州,败湖南来援之楚勇江忠淑部,又克饶州。乐平、浮梁等地农民起义响应,引太平军入城。

围攻南昌的太平军与音德布部及夏廷樾率领的湖南援军交战。击毙湘勇营官谢邦翰,湘勇罗泽南率三百人来援,入驻城内。音德布会罗泽南攻太平军营垒,被击退。音德布革职留效。太平军围攻南昌九十三天不克,八月,天朝下令撤围,召回赖汉英,另派翼王石达开进驻安庆,主持地方军政。

鄂皖之战 太平军改由南昌北上,进军鄂皖。石祥祯、韦志俊等率部占领九江,西攻湖北。曾天养率部归胡以晃指挥,进兵安徽。

九月,湖北太平军攻克兴国州,在沿江要塞田家镇,败江忠源部。沿江北上攻取黄州,西进汉阳、汉川、孝感。

西征军入安徽后,曾在安庆停驻。十月,石达开调回天京,秦日纲接代,在安庆建政安民,石祥祯协同经略。西征军分兵北上取无为州、巢县,西指庐州。清失

176

安庆后,庐州为安徽省城。清廷以江忠源为安徽巡抚赴任,又谕:"著骆秉章、曾国藩选派兵勇……力遏贼冲,毋稍延误。"(《剿平粤匪方略》卷六十二)胡以晃统帅太平军主力,自安庆北上沿西路进军,连克桐城、舒城。奉旨办理安徽团练的工部侍郎吕贤基在舒城自杀。太平军东西两路形成对庐州的包围。

十一月,江忠源至庐州。太平军攻城,江忠源调驻在六安的音德布等来援,又上疏向咸丰帝告急,请兵请饷。咸丰帝命湖广总督吴文镕、陕甘总督舒兴阿、江南提督和春,驻在颍州、蒙城奉旨剿捻的兵科给事中袁甲三等速派兵援庐州。江西、山东、河南各解饷银数万两,截留广东解部银十五万两。寿春镇总兵玉山率部至庐州攻太平军营垒,被太平军击毙。湖南增援的刘长佑、江忠淑、江忠浚各部至庐州,扎营城外。湖北都司戴文澜部派五十人各怀银百两缒入城,以安军心。十二月初,戴文澜入城协守。江忠源奏荐和春统领城外各路援兵。

胡以晃率太平军猛攻庐州。在城外大败清军,舒兴阿、音德布败退。初十日,太平军用地雷炸毁城墙,乘势入城。江忠源投水自杀,安徽布政使刘裕祯与戴文澜等皆败死。胡以晃攻占庐州府,晋封侯爵(见前)。

咸丰四年(一八五四年)正月,湖广总督吴文镕领兵攻黄州,在堵城扎营。太平军攻破堵城大营,焚营十一座，吴文镕败死。太平军声威大振，乘胜而进，数日内连续攻占汉口、汉阳，围攻武昌府城，分兵北上至黄陂，西北攻至孝感、汉川，形成对武昌的大包围。湖北巡抚崇纶向清廷告急，咸丰帝诏谕湖南的曾国藩领兵驰赴湖北。

岳州之战　曾国藩作为团练大臣，咸丰三年（一八五三年）在长沙统帅湘勇，曾荐用绿营参将满洲镶黄旗人塔齐布为副将，所统绿营兵数百人扩充编营，统一指挥，出兵镇压湖南天地会起义。又派在湘乡办团练的罗泽南率湘勇三百人，出援南昌，败太平军。陆军湘勇在这一年里扩充至十营六千余人。十月，曾国藩在衡州建船厂造战船，招募水勇，建水师十营五千人，合员弁夫役共约一万七千余人。以褚汝航为水师统领。咸丰四年（一八五四年）正月曾国藩奉诏出兵时，已建水陆师二万余人，形成一支新军，号为湘军。曾国藩自衡州至湘潭，召驰援湖北的贵州贵东道胡林翼（湖南益阳人）所率黔勇来湘潭会师，由湖南巡抚骆秉章供给兵饷。在湘潭发布讨粤匪檄，略称："逆贼洪秀全、杨秀清称乱以来，于今五年矣。荼毒生灵数百余万，蹂躏州县五千余里"，"别有所谓耶稣之说，新约之书，举中国数千年礼义人伦诗书典则一旦扫地荡尽""本部堂奉天子命，统师二万，水陆并进，誓将卧薪尝胆，殄此凶逆"。太平军号召汉人反对满洲的统治。曾国藩以汉族的儒学名教反对拜上帝教。太平军与湘

178

军的大战由此展开了。

太平军不待曾国藩的湘军北上，便自武昌分兵沿江南下迎敌。二月，曾天养率领太平军攻下湖南的岳州。岳州地处洞庭湖北扼长江要冲是北通武昌、南卫长沙的重镇。太平军自岳州南下，攻取湘阴，威胁长沙。湘军大举来战，太平军自湘阴岳州撤退。三月，湘军胡林翼部北上，东向攻打太平军占领的通城，太平军再次攻入岳州，南下至湘阴以南江岸的靖港驻军。进而攻下长沙以西的宁乡，南下攻打湘潭，形成对长沙的三面包围。四月，曾国藩亲自率水师自长沙出击靖港，大败。在船中"书遗嘱寄其家"，"决以身殉"。（《左文襄公集》卷一）投江自杀，被救起。塔齐布率领湘军与太平军大战于湘潭，获胜。擢授湖南提督。

五月，太平军自岳州西向进军，攻克华容、龙阳，进而占领常德、澧州。六月，在湖北的太平军攻下武昌。常德、澧州军退守岳州。

七月，湘军水陆师合攻岳州。塔齐布率陆军自湘潭北上。褚汝航与水师同知夏銮等率水军合攻。闰七月，岳州被湘军攻陷。湘军陈辉龙（原山东登州镇总兵）部与太平军激战岳州迤北之城陵矶。褚汝航、夏銮率水师，被太平军击毙。水师败溃。太平军西征将领曾天养率太平军水军在城陵矶登岸。塔齐布在岸上设伏。曾天养遭伏兵袭击阵亡。太平军撤往武昌。西征将领石祯祥、韦志俊奉召返回天京。国宗石凤魁与地官副丞相黄再兴在武昌驻守。

武昌之战 湖北省城武昌地处长江要冲。咸丰二年十二月,太平军攻陷武昌后,弃武昌顺流而下,即直取江宁。咸丰四年(一八五四年)正月,太平军西征军攻占汉阳、汉口,再次围攻武昌。二月,湖北巡抚崇纶防守不力,被劾吸食鸦片,革职。湖北学政青麟(满洲正白旗人)继任湖北巡抚守城,屡次上奏求援。原荆州将军台涌署湖广总督驻兵德安,迟不出援。武昌孤城困守。六月初二日,太平军攻下武昌,青麟弃城逃往荆州,咸丰帝得报大怒,谕将青麟在荆州斩首正法。台涌革职。以杨霈为湖北巡抚兼署湖广总督。

七月,咸丰帝得湖南巡抚骆秉章和曾国藩奏:"水师克复岳州",即命塔齐布、曾国藩会督水陆兵勇,迅速东下武汉。

闰七月,曾国藩进驻监利,檄杨霈合攻武汉,奏调胡林翼随同东下。八月,清廷以胡林翼为湖北按察使,随湘军攻下崇阳、通山。二十二日杨霈、曾国藩攻下汉阳,次日攻克武昌。咸丰帝览奏称:"获此大胜,殊非意料所及。"实授杨霈湖广总督,曾国藩赏二品顶戴,署湖北巡抚。有人对咸丰帝说:"曾国藩以侍郎在籍","从之者万余人,恐非国家福"。(薛福成:《庸庵文续编》)咸丰帝随即收回成命,赏曾国藩兵部侍郎衔办理军务,乘胜东下。改任陶恩培为湖北巡抚。

曾国藩奉命督师东下,胡林翼筹办湖北善后事宜。

180

九月,湘军陷大冶、兴国。太平天国燕王秦日纲在田家镇一带布防,石凤魁、黄再兴因失武汉被押回天京斩首。十月,湘军大胜于田家镇,秦日纲等退黄梅。太平军检点陈玉成由黄州走广济,再退黄梅。秦日纲被革去王爵。杨秀清派石达开、胡以晄与冬官正丞相罗大纲至湖口布防。十一月,清军陷黄梅。进攻九江、湖口。十二月,湘军萧捷三率长龙、三板一百二十只入鄱阳湖,太平军切断其归路,将湘军水师分割为外江、内湖两部。以划船数十只袭曾国藩座船,曾国藩再次投水自尽,被救起,避入罗泽南陆营,草写遗疏,欲以身殉,被劝止。

咸丰五年(一八五五年)正月,太平军在蕲水会师西上,再度攻克汉口、汉阳。湖广总督杨霈兵败革职。曾国藩至南昌,整顿内湖水师,胡林翼等援武昌。二月十七日,太平军第三次攻克武昌,巡抚陶恩培投水自杀。

四月,太平军克随州。清廷以荆州将军官文为湖广总督。察哈尔都统西凌阿为钦差大臣,赴湖北督办军务。七月,围攻九江的湖南提督塔齐布病死,曾国藩赴九江督军。署湖北巡抚胡林翼攻陷汉口。八月,太平军反击胡林翼,在大军山获得胜利。胡林翼乘船逃走,向曾国藩求援。湘军罗泽南部奉调赴湖北。

九月,太平天国命石达开率大军驰援武昌。石达开至武昌,观察情势,对诸将说:"现在妖兵败我武昌、九江,我与其在武昌、九江城下与妖兵苦战不得解,不如进攻妖所必救。""若进攻江西,妖为保护根本计,则武昌、九江的妖兵都将不打自退了"。韦志俊留守武昌。石达开率军南下,击败崇阳、通城的湘军,进军江西,克新昌,再克瑞州、临江。进克樟树、泰和、新淦、奉新。活动在这些地区的广东天地会起义军纷纷加入太平军。石达开军扩充数万人。十二月,再克袁州、吉水。曾国藩此时已返回省城南昌指挥作战,急调围攻九江的周凤山部回援,夺去樟树、新淦。咸丰六年(一八五六年)正月,太平军攻克萍乡、吉安。二月,再克樟树、丰城、抚州、进贤。江西十三府中,已有八府四十多县为太平天国所拥有。石达开不急于攻打南昌,而在占领区内设置乡官,训练水陆兵勇,以图大举。曾国藩困守南昌,撤退进攻武昌的东路军回援,又向两湖求援兵。

石达开的军事布署获得完全的成功,占领江西全境,指日可待。三月间,他接到天朝命令,回师捍卫天京。

四、清军江北江南大营溃败

太平天国建都天京,占有扬州、镇江,形成掎角之势。清军江南大营与江北大营,分驻两岸,相机进攻。太平军与清军在这一地区展开拉锯式的争夺战。

咸丰三年(一八五三年)五月,咸丰帝谕令琦善、向荣迅速督兵克复江宁、扬州、镇江,驻在江北大营的琦善以重炮猛攻扬州不下,总兵双来受伤,败死。八月,琦善等奏称扬州太平军东向出击。咸丰帝谕斥"琦善断不能辞责","如再不知愧奋","将汝正法"。(《剿平粤匪方略》卷五十六)十一月,太平天国派赖汉英出援扬州,扬州城内太平军出战,夹攻清兵。围攻扬州的清军退往湾头。太平军驻扬州的指挥曾立昌率领军民自扬州从容退入瓜州,以功升夏官又正丞相。十二月,咸丰帝接琦善奏报,指斥扬州疏于设防,致令"贼匪""弃城逃去",将琦善革职戴罪自效,帮办军务陈金绶以下军将分别议处,谕令迅即进剿仪征、瓜州。

咸丰四年(一八五四年)正月,琦善进兵瓜州,败太平军。二月继续作战,郧阳镇总兵瞿腾龙等被太平军击毙。四月,琦善再攻瓜州,不下。七月,由福建来援的水师总兵吴全美奉调率红单船会攻瓜州,击毁炮台,攻下高淳镇。闰七月,太平军罗大纲、曾水源等部出击七瓮桥、上方桥等处清军,被击退。曾水源返回天京,被革职入牢。是月,清钦差大臣琦善病死于扬州。前任江宁将军托明阿受命为钦差大臣,节制水陆各军。十月,咸丰帝严旨催托明阿迅克瓜州,称:"我军能将瓜州、镇江贼歼除,何止肆谋苏、常,托明阿与向荣虽各统一军,仍当联络策应,毋误事机。"(《中兴别记》)托明阿、陈金绶攻瓜州。十一月,至瓜州城下。不能攻克。陈金绶之侄陈能义败死。

咸丰五年(一八五五年)正月,瓜州、镇江两地太平军相约,分别进攻仪征、六合,托明阿咨向荣分兵助战。向荣奏请派江苏巡抚吉尔杭阿来镇江督师。咸丰帝命赴向荣军营帮办军务。吉尔杭阿至江南大营,移师镇江,托明阿等攻瓜州,日久不破,请向荣绝瓜州、镇江往来之路。向荣与吉尔杭阿密商,陆路分攻瓜州、镇江,水路力破金山,使太平军三路不能相顾。三月,托明阿等筑长围以困瓜州太平军。吴全美水师战胜于三山营。四月,吴全美等连续获胜,清军运输线畅通。五月,吉尔杭阿部进扎摩旗等山,攻镇江城,被太平军击退。六月,托明阿、陈国泰水陆会攻瓜州,也被太平军击退。七月,吉尔杭阿攻占宝盖山、烟墩山、金鸡岭。八月,以地雷轰破镇江城墙,太平军将缺口堵塞,清军不得入城。托明阿水陆会攻瓜州。九月,太平军水师自天京增援瓜州,被清军击败。十月,天京太平军由朝阳门、太平门出击,遭清军堵截,战败。出神策门至迈皋桥,出雨花台至红庙子,也都被清军阻击。十一月,吉尔杭阿部在镇江九摆渡击败太平军守军。镇江太平军军需不济,形势严重。

十二月,太平天国调燕王秦日纲,冬官正丞相陈玉成,地官副丞相李秀成等部东援镇江。秦日纲等到达栖霞、石埠,向荣派遣已升协副将的张国梁领兵迎战,围攻镇江的已革提督余万清部移营句容、龙潭。吴全美驻大胜关,咨吉尔杭阿增兵丹阳。太平军镇江守将吴如孝率兵出西门接应援兵,被吉尔杭阿堵回。

184

咸丰六年（一八五六年）正月，清军与太平军战于句容、龙潭、下蜀街、仓头。二月，太平军陈玉成部冲入镇江，与吴如孝会合，内外夹击，大败清军。乘胜渡江，踏破清军江北大营大小营盘一百二十余座，获得大胜利。托明阿退至秦家楼，德兴阿退至蒋王庙，陈金绶退至沙头。三月，太平军再克扬州。

咸丰帝革托明阿职，罢钦差大臣，以正白旗汉军副都统德兴阿加都统衔，为钦差大臣，少詹事翁同书帮办军务。

太平天国铜炮

原在向荣营的陕西提督邓绍良为德兴阿军营帮办。太平军攻下江浦、浦口。德兴阿攻陷扬州。张国梁夺回浦口，赏提督衔。四月，太平军自金山渡江，在高资烟墩山大败清军，吉尔杭阿兵败自杀。

石达开自江西率部增援，又采声东击西的战术，五月间，分兵攻占溧水。向荣派张国梁等前往争夺。石达开、秦日纲、陈玉成、李秀成等合兵对江南大营发起总攻，向荣、福兴等由淳化退至丹阳。咸丰帝革湖北提督向荣职，仍留钦差大臣督办军务。太平军攻丹阳，向荣死于营中（一说自尽）。

太平军连破清军江北大营、江南大营，获得重大胜利。随即派韦昌辉去江西主持军政,石达开往湖北解武昌之围。

五、天京裂变

太平天国建都天京以来的三年间,北伐遭到严重的失败,损失惨重。西征有胜有负,攻占武汉、安庆,进踞江西,取得战果。击败清军江南江北两大营,天京解围,国都巩固。形势的发展,要求天朝及时做出新的战略部署,但天朝的领导者却陷于严重的裂变。

太平天国建都建制后,逐渐抛弃了兄弟姐妹人人平等的教义,等级特权制度的建立,使得领导者与广大军民之间的距离日渐扩大,也使得各级领导者之间争夺权利的矛盾日渐加深。天王洪秀全身为教主与国王,临朝而不理政。东王杨秀清以军师而执掌军政大权,向天王取旨,又可代天父立言。这种教权与政权的特殊规制,在最初订立时就已包含着深刻的矛盾,潜在的冲突。建都三年来,随着战争的胜利发展,洪杨之间以及诸王之间的矛盾都在日益激化,终于在咸丰六年(一八五六年)七月酿成相互残杀的惨祸。

清江南大营败溃后,杨秀清依托天父下凡,责问洪秀全:"你打江山几年,多亏何人?""何只称九千岁?"太平天国定制,天王及幼子称万岁,东王称九千岁。杨秀清代天父立言,洪秀全只好答允"也当是万岁"。(张汝南:《金陵省难纪略》)定于八月十七日杨秀清生日举行改称万岁的庆典。据说北王韦昌辉、翼王石达开"两王不服，密议杀东王一人，杀其兄弟三人"。（《李秀成自述》）但两王随即奉命出师赣鄂，远离天京。七月间，天官正丞相佐天侯陈承瑢向洪秀全密奏，东王有篡弑之心，请下诏除奸。洪秀全密诏去江西的韦昌辉回京诛杨。韦昌辉领兵三千人与驻在丹阳的燕王秦日纲相约克日会师。八月初三日夜，韦秦两军到达天京城外，得陈承瑢接应。次日凌晨，急速围攻东王府，乘王府无备，杀杨秀清及其全家。随后又计诱东王所统军兵五千余人缴械，屠杀。此后两个月间，对东王府所属官民，不分大小男女，大肆屠戮。天京死难者逾两万人。

洪杨裂变，由加封万岁事诱发。实则东王对位居天王之下久已心怀不满，天王对东王权势日隆，也早已心怀疑惑。东王与北王之间夙怨积深。石达开后来回忆说："杨秀清平日性烈，韦昌辉屡受其辱。""韦昌辉请洪秀全杀杨秀清。洪秀全本欲杀杨，口中不肯，且故意加杨秀清为万岁。"（《石达开供》）洪秀全诏下，韦昌辉奉旨诛杨，得申积忿，疯狂报复。参加农民革命的两万军民无端被杀害。血染长江，震撼金陵。石达开在武昌闻变，匆促回京，指责韦昌辉滥杀之过。韦昌辉不听，两王反目。石达开乘夜自小南门缒城出京，驰赴安庆。韦昌辉派秦日纲领兵追击，又将石达开在京的家属全都杀死。洪秀全下诏悬赏缉拿石达开。石达开至安庆,调集武昌守军四万余人,起兵靖难。上疏天王,请诛韦昌辉,否则将班师回朝攻灭天京。洪秀全被迫于十月初五日下诏诛韦。天京城内,军民共愤,群起杀韦昌辉,追随韦昌辉的军士二百人败死。天王又将秦日纲逮捕回京,得知陈承瑢是韦昌辉党羽,里应外合。秦与陈同日处死。

洪秀全下诏杀韦后,将韦昌辉首级送到石达开军前,收回悬赏缉拿的诏令,请石达开进京辅政。翼王石达开奉诏回天京,提理政务,获得天朝官民的拥戴,称他为"义王"。他妥善处置善后事务,整顿朝政,天朝转危为安。武昌太平军被调集来京后,留韦志俊部驻守。十一月撤退,转入江西。湘军胡林翼进驻武昌。

咸丰七年(一八五七年)正月,在石达开指挥下,镇守安徽桐城的地官副丞相李秀成大败来攻的清军,进而攻下舒城、六安。在安徽颍州起义的捻军大汉盟主张洛行应李秀成之召,来附太平军,在六安会师,进克霍邱县。洪秀全召张洛行来天京会见,捻军各旗首领均封授太平天国的官爵。太平天国得捻军的加入,又使军心为之一振。

石达开在天京执政半年,声誉日著。天王并未授予他军师的官职,更没有代天父立言的教职,只是以翼王辅政。洪秀全志在收回军师执政的大权,既做天王,又做军师。又封长兄仁发为安王,次兄仁达为福王,洪氏家族参与国政,对石达开多方钳制。石达开没有杨

188

秀清那样的特权与高位,却陷于与杨相似的被疑忌的危境,不能自安。四月,率部离天京去安庆。天朝拥戴他的文武官员也多随去。石达开向沿途军民发布文告说:"去岁遭祸乱,狼狈赶回京。自谓此愚忠,定蒙圣君明。乃事有不然,诏旨降频仍。重重生疑忌,一言难尽陈,用是自奋励,出师再表真。"表白他的出走,因遭疑忌不得不尔,但仍将继续率部反抗清朝的统治,"惟期妖灭尽,予志复归林。"("石达开布告"引自王重民等编《太平天国资料》)

天朝在自相残杀后又失翼王和良将精兵,朝中兵力虚弱。洪秀全不得不撤去洪仁发、洪仁达王爵,又铸"义王"金印送往安庆,再次敦请石达开回朝。石达开拒不接印,领兵驰往江西,脱离太平天国。太平军从此陷于分裂了。

闰五月,咸丰帝得到署两江总督何桂清的奏报,下谕说:"逆匪既生内讧,机会更不可失。"谕令取镇江,再围金陵。太平天国天京裂变,为清廷的镇压提供了时机。但就在此时,清朝遭到了英法两国的武装入侵。

第二节　英法武装入侵与
俄国的领土掠夺

英国侵华战后的十多年间,英法美等西方国家通过一系列掠夺性的条约和通商章程,获得巨大的利益,但外国商品在中国的有限推销,并不能满足侵略者的无餍追求。当清朝受到太平天国革命猛烈冲击的年代,英法美等国又制造种种借口,进行讹诈。咸丰七年(一八五七年)英法联军强占广州,次年北上入侵天津,在大沽被清军击败。咸丰十年(一八六〇年)两国发动了更大规模的武装侵略,攻下清朝的首都,震动了整个中国。英法联军的这次武装入侵,实质上是英国发动的保护鸦片走私的侵略战争的继续。因此史家又称之为第二次鸦片战争。

在此期间,北方的俄国乘机展开对中国的掠夺,强占了中国北疆的大片领土。

(一)英法等国侵掠上海,强占广州

一、勒索租地特权,助剿上海起义

五口通商后,英美法等国公使驻在上海城北,上海取代广州成为重要的商港,又是外国公使从事政治活动的基地。太平天国定都天京,上海形势严峻。咸丰三年(一八五三年)初,行商出身的清苏松太兵备道吴健彰曾商请英、美、法等国出兵助清廷平乱。三月间,英国公使文翰访问天京,向太平天国表示英国保守"中立""两不干预",要求保护上海英国侨民的生命财产。得到的回答是太平天国愿与外国通商,但禁止鸦片贸易。

　　咸丰三年(一八五三年)八月初三日,上海爆发了天地会支派小刀会组织的武装起义,占领了嘉定县城。两天后,在清军毫无戒备的情况下,顺利地攻占了上海县城。杀上海知县袁祖德,俘掳上海道吴健彰。天地会原以"反清复明"为宗旨,攻占上海县后,立国号大明,建年号天运,起义领袖广东香山县人刘丽川称统理正教招讨大元帅。进而攻克宝山、南汇、川沙、青浦等县,各地农民群起响应,起义军迅速发展到两万五千人。刘丽川向太平天国天王洪秀全上书,奏报起义战果,称天王为"主上",自称为"臣",说"伏祈主上早命差官莅任"。洪秀全得书,下诏奖谕。刘丽川奉诏,取消大明国号,树立太平天国旗帜,奉行天国年号和制度,随即召见美国公使麦莲(R. Mclane)宣告奉行太平天国法令,保护侨民。随后又召见上海的各国公使,自称太平天国部属,通报此意。英法等国公使则宣称中立,战争不得延及外侨准租的地界。刘丽川起义的胜利震动了清廷。向荣随即派出帮办军务署理江苏巡抚许乃钊领大兵反攻,向清廷奏报。起义军分散诸县,寡不敌众,嘉定、青浦、宝山、南汇、川沙相继失守,集中兵力据守上海。清军进攻,互有胜负,分兵自东、西、南三面围困上海县城。

　　十一月,法国公使布尔布隆(A. de Bour boulon)自上海访问天京,观望形势。向法国政府建议仍守中立。

随后又与英国驻上海领事阿利国（P. ALcook）密谋，由英美法三国派人劝说起义军退出上海县城，被刘丽川等拒绝。

清军围攻上海久不能下，又在城北部署兵力，接近了外国准租地区。咸丰四年（一八五四年）三月初七日，英美驻军声称，有清兵进入地界，向泥城桥的清军发起进攻，清军不战而退。西史称为"泥城之战"。各国准租地界地处上海城北，阻挡了清军自北路进攻的道路，也扼制了困守上海的起义军自北路获得给养的通途。两军相持日久，英法等国乘机敲诈勒索，攫取到一系列的特权。

订租地章程——道光二十三年（一八四三年），上海开放后，英国派赴上海的首任领事巴富尔（G. Balfour）即从虎门条款准英人租赁房屋基地为依据向清上海道（全衔为钦命监督江南海关分巡苏松太兵备道）宫慕久提出在上海划定英人居住地界的要求。二十五年十一月宫慕久以道台名义发布告示："划定洋泾浜以北李家庄以南之地准租与英国商人"，并公布与英领事协议订立的章程二十三条。虎门签订的"五口通商附粘善后条款"第七款原称："在万年和约内言明，允准英人携眷赴广州、福州、厦门、宁波、上海五港口居住""但中华地方官必须与英国管事官各就地方民情，议定于何地方，用何房屋基地，系准英人租赁"主权全属中国。但在二十三条上海租地章程中，英国

192

实际上获取了准租地界内的房地屋租赁业务和地方行政事务的管理权。(一)章程规定洋商租赁土地,原业主与租户立有出租、承租字据,禀报上海道及领事官钤印收执。但华民业主每年收取地租,需由道台行文领事官转饬各租主交付官办银号,再按租籍转交业主。即所有华人业主每年收租均须经由英国领事;(二)准租地界内的道路建设、卫生、消防、排水诸事均归洋商会商管理。由英国领事官召集洋商,摊派费用。管理地方治安的"更夫"由洋商与华民商定雇用,只是专责管领的更长,由清方官宪会同选派;(三)章程对准租地界内的华人活动多有限制。如规定界内居民"不得建造房屋赁给华商",洋商租主公同建造市场,"使华民将日常用品运来货卖",但洋商"不得建造房屋,租给华民或供华民使用"。华民在界址内"开设店铺""或租与洋人居住",需先经英国领事官"发给执照予以监督方准其开设",如有不遵,则予禁止;(四)其他国家商人在划归英商承租之界址内,租地建房或赁房居住,应先向英国领事官申请获准;(五)章程最后规定:英国"商民会同决定事项,报明领事官,经与地方官员会同商定,应即遵办"。"后英国领事官发现违犯上述章程",领事官将视同违犯和约章程,一律审办。(以上引文均据《中外旧约章汇编》第一册)。被称为"上海租地章程"的各项规定,远远超出了准许英国在上海租地赁房经商的租赁关系,英国商民不仅可以在界内居住经商,而且在领事官的庇护下获得了对整个界址的经营管理权和部分的施政权。英国领事官不仅依据"领事裁判权"独立管理本国商民事务,而且对界址内中国商民的行为也多方限制,宣称"禁止"、"审办"。对他国商民租地赁房,宣称需向英国领事申请,严重侵犯中国的主权。

道光二十八年(一八四八年),英国驻上海领事阿礼国(R. Alcock)以青浦的守粮船水手与英国传教士麦都思(W. H. Medhurst)发生争斗为借口,要挟上海道麟桂扩充英国准租地界,西至泥城滨、北到苏州河岸,均划入界址。英国的准租地界遂由原定的八百三十亩扩充到二千八百余亩。同年美国领事也提出将苏州河以北虹口地方划为美国的准租地界。在此以前,美国教会圣公会已擅自在此购置土地建造教堂,造成既成事实,迫使上海道承认。美国由此获得了上海虹口地方约七千八百余亩地界内的房地租赁权。随后,法国领事也提出划界的要求。次年三月,上海道被迫宣布,上海县城以北,英国准租地界以南约九百八十六亩地带划为法国准租地界。其他国家商民如欲在此租地建屋,得向法国领事商办。至此,英、美、法三国勒索的准租地界已联成一片,控扼了上海城的北界。

咸丰三年(一八五三年)八月,上海小刀会起义军占领县城。上海道吴健彰被俘后,又在美国传教士掩护下逃到城北外国准租地界。次年三月泥城战后,他遵照咸丰帝"设法羁縻"的谕旨,向三国领事申明,保护界内外国商民的利益不受侵犯。英、美、法三国领事乘此机会,共同拟具了"上海租地章程"十四条及附件二件,交吴健彰签署后,由三国领事于六月十一日在上海公布。新章程较之十年前英国租地旧章程,进一步侵犯了中国的主权。(一)旧章由上海道告示公布,说是"协议订立之章程"。新章由三国领事单方面制订,上海道认同,径由三国领事向居民公布。(二)英国租地旧章获取的特权扩大为英、美、法三国所共有而又有所扩展,主要是加强了对界内华人的统治。小刀会起义时在英国准租地界居住的华人约五百人左右,这时已猛增到两万人。新章规定对华人的种种禁条,违犯者分别处以为数不等的罚款,由三国领事官追缴。章程并规定"违犯以上各条章程,领事官即传案查讯,严行罚办"。(三)章程附有两个附件,一是华民居住条例,一是发租地基条款。第一个附件声称"照得华民若未领地方官盖印凭据,并经有和约之三国领事官允准,则不得在界内赁房、租地基、建造宅舍居住"。据此,则华民居住三国准租地界,还必须经三国领事官允准。

道光二十三年的虎门"善后条款",原是因为五口通商后许英人在港口居住通商,因而规定地方官应与英方议定准租地带。在清廷看来,这将是对英商住地的一种限制。但上海租地章程的制定,反而形成英、美、法等国领事官对界内华人的限制和统治。划定准租地界原意是指英人只准在此地段内租地赁房，并非清政府将整个地段租给英国政府。但英国及美、法两国竟公然自居为这一地段的管理者和统治者，利用清朝地方官员的昏弱，不断扩大权力，把准租地界逐渐变成他们的殖民地区和侵略据点。

设工部局——三国上海租地章程订立后，随即在此设立工部局，作为三国的统治机构。工部局由界内的拥有银五百两以上地产的三国商人选举权势者出任董事。首选董事美国副领事金能亨（E. Cuningham）、英国传教士麦都思（W. H. Medhurst）等七人组成董事会，是最高机构。下设各专业委员会分管界内杂务。如原由洋商分摊的地方管理费用，新章规定"或按地输税，或由码头纳饷"。附件规定界内居住的华人"遵照新定章程，并按例纳税"。工部局有管理道路和税收的委员会向华洋商民征税。又如原由清地方官员会同选派更长管领更夫、负责治安的旧章，改为仿照统治香港的办法设立巡捕房，雇用巡捕，由工部局设管理防卫的委员会督管。巡捕房可以对界内华洋商民传案拘捕审办和强制征税。工部局的设立，实际上窃取了准租地界内的行政管理权、司法管辖权、征税权等多种权力，形成外国在中国土地上设立的非法的政府机构。

三国上海租地章程，系三国领事商定和公布，原无汉文名称，"租地章程"一名译自英文。此后汉文文书

196

所称"准租地界""租地界址"等又被含混地称为"租界"。上海"租界"沦为三国霸占的割据国和殖民地，是西方诸国深入侵掠中国一种新创的形式。

控制海关——一八五三年上海小刀会起义后，随即将清廷上海海关的关署捣毁,清廷的关税征收中断。英国领事阿礼国见有机可乘,当即公布上海海关临时办法六款,声称清海关已不能行使权力,在此期间,英美商人应交的关税由两国领事代征代管。自县城逃出的上海道吴健彰以"钦命监督江南海关"的身分要求行使权力,遭到英领阿礼国的拒绝。咸丰四年(一八五四年)正月,英、美、法等国领事协议,同意吴健彰在上海苏州河北岸重建海关,但英、美、法等国商人拒不纳税。吴健彰拟在苏州设立税卡,英、美、法等国领事以违反和约为由,坚持反对。

上海海关每年的税收是清廷重要的财政收入。英美领事自咸丰三年八月至次年正月不到半年的时间里就已收税八十八万七千余两。清廷急需此项收入来补充镇压太平军的军费。英领见机行事,又提出由英、美、法三国各派海关税务司一人参与上海海关的管理和关税的征收,清廷税收将由此得到保证。咸丰四年(一八五四年)六月初五日,英、美、法三国领事与上海道兼海关监督吴健彰签订上海海关协定八条。依此协定,半个月后,英、美、法各派司税官一人,由上海道加委,组成税务司署,管理上海海关税收。清朝管理对外贸易和税收的海关由此付与外人操纵。海关任何文件单据都须经税务司用印。英、美、法三国轻而易举地控制了上海海关。

镇压起义 小刀会刘丽川占领上海县城的一年间,英、美、法三国乘机实现了对清廷的讹诈勒索,遂又与清军合谋镇压小刀会起义。清江苏巡抚许乃钊久攻上海不下,咸丰四年(一八五四年)六月被免职。随军攻打上海的原江苏常镇道按察使吉尔杭阿(满洲镶黄旗人)擢任江苏巡抚领兵攻城。吴健彰革职拿问。七月,吉尔杭阿在县城南掘地道布地雷进攻,起义军原已预筑内壕,清军败退,副将长清阵亡,遂与英美法三国合谋,自城北洋泾桥至陈家木桥西筑造高一丈余的砖墙,截断义军与城北的道路。

小刀会起义军占领县城年余,太平天国援军不至,城内军民只靠北路同外界取得接济。北路断绝,困守孤城,日益艰难。起义军战士经作战伤亡和出走叛逃,只余七千余人守城,居民则有七万余人(《北华捷报》一八五四年十一月二十五日)。十月十九日义军乘清军无备,突然出击,攻破围墙,打开缺口,在陈家木桥建炮台设防。次日,法国领事借口炮台接近领事馆,出兵干预,与起义军交火,下午法军炮轰上海县城约两个小时。

吉尔杭阿统率的清军与法军合谋围攻上海县城。十一月十八日,法国军舰两艘在黄浦江上发炮。掩护陆战队进攻。法军出动二百五十人,清军一千五百人攻打北门。这时城内的起义军只有约三千人,周密筑造防御工事。由副元帅陈阿林(福建人)指挥坚守。战斗自晨至午。法军败退,伤亡四十余人。法海军上尉杜龙(Durun)、清同知胡枚等战死。起义军乘胜反攻,清军损失惨重。两江总督怡良向咸丰帝奏报战事,请对伤亡的法国"击贼夷官杜龙等""酌给恤赏"。又奏称对"夷"与"逆","设法离间"。咸丰帝批:"只好如此办理"。

小刀会起义军击退法军清军,阵亡数十人,伤者甚众,有兵不过三千。

清军得英、美、法三国的支持,移军上海城北扎营修筑隔浙北路的高墙,至十二月十五日高墙全部筑成。陈家木桥被清军占领。城内起义军的北路被截断,武器弹药及居民衣食需用都已无法得到接济。刘丽川、陈阿林等遂决计突围进据松江。咸丰五年(一八五五年)正月初一日新年,乘夜色率众撤出上海县城。刘丽川步行至虹桥,遭清军截击,壮烈战死。陈阿林突围出海,逃往海外。小刀会将领很多人被俘,被清军处死。散走的余众分往江苏、浙江等地投依太平天国。

法国侵略者助清军镇压了上海小刀会起义。咸丰帝说是"法兰西提督辣厄尔(La Guerre)首先助顺"。"酌加奖励,以慰其心"。准吉尔杭阿奏,赏给绸四卷,银一万两。吉尔杭阿赏给头品顶戴,巴图鲁名号,往向荣营帮办军务。

二、修约要求与亚罗船事件

英美法等国在上海修改租地章程,勒索权益的同时,又向清廷提出修改江宁条约的要求,以图勒索更多的侵略权益。咸丰五年(一八五五年)英海军出兵助清廷镇压了广州天地会起义。次年借口亚罗船事件,向广州发动了进攻。

三国修约要求 咸丰四年(一八五四年)四月,英国新任驻华公使包令(J. Bowring)奉本国政府的训令,照会清两广总督兼管理五口通商事务钦差大臣叶名琛,提出修约要求。所谓修约即修改江宁条约和次年的虎门附粘善后条款,理由是:中美贸易章程曾规定"所有贸易及海面各款恐不无稍有变通之处,应俟十二年后,两国派员公平酌办。"而虎门善后条款又有"设将来大皇帝的新恩施及各国,亦应准英人一体均沾"之文。江宁条约原是中英两国政府间的"永久和约",不同于中美间的五口贸易章程。条约的修改是两国政府间的外交事务,也并非"一体均沾"的"新恩",更不属于最惠国待遇。英国的修约要求,显然是强词夺理,旨在乘机讹诈,用心是险恶的。法国与美国相继效尤,也援引最惠国条款,要求与英国同时修约。

两广总督叶名琛遵照咸丰帝"惟有随机应变,以绝其诡诈之谋"的谕旨,收到包令的照会后,对英方的要求予以拒绝。包令提出到广州城内会谈,答复只能在城外仁信栈房接见。包令见不能获得进展,遂北上去上海交涉。六月,英、美公使到上海,江苏督抚以不办外交为由,劝他们回广州,与叶名琛交涉。闰七月,英、法、美三国公使在香港会商,决定联合行动,绕过叶名琛,先到上海,再不成功即北上天津。八月,三国公使再次到上海,要求修约。江苏巡抚吉尔杭阿奏请另派重臣会同叶名琛妥为查办,"量为变通"。遭到咸丰帝申饬。九月,英公使包令、美公使麦莲(R. M. Mclane)到达天津海河口外(法因军舰失事,仅派一职员随行),英方向清廷派来接谈的官员提出修约要求十八条,美方提出十一条。

英方的要求是:一、公使驻京;二、开放内地;三、天津开埠;四、公使可至各省督抚衙门以平礼会见督抚;五、修改税则,鸦片合法进口;六、英船可以承运各通商口岸之间的货运;七、废除子口税;八、定明各种银元的价值;九、共同肃清海盗;十、制定华工出国章程;十一、允许英人购买中国土地;十二、下诏保护英人生命财产;十三、下诏追回华人欠英人款项;十四、停止广东茶叶抽厘;十五、允许英人入广州城;十六、新约以十二年为期,到期重订;十七、建立保税官栈;十八、条约解释以英文本为主。美方的要求是:一、公使可至中国官署会面;二、美人在租房租地方面享有华人之待遇;三、两国官员会审中美民人争讼案件;四、美船可以承运通商

201

口岸之间的货运;五、定明各种银元的价值;六、重订税则;七、可以随时修改条约;八、建立保税官栈;九、免除上海所欠关税;十、开放长江,开放内地,公使驻京;十一、允许美人在中国沿海捕鱼、开矿。

英、美的修约要求已不是甚么"稍有变通之处"而是另订新约。主要内容集中在两个方面。一是开放内地。五口通商后,西方的工业品大量涌入中国,但中国购买英国商品额尚不及英属西印度群岛、意大利或欧洲其他国家,远不能满足英商的巨大要求。修约内容提出开放内陆地区更多的通商口岸,并免除子口税,降低关税,为未能及时售出的商品建立保税官栈等等,以便西方商品更大量地进入中国。其二是按照西方的模式,改变中外交涉的格局。自广州反入城斗争之后,英国等国对两广总督徐广缙和广东巡抚叶名琛等极为不满。认为是徐、叶等人从中作梗,于是提出公使驻京,以便更迅捷更直接地向清廷施压。公使驻京,将要彻底打碎清廷的对外体制。这是清朝不会做出让步的。

咸丰帝诏谕:除英方要求第十四款、美方要求第三款和第九款可与两广总督商办外,其余一律拒绝。英美公使在天津海口月余,交涉毫无进展,不得不返回香港,修约要求未能得逞。

助剿广州起义 咸丰四年(一八五四年)广东爆发了三合会(天地会)农民起义。佛山陈开、李文茂、东莞何禄领导起义会众,在六月间三路围攻广州。清肇庆副将崔大同率标兵及八旗兵在广州城北拒战败死。标兵溃散。十月间,叶名琛致函回到香港的英国公使兼香港总督包令,要求英国海军助剿贼匪。包令与英海军提督赐德龄(J. Stirling)计议,并得到美使麦莲、法使布尔布隆的支持,一面发布文告,声称"中立",一面以保护英侨为由,十二月出动兵船五只,开到广州。指起义者为海盗,在珠江口发动武装袭击。天地会围攻广州受阻,陈开、李文茂率众入广西、何禄部转入湘南。叶名琛得英军之助,在城内滥杀平民。据说到咸丰五年夏,广州城内被屠杀居民多至七万五千人(容闳《西学东渐记》)。

咸丰六年(一八五六年),中美望厦条约十二年届满,美国新任驻华委员伯驾(P. Parker)联络英、法,再次向两广总督叶名琛提出修约,被拒。六月,伯驾经福州去上海见清摄(代理)上海道蓝蔚雯,交涉无功,返回香港。

亚罗船事件 伯驾上海之行,英使包令曾拒绝同行,因为他根据英国的侵略经验,空言无益,只有"让大炮说话"。他向英外相报告说,要改进对华关系"军舰是绝对必要的"。七月间他又报告说,"一支代表缔约国各自国家的威武舰队,应于明年五、六月会同于北直隶湾",以便各国公使以炮舰为后盾,在天津或北京与清政府进行谈判。(马士《中华帝国对外关系史》第一卷)。

九月间发生的亚罗船事件使英国侵略者找到了武装挑衅的借口。

　　"亚罗号"船是中国人苏亚成咸丰四年在内地制造的划艇，后卖给居住在香港的中国人方亚明。次年，船在香港殖民政府登记，取得了为期一年的执照，并雇佣一名爱尔兰人为船长，全部水手都是中国人。咸丰六年（一八五六年）九月初十日，清朝广东水师根据海上商人被劫的举报，在广州江面上检查"亚罗号"，带走了船上十三名中国水手。这时，其执照已经过期十二天，按法理当不再受香港政府的保护。被捕十二人中，两人是著名的海匪。根据英国的航海惯例，船舶入港停泊期间须降下国旗，至离港时再升起。清朝水师官兵上船搜查，声称未见船上升有国旗，但该船长却说看见清兵扯下了英国国旗。

　　英国公使包令、广州领事巴夏礼乘机扩大事态，从中讹诈。致函叶名琛要求道歉，释放水手。九月十二日，即亚罗船事件发生两天后，叶名琛根据巴夏礼的来文，允许释放九人。巴夏礼拒收。巴夏礼根据包令的指示，提出两天内释放全部人犯、赔礼道歉的要求。叶名琛予以拒绝。驻在香港的英国海军立即捕捉一中国民船（误以为是师船），作为报复。十八日，包令照会叶名琛说，若不答应英方要求，将命令海军出动，"将和约缺陷补足"。所谓"和约缺陷"，即指中英之间长期争执的进入广州城、广州附近租用土地等问题。英方不仅准备动武,而且提出了亚罗船事件以外的要求。二十二日,巴夏礼至香港会见包令。根据包令的指示,二十三日通知叶名琛限二十四小时内同意其条件,否则动武。叶名琛允诺释放二人。后又允诺释放全部人犯,但因船上并无英国国旗,不允道歉。巴夏礼对此拒绝接受。

九月二十四日,英国驻东印度区舰队司令西马縻各厘(M. Seymour)率英舰三艘从香港出发,越过虎门,攻破广州外围数处炮台。叶名琛不动声色,下令水师战船后撤,各炮台也不必还击。二十七日,英军占领广州城前的海珠炮台和商馆。叶名琛下令中断对外贸易。二十九日,西马縻各厘照会叶名琛,要求自由进入广州城,未得答复,便下令炮轰广州。位于广州新城内的两广总督署多次被击中,署内兵役逃匿一空。叶名琛毫无惧色,端坐二堂,下令广州军民痛加剿捕,并开列赏格,杀英兵一名赏银三十元。九月三十日,英舰集中炮火轰击广州城墙,至日暮,城墙已被轰开一缺口,叶名琛仍不为所动。次日下午,英军百余名从城墙缺口攻入广州城内,直至两广总督署。叶名琛因上午去文庙行香,遂避居旧城巡抚衙门,未被捉去。此时英军兵力,不满两千人。西马縻各厘因兵力不足无法占据广州,当晚便从城内撤退。继续炮击广州,以保持军事压力。

十月初二日至初七日,西马縻各厘三次照会叶名琛,一再提出要求道歉和自由进入广州城。叶名琛三次复照予以拒绝。西马縻各厘毁坏广州城外猎德炮台,又令英军占领珠江口的虎门炮台。英公使包令见军事打击已初步得手,照会叶名琛,坚请入城,并从香港赶赴广州。叶名琛复照拒绝。十月二十一日,包令又一次照会,请约期入城会商。次日,叶名琛又予拒绝。包令照会叶名琛,表示失望。

对方照会的中心内容由"道歉"转为"入城"。叶名琛由此认定,英方的真正目的在于实现入城。西马縻各厘的几艘军舰能力有限,如坚持抗拒,必穷蹙自退。叶名琛当然也明白,清朝在军事上绝非对手,他的另一制敌方法是断绝通商。让包令衡量,入城与通商,孰重孰轻?

当时清廷还不知道广州的战事,两个多月后,十一月十七日,咸丰帝才收到叶名琛报告亚罗船事件的奏折,谎报清军两次大败来犯英军,毙伤敌四百余人,英军司令西马縻各厘被打死。现已调集兵勇三万余人,广州足敷防守;美国和法国认定英方此次事件理屈而不会相助。咸丰帝诏谕叶名琛设法"驾驭",以泯争端。

广州城外,英军虽连续获胜,但终因兵力不足,不得不从广州城边的商馆,撤至南郊的凤凰岗,再退出珠江。叶名琛以为他以静制动的方略明验大效,奏称,防剿水陆获胜,英方现已穷蹙。两个月后,再次谎报胜利,称英国政府不满巴夏礼、包令之所为,另派新使前来定议。咸丰帝以为此事即将结束,令叶名琛,弭此衅端。又过了一个多月,咸丰帝得不到广州的消息,命叶名琛详奏近况。此时开入珠江的英舰已达十七艘,五月初十日大败广东琼州镇总兵黄开广率领的百余艘战船,追至佛山,广州外围的炮台也尽陷敌手。清军已处于内江无战船、外围无屏障、广州孤城困守的境地。叶名琛仍是报喜不报忧。咸丰帝览奏,"甚为宽慰"。

三、强 占 广 州

亚罗船事件发生前,法国传教士马赖(A. Chapdelaine)潜入尚未开放的广西省西林县传教,于咸丰六年正月被当地政府处死。五个月后,消息传出。法国驻华官员多次与叶名琛交涉,要求将西林知县革职充军,皇帝颁诏,今后若再发生此类事件实行相同的处罚。此事被称为马神甫事件或西林教案。叶名琛对此或予以推诿或予以拒绝。法国政府得悉此事,积极主战,并与英国政府达成一致,联合出兵,迫使清政府修约。

包令、巴夏礼在广州一带的战争行动,并未得到英国政府的授权。当亚罗船事件的消息传到伦敦时,本已打算利用马神甫事件进行干涉的英国政府全力支持包令、巴夏礼的决定。此时的英国首相是鸦片战争时的英国外相巴麦尊。他历来主张对华使用武力,准备调遣军队,扩大战争。但英国议会中有不同主张。一八五七年西历二月,英国上院一议员提出一项议案,谴责包令等在华英国官员擅用武力。经辩论,该议案以一百一十票比一四六票被否决,巴麦尊政府以三十六票胜出。同时,下院一议员也提出了同样内容的议案,在下院的表决中,以二六三票比二四七票通过,巴麦尊政府以十六票败北。根据英国的政治制度,政府的重大决策被下院否决之后,或政府辞职另组政府,或解散议会重新大选。巴麦尊在议案通过的第二天便宣布解散下院,重选结果,巴麦尊一派在新的大选中获胜。英国政府派遣原任加拿大总督额尔金伯爵(Lord Elgin)为对华修约全权特使,率远征军来中国。美国任列卫廉(W. B. Reed)为驻华公使。法国也派遣葛罗(Gros)男爵为全权特使来华。

亚罗船事件发生后不久,中美之间也在广州一带发生冲突。美舰两艘溯珠江驶向广州,准备接回侨民,清军误认为英国军舰而开炮轰击。美舰开炮还击珠江上的清军炮台,美军指挥官阿姆斯特朗(J. Armstrong)照会叶名琛,表示抗议。叶名琛复照解释误会,但美舰三艘仍向珠江上拥有五座炮台的清军要塞发起进攻。战斗持续了两天多,美军攻占要塞。叶名琛两次行文解释,才告平息。

咸丰七年(一八五七年)闰五月,英特使额尔金(Elgin)勋爵抵香港。叶名琛早已得知英国新使来华的消息,误以为此是英国有意妥协的表现。清廷在叶名琛一再报捷的蒙蔽下,谕令叶名琛尽早结束中英争端,恢复通商。停止贸易从来是清朝"驾驭外夷"的重要手段,但如断绝通商将会失去海关税银,而粤海关每年数百万两的税银此时已经成为清朝军费的重要来源,广东、江西、湖南等省区长期在此项收入下支出军费,镇压农民起义。恢复通商,势所必需。叶名琛奉到谕旨后,准备与英方讲和与额尔金进行一番外交战。

额尔金到达的第二天,就与法、美驻华官员联络,准备联合北上天津,直接与清廷交涉,但此时法、美新使尚未到达。额尔金到达的第八天,曾决定攻占广州,但这时印度爆发了土兵起义,侵华英军不能如期开抵。他遂自香港返回印度,并将香港英军及正在途中的英军全部集中到印度,全力镇压土兵起义。叶名琛侦知额尔金的行踪,认定英方的伎俩不过如此。

十月间,英国控制了印度的局势,额尔金重返香港,法国特使、美国公使也先期到达。此时,侵华的英法联军也大体齐结:英军共有军舰四十三艘,海陆军兵力达一万人,法军亦有军舰十艘。十月二十七日,额尔金、葛罗分别照会叶名琛,提出三项条件:一、准许进入广州;二、赔偿"亚罗船"事件和马神甫事件的一切损失;三、清朝派平仪大臣与英法进行修约谈判。该照会限叶名琛在十日内先允诺前两项,否则将进攻广州。这无疑是最后的通牒。叶名琛依据不确的情报,误以为此次照会不过是"姑为尝试";印度土兵起义后,英军饷需无出,若能如当年奕山付给赎城费银六百万两,亦可稍济眉急。叶名琛由此得出结论,额尔金的照会是英方技穷之后的"求和"行动。葛罗的照会是英国"从旁怂恿"所致,经美方"大为揶揄"后,已"自生惭恧"。凭着这些分析,在十月二十九日复照,拒绝了英法的要求。

十天期限已过,英、法并未进攻。又过了两天,英法来照,声称事务已移交给军方。同日,英、法海陆军总司令照会叶名琛,限两日之内广州清军退出九十里之外。叶名琛复照拒绝。两天的期限又过去了,英、法仍未攻城。叶名琛误以为英、法不过恫吓而已,十一月十二日,奏称"英夷现已求和,计日可准通商",要"乘此罪恶盈贯之际,适遇计穷力竭之余",将英方的历次要求"一律斩断葛藤,以为一劳永逸之举"。

十一月十三日,英法联军以战舰二十艘、地面部队五千七百余人向广州发动进攻。炮弹落到两广总督衙署,兵役逃匿一空,叶名琛仍独坐在署内寻检文件,声称"只有此一阵,过去便无事"。次日,英法联军攻入城内,广州城陷,叶名琛等大吏仍居城中,并不逃避。广东巡抚柏贵请行商伍崇曜出面议和,叶仍坚持不许英人"入城"条件。十一月二十一日,英法联军搜寻广州各衙署,捕捉叶名琛,送上英舰。他要求与英法特使谈判,额尔金等人根本不见。此后他被送往印度,被囚死在异域。

叶名琛被俘后,以广州将军穆克德纳为首的广东全体高官联衔上奏,告以广州失陷之实情。咸丰帝朱批:"览奏实深诧异!"将叶名琛革职,以黄宗汉继任,未到任前,由广东巡抚柏贵署理。谕称:英国等国所恨者为叶名琛,现已革职,柏贵与英人尚无宿怨,正可以出面"以情理开导"。如英国退还广州,请求通商,"可相机筹办,以示羁縻";如仍猖獗,"惟有调集兵勇与之战斗"。

广东巡抚柏贵,在广州城陷时被侵略军俘虏,羁留于观音山。十一月二十五日英法军将他押回巡抚衙门复职,与所谓的"英法总局"共同治理广州。柏贵名为巡抚,已无行动自由,广州政事全由"英法总局"的英方委员、英驻广州领事巴夏礼操纵。十二月二十八日,英法自行宣布解除封锁,恢复中断一年多的中外贸易。

咸丰帝得湖南巡抚骆秉璋等人的奏报,知柏贵已被胁制,命骆秉璋派专差去广东,密诏广东在籍侍郎罗惇衍等人,命传谕绅民,纠集团练万名,将英军逐出广州。咸丰帝此时尚不知法军开战,认为英军只有数千,团练能集数万,以一当十,军事上必有转机。咸丰帝不明实情,黄宗汉等广东官员继续隐瞒实情不报,罗惇衍等团练大臣则以经费无出,延宕时日,无所作为。广州继续被英法联军侵占。

（二）俄英法美的入侵与天津条约

当英法等国要求修约，武装侵袭广州的年代，俄国在黑龙江流域逐步偷占中国边境的领土，要求重新划界，进而与英美法等国共谋入侵。咸丰八年（一八五八年）四月，英法联军入侵天津。俄美英法四国相继与清廷签订了天津条约。

一、俄国入侵黑龙江与瑷珲条约

道光朝，俄国已不断派人潜入黑龙江流域进行侦察、勘探活动。道光二十五年（一八四五年），俄官方授权的俄美公司派人潜入黑龙江江口以北地区，进行"贸易"；二十六年，俄美公司奉沙皇和俄国外交部的命令，派船勘察黑龙江江口地区；二十七年，俄国任命穆拉维约夫（N. N. Muravyev，清方文献作木哩斐业幅）为东西伯利亚总督，组建外贝加尔哥萨克军，储备军粮，筹措军费，伺机入侵；二十九年，俄海军勘察队勘察了库页岛、黑龙江口，查清了黑龙江是一条由俄国占领的西伯利亚流入太平洋的大河，库页岛不是半岛而是海岛。由此加快了强占黑龙江流域的步伐。

道光三十年（一八五〇年），俄海军在黑龙江江口以北地区建立了第一个军事据点彼得冬营，此后又在庙街建立哨所。次年，"勘察队"入侵黑龙江江口以南地区和库页岛,并宣称外兴安岭以南黑龙江以北及鞑靼海峡地区"属于俄国"。根据俄皇的命令,在黑龙江以南乌苏里江以东及库页岛地区建立了五个哨所。黑龙江下游地区的重要港口和战略要地因而均被俄国控制。但清朝官府此时并未觉察。清朝对俄的军事防御主要部署于黑龙江中游和额尔古纳河一带。入侵地区,人口极为稀少,不易被发现。俄国所建的营地、哨所与统领这一地区的三姓副都统衙署所在地(今黑龙江依兰)相去甚远,因而长期不为人知。咸丰四年(一八五四年)春,穆拉维约夫咨文清朝理藩院,诡称为防范英、法攻击俄属太平洋地区,"假道"黑龙江,赴太平洋,望勿误会。他不待答复,即率军千名,沿黑龙江驶下,闯入中国境内,直至黑龙江下游的阔吞屯至庙街一带。此时清朝东北地区的兵力已大批调去镇压太平天国,防务空虚。次年春,穆拉维约夫再度行文理藩院,声称为"剿办英夷",将带兵"由黑龙江驰赴东海",理藩院复照予以拒绝。穆拉维约夫不等复照,即下令武装侵入黑龙江航行。至年底占据黑龙江下游地区的俄国入侵者已达七千余人,远远超过了该地区的中国居民,实现了对该地区的军事控制。

在此以前,俄国枢密院曾照会清朝理藩院,要求"会同办理"中俄东部边界设立界牌之事。由于外兴安岭以东乌第河一带中俄尚未定界,清朝接受了这一要求。但是,当清朝于咸丰四年如约派出官员要求谈判时,穆拉维约夫竟置之不理,清朝理藩院只能通知俄方,中俄会晤延期。次年春,清朝再次派出官员赶往约定的中俄边界格尔必齐河,途中遇到正在指挥武装航行黑龙江的穆拉维约夫。穆拉维约夫蛮横地将地点改为黑龙江下游,时间推迟到秋天,清方屈从这一要求。当年夏天,刚刚登基的俄皇亚历山大二世决定占领黑龙江以北地区,责成穆拉维约夫进行谈判,签订条约。九月,中俄会谈在已被俄军占领的阔吞屯进行。穆拉维约夫提出,黑龙江为两国"天然疆界",其以北地区划归俄国所有,清朝官员据"尼布楚条约"力争,指出外兴安岭是中俄边界,只有乌第河一带尚待划界。会谈全无结果。

中国东北边疆面临俄国的侵略威胁。咸丰帝非但不采取防御措施,反而继续从东北调兵入关去镇压太平天国。地处要冲的吉林三姓、宁古塔等地仅有兵丁八百余名。吉林将军为应付危局,奏请从关内撤回兵丁二千人,遭到咸丰帝的痛斥,命吉林将军"设法羁縻,善为开导,勿启衅端"。(咸丰朝《筹办夷务始末》)俄国的侵略活动更加肆无忌惮,咸丰六年(一八五六年)和次年,又先后武装入侵黑龙江航行,并在中游的北岸地区建立军事据点,主要哨卡设在瑷珲城对岸的海兰泡。俄国并向占领区大量移民,至咸丰七年底,迁移的平民已达六千余人,其中一千名是被释放的囚犯。对于这一切,清廷只是由理藩院向俄国政府表示抗议。

无所作为。

俄国驻英、法海军武官普提雅廷（E. V. Putiatine）得知英法发动侵华战争的消息后,立即向国内报告,主张趁火打劫。咸丰七年（一八五七年）初,俄国政府任命他为使华全权代表,使命是为俄国获得与英、法等国同等的权利,并了结黑龙江等地的边界问题,即强占黑龙江以北的中国土地。俄国外交部为此照会清朝理藩院,称普提雅廷来华"办理两国交涉一切事件","如迟疑不从美意,必致别生事端"。三月,普提雅廷到达中俄边界的恰克图,清库伦办事大臣奉旨拒绝他入境。理藩院也复照俄国,拒绝俄国使臣来华。普提雅廷遇阻后,强行取道中国黑龙江,六月在庙街登上轮船,向南直驶天津。七月,普提雅廷在天津递交了照会,随即南下上海。普提雅廷照会的中心内容就是要求重划中俄东段边界。清政府在复照中坚持尼布楚条约,认为只有乌第河一处"尚可分查分界",提议普提雅廷与黑龙江将军奕山交涉。普提雅廷绕道日本去香港。十一月间分别会见英国特使额尔金,法国特使葛罗,美国全权公使列卫廉会商联合侵华行动。

英法联军占领广州后,俄国政府得到普提雅廷的报告立即召回正在巴黎休假的穆拉维约夫,派他与中国谈判。咸丰八年（一八五八年）三月,穆拉维约夫率军至瑷珲,要求与清黑龙江将军奕山进行会谈。咸丰帝据俄方要求"分界"的咨文,命奕山与穆

215

拉维约夫"会同察勘",并指示"务当恪守旧约(指尼布楚条约)","勿使该夷肆意侵占"。(《清代中俄关系档案史料》第三编)奕山奉旨后,由齐齐哈尔赶赴瑷珲。此时的瑷珲在军事上已经不是中国的内地,而是俄国擅自建立的海兰泡军事据点炮口下的一座危城。四月初十日,中俄谈判在城下之盟的气氛下进行。奕山据尼布楚条约力争,俄军"鸣枪开炮,势在有意寻衅"。奕山未奉清廷授权,便在四月十六日与穆拉维约夫签订了中俄瑷珲条约(又译瑷珲城和约)。条约规定中俄东段边界以黑龙江为界,中国由此丧失了六十万平方公里的土地,该约还规定乌苏里江以东四十多万平方公里的土地,"两国共管"。

二、英法入侵大沽与天津条约

俄使普提雅廷与英、法、美三国公使在香港密谋后,咸丰八年(一八五八年)初,由三国驻上海领事向江苏巡抚递交照会,重申修约等要求,并要求清政府派出钦差大臣到上海进行谈判。咸丰帝诏谕两江总督何桂清照会英、法、美三国公使回广州与新任两广总督黄宗汉交涉,俄国与五口通商无关,俄使应往黑龙江与黑龙江将军交涉。二月,四国公使到上海,得知清政府拒绝在上海谈判,北上与清廷交涉。三月,四国公使先后抵达天津海河口外,分别要求清廷派大员前往大沽谈判。英、法兵舰相继开到白河口,胁迫清廷六日内答复。美、俄公使则声称愿从中调停。

咸丰帝此时面临太平天国革命的冲击，大沽又是漕粮海运的港口，诏谕称："现在中原未靖，又行海运，一经骚动，诸多掣肘，不得不思柔远之方，羁縻之计"（咸丰朝《筹办夷务始末》卷十九）。派出直隶总督谭廷襄与英、法谈判，对俄、美设法羁縻。英、法特使以谭廷襄没有"钦差全权"头衔拒绝会晤。

俄美公使提出种种要求，咸丰帝允准俄国在五口通商、美国增开海口、酌减关税等项，对要求公使驻京，则坚持拒绝。谭廷襄在交涉中也看出俄、美与英、法沆瀣一气，是外托恭顺之名，内挟要求之术，向咸丰帝建策停止通商克复广州，使英、法等国有所震慑。咸丰帝不采，谕称"切不可因兵勇足恃，先启兵端。"

四月初六日，英、法专使与其海、陆军司令集议，决定出兵攻占大沽，进驻天津。大沽位于海河的出海口，是津、京的门户，战略地位十分重要。英国入侵以后，此处多次修防，建立南北炮台四座。英、法联军占领广州后，咸丰帝令加强该处的防守，有清军约万名，其中三千余名驻守炮台，其余驻扎炮台后各村镇，以资增援。清廷因而以为，大沽防事坚固，足堪抵御。八日上午八时，英、法联军突向谭廷襄递交最后通牒，限两小时交出大沽炮台。上午十时，英法联军以浅水炮艇十二艘、登陆部队一千二百人发动进攻。经过两小时激战。清守军不支而溃，驻守各村镇的清军望风而逃，大沽炮台失陷。四月十四日,英法联军进据天津。十八日,四国公使照会清政府,要求派出"全权便宜行事"大臣,前往天津谈判,否则将进军京城。

大沽炮台的失陷,极大地震动了清廷。精心设防的大沽,竟会如此轻易地落于敌手。原先对防卫颇具信心的谭廷襄,也声称"不能战,不易守",要求咸丰帝议和。咸丰帝派出大学士桂良、吏部尚书花沙纳为"便宜行事大臣",前往天津谈判。亲王绵愉等人保荐已革职的耆英熟悉夷情,以侍郎衔起用赴天津协理交涉。

桂良、花沙纳抵达天津后,先后见各国使节。英、法、美三国态度强硬。咸丰帝起用的耆英,英、法使拒绝见面,只派出两名译员接见。英法联军攻占广州后,曾劫获两广总督的全部档案,得以了解当年耆英阳为柔顺实欲钳制的底蕴。英方译员在会见时据以对耆英讥笑谩骂,大肆凌辱。年近七旬的耆英,遭此羞辱,两天后不待清旨便从天津返回京师,咸丰帝严诏逮治,赐自尽死。桂良、花沙纳手无退敌之兵,面对英、法的侵略气焰,一筹莫展。多次请求俄、美出面调解。俄、美提出须先允诺其条件,方可代为"说合"。桂良因而与普提雅廷在五月初三日最先签订了中俄天津条约。五天后,又签订中美和好条约。

此时,奕山擅自在瑷珲与穆拉维约夫签订中俄条约的奏报递到北京。按照清朝制度,奕山行动越权,清

218

廷应予否认。咸丰帝反而命桂良将此事通知普提雅廷,称:现在俄国"诸事皆定,理应为中国出力,向英、法两国讲理,杜其不情之请,速了此事,方能对得起中国。"(《清代中俄关系档案史料》第三编)俄国其实并无抑制英、法的能力,所谓"说合"只是骗局。中俄天津条约规定有片面最惠国条款,俄国坐待均沾其利。五月十二日,英方发出照会,称若再迟疑,即进军京城。十五日,英方提交条约草案五十六款,不容一字更改。胁迫桂良于五月十六日与英方签订了中英条约,次日又与法方签订了中法和约章程。条约签订以后,桂良等人才将条约文本上呈,奏称,"只好姑为应允,催其速退兵船,以安人心,以全大局"(咸丰朝《筹办夷务始末》)。

签订条约后,英法又要求按江宁条约之先例,需由皇帝朱批"依议"方肯退兵。咸丰帝批准中英、中法条约。五月二十八日,英法联军退出天津,六月初七日,退出大沽口外。

三、上海谈判与大沽炮战

在天津签订的中俄条约共有十二条,中美和好条约共三十款,中英条约共五十六款,另有一专条,中法和约章程共四十二款,另有补遗六款。四国条约名称互异详略不同,但由于片面最惠国待遇的规定,一国所得利益,他国一体均沾。主要内容是:一、公使驻在北京,觐见中国皇帝用西方礼节;二、增开牛庄(后改营口)、登州(后改烟台)、台南、淡水、潮州(后改汕头)、琼州(今海口)、镇江、江宁为通商口岸,并约平定太平天国后长江中下游另开三埠为通商口岸;三、外国人凭执照可往中国内地游历、通商、传教,执照由各国领事发给,清朝地方官员盖印;四、修改海关税则,减少商船船钞;五、赔偿英国银四百万两,赔偿法国银二百万两。此外,各条约对片面最惠国待遇、领事裁判权、协议关税、清政府保护传教等项,都比旧约更为扩大。四国天津条约损害中国利益最为严重者,仍是片面最惠国待遇、领事裁判权、降低关税和船钞、战争赔款等项;其次是增开通商口岸、外国人至内地游历和传教等项。但在咸丰帝看来,对清廷威胁最大的是公使驻京,其次是外人内地游历和增开口岸。因为公使驻京破坏了天朝对待夷使的体制,外人擅入内地、华夷杂处,则会危及清朝的统治,所以,在被迫签订条约后,随又反悔,命钦差大臣在关于关税的谈判中重议此事,力求删改。

上海谈判 中英天津条约规定,清政府需派出官员到上海与英方谈判修订关税则例。法国、美国也援引最惠国条款,要求谈判。咸丰帝任命桂良、花沙纳为钦差大臣,会同两江总督何桂清,谈判修订关税则例。

咸丰帝向桂良等人面授机宜:在上海接见英法使节时,首先宣布大皇帝的"新恩":全免关税、鸦片开禁,让"各夷感服",然后提出取消公使驻京、长江通商、内地游历等条款,说这是"一劳永逸之计"(咸丰朝《筹办夷务始末》)。桂良等人到上海后,与两江总督何桂清先后奏陈:免税仅是商人得利,以此罢去条约各项,势必不行。咸丰帝颁下严旨,命桂良"激发天良,力图补救",将条约内规定的公使驻京、长江通商、内地游历、赔款付清后归还广州四项,一概取消。

在上海进行的关税谈判,从九月初六日至十月十九日,清方完全接受英、法、美的要求。先后与英、美、法三国订立了《通商善后章程:海关税则》。正式规定值百抽五的税率,外国货物再付百分之二点五的子口税即可转运内地而不再抽税;鸦片在"洋药"的名义下每百斤纳税银三十两,即可合法进口。至于咸丰帝要求挽回的四项权益,桂良认定公使驻京是咸丰帝的心头大患,于是置其他三项于不顾,先就此事提出交涉。

公使驻京是西方各国的惯例,但对打开中国市场并不具有重要的意义,因此在天津四国条约中,只有中英条约写明公使常驻北京,觐见皇帝用西方礼节,中法、中美条约仅规定公使有事可在北京暂住,但清朝若允他国使节常驻北京,法、美可以援例办理。因此交涉取消公使驻京,主要对象是英国。桂良一再照会英国特使额尔金,要求重议并提出修改方案:清朝办理对外事务的钦差大臣由广州改驻上海,中外交涉在上海办理,公使可不必常驻北京。经桂良反复请求,额尔金见英国的主要目的已经达到,公使驻京,反易滋事,于是照会桂良,同意公使改驻他地,有事可以进京,一如中法、中美条约之规定,但坚持经两国政府批准的条约正式文本一定要在京师互换。

大沽炮战 咸丰九年(一八五九年)初,英、法、美三国分别派出新任驻华公使,准备互换经本国政府批准的天津条约。英国特使额尔金、法国特使葛罗也分别照会桂良等人,新任公使即将到来,前往京师换约。咸丰帝曾谕桂良等交涉在上海换约,三月间见形势已成也已同意在京换约,但要求三国公使随从不得超过十人,不得在京坐轿摆队,换约以后即行回帆,不得在京久住。五月六日,英、法新使从香港驶至上海。他们拒绝在上海与桂良会晤,径直北上。十七日,先行开航的英国舰队在到大沽口外,司令官何伯(J. Hope)要求清守军三天内拆除大沽拦河各项防御设施。

大沽地区自英法联军退出后,咸丰帝即命科尔沁亲王僧格林沁率军一万余名进驻,四千余人驻守大沽南北炮台。僧格林沁是清军的名将,挫败太平天国北征而声名大振。受命后在大沽修复炮台,训练部队,并在河道上架设木筏、铁戗等,使防御能力大为加强,势必不能减撤。僧格林沁奏请咸丰帝,要求各国公使转道大沽以北三十里的北塘,由陆路进京。五月十八日,咸丰帝谕直隶总督恒福,告英、法公使勿入大沽,须走北塘。

五月二十日、二十一日,英、法、美三国公使先后到达大沽口外,直隶总督恒福两次照会各国使节,须在北塘登岸。英军司令何伯却在二十四日发出最后通牒,坚持经由大沽。次日,英法联军轻型舰船竟然擅自闯入海河,拆除清军所设障碍,进攻大沽。僧格林沁率清军火炮齐射,击中英军旗舰,何伯受重伤。英、法军登陆攻打炮台,又被清军挫败。美国军舰见英、法势败,出兵助攻,不济。英、法军败退。此次大沽炮战,清军奋勇反击,一日之间击沉英法炮艇三艘、重创三艘,毙伤敌四百八十四人,取得反侵略战争一次大胜利。清军反击获胜后,咸丰帝仍希望各国使节由北塘进京换约,平息事态。美国新任公使华若翰(J. E. Word)从北塘上岸,进京换约。因不愿行跪拜礼,由桂良接收国书,返回北塘与恒福互换经批准的条约文本。

英法被击败后,仍拒不从北塘入京换约,携带条约批准文本,率舰南返上海。咸丰帝见英、法使节南下,拒不换约。六月十五日,谕钦差大臣两江总督何桂清:"所有上年在津条约,作为罢论",英、法若"自悔求和",须赔偿清朝军费,另订新约,在上海互换。

四、中俄会谈

大沽炮战之前,俄国已指派驻京的东正教会监护官彼罗夫斯基(P. N. Perofski)为全权代表与清廷谈判,清廷由御前大臣、礼部尚书、管理理藩院事务肃顺会谈。咸丰九年(一八五九年)三月,完成了天津条约的换约手续。四月初二日彼罗夫斯基又据俄国政府训令,行文清军机处,提出了"补续和约"八条。其中除要求俄人由陆路进入中国内地贸易,在库伦等地设立俄领事官等权益外,还明确提出了边界领土要求。中俄两国东部以乌苏里江为界,西部以沙斌岭(沙宾达巴哈)卡伦至额尔齐斯河、斋桑湖,又自塔尔巴哈台、伊犁所属地方,至阿拉塔乌山浩罕边为界。照此要求,俄国将侵占中国领土近百万平方公里。

宗室肃顺从俄国的新要求中看出了它的严重性。在他的参与下,军机处的复文对俄方的领土要求进行了全面的驳斥:中俄东部边界坚持尼布楚条约的规定,以兴安岭为界,只是"念两国和好之谊",对近年在黑龙江附近阔吞屯等处居住的俄国人,不加驱逐,暂准居住空旷之地。中俄西部边界已有向来定界,不需再议。(《清代中俄关系档案史料选编》第三编),肃顺在谈判中据此复文寸步不让。又奏请咸丰帝将黑龙江将军奕山革职留任,要他设法改正瑷珲条约中有关乌苏里江以东地区两国共管等条款。

原来普提雅廷在签订中俄天津条约后曾向清政府提出,赠送步枪一万支、山炮五十门,并派教官来华训练清军。咸丰九年(一八五九年)春,俄国派伊格纳切夫(N. P. Ignatief)率"军事援华团"来华,并执行外交代表的职权。当他行至中俄边界时,收到彼罗夫斯基的来文,得知一切,遂解散"军事援助团",只以外交代表的身分来华要求会谈。六月，咸丰帝再命肃顺与俄方谈判。伊格纳切夫提出修订的"补续和约"六条，重提领土要求。谈判时好言诱惑危言恫吓，肃顺不为所动，逐条驳斥，并宣布奕山越权签订的瑷珲条约，未经互换正式文本，只是一纸空文，毫无效用。八月，伊格纳切夫行文军机处要求更换谈判大臣，军机处复文拒绝，称肃顺"皆系据理直言"。咸丰十年（一八六○年）伊格纳切夫被正式任命为驻华公使，谈判继续进行，肃顺始终坚持据理直言，毫不妥协。伊格纳切夫一无所获，四月，离京前往上海。

（三）英法联军侵掠京师

大沽炮战，英法兵败，恼羞成怒愤而南下，拒不换约。咸丰帝愤而罢议前约，双方形成尖锐对立。

此时的英国首相，鸦片战争时的外交大臣巴麦尊（H. J. Tjalmerston），是发动武装侵华的老手。大沽败报传到伦敦，巴麦尊扬言再派陆海军攻占清朝京师。英、法两国政府协议联合行动，仍分别任命额尔金与葛罗为两国全权特使。英国以一八四二年曾领兵占镇江的克灵顿（Hope Grant）为陆军司令，派出军舰七十九艘，地面部队约二万人，雇佣运输船一百二十六艘；法军以陆军将领孟斗班（Montauban）为司令，派出军舰四十艘，陆军七千六百余人。兵力之庞

225

大超过了鸦片战争中的英国侵略军,也为近代西方扩张史所罕见。一场规模巨大的英法侵华战争爆发了。

一、再侵大沽

咸丰十年(一八六〇年)春,英法联军陆续开抵中国沿海,先后占领舟山、大连、芝罘。侵略军以上海、舟山为转运兵站,以大连、芝罘为前进据点,封锁了渤海湾。六月,英法联军已经集结完毕:英舰七十艘开入渤海,大连驻扎陆军一万一千余人;法舰已大部进入渤海,芝罘驻扎陆军七千六百余人。英、法政府通告欧美各国,对中国正式宣战。俄使伊格纳切夫来到上海,为英法侵略军提供京津一带的军事地图和情报,随英法军北上,再图勒索。

咸丰帝面对强敌,自知兵力不济,转而采取"羁縻""安抚"之策,以求避战。谕令两江总督何桂清江苏巡抚薛焕在上海"开导"两夷,冀得转圜;又谕驻守大沽的僧格林沁,如英法军北上,不得首先开炮。谕直隶总督恒福,如英、法前来换约,准由北塘进京。

咸丰帝的谕令开导,自然无济于事,不先开炮,准入北塘,却正好为侵略军提供了便利。六月十五日,英法联军以舰船二百余艘、陆军一万七千人分别由大连、芝罘开拔,不先进攻清军设防严密的大沽,改攻清军未设防的北塘,在北塘顺利登陆。直隶总督恒福奉旨一再照会英、法使节,照美国之先例进京换约,英法不理。僧格林沁奉旨不得首先开炮,对登陆之敌不能即速出击。二十六日,英法联军转向防御薄弱的大沽侧后发起进攻,占领大沽西北的新河,二十八日再占大沽西侧的塘沽。此时,大沽的侧背完全敞露。僧格林沁见军情失利,准备在大沽拼死一战,奏请咸丰帝善保津、京。咸丰帝亲颁朱谕,称"天下根本,不在海,实在京师","万不可寄身命于炮台",命即率部回防天津、通州。七月初五日,英法联军进攻大沽北岸主炮台西侧的石缝炮台,守军奋战两小时不支,大多战死,指挥作战的直隶提督乐善阵亡。僧格林沁见无可再战,急统兵撤离大沽,绕开天津,直退通州。经营三载、耗帑数十万、安炮数百门的大沽主阵地,从侧背被攻破。英法联军于七月七日进据无兵防守的天津。

二、入侵京师,焚掠圆明园

咸丰帝命大学士桂良于七月十五日去天津与英、法重开谈判。英、法提出的条件是:除承认天津条约外,增加赔款、开天津为通商口岸,公使驻京听任英方自行决定。桂良根据咸丰帝的谕旨欲进行一番辩驳,但英、法只许签字,不容商议。桂良要求宽以期限,以备上奏请旨,而英、法又以桂良无"全权"为由,宣布谈判破裂。七月二十四日,英法联军由天津向京城开进。

咸丰帝派怡亲王载垣为钦差大臣与兵部尚书穆荫前往通州谈判;八月初六日,载垣等人已奉旨屈从英、法的各项要求。次日,英方谈判代表巴夏礼忽又节外生枝,提出进京换约时须向咸丰帝亲递国书。载垣等深知咸丰帝绝不能容忍在京接见外夷,当即予以反驳,说此事"万难允许"。咸丰帝原曾谕令载垣等人若谈判破裂,设法"羁留"巴夏礼及其随从"勿令折回"。载垣见巴夏礼有意破坏谈判即通知驻守通州东南的僧格林沁采取行动,准备开战。八月初四日,僧格林沁率部将巴夏礼及英法随同人员共三十九人拘捕,押送京师。

同一天,僧格林沁所部二万余人与英法联军的先头部队四千余人在张家湾相遇。双方激战,清军兵败,退至通州西南的八里桥。初七日,僧格林沁部与统领京兵万人驻守通州的内大臣瑞麟、统领八旗禁军的胜保等部清军主力共约三万人与英法联军五千余人在八里桥决战。清军骑兵步兵在敌猛烈炮火下冒死冲锋,伤亡惨重,胜保被炮击坠马负伤。清军败溃。英军进军到安定门外,瑞麟部迎战,又败。僧格林沁见败局已定,奏请议抚。次日,咸丰帝从圆明园仓皇逃往热河,肃顺等大臣随行。任命皇弟恭亲王奕䜣为"钦差便宜行事全权大臣"在京城督办抚局。

英法联军,继续入侵,八月十一日进占通州,十三日至京城朝阳门外。奕䜣一再致书英使额尔金、法使

圆明园长春园被毁旧照

葛罗要求停战议和,而英、法以释放巴夏礼等人为先决条件。八月二十二日,英法联军于德胜门外再次击败清军僧格林沁部,随即北行闯入清廷的皇家宫苑圆明园,大肆抢劫,园内宫殿收藏的珍宝被劫掠殆尽,恭亲王奕䜣由万寿寺避走卢沟桥,奏请释放巴夏礼,八月二十九日,送出安定门。额尔金又以巴夏礼等人遭受苛暴应对清帝进行"报复"和"惩罚"为由,下令士兵放火焚烧圆明园劫掠一空的宫殿。九月初四日,英军第一师执行命令,在圆明园中四处放火,大火蔓延及亭榭园林。历经九十余年修建的"万园之园"化为灰烬。

侵略者从走私贩毒到入室劫掠,暴露了自诩"文明"的毒枭和强盗们的野蛮与贪暴。现存圆明园遗址中的断壁颓垣把当年侵略者的滔天暴行永久地展示在世人的面前。

三、三 国 续 约

当英法联军侵掠京师时,俄使伊格纳切夫九月初三日进入城内,驻俄罗斯南馆。奕䜣派员往见,商请出面调停。伊格纳切夫乘机提出三项条件:一、须由奕䜣本人书面提出请求;二、清方的谈判内容须事先征求俄方意见;三、同意俄方前此提出的领土要求。初五日,奕䜣照会俄使要求出面"说合",称俄国事宜"自易速议办理"。当日,伊格纳切夫函告法使,说他已让恭亲王充分认识到局势的危险,并"说服"清方以"前所未有的诚意"与英、法谈判。

英使额尔金、法使葛罗在火烧圆明园的当时,进入京城,与清方谈判。清方的钦差大臣奕䜣原是受命办理"抚局",在谈判中对英、法提出的要求,一概应允,英、法拟订的约稿,一字不易。九月十一日与额尔金互换中英天津条约又签订中英续增条约。九月十五日,咸丰帝在热河行宫批准了中英、中法"续增条约"。英法联军完全如愿以偿,九月十九日开始从北京撤军。

续增的中英条约共有九款,中法条约共有十款,主要内容是:一、清方对英、法赔款各增至银八百万两;二、完全承认中英、中法天津条约;三、增开天津为通商口岸;四、割让九龙给英国;五、清政府以前禁教期间没收的教产,应予赔还,由法国公使转交各处教民;六、公使是否驻京完全由英方自行决定。中英、中法"续增条约",连同先前的四国天津条约、三国通商善后章程海关税则,是西方列强经由武装入侵强加于中国的又一批侵略性条约,使中国丧失了更多的权益,进一步陷入半殖民地化的境地。

中英、中法续增条约在京签订后,奕䜣又在俄使的讹诈和威胁下,于十月十二日与伊格纳切夫签订了中俄续增条约(全称为《照依前换和约拟定条约》)。

条约共十五款,核心内容是:一、中俄东部以黑龙江、乌苏里江为界。不仅承认瑷珲条约,将黑龙江以北六十余万平方公里的领土割让给俄国,而且将瑷珲条约规定的乌苏里江以东"两国共管"的四十万平方公里领土也割让给俄国。二、中俄西部边界将顺山岭走向、大河流向及清军卡伦路线而行,完全否定了清朝西部原有的国界。

中俄条约第三款规定,两国交界遇有含混之处,由两国派员"秉公查勘",共同拟定边界文件,作为本条约的补充条款。咸丰帝派遣仓场侍郎成琦为钦差大臣,次年四月到达兴凯湖与俄方举行"勘界"会谈。俄方谈判代表卡札凯维奇(P. V. Kazake wich)在兴凯湖西北土尔河口扎营,安设枪炮,双方在俄方营地举行会谈。成琦被迫承认俄方已然武装占领土尔河的既成事实,于五月二十一日与俄方签订《中俄勘分东界约记》作为条约的补充。据此约记,原属清朝管辖的兴凯湖的大半和湖西南的土地全为俄国所占据。

第三节　农民起义的发展与皇室政争

英法联军武装入侵的几年里,太平天国在天京裂变后重整旗鼓,又展开了反清的进军。各地的农民反清起义此仆彼起,四处冲击着清朝的统治。清王朝为补充镇压农民起义所需的财力与兵力,推行厘金和地方团练。咸丰末年团练遍布于全国各地。汉人地主武装势力得到空前的发展。

咸丰十一年(一八六一年)七月,咸丰帝病死于热河。传位于六岁的皇子载淳。两宫皇后偕同恭亲王奕䜣与受咸丰帝顾命的宗室载垣、肃顺等展开政权的争夺。

(一)太平天国进军

一、重建天国体制

太平天国在攻下永安州后,即建制分封东、西、南、北及翼王等五王,统归正军师东王杨秀清节制。天王不理朝政,军师裁决军国大政并代天父立言。西、南、北三王,又有又正军师、副军师、又副军师名号。诸王各立王府,分统诸军。东、北二王自相残杀之后,咸丰七年(一八五七年)翼王石达开出走,西南二王早已去世。燕王被诛、豫王病死,原有体制全部瓦解。

面对当时的情势,天王洪秀全一再改建了天国的体制。

天王专政 杨韦事件后,洪秀全不再封异姓为王。洪氏兄弟封王又因物议而罢废,因而不再封王爵也不再设军师。说"主是朕做,军师亦是朕做",即改变天王不理政的旧制,直接掌管原由军师裁决的军国大政,独揽全权。军政要务均由天王下诏施行。下设六部办理日常事务。六部官员品位很低,秉承天王诏旨行事,权力集中于天王。因而当时有人说他是"专制天王"。

天王集权力于一身,将领作战有功,不能不加封赏。因而又设立低于王爵的六等爵,称为义、安、福、燕、豫、侯,此制建立后,封爵渐滥。受封为某一等爵者可多至数百人乃到上千人。将领争功争爵,造成严重后果。

太平天国旧制原有官与爵两个系统。设六等爵后,又有天将、掌率、统管、尽管、神策朝将、护京国将等官职。官与爵界限不清,事权不一,多有紊乱。

五军主将 天王专政,不再封王,但诸军需有统帅,领兵作战。太平军原曾有主将之制。咸丰八年(一八五八年)夏,再设五军主将。陈玉成为前军主将,李秀成为后军主将,李世贤为左军主将,韦志俊为右军主将,分统诸军。蒙得恩为中军主将,兼正掌率,佐理国政。

陈玉成,广西藤县人,金田起义时年十四岁,随叔父陈承瑢参加起义。咸丰六年,随秦日纲攻破清江南大营,是一员年轻的猛将。天京裂变后,任又正掌率,封成天豫。李秀成也是广西藤县人,幼读乡塾,金田起义前一年入拜上帝会。咸丰六年任地官副丞相,从破清江北大营。次年,与陈玉成在桐城大败清军,天京变后为副掌率,封合天侯与陈玉成同掌军事。李世贤,藤县人,号为"少勇刚强"是天京变后擢任的年轻将领。韦志俊是韦昌辉之弟,天京裂变时领重兵驻守武昌,石达开领兵出走,韦志俊自武昌撤退,转战江西。蒙得恩广西平南县人,金田起义时作战立功,原任春官又正丞相,得天王信任,委以朝政。

五军主将设立,太平天国经过年余的混乱,重又稳定了局面,诸将分头进军了。

重建王封 咸丰九年(一八五九年)春,洪秀全族弟洪仁玕来到天京,天国建制又因而为之一变。洪仁玕小于秀全八岁,幼年时曾从洪秀全受学一年。二十二岁在家乡花县做塾师,参加洪秀全创立的拜上帝教。咸丰二年应召去永安州参加起义,中途被清兵逮捕,乘间逃往香港,一度返回广东,次年又去香港。得瑞典传教士韩山文之助,于咸丰四年三月乘船去上海转赴天京,滞留上海不得成行,又返回香港,在基督教布道会学习英语和西方科学文化。咸丰八年离香港至广州,次年三月辗转来到天京。

太平天国庚申天王诏旨

洪仁玕在香港,对西方国家了解较多,知识较广。他的友人,曾在美国耶鲁大学留学的容闳,次年到天京访问,称赞洪仁玕"居外久,见阅稍广,故较各王略熟外情,即较洪秀全之识见,亦略高一筹"(《西学东渐记》)。

天京裂变之后急需人才。洪仁玕到天京,天王喜出望外,即封仁玕为干天福,又进封干天义。四月又降旨特封开朝精忠军师顶天扶朝纲干王。已经罢废的军师制和封王制又因而重新施行。

仁玕是天王族弟,为免物议,封蒙得恩为赞王,助军师理政。先后加封陈玉成英王、李秀成忠王、李世贤

235

侍王。右军主将韦志俊已在池州叛变,投降清军,驻军安徽的杨辅清(杨秀清族弟)刘官芳部合兵夺回池州。杨辅清以功封辅王,刘官芳继为右军主将。

封王并非恢复旧制,一切国政,仍由天王独专,军师诸王奉诏而行。军师不再是往日裁决大政的军师。王封也只是奖功的荣爵,不同于初封的五王。此后,封王者越来越多,和六等爵一样流于滥赏。

资政新编 洪仁玕受封后的一个重要举措,是向天王提出了题为《资政新编》的万言建策。

洪仁玕在《资政新编》中分别四类立论。一、用人察失类(禁朋党)。二、风风类(风化习俗)。三、法法类(制度措施)。四、刑刑类(执法)。四类中法法类内容最多也最为重要。他首先分别评介了他所了解的英、美、德、法、俄以及波斯、埃及、日本等国的概况。提出由西方"技艺之人""入内教导我民",学习外国准卖新闻,兴办交通(舟楫之利)、银行、工艺、矿业(兴宝藏)、邮政、市镇公司、士民公会、医院等等多项建策。这在以起义农民为主体的太平天国确是使人耳目一新的"新编"。

新编的建策,旨在学习西方的科学技术和经营方法,建设天国,至于富盛,并未涉及改变中国的社会制度和天国的政治制度,对天国平分土地的理想也无异议。因而与吸取西方基督教义反映农民平均要求的《天朝田亩制度》并无冲突。《资政新编》呈上后,洪秀全只对兴办新闻两项批示"此策杀绝妖魔行未迟",其他多项均批"是"、"此策是也",表示赞同,并旨准颁行,作为个人著述刊刻流传,又题《资政新篇》。《新编》所陈诸策,在反清战争激烈进行的年代,没有也不可能逐项实施。但此书刊行后,对促使太平军将开扩视野,在新占领区保护工商业、发展城市经济等方面,产生了积极的影响。

在《资政新编》旨准刊行后,太平天国重新刊布了作为官书的《太平礼制》。一年多以后又重行颁布《天朝田亩制度》,表明它始终是天国的定制和理想的奋斗目标。

二、打破清军围攻

咸丰七年,石达开出走,天京裂变,咸丰帝以为机不可失,谕令攻打镇江,进围天京,太平军被迫展开了反围攻的天京保卫战。

攻破江北大营　清江南大营钦差大臣署江宁将军和春督率原福建漳州总兵帮办江南军务张国梁于闰五月攻陷句容。六月,张国梁移军进攻镇江。十月,李秀成率部自安徽庐州东下,救援镇江。至高资、下蜀,被张国梁战败。十一月,咸丰帝命山西大同镇总兵鞠殿华帮办江北大营军务。江北大营钦差大臣德兴阿与鞠殿华攻陷瓜洲,进攻江浦。太平军自瓜洲退至镇江,与镇江守将吴如孝等冲出重围,经李秀成部接应,退守天京。太平军苦守五年之久的镇江、瓜洲相继陷于敌手。

张国梁等进扎天京城外高桥门、秣陵关、钟山、龙脖子、太平门,连营三十余里。十二月,和春、张国梁掘濠筑墙围困天京。德兴阿、鞠殿华与帮办军务翁同书由仪征移驻浦口,督攻江浦。次年二月,和春等攻陷秣陵关。四月,太平军攻取天京西北的安徽来安。翁同书赴六合,督军进攻,将来安夺回。德兴阿奏荐,授翁同书安徽巡抚督办军务。

洪秀全整顿建制授五军主将后,李秀成、陈玉成、李世贤等在安徽枞阳会议,订约会战解天京之围。七月十五日,陈玉成、李世贤等攻克庐州。八月,陈玉成、李秀成率部至江浦,连营数十里。德兴阿向江南大营告急,和春派张国梁部下副将冯子材渡江应援。陈玉成、李秀成等攻克江浦,九洑洲太平军渡江,会攻浦口清军江北大营,鞠殿华败溃,德兴阿退走通江集。咸丰帝诏责德兴阿、鞠殿华,革职留任。太平军取得了攻破清江北大营的胜利。

李秀成进克天长,德兴阿、鞠殿华自瓜埠退至仪征。天京太平军出击长围,攻克仪征。德兴阿等退走瓜洲镇,再退到扬州。天京被围五个月后,又打通了长江南北航道,得以获得粮食军需的供给。城中人心渐定。九月,李秀成攻下扬州。德兴阿退走邵伯,鞠殿华扼守万福桥。李秀成为免兵力分散,不守扬州、仪征。和春派张国梁率六千人由镇江过江,占领扬州、仪征,西援六合。太平军攻克六合,又攻下溧水,湖北宜昌镇总兵虎嵩林溃走。十月,冯子材等又将溧水夺去。

庐州大捷 石达开出走后率大军入江西,在江西境内转战近半年,被湘军击败。咸丰八年春,率大军至浙江衢州。咸丰帝命江南大营派兵援浙,向荣旧部、授福建凉州镇总兵周天受奉命节制衢州各军。石达开部攻克遂昌、处州。四月,进克永康、义乌。周天受退守金华。五月,咸丰帝诏命曾国藩前往浙江办理浙江军务。石达开部围攻衢州近三个月,不下,转向福建。攻克崇安、建阳。诏曾国藩以援浙之师移援福建,攻崇安。八月,周天培等攻陷建阳。九月,石达开部攻克汀州,转入赣南。

石达开自江西败走后,湖北巡抚胡林翼即派湘军大将授浙江布政使(未到任)李续宾率领湘勇进军江西。咸丰八年(一八五八年)四月,攻下太平军占领的九江,守将林启容战死,太平军损失一万七千余人。李续宾加巡抚衔,帮办安徽军务,随即攻入安徽。八、九月间,连续攻下太平军占领的太湖、潜山、桐城,进至舒城,逼近庐州。

陈玉成于七月间攻下庐州后,即在城南五十里的三河镇筑营垒九座,屯储军需。清军逼近,三河告急。洪秀全命陈玉成连夜驰援。陈玉成进至三河迤南的金牛镇,通告庐州守将吴如孝出兵,断舒城敌军后路。十月初十日清晨,乘大雾进攻清军,三河守将吴定规出兵接应。李秀成也率后军赶到。清军大败,副将参将游

239

击等败死。太平军攻入敌营,李续宾自杀,所部湘军数千人全军覆没。李续宾是湘军名将,所部是湘军精锐。胡林翼写信给督办安徽军务的胜保说:"三河败溃之后,元气尽伤,四年纠合之精锐,覆于一旦"(《胡文忠公遗集》卷十六)。庐州三河一战,给予湘军的打击,是沉重的。

太平军乘胜收复舒城、桐城,进攻安庆的清军也闻风撤走。

陈玉成回军,于次年正月收复六安。二月攻破庐州以西的安徽巡抚李孟群的大营。生擒李孟群(一说败死),获得大胜利。

攻破江南大营 太平军在庐州三河大捷,巩固了天京西部的屏藩,咸丰九年(一八五九年)正月,又发生了新事变。

原来投附太平军的捻军首领李昭寿(河南固始人),于咸丰八年(一八五八年)九月,在滁州叛变,投降胜保。招诱太平军派驻江浦的原捻军首领薛之元向江南大营献出江浦,九年正月攻陷浦口。浦口是天京的门户,迫在咫尺,天京再次受到严重的威胁。

二月,咸丰帝罢德兴阿江北大营钦差大臣,回京。以江宁将军和春兼统江北军务。和春派总兵李若珠、周天培驻扎江浦、浦口。江南提督张国梁亲往布署防务。李秀成领兵来战,被张国梁战败。陈玉成转战安徽。天京围急,奉命回援,久攻扬州,不下。清军李若珠部进围六合,陈玉成援六合,包围李若珠大营。和春派总兵冯子材援李若珠,被陈玉成战败。冯子材革职留效。十月,李若珠突围走扬州,六合解围。陈玉成与李秀成合兵攻打浦口,击毙湖北提督周天培,收复浦口。曾国藩、胡林翼命湘军攻打安徽,陈玉成回援安庆。李秀成留守天京。十二月,清张国梁再攻江浦,太平军营垒二十余座被清军击破。咸丰十年(一八六〇年)正月,天京围急。李秀成在芜湖召诸将会议,商定"围魏救赵"策略,自安徽向浙江进军。李秀成部连克广德、孝丰、长兴、德清。咸丰帝命和春兼办浙江军务,提督张玉良总统援浙诸军。二月二十七日,李秀成攻下杭州。张玉良率领江南大营精兵来救。三月初,李秀成乘清兵不备,悄然撤离杭州经高淳、溧阳回援天京。杨辅清部攻克溧水,向天京结集。清军兵力分散,太平军数路齐集。闰三月,陈玉成、李秀成、李世贤、杨辅清等合兵攻破江南大营。和春、张国梁、许乃钊退走镇江。和春等留冯子材守镇江,再退丹阳。张国梁败死。四月,和春逃到苏州浒墅关,服毒自杀。

太平军再次获胜,天京解围。

三、东进与西征

自天京裂变后,清军连年围攻天京,胡林翼、曾国藩统率的湘军则以两湖为据点,与太平军争夺江西、安徽,激战经年。太平天国在江苏只有天京一隅,东部广大地区仍是清朝统治,构成威胁。庐州获胜,天京围解后,遂移军东进,攻取江苏诸城。

东进沪杭 咸丰十年(一八六〇年)闰三月,太平军攻破江南大营后,四月,两江总督何桂清逃往苏州,驻守苏州的江苏巡抚徐有壬不准他入城。何桂清逃奔常熟。咸丰帝将他革职,以徐有壬署两江总督。李秀成率太平军攻下常州,再克苏州。徐有壬自杀。咸丰帝命前任侍郎曾国藩以兵部尚书衔署两江总督,兵部郎中左宗棠襄办曾国藩军务。五月初,太平军南下攻入浙江,分兵北上,攻占江苏太仓、嘉兴。清廷升任江苏布政使薛焕为江苏巡抚。太平军攻克嘉定、青浦。薛焕夺回嘉定、太仓。太平军攻克松江,逼近上海。

面对太平军的进军,以上海道(署江苏布政使衔苏松太兵备道)吴煦为首的上海官绅竟然去求助于正在北上侵掠的英法侵略者。由买办商人出身的苏松太粮道杨坊出面联系,要求法军代守上海县城。英公使普鲁斯(F. W. A. Bruce)与法公使布尔布隆(A. de Bourboulon)议定,各自守护租界,并调兵一千二百人守卫县城。以两人名义发布公告说:"不使上海遭受任何暴动与抢劫,同时上海内城,亦在保护之列"。

杨坊又出重资雇佣在上海的美国流氓华尔(F. T. Ward)招募外国流民二百多人,组成使用外国枪炮的"洋枪队","助剿"太平军。六月初,洋枪队助清军攻下太平军占领的松江,随即进攻青浦。六月十五

242

日,李秀成从苏州亲自领兵来战。次日,在青浦大败洋枪队,杀伤洋枪队兵士约三分之一。华尔也身负重伤。六月二十六日,李秀成军收复松江,向上海进军。

太平天国得知英法等国助清守上海,由干王洪仁玕写信给英、法、美等国领事,劝说勿干预太平军进军。对方不理。洪仁玕又亲自到苏州,会见英国传教士,指出英法出兵守上海,是违反了他们宣称的中立。英公使普鲁斯自上海写信给李秀成,威胁他不要进攻上海,否则将出兵迎战。

李秀成照会各国公使,通告太平军进军上海,保护外侨利益,请通告侨民挂出黄旗,以便识别。七月初二日,李秀成自徐家汇进军至九里桥,战败清守军。出乎他的意料,黄浦江上的英法兵舰竟然发动炮击,助清军反攻。太平军无此准备,苦战三日,初五日被迫撤军。

太平天国对待西方诸国,一向期望和平相处,以便集中兵力攻打清朝。洪秀全称他们都是信奉上帝教的"西洋番弟",说"兄弟团圆莫狐疑"。李秀成自上海撤兵时,写信给英、美、葡等国领事说:"若我有志来取上海,犹如囊中取物。惟我仍念同教兄弟之情,恐争端一起反被官兵冷笑"。英法联军在上海击退太平军的同日,攻占了大沽。侵略者北侵清朝,南攻太平军。太平军则由此面临清朝统治者与外国侵略者两大敌人,斗争更为艰巨了。

太平天国东进另一支大军,由陈玉成率领,进攻浙江。六月攻克安吉、於潜。进而攻占临安、余杭,进逼杭州。陈玉成因病退兵。清廷以曾国藩为钦差大臣,实授两江总督,督办江南军务。节制大江南北水陆诸军。

西征鄂皖 太平军东进,曾国荃(国藩弟)率领的湘军乘机围攻安庆,天京又面临大敌。洪秀全等决策北取湖北,西援安庆。李秀成自上海撤军后,曾攻下常熟,奉命自江西进军湖北,陈玉成自皖北进军湖北,两路并进。

杨辅清军去赣北,李世贤军去赣东,进军安徽。太平军分四路西征。

十月,李秀成攻下黟县,十二月南下攻取浙江江山,江西玉山,西向进军,经广信攻建昌,不下。陈玉成军十月进至安徽桐城,被胡林翼部将多隆阿、李续宜军战败。次年正月,李续宜由安徽按察使晋为安徽巡抚。陈玉成军队攻克英山,蕲水,二月进至黄州,逼近武昌、汉阳二府。此时湖北巡抚胡林翼,正与曾国荃会攻安庆,武汉两府守卫兵力虚弱,旦夕可取。

英国侵略者再次出面干预。英国海军司令何伯率军舰抵达汉口,派遣参赞巴夏礼(H. S. Parkes)去黄州面见陈玉成,提出汉口为通商口岸,以保护英国租地商民利益为由,威胁太平军不得进攻汉口。陈玉成碍于天国与洋兄弟和睦的宗旨,不得不停止对汉口的进攻。自黄州进取黄陂,连下鄂北孝感、德安、随州。

244

三月，曾国藩自安徽祁门移营到安庆以南的池州府东流县，亲自指挥围攻安庆。多隆阿受命帮办军务。天国派干王洪仁玕、与地官又副丞相章王林绍璋领兵援安庆。陈玉成军自鄂北回援。两军展开决斗。

洪仁玕、林绍璋军经桐城，至安庆西北的练潭镇，被多隆阿军战败，退军。陈玉成在集贤关扎营，自率精兵去桐城会师，也在桐城西南的挂车河镇被多隆阿军战败，退守桐城。清军连续攻下集贤关外太平军营。安庆被围，形势危急。太平军入浙的辅王杨辅清军攻下长兴，定南主将黄文金军攻下建德，两军自浙入皖，来援安庆。七月，陈玉成与林绍璋、杨辅清、黄文金等军联兵救安庆，筑垒固守。两军激战，不能解围。安庆被围日久，城内粮绝。曾国荃军掘地道埋地雷攻城，八月初一日，安庆城陷，太平军战殁一万六千余人。清军乘胜即日攻下桐城。陈玉成退守庐州。

曾国藩在进攻安庆时，曾给家人写信说："此次安庆之得失，关系吾家之气运，即关系天下之安危。"（《曾文正公家书》卷七）安庆之得失，关系清廷之安危，也关系太平天国之安危。太平天国失安庆，面临强敌，形势严峻了。

（二）捻军、天地会与各地农民起义

太平天国革命期间，捻军、天地会以及两湖、江西、江浙、福建等省区的农民纷纷起义,反抗清朝的统治。举其大者,分述于次。

一、捻军起义

捻军领袖张洛行于咸丰七年率众参加太平军。九年(一八五九年)正月,捻军首领薛之元叛变降清(见前)。二月,驻守凤阳的张龙(又作张元龙、张元隆)、驻守临淮的李允等捻军首领也向清军洽降。张洛行驻军怀远,派人前往制止,不听。三月初张龙向清督办安徽军务的钦差大臣胜保投降献城,胜保不战而得凤阳、临淮。张洛行遂派捻军谋主龚德树自怀远出兵与庐州太平军吴如孝部联兵,合攻定远。六月,攻下定远,张龙等又叛清来投,献出凤阳临淮。

胜保丁忧回旗,清廷以实授漕运总督袁甲三为钦差大臣,督办安徽军务,张洛行弃怀远,集中兵力守定远等三城。十二月,袁甲三攻陷临淮,招诱张龙献城。次年正月,张龙交出兵马,被袁甲三凌迟处死。

咸丰十年(一八六〇年)夏,捻军首领张宗禹自苏北出兵,攻陷清江浦(淮阴)。叛将薛之元在扬州反清,被李昭寿擒送袁甲三,处死。张洛行固守定远,为太平天国扼控天京西北要冲。

山东、河南的捻军仍在四出活动,冲击清廷的统治。九月,捻军姜台灵部攻陷山东郓城、宁阳。十月,清廷命钦差大臣僧格林沁与内大臣瑞麟去济宁、兖州督剿。僧格林沁至济宁，上奏说捻军"每次出巢，马步数十万，列队百余里。兵贼众寡悬殊，任其猖獗，无可如何"。又说："官兵在北，粤匪(指太平军)在南，捻匪居中，以为粤匪屏蔽"。僧格林沁在钜野之羊山，与捻军相遇。清军战败，瑞麟负伤败退。僧格林沁疏劾瑞麟，革职。咸丰十一年(一八六一年)正月，菏泽捻军与清军激战，察哈尔总管伊什旺布败死。二月，捻军由东平州渡河，清副都统伊兴额追击，遇伏败死。三月，僧格林沁亲赴汶上，指挥作战，捻军自汶上退走。四月，捻军入曹州。六月，僧格林沁去曹州督战，捻军在曹县、濮州等地战败，首领李灿祥等被俘。八月，捻军渡运河，至泰安，北指济南。僧格林沁追击。捻军转趋青州。

河南捻军继续四出抗清。咸丰十年(一八六〇年)正月，清廷命胜保往河南督办防剿事宜。二月，捻军进据禹州、西平等县。五月，咸丰帝谕责胜保"畏葸无能，有负委任"，调回京城。次年正月，胜保授兵部右侍郎赴直隶景州、山东德州一带防剿捻军。五月，胜保进攻山东西陲的邱县捻营，捻军败退。清军进而攻下捻军占领的馆陶、冠县、莘县。冠县农民起义军黑旗军首领宋景诗降清。六月，胜保受命督办河南、安徽剿匪事宜。黄河以北的捻军遭到镇压。

二、天地会起义

太平天国起义北上建都天京后，广东地区的天地会继续在各地起义反清。列举如下：

何六起义　何六（又作何禄），广东顺德人。曾参加太平军，奉命回广东活动，咸丰四年（一八五四年）五月，在东莞石龙墟起义，攻克县城。刑部郎中卢应翔联十三乡民兵收复其城。（宣统《东莞县志》卷七一）七月，何六攻克增城。增城绅士陈维岳等又将县城夺去。次年，何六称耀武侯，参加会攻广州，被两广总督叶名琛击败。他率部北上，谋求与太平军会合，围攻韶州不克。入湖南，克宜章、郴州、桂阳等地，称元帅。湖南巡抚骆秉章派王鑫、刘长佑等阻击。何六在郴州毛栗墟战败，被捕死难。

陈开起义　陈开，广东鹤山县人，咸丰四年（一八五四年）六月十一日，在佛山镇起义。所部头裹红巾，腰束红带，高举红旗，蓄发易服，自称"红兵"亦称"洪兵"。陈开称安东将军统领水陆各路兵马管理粮饷招讨都元帅，以梁培友为镇东将军，以"太平"为年号，发布政令。是年秋，联合同县起义者李文茂等陆上义军数十万，水上义军船只数千，围攻广州，重创清军。半年之后，陈开等撤广州之围。十一月底，撤出佛山。十二月，攻三水，不克。克肇庆。次年四月，进入广西。

李文茂起义　李文茂，广东鹤山人，粤剧艺人。咸丰四年（一八五四年）五月起义，"以江村为巢，以佛岭市为大营，萧冈、龙观塘为羽翼，……直接佛山"。（同治《番禺县志》卷二十二）李文茂称统领水陆兵马兼理粮饷大元帅,建元"嗣统",以地方上的社学与戏班为骨干。六月二十四日,进攻广州,两广总督叶名琛每日上楼督守。二十六日,李文茂等攻东、西、北门,被清军击退。闰七月,再次进攻,又被击退。李文茂等撤围,于次年四月进入广西。

甘先起义 甘先,广东番禺人。咸丰四年(一八五四年),在花县远龙圩竖旗起义,攻克花县、从化等县城。称统领水陆兵马兼理粮饷大元帅,出示安民,严申纪律。进攻广州,大败清军于牛栏冈。撤广州之围,北进湖南克郴州等地。次年,为湘军击败,仍回广东,在花县被捕遇难。

陈娘康起义 陈娘康,广东潮阳人。咸丰四年(一八五四年)初,邀约郑油春等率众起义于陈店圩。三月二十三日,攻入县城西门,袭游击署,为署守备李从龙所败,进克惠来县城。攻普宁,不克。六年,陈娘康自鸩死。(《潮阳县志》(光绪)卷一三)

吴忠恕起义 吴忠恕,广东海阳人。咸丰四年(一八五四年)起义,称平治王。攻澄海,潮州,不克。被捕牺牲。

广西大成国起义 咸丰五年(一八五五年)四月,陈开、李文茂与梁培友、区润、梁昌等进入广西,进攻梧州,不克。经藤县、平南,于八月十六攻克浔州城。陈开、李文茂等宣布建立"大成国",改元"洪德",改浔州城为"秀京",改桂平为"秀水",铸"洪德通宝"钱币。

广西巡抚劳崇光以提督惠庆率部驻武宣等地,防堵义军北上柳州;署浔州知府张鹏万赴平南,防堵义军东进;左江镇总兵色克精阿赴横州、防堵义军西进。李文茂、梁培友攻克贵县。六年,击毙浔州协副将福格等,占领武宣、象州、平南。改平南为武城县,以谭桂村署武城知县,何梦松为参谋。(光绪《平南县志》卷十八)。十月,陈开召开高级将领会议,分封诸王:李文茂为平靖王兼陆路总管,梁培友为平东王兼水路总管,区润为平西王,梁昌为定北王。陈开自称镇南王,不久,又改称平浔王。李文茂北攻柳州,梁培友向东进攻,区润、梁昌向西进攻,陈开坐镇浔州。

咸丰七年(一八五七年)二月,李文茂攻克柳州、柳城、罗城、庆远、融县。改柳州为龙城府,建立平靖王府,设丞相、都督、将军等职。州、县派知州、知县。将所部义军编为前、后、左、右、中营,还有御林军、常胜军、长生军、祷天军等。铸"平靖胜宝"钱币。梁昌、区润攻克永淳。三月,梁培友率部从平南县大乌墟出发进攻廖洞村,遭地方团练袭击,中炮死。(苏凤文:《平桂纪略》)陈开接统梁部继续东进,五月占领藤县,直逼梧州。梁昌、区润克南宁。改南宁为南安府,宣化为永宁县。(《平桂纪略》)。八月十一日,陈开克梧州,湖南巡抚骆秉章派候选知府蒋益澧率湘军三千六百余人进入广西,攻陷全州、兴安、灵川,进驻桂林。色克精阿等纠集团练攻陷南宁。梁昌、区润退入灵山。梁昌

250

在合浦被俘死。区润被部下杀害。

次年，李文茂克永福、苏桥。蒋益澧进攻，李文茂负伤，从苏桥退守柳州。义军进攻桂林计划失败。广东巡抚江国霖，提督昆寿攻陷梧州。李文茂撤出柳州，围攻黎平，不克，走融县。不久之后，病死在怀远山中。

石达开部进入广西后，骆秉章派广西布政使刘长佑率湘军追击，咸丰十年（一八六〇年）攻下柳州、贺县、怀集。次年，两广总督劳崇光、广东陆路提督昆寿与记名按察使蒋益澧等在广州定议大举进攻浔州，由总兵李扬升率水师溯浔江西上，蒋益澧率湘军夹江进攻，候补道刘坤一率部自柳州出象州进攻，署左江道吴德征等纠集团练阻击，大战于丹竹。起义军水、陆精锐大部丧失，士气低落，陈开率部撤离浔州，向贵县退却，准备投奔石达开。不料石达开部已由贵县退至横州。陈开被知县陈琼等设计诱擒（《剿平粤匪方略》卷二七六），后被押回浔州城，处死。

三、湖北江南的农民起义

太平天国革命期间，捻军在安徽、河南、山东，天地会在两广起兵反清。湖北和江南各省也先后爆发多次农民起义，反抗官府。这些起义规模不大，相继遭到清军镇压。但起义遍布各地，此仆彼起，与太平天国相呼应，不断冲击清朝的统治。

251

湖北各地起义

刘立简起义——刘立简，又名刘其阅，湖北通城人。咸丰三年(一八五三年)二月二十三日夜，纠聚数百人，焚署劫狱。(《张大司马奏稿》卷三)署湖广总督张亮基派湖北按察使江忠源镇压，刘立简兵败被俘，牺牲。

陈北斗起义——陈北斗，又名陈申子，湖北崇阳人。咸丰三年起义，称"太平天国殿前都督大元帅"，攻克桂口，焚毁衙署。清军攻陷桂口，陈北斗战死。

宋关佑起义——宋关佑，湖北广济人。咸丰三年，抗粮起义，杀黄州知府邵纶，黄梅知县鲍开运，占领广济县城。六月，"江忠源带兵东下，就便至广济。"(《捻军》第三册)宋关佑在宝塔山迎战，失败。

赵邦璧起义——赵邦璧，湖北随州人。廪生。咸丰六年(一八五六年)十一月起义，称楚王。(光绪《京山县志》卷一六)。占领随州，不久，赵邦璧被团练杀害。

郭大安起义——郭大安，湖北襄阳人。咸丰二年(一八五二年)，太平军进入湖北，郭大安在襄阳起义响应。安襄郧荆道罗遵殿来招降，以为缓兵之计。(庄受祺《枫南山馆遗集》卷三)清军到来，郭大安等三百余人，被擒处死。

高二先起义——高二先，湖北襄阳人。咸丰六年(一八五六年)十月，高二先等招聚游民起义攻打均州郧阳。(同治《郧阳志》卷七)。次年,攻克宜昌等地。退往河南,返回湖北,在张家港被捕牺牲。

湖南各地起义

周国虞起义——周国虞,湖南浏阳人,天地会"征义堂"首领。咸丰二年(一八五二年)八月,太平军攻长沙,曾遣人密约周国虞助战。周国虞未及响应,已被仇家检举,遂聚众焚毁狮山书院,杀廪生王应蘋,抢掠富户财帛起义。(左宗棠《左文襄公书牍》卷二)十二月湖南巡抚张亮基派候补知府江忠源剿洗。(张亮基《张大司马奏稿》卷二)周国虞逃往广西灌阳,次年被捕牺牲。

晏仲武起义——晏仲武,湖南巴陵人。道光二十八年在广西参加拜上帝会。后回湖南活动。咸丰二年(一八五二年)八月,太平军围攻长沙,晏仲武在新墙驿起义响应,清副将巴图带兵护饷行抵该处,起义军劫获饷银三万两,伤弁兵十余名。(《张大司马奏稿》卷一)湖广总督徐广缙派江忠源镇压,十一月,晏仲武被捕牺牲。

何文秀起义——何文秀,又名何仁义、何贱苟,湖南道州人。咸丰元年(一八五一年)闰八月,迎洪秀全于永安州,次年随太平军进攻长沙,再克武昌。回湖南聚众起义,自称"普南王"。(《曾文正公奏稿》卷三)。三年(一八五三年)正月,至广西灌阳,攻城不克。六月,在富川战败,被俘处死。(《平桂纪略》卷一)

尹尚英起义——尹尚英,湖南嘉禾人,庠生。因诉讼失败被追捕,加入天地会,聚众起义。咸丰三年至五年间,多次进攻县城,不克。与何六部联合攻兰山,又不克。战败被俘牺牲。

江西各地起义

周逢春起义——周逢春,江西武宁人。咸丰三年(一八五三年)起义,攻占县城。饶州知府张赋林率清军镇压周逢春等退往湖北兴国龙港一带。次年,周逢春率部回师,再克武宁县城,杀知府刘炽昌,逼义宁,攻建富。清军压境周逢春兵败投降,在逃走途中死去。

刘通义起义——刘通义,江西龙泉人,天地会首领。咸丰三年,竖旗起义,攻入上犹县营前,杀死知县黄文楷,攻打县城,清廷调南康等地兵勇驰援,刘通义战败,退往营前,清军追至,刘通义等被俘牺牲。

邹恩隆起义——邹恩隆,湖南浏阳人。咸丰三年,在江西泰和起义,攻占县城,知县郭椿龄逃走。分兵进攻万安、永新、龙泉、兴国、安福、吉安。江西巡抚调湘军罗泽南、刘长佑等部驰援。邹恩隆撤围诱敌,吉安知府王本梧带兵追至南塔,邹恩隆伏兵四起,击毙王本梧,全歼追军,从容返回泰和。后在安福战败牺牲。

朱士华起义——朱士华,江西南康人,天地会首领。咸丰三年南康知县周汝筠率兵赴泰和,镇压邹恩隆起义,朱士华乘机在南康廻龙堡起义,将攻县城。南康知府盛元指挥兵勇镇压,起义失败。

廖际湘起义——廖际湘,江西南康人。咸丰五年(一八五五年),在谭口起义,配合太平军围攻县城,杀死团总邹庆云等。知县周汝筠率兵勇大举进攻谭口,廖际湘再次奔袭南康县城,周汝筠回师救援,廖际湘退回谭口,失败。

江浙各地起义

周立春起义——周立春,江苏青浦人。曾任地保。咸丰二年(一八五二年),当地旱灾,知县余龙光强征钱粮,周立春抗粮起义,先后击败来犯的代理知县、苏州知府所部兵勇。次年,参加天地会小刀会,攻克嘉定,被推为提督本标全部大元帅。又克宝山、青浦。攻太仓,不克。同年八月,太仓州知州蔡映斗等陷青浦、宝山、嘉定,周立春被俘,解送苏州,被杀。

瞿振汉起义——瞿振汉,原名瞿振海,浙江乐清人,捐监生,在家乡办虹桥团练局。太平天国定都天京,有友人自天京回,促瞿振汉反清。咸丰四年(一八五四年)十二月,瞿振汉在虹桥起义,自称"浙东除暴安良虹军统帅"。起义军称虹军,设军师、参军、先锋等职,克乐清县城。清军都司张富文投降。温处道俞树风策动张富文从中离间,义军内乱,瞿振汉被杀,起义失败。

赵启起义——赵启,浙江平阳人。咸丰八年(一八五八年)秋,赵启在钱仓全溪山的北山庙拜会结盟,发展金钱会组织,共推赵启为首领。十年(一八六〇年),平阳知县招会改团。孙鸣锵等组织浙南团练总局,任意捉拿金钱会众。金钱会与团练大战于钱仓,赵启率众起义,攻占平阳、温州。清军陷温州、平阳、钱仓,赵启退至处州,参加太平军,不久,被叛徒出卖牺牲。

黄春生起义——黄春生,浙江余姚人。咸丰八年(一八五八年)秋,黄春生等要求减租,知县同意减七折半。次年,新任知县毁弃减租诺言,黄春生率众起义攻打县城,遭清军镇压。十一年(一八六一年),黄春生率众反攻,被俘牺牲。

福建各地起义

黄位起义——黄位,又作黄威,福建同安人。小刀会首领。族叔黄德美,是华侨地主,也参加小刀会。澄海佃户抗租,与官府对立,官府捕杀澄海小刀会首领。黄位、黄德美等在厦门秘密会议,定于咸丰三年(一八五三年)四月起义,推黄位为大元帅,黄德美为大统领,攻占漳州长泰,杀死总兵曹三祝、道员文秀等,以"汉大明统兵大元帅"名义,发布告示。连克厦门、同安、安溪、漳浦、云霄等地。十月,清军陷厦门,黄位乘海艇逸去。德美逃匿乌屿桥,被着绅训导黄伦擒送官府,被杀。黄位逃往安南。(黄家鼎《小刀会匪纪略》)

林俊起义——林俊,又名林万青,福建永春人,是一名武秀才。父林捷云,是武举人。林俊因联络红钱会、黑钱会会众,曾被关押,后获释。咸丰三年(一八

256

五三年）春，当地农民组织抗租暴动。中秋节，推林俊为首领，攻占德化县城，杀知县，又回攻永春。南下与另一支起义军黄有联系，北上与太平天国联络，约定共同进军江西。黄有率部攻占永安、大田、沙县等地。林俊率部攻占仙游，以"钦命统兵大元帅"名义发布告示。活跃于南安、桃源、大田、建瓯、宁洋、武平地等。次年，黄有牺牲。林俊率部进入深山。咸丰七年（一八五七年），石达开部入闽，林俊等出击泉州、永安、南安、大田等地。次年，杨辅清部入闽，林俊率部北上迎接，在顺昌仁寿桥阵亡。

（三）征收厘金与督办团练

咸丰帝即位以来的十年间，为镇压太平天国革命和四处蜂起的农民起义，面临财力与兵力两大难题。依据地方上实际实行的办法，采纳了征收厘金与强化团练两项对策，由此产生了深远的影响。

一、清廷的财政危机

清廷的财政收入，主要来源于田赋、盐税、关税以及牙、茶、酒等税。财政支出主要是皇室消费和官俸兵饷，大体上是量入为出。乾隆朝连年作战，嘉庆朝镇压白莲教起义，道光朝因外来侵略而支付军费赔款，日益陷入了入不敷出的困境。咸丰朝太平天国占领区的扩大和各地农民起义的纷起,使朝廷赋税收入日益减少,镇压起义所需的军费则日益浩繁。

咸丰帝从户部银库各地封贮银以及内务府皇室经费中不断拨付,以应急需,甚至把乾隆年间铸造的重八百斤、七百斤、五百八十斤的三口金钟,熔为金条、金锭,以充军费。圆明园等处存放的"多余"铜瓶、铜炉、铜龟鹤等二二八件,也化做铜料八七四七斤,用于铸钱。咸丰三年(一八五三年)六月,户部奏称,共计解拨军饷银二千九百六十三万余两,银库正项待支银仅存二十二万七千两;是年八月,内务府存银仅四万一千两,不仅不能支付军费甚至无力发放京城的官俸、兵饷,陷入严重的财政危机。

官兵减俸饷 咸丰三年(一八五三年)起,咸丰帝准户部议,将京内外文武官弁营兵的俸饷扣减两成,此后又多次扣减。但由于国库空虚,经常是长年欠饷,边远省分尤其严重。发下的饷俸银,又往往搭放大钱、银票、宝钞。官弁俸饷减少,便更加朘刻地搜刮百姓,吏治日益腐败。长期欠饷的士兵多次起事闹饷,甚至打家劫舍,加剧了局势的动荡。

开捐例、卖官鬻爵 捐纳是清廷的旧制,咸丰元年(一八五一年)颁下《筹饷事例条款》,规定捐纳京官、外官、武官各种职衔,照道光六年条例核减一成,即九折收捐。咸丰三年又制定《推广捐例章程》,将捐银照咸丰元年定例核减两成,即以八折收捐。四年,户部开办捐铜局,捐铜四十斤抵作银十两,作为铸钱之原料。在该局办理一切捐项时,又规定减收二成、实际减二成半即七五折收捐。如此一减再减,咸丰四年的捐例较道光六年降低近一半。如京官的郎中职衔,捐银由七六八〇两降至四一四七两;外官的道员职衔,由一三一二〇两降至七〇八四两;武官的都司职衔,由三六〇〇两降至一九四四两。七年,再规定可以按半银半票收捐。由于银票、宝钞不断贬值,纳一半票钞,更是所值无几了。

开捐例造成官吏人数膨胀而流品日杂,市侩无赖滥厕其间。他们捐银获官便无餍榨取,为再次捐升积本,造成愈演愈烈的恶性循环。地方官也从中截留捐银,咸丰二年底,户部收到捐银三百万两,次年仅六十七万两。

铸大钱、发票钞 旧制白银、铜钱并行。银计成色重量,铜钱由清廷铸造。咸丰三年(一八五三年),户部开始铸造当十铜大钱(即以一枚当制钱十枚)。在此后的一年中,添铸了当五十、当百、当二百、当三百、当四百、当五百、当千的铜大钱。户部而外,十三个行省也先后获准开局铸造大钱。为了直接获利,各处并不全是开拓炼铜或进口洋铜,而是往往熔毁原值一文的制钱,改铸大钱。即使如此,清廷仍嫌铸铜钱的成本过高。四年,户部开始铸造铁钱,有当五、当十铁大钱。又铸造铅钱。

低值的钱币并不能应财政的急需，咸丰三年，户部又发行银票，即"户部官票"，面额有一两、三两、五两、十两、五十两不等。又印制"大清宝钞"，又称"钱票"，面额有一千文、二千文、五千文、十千文、五十千文、一百千文。户部于咸丰三年设立第一批官银钱号，名乾豫、乾恒、乾丰、乾益；内务府从四年起也设立天元、天享、天利、天贞、西天元五家官银钱号；户部又设立宇升、宇恒、宇谦、宇泰、宇丰五家官银钱号。这些被俗称为"四乾官号"、"五宇官号"、"乾天九号"的官银钱号，以户部宝泉局、工部宝源局（两局为清政府铸币机构）所铸钱文为"票本"，发行"京钱票"，用于支放八旗兵饷。十六省区也开设官银钱局，发行"局票"。

　　清廷滥发通货，从中获得大利。当千铜大钱重二两，实际金属含量仅值三十八文，铸造一枚，获利九六二文。宝钞一张，工本费仅制钱一文六毫，造百万即可获利百万，造千万即可获利千万。户部又用与票、钞、大钱搭放的方式支付财政用度。兵饷等项，规定银、票对半，实际减少开支一半。河工，银二票八，实际减少开支八成。自咸丰三年至十一年，清廷发行的大钱、银票、宝钞、京钱票高达六千余万两，约占这一时期国库总收入的百分之七十。

　　大钱发行未久便滞积于市，商家或以无零可找、或以字画不清、或以声音不响而拒收。当时的技术也限定了铸造工艺难以防伪。用数百制钱购买铜一、二斤，

260

便可铸当千大钱十余枚,盗铸之风因之而起,势不可遏。咸丰四年(一八五四年),清廷不得不陆续停止铸造当千、当五百、当四百、当三百、当二百铜大钱。五年,又停铸当百、当五十铜大钱,仅铸当十铜大钱。咸丰八年以后,当十铜大钱市上面可折制钱二文、铁制钱二十文。自此至光绪年间,京城仍行使当十铜大钱,一直作价二文。咸丰七年,停铸铅钱。九年,停铸铁钱、铁大钱。银票、宝钞同样也在市场上不断贬值。四年,宝钞一千在京城只能易制钱四五百文。六年底,银票在京城已贬值百分之七十。九年底,银票在京城更跌至面值的百分之五,而京外很多地方已完全拒收钞、票。造成银票、宝钞迅猛贬值的根本原因自然是此类纸币无法兑现且发行过多,另一个重要原因是官吏从中舞弊。一些地方官吏在征收钱粮时,拒收票、钞,上解时又低价收购票、钞,按五成搭解。小民百姓用大钱、银票、宝钞赴官交纳时,则要遭到书吏衙丁的勒索。货币失去信用,愈来愈阻滞。到咸丰十一年(一八六一年)终于停止发行银票、宝钞,官钱银号亦关闭或倒闭。

上述救急诸法,只是暂时舒缓了朝廷的财政危机,而各省区用于镇压起义的军费,仍无着落。

自咸丰三年财政危机之后,各地的将帅们就已收不到由户部、内务府拨来的实银,户部存放于各省区藩、运、道库的封贮银、待拨银,也早已挪用一空。南方富庶省区的战事不仅造成财政减收，已经收到的钱粮也早已截留输往军营，不仅无余力再交朝廷，就是本省的日常开支也已难以为继。西北西南贫穷省分的财政本靠东南各省协饷，此时也断绝了财源。户部指拨协饷以济军需，各省无力执行，只能得推诿不办，久而久之，部令成为空文。

旧制，总督、巡抚是朝廷派出官员，综理一省或二三省军民诸政，布政使是一省的民政长官，总司全省钱谷出纳。每年定额赋税由布政使督率府州县地方官完纳，依据户部的规定，用于本省开支、他省协饷、上解朝廷及留贮地方。留贮地方的款项如需动用，也须经朝廷批准。地方发生紧急战事，督、抚可以一面动用本省贮银，一面上报朝廷。若战事扩大，经朝廷批准，设立"粮台"等供给机构，所需粮饷由朝廷向督抚拨给，事竣按例报销。事权全归朝廷，督抚并无财权。

朝廷无银可拨，督抚以军饷不继为由，任意截留应解朝廷的赋税，朝廷不得不予照准。年复一年，清朝最主要的财源地丁漕粮实际都为各省督抚所把持。咸丰五年（一八五五年）湖南巡抚骆秉章以幕僚左宗棠整顿田赋，改变原由各级官吏侵吞的征税体系，由乡绅直接征收，结果新增收入数十万两，民众也减少了实际交纳数。咸丰七年，湖北巡抚胡林翼也用同样的方法进行整顿，收入亦大增。其他省分间有仿效。基层征税因而为各省督抚控制。户部与布政使权力日小，一些行省经朝廷核准,利用各种名目加捐加税。四川按正项钱粮带征同额的津贴,称"带粮津贴",复因津贴仍不够用,勒索民众按正项钱粮数额摊派捐输,称"随粮捐输"。江苏、安徽等省按地丁钱粮数额加征,每亩或捐钱若干或捐谷若干,称"亩捐"。由于太平天国控制了漕粮转运的中心区域,户部规定安徽、江西、湖北、湖南、河南等省每石漕粮折为白银一两三钱,各省官吏又乘机浮收。山西、陕西、四川等省还实行钱粮预征,即提前征收下一年度的赋税。

地方军费另一主要来源是捐纳捐输。原规定,各省应将捐银数额上报户部,再转行吏部,最后由皇帝批准发下标明捐得某种官爵的凭照。这种方法需时多日,往往银两上交后,久无下文,还要花银打点催促办事胥吏。咸丰三年(一八五三年)冬,依照地方官的请求,吏部直接发下空白凭照,由地方官自填,定期汇总上报。地方官握有空白凭照,不必再等户、吏两部转文,也以军需为由将捐银截留。为了应付庞大的军费开支,各地官员竭力"劝捐",乃至带兵勒捐。

加税主要是田税,有一定的限度。加捐是敲索,也不能无所底止。加捐加税招致各阶层的嗟怨,却不能满足日益增长的军费需求。

二、厘金的创行

厘金又称"厘捐"是捐输的变种。

咸丰三年(一八五三年),刑部侍郎雷以諴帮办扬州江北大营军务,为军费所困。幕僚钱江建策:派官兵到各水陆要冲设置关卡,对通过的货物按其价值强行派捐,这实际上是商品通过税,当时称为"行厘";另对开店销货的各商人按销售额派捐,这实际上是商业税,当时称为"坐厘"。厘捐的交纳者可以同其他捐纳者一样,领到捐得某种功名的部照。是年十月,雷以諴首先在里下河设立机构,向扬州附近的仙女庙、邵伯、宜陵、张网沟等镇米行派捐助饷,每一石米捐钱五十文。半年之内,共收钱二万串。四年三月,雷氏上奏清廷,称此种方法不扰民不累商,数月以来,商民无事;且具有长期稳定性,"细水长流,源源不绝,于军需实有裨益"。说他将在里下河各州县推行此法,建议江苏巡抚和南河总督各在其防御区域照其所拟"捐厘章程",一律劝办。咸丰帝认为厘捐与捐纳捐输"不甚相远",准雷以諴议,谕江苏巡抚、南河总督等各就地方情形妥当商酌,若事属可行,亦可按雷氏方法变通办理。雷以諴收到谕旨后,在泰州设立分局,大力抽厘以济军需。厘金的范围从大米一项扩大到各类粮食、家禽、牲畜、油、盐、茶、糖、碱、棉、丝、布、衣物、酒、漆、纸、药材、锅碗及各类杂货,几乎没有一种商品不抽厘;此外,对银号钱庄亦按其营业额抽厘。不久后,江苏巡抚、南河总督亦开始设卡抽厘。

钦差大臣胜保发现了厘金的优长,上奏请诏令各地仿行。胜保建议三事：一以统兵大员为主，各地方官只是会同办理；二以公正绅董经手，由此可以摆脱地方官的种种牵制和侵渔；三以济军需为由，随征随解，由此可不让户部参与，不上交朝廷。这实际上是在清朝国家财政系统之外，另辟新的税收渠道。咸丰帝下户部议复。户部同意各省试办。各省督抚可针对本省情况决定是否征厘。

清廷将征收厘金之权归于各省，不采胜保以统兵大员为主的建策。但朝廷对征收办法并无明确的规定，各督抚依然可以各行其是。咸丰五年（一八五五年）四月，湖南巡抚骆秉璋率先奏准设立厘金总局于长沙，委本省盐法道为总办，本地绅士为会办。湖南的做法与胜保的建策颇有相通之处，即绕开府州县各级官僚体系，官督商办，将抽厘的收入直归省级财政。是年九月，以侍郎衔统领湘军在江西作战的曾国藩奏请在江西试办厘金。十一月，湖北巡抚胡林翼也在湖北仿行。曾国藩、骆秉璋、胡林翼都是湘军将帅，正苦于湘军饷乏，因而最先看出厘金的种种优长。

咸丰七年（一八五七年）七月，胜保又上一摺，奏请各省普遍抽厘。征收厘金的省分渐多。略如下列：

咸丰六年　四川　新疆　奉天

　　　七年　吉林　安徽

　　　八年　福建　直隶　河南　甘肃　广东　陕西　广西　山东

九年　山西

十年　贵州

当时的实际做法是,各省督抚将该省厘金的收支数目按季上报户部,户部对征收方法及用途并不干预。厘金遂成为各省督抚把持的巨大财源。

清代财政税收自雍正朝实行"摊丁入亩"以来,即以田税为主,盐、茶诸税及海关税收也占有一定的比例。国内各地利润颇丰的商业却长期处于轻税甚至无税的状态。这一不合理现象带来的后果是:一、国家自商业中获利甚微,因而基本沿袭传统的重农轻商政策,商业得不到国家的扶植反而受到抑制。二、商人成为各级官员任意搜刮的对象,加给商人的各种陋规和摊派名目繁多,富有的商人结交官府,谋取超经济的强势,如广州的行商、淮扬和长芦的盐商,形成为新兴的富豪群体。

厘金推行后,逐渐削弱了捐输的性质,实际成为加征商税。地方的财政税收也从而由农业转向商业。但是厘金的创行,原是以补充军需为目的,并无严格的制度规定,因而对商业的发展又带来种种不利后果。一、征税机构庞杂,名目繁多,厘金的初行地苏北,抽厘机构即有江北大营、江南大营、南河总督、袁甲三军营四大系统,征税名目有卡捐、饷捐、房捐、铺捐、船捐等近二十种,彼此雷同,重复抽取。二、厘卡林立,密于市集,如湖北厘金卡局曾多达四百八十处,几里几十里便遇一卡局,商旅碍难行路。三、各省自定税率,从百分之一至百分之二十,一般都达到百分之三、四、五。多管齐下,反复抽征,严重影响了商业规模的扩大。

各省的厘金自征自用,上报户部的数字,往往并不确实。从官私文书的有关纪录,约略可知,咸丰七年(一八五七年)以来,湖北每年征收厘金三四百万两,湖南约二百万两,江西约一百六七十万两,江苏松江府下属之上海则超一百万两。镇压太平天国的湘军和江南、江北大营,每月高达数十万两的军费,很大部分是来源于厘金。

三、湘军与团练

咸丰帝初即位,即诏谕广西等地兴办团练。随着太平天国的进军,各地团练获得很大的发展。湖南湘乡曾国藩在长沙建一大团,实际上是自建一军,号为湘勇,又建为湘军。湘军日益成为清廷镇压太平军的主要依靠力量。咸丰十年(一八六〇年)太平军攻破江南大营,咸丰帝再次派遣大吏去各省督办团练,形成高潮。

湘军的发展 曾国藩自咸丰二年(一八五二年)在家乡湘乡帮办团练。十二月奏陈,择各县壮健,认真训练,在省城建团。同月,湖南巡抚张亮基也奏请,选募乡勇,由绅士管带。湘乡团勇一千余人,被调至长沙,仍由曾国藩统领。次年正月,张亮基离任,晋署湖广总督。四月,湖南巡抚骆秉章继续招募湘勇编营。六月间,扩展至三千余人。为避免与省城标兵冲突,也为减少省城大吏的牵制,曾国藩于八月间率湘勇移驻衡州。

曾国藩一再指出清朝的八旗兵、绿营兵均已腐败不堪,无力作战,而且各自为营互不相救,无法镇压组织严密的太平军。他又认为兴办团练,如官给兵饷,势难筹措。团练分散各地强弱有别,也不是水陆并进的太平军的对手。他锐意另建新军,但受命帮办团练,仍

《湘军记》旧抄本

不能不用乡勇的名义。驻军衡州后，他放手扩充陆军，又奏准兴办水军，在不到半年的时间组建成一支水陆兼备，号为万人的湘军。

湘军的组建，有意不沿用官兵的旧制，而创立了一些新制度。

募勇——湘军实行募兵制，在民间招募兵勇。应募者需将籍贯府县、邻居及亲属姓名登记注册，加按手印，取具保结。收用时"须择技艺娴熟，年轻力壮、朴实而有农民土气者为上。其油头滑面，有市井气者，有衙门气者，概不收用"（《曾文正公全集》杂著卷三）。陆营募勇主要来自农民，尤其是贫困山区的农民，也有铁匠、矿工等手工业工人。水师多招募熟习航船的舵工、水手。

绿营兵往往兵饷不足，军纪松弛，乃至掠取于民。湘军厚给兵饷。陆营正勇、水师舵士月饷银四两二钱，水师舱长可多至五两，较绿营兵饷高出数倍，因而贫苦农民多乐于应募。湘乡及附近各县应募者相互荐引，湘军因而日益扩大。咸丰四年初已扩展到两万余人。

建营——自曾国藩在长沙建团以来，建制不断完善。咸丰三年（一八五三年）冬，在衡州有兵万人，水陆师各五千人，各编为十营。每营五百人。曾国藩为全军统帅，下设统领、营官。各营每百人设哨官，十人设什长。选将任官由各级军官选任下一级官员。什长选择丁勇。招募兵勇也由各营官分头收用。因而一营兵士往往来自同县同乡。曾国藩原曾在乡团之外,倡组族团。建营后,各营官兵甚至是同里同族。军中幕僚为文职官员,也多是师弟同窗因缘荐用。曾国藩认为,这样组建的新军"有夙夕之恩谊,无军营之习气","全军两万人几如家人骨肉之联为一体而无纤芥嫌隙之生于其间"。(《曾文正公奏稿》卷四)新建的湘军以乡里、宗族、师生等关系为联结的纽带,不能不带有浓重的乡土色彩。

曾国藩组建湘军后,修造战舰和枪炮,加强兵勇训练,与太平军作战连年,互有胜负,将官多人败死(见前)。湘军屡败屡战,先后获得三次重大胜利。一是咸丰四年九月攻陷湖北武昌、汉阳。二是咸丰八年攻陷江西九江,三是咸丰十一年八月攻陷安徽安庆。此后又乘胜南下攻陷太平军占领的宿松,转入湖北黄梅、黄州、随州。分兵北上,一路攻下桐城后又陷舒城,进逼庐州。一路攻陷池州,铜陵,无为州,进逼江宁。湘军由此成为清王朝不能不依靠的镇压太平军的主力军。

再办团练 咸丰三年(一八五三年),太平天国在天京建都后,清廷曾派出大批官员,去各地督办团练。咸丰十年(一八六〇年)三月,太平天国攻破江南大营后,再次派员督办地方团练,依靠汉人地主武装去镇压太平军和各地的农民起义。

咸丰帝命在京的江浙豫皖等省籍的官员,各抒己见统筹团练事宜。郑亲王端华、怡亲王载垣与大学士周祖培、顺天府丞毛昶熙等会拟团练章程十条上奏。五月,咸丰帝谕:"各省军务未平而郡邑士民办理团练,尚能随同官兵剿贼,是团练足以辅兵力之不逮,具有明征"命毛昶熙先去河南筹办。随后屡派大吏,赴各省督办团练。主要情况如下:

河南:顺天府丞赏加左副都御史衔毛昶熙

江苏:大理寺卿晏端书(江北)

　　内阁学士庞钟璐(江南)

陕西:署陕西巡抚谭廷襄

山东:前户部右侍郎杜翻

浙江:前漕运总督邵灿、浙江巡抚王有龄

江西:赏三品京堂衔刘绎

顺天、直隶:候补内阁学士桑春荣

四川:前詹事府内赞善李惺

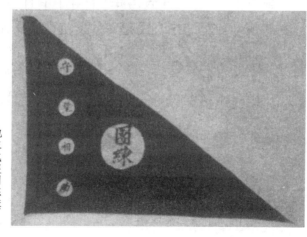

地主武装团练旗

广东:广东巡抚黄恩彤

皖南:编修赏侍讲衔宋梦兰

甘肃:陕甘总督乐斌

此次遣派大吏督办团练的省分,较前增加了陕西、甘肃、四川等省以镇压当地人民的反抗。上举十一省外,广西、福建、贵州及湖北、湖南前此已办团练。团练遍及全国十六省,形成空前庞大的汉人地主武装。

湘军与团练的发展表示:清王朝已然越来越需要依靠汉人地主的力量来维护满洲贵族的统治。汉人军阀、地主的权势因而膨胀,社会政治地位也随之提高,对此后历史的发展,产生了深远的影响。

(四)两宫夺权

咸丰十一年(一八六一年)七月十七日,年仅三十一岁的咸丰帝奕詝在农民起义的反抗声中病死于热河行宫,遗诏立六岁的皇子载淳继帝位。

咸丰帝皇后钮祜禄氏无子。载淳为懿贵妃叶赫那拉氏所生。钮祜禄氏称母后皇太后,叶赫那拉氏称圣母皇太后。两宫太后随即与顾命王大臣展开了争夺皇权的纷争。

一、咸丰末季政局

清朝自雍正时设军机处,臣工奏章经皇帝朱批交军机拟旨承办。军机大臣自内阁大学士与部院大臣中选值,参与机务,承旨出政,权位渐重。咸丰帝初即位,以师傅杜受田入值军机,掌军国大政。咸丰二年杜受田病死。自前朝即入值军机的资深大臣祁寯藻暂居首席。次年,咸丰帝任用道光帝遗诏封亲王的皇弟奕䜣为军机大臣。旧制,宗室诸王不入军机。嘉庆时成亲王永瑆曾入值军机办事,以不合定制而罢。咸丰帝不惜突破祖制,命刚过二十岁的奕䜣入值,以示遵奉先帝遗志巩固皇权。次年,又加授宗人府宗令、正黄旗满洲都统。咸丰四年(一八五四年)十一月,祁寯藻因病致仕。奕䜣实任首揆,权位更重。

咸丰帝十岁丧母,由奕䜣生母静贵妃抚养。即位后,上尊号为皇考康慈皇贵太妃。咸丰五年(一八五五年)六月,康慈太妃病笃。恭亲王奕䜣请再加尊号。七月初一日,咸丰帝依礼部议,颁谕称太妃"侍奉皇考廿余年,徽柔素著。抚育朕躬十五载,恩恤优加""谨上尊号为康慈皇太后"。(《清文宗实录》)初九日,康慈后病死,年四十四岁。恭亲王奕䜣、怡亲王载垣等奉旨办理大丧礼仪。

清廷旧制,皇帝如为贵妃所生,即位后得尊生母为皇太后,死后升太祔庙,与先帝并祀。非生母的先帝妃嫔尊为皇太后,为前此所未有。七月十三日,咸丰帝颁谕,康慈后不升祔太庙,葬后祔祀奉先殿。二十一日,咸丰帝奉康慈后梓宫移至绮春园迎晖殿安厝。八月,上谥号孝静皇后,不系宣宗谥"成"字。十月,葬于宣宗慕陵妃园寝,定名慕东陵。

咸丰帝在安厝康慈后的当日,即颁朱谕,免去奕䜣军机大臣、宗令、都统等各项职务,仍在内廷行走,上书房读书,不再办理丧仪事务。谕中指责奕䜣"于一切礼仪多有疏略之处"。显然是指奕䜣办理丧仪与咸丰帝意旨不合,因而招致咸丰帝的疑忌与责难。谕旨最后警示,"俾自知敬慎,勿再蹈愆尤"。

咸丰帝罢免奕䜣后,以户部尚书老臣文庆(费莫氏,满洲镶红旗)为军机首席。文庆,道光二年进士,曾两度入值军机,力倡倚用汉臣。曾说"欲办天下事,当重用汉人。彼皆从田间来,知民间疾苦,熟谙情伪,岂若吾辈未出国门一步,懵然于大计乎。"向咸丰帝密陈"破除满汉藩篱,不拘资地以用人"。(《续碑传集》卷四《书长言文文端公相业》)对镇压太平军的汉人将领曾国藩、胡林翼等多加回护。在军机年余,晋武英殿大学士,充上书房总师傅。咸丰六年(一八五六年)十一月病死。

当时的形势是,英法联军入侵,太平军与各地农民军相继起义,清廷面临严峻的局势。以次递任首席的军机大臣是资深的文官、文渊阁大学士彭蕴章。道光十五年进士。咸丰元年,以工部侍郎入值军机。长于文事而疏于军政,久值枢要,遇事谨慎小心,少所建言,显然难以胜任襄赞机要的重任。

面对外患内忧、军机文弱的政局,咸丰帝在依靠地方汉人军阀、团练的同时,转而在中枢倚用满洲宗室贵族。

道光帝传位时的顾命大臣怡亲王载垣,圣祖子允祥四世孙,道光时为御前大臣。御前大臣一职始设于清圣祖康熙时,源于满洲扈卫侍从的旧制,在皇帝左右可代传诏旨。权位轻重,因人而异。咸丰帝即位后,载垣仍任御前大臣,又授宗人府宗令,领侍卫内大臣,但并不参与朝政。咸丰九年(一八五九年),受命赴天津视察海防。次年七月,英法联军攻陷天津,咸丰帝起用为钦差大臣,与兵部尚书穆荫(托和洛氏,满洲正白旗)担当与英法联军谈判的重任,遂为皇帝倚重的近臣。

另一顾命大臣郑亲王端华,系出太祖弟济尔哈朗一系,承袭父乌尔恭阿王封。道光时也为御前大臣,咸丰帝即位后仍任原职。端华弟肃顺依制不再袭封王位,咸丰帝即位,擢授内阁学士。咸丰四年授御前侍卫。此后历任都察院左都御史、理藩院尚书、户部尚书。八年,耆英奉命与英法联军交涉,擅自离职回京(见前),肃顺独具疏,奏请正法。次年,内阁大学士柏葰(蒙古正蓝旗)典顺天乡试舞弊,肃顺奉命会审,奏请斩决。户部宝钞处司员勾结商人,化公为私,肃顺奏请查办,籍没司员及商人数十家。肃顺执法严明,不免受到刻朘骄横的责难,却因而声威日隆,受到咸丰帝的

275

倚重。咸丰十年（一八六〇年）正月，授御前大臣，充经筵直讲，继而又署领侍卫内大臣，总管内务府大臣，成为咸丰帝最为倚重的宗室重臣。

咸丰十年（一八六〇年）八月，咸丰帝自圆明园逃往热河。后妃六宫与五岁的皇子载淳同行。御前大臣载垣、端华、肃顺、景寿（满洲富察氏，额驸）扈从。军机大臣彭蕴章于六月间以老病罢职，穆荫继为首揆，与汉人军机大臣匡源、杜翰（受田子）等也赴热河随侍。

九月，英法联军退出京城。廷臣奏请回銮。咸丰帝不准，仍住热河，命穆荫兼管行在内阁，并调派六部侍郎等官员与理藩院尚书、左副都御史等往行宫，组成行朝，处理政务。四御前大臣位在军机大臣之上，襄赞军国机务。肃顺最得咸丰帝倚信，实居首要。

咸丰帝离京前曾免去载垣、穆荫钦差大臣，再起用恭亲王奕䜣为钦差便宜行事全权大臣，办理和议。又派宗人府左宗正豫亲王义道（多铎孙德昭之孙，袭封王爵）、内阁大学士桂良（瓜尔佳氏，奕䜣之岳父）、协办大学士、户部尚书周祖培、吏部尚书全庆（叶赫那拉氏）为留京办事王大臣，驻守皇城内外。十二月，奕䜣奏请在京设立通筹夷务全局的机构"总理各国事务衙门"，咸丰帝谕准奕䜣、桂良及留京的军机大臣户部右侍郎文祥管理，分掌外交、通商等全部涉外事务。但留京部院大臣理事，仍需奏报热河行朝。

咸丰帝留驻热河。载垣、肃顺等扈随五大臣与奕诉、桂良等留京王大臣分驻两地,分理朝政,形成特定的政治格局。

二、祺 祥 之 变

咸丰帝遗诏立皇太子,口述承写朱谕:"著派载垣、端华、景寿、肃顺、穆荫、匡源、杜翰、焦祐瀛,赞襄一切政务"。又赐给皇后钮祜禄氏御印一方钤"御赏"二字。赐"同道堂"御印一方,由懿贵妃代皇太子保管。襄赞政务大臣代拟皇帝诏旨,须上下系此二印,以为符信。次日,两宫被尊为母后皇太后与圣母皇太后。月末,赞襄政务王大臣拟定年号"祺祥"。

顾命八大臣都是扈随行宫的御前大臣、军机大臣,留京王大臣不预其列。遗诏颁下,恭亲王奕䜣北上热河奠祭。八月初一日到达行宫,两宫太后召见,密谈移时。八月初六日,再次晋见两宫,奏请新皇帝迅即回銮返京正位。次日奕䜣即匆匆回京。两宫与奕䜣,叔嫂密议,外界不得其详。在此前后发生了不平常的事件。

八月初六日,山东道监察御史董元醇得留京大学士周祖培的支持,奏请"皇太后暂时权理朝政","俟数年后,皇上能亲裁庶务,再躬理万机",说"虽我朝向无太后垂帘之仪,而审时度势,不得不为此通权达变之举",并奏请"更于亲王中简派一二人,令同心辅弼一切事务"(《清代档案史料丛编》第一辑)。奏摺于初十日呈送两宫太后,十一日召见赞襄政务王大臣,谕"将所请垂帘暂理朝政饬群臣会议"。载垣、端华、肃顺等勃然抗命，说"臣等系赞襄幼主，不能听命于皇太后"。皇太后不得不命八大臣拟旨。当日草就谕旨称"我朝圣圣相承，向无皇太后垂帘听政之礼"。"该御史奏请皇太后暂时权理朝政，甚属非是"。"该御史必欲于亲王中另行简派，是诚何心？所奏尤不可行"。（《清代档案史料丛编》第一辑）皇太后将拟旨扣留，拒不钤印。次日，顾命八大臣又往见太后，以罢政相威胁。两宫太后被逼无奈，将拟旨发下照抄颁布。

太后临朝听政，在汉族和其他民族的历史上曾有先例，但满洲祖宗家法，确无此制。面受先帝顾命的八大臣，如赞同太后垂帘另简亲王，不仅要拱手交出大权，还要承担违背遗诏，破坏祖制的罪责。肃顺在八大臣中实居首要，但系出济尔哈朗，虽系宗室，并非嫡系皇族。两太后如遵遗诏，听任肃顺等执政，寡母孤儿不免受制于人，皇权旁落。两太后与八大臣各执一端，形成尖锐对立，无可调和。

兵部侍郎胜保此时领兵追剿捻军，驻营直隶威县。八月初二日上奏，自冀州北上，去热河祭奠。途中具摺，请皇太后、皇上安。赞襄政务王大臣拟旨，指称："向来臣工无具摺请皇太后安之例"，"实属有违体制"交部议处。胜保于十一日途中奉谕，急具摺谢罪，说是"一时糊涂""非敢故违定制"。途经北京，见恭亲王奕䜣。十四日到热河，会晤军机章京许庚身，得知宫廷争

278

议。十八日返回军营。

钦差大臣、科尔沁郡王僧格林沁此时领兵在山东追击捻军。赞襄政务王大臣函告他可奏请前来叩谒梓宫。僧格林沁急函吁请皇上节哀,不来叩谒。九月,僧格林沁在临朐县南获胜,上奏报捷内有"伏乞皇太后,皇上圣鉴"等语。八大臣联名函告他"不宜书写皇太后字样"。僧格林沁复函反驳,说"嗣后奏报,仍不敢不如此缮写"。

胜保与僧格林沁所统官兵是两支劲旅,两统帅尊奉太后,八大臣外无援兵了。

恭亲王奕䜣身为皇叔在亲王中最为显贵,由督办和约的钦差全权大臣而为总理各国事务王大臣,在留京的部院大臣中声威显著。董元醇奏请"另简亲王"意在奕䜣,路人皆知。载垣、肃顺等是咸丰末年才起用的新贵,政坛势力薄弱,只是恃有遗诏,赞襄政务,远不是两宫太后与奕䜣等王大臣的对手。

载淳的生母叶赫那拉氏,曾与她的妹夫、醇郡王奕𫍯密议制服肃顺等之良策。奕𫍯称"此事非恭王不办"。恭王则认为"非还京不可"。两宫太后与奕𫍯合谋,奉梓宫回京,推翻咸丰帝遗诏,废除顾命大臣,夺取皇权。

两宫皇太后与恭王、醇王两皇叔周密策划,定于九月二十三日奉先帝梓宫回京。总理行营王大臣睿亲王仁寿(多尔衮后裔)率诸营约二千人扈从。另从盛京

279

黑龙江、吉林、西安等地调马队四千人与密云步兵五百人，警卫京师。回銮仪仗，两宫皇太后与小皇帝间道先行，在京迎候梓宫。热河扈随王大臣等随后启行。最后是肃顺与奕譞护送梓宫缓行。九月二十九日未时，皇太后与小皇帝行抵京师德胜门外。奕䜣与留京王大臣等前来迎候。两太后即向大臣们哭诉载垣、肃顺等要挟无礼，欺侮之甚。大学士周祖培建言，先令解任，再行拿问。

领兵在外的胜保九月二十八日奏上一摺，"请皇太后亲理大政另简近支亲王辅政"，并指责载垣等"以臣仆而代纶音，挟至尊以令天下"，奏摺于三十日送到京师。同时，内阁大学士管理兵部事务贾桢、大学士管理户部事务周祖培、户部尚书沈兆霖、刑部尚书赵光等联名上疏，请皇太后亲政。两宫太后随即颁谕，将胜保及贾桢等所奏，饬群臣会议，又宣布早已由奕譞拟就的谕旨，解除赞襄政务大臣任，将载垣、端华、肃顺革职拿问。载垣、端华来朝，奕䜣向他宣诏。载垣质问："我等未入，诏从何来"。不待多言，侍卫即将二人押送宗人府囚禁。肃顺护送梓宫，行至密云，仁寿受命前来，与奕譞将他逮捕。

十月初三日，咸丰帝梓宫到京，奉安乾清宫。两宫太后命群臣议载垣、肃顺等罪。初六日，奕䜣、仁寿等奏请以大逆罪凌迟处死。上谕载垣、端华加恩赐令自尽，肃顺斩立决。穆荫革职发往军台效力。景寿、匡源、杜翰、焦祐瀛革职，免其发遣。两宫皇太后一举废除顾命，夺取了皇权。

三、两宫垂帘听政

咸丰帝死后一月，咸丰十一年（一八六一年）八月，上庙号文宗，谥显皇帝。九月，母后皇太后钮祜禄氏加上徽号慈安，圣母皇太后叶赫那拉氏加号慈禧。是年，慈安后二十五岁，慈禧后二十六岁。两后同心协力，推翻咸丰帝遗命，显示出不同一般的胆略与手段。处置八大臣后，随即安排大事，筹议垂帘听政。

奕䜣辅政——两太后夺取皇权，端赖恭亲王奕䜣的谋划，垂帘听政也不能不依靠奕䜣的辅佐。处置八大臣的次日，即领上谕"恭亲王奕䜣著授为议政王，在军机处行走"。实为军机首席，综理朝政。恭亲王是前朝封赐的王爵，议政王是新授的职位。清初顺治帝六岁即位，皇叔多尔衮曾加封摄政王执政。奕䜣授议政王而不循旧例封摄政王，表明两太后决意亲操政柄，奕䜣只能参议辅佐而不能代行朝政。议政与摄政，一字之差，用心是良苦的。

幼帝即位——十月初九日小皇帝载淳在太和殿即皇帝位，举行大典接受朝贺。同日颁谕称：奉两太后懿旨，"现在一切政务均蒙两宫皇太后躬亲裁决，谕令议政王、军机大臣遵行，惟缮拟谕旨仍应作为朕意宣示中外"。嗣后谕旨，仍书朕字。两宫亲政，颁旨仍用皇帝名义,朝野难以指责了。

重建年号——咸丰帝死后,顾命大臣曾为新皇帝拟定年号祺祥,七月二十九日颁行。周祖培奏请另行建元。载淳即帝位的同日,颁诏建年号同治,以明年(一八六二年)为同治元年。祺祥年号罢废。

创立章程——两宫以皇帝名义饬群臣会议垂帘听政事宜。十月二十六日,内大臣、右宗正礼亲王世铎(代善后裔)睿亲王仁寿、豫亲王义道等王大臣奏上两宫皇太后召见臣工礼节及一切办事章程十一条。(具见《清穆宗实录》)联署上奏的王大臣多至百人,以表示对垂帘的拥戴。

依据所奏章程和有关记载可知,垂帘听政的礼节是两宫太后与小皇帝在养心殿召见内外臣工,太后面前垂帘(纱幔或纱屏)小皇帝坐于帘前。官员的任免升调由议政王、军机大臣呈递名单,太后审定,钤印发下缮旨。名为"听政"实则一切事务均由两太后"躬亲裁决"。

章程奏上的当日即颁下上谕,称钦奉两宫皇太后懿旨:"据王大臣等所议,详加披阅,援据典章,斟酌妥善,著即依议行","垂帘之举本非意所乐为","俟皇帝典学有成,即行归政"。(《清代档案史料丛编》第一辑)

经过一个月的筹措。十一月初一日,小皇帝奉两宫皇太后在养心殿正式垂帘听政。王以下大学士六部

九卿在养心门外行礼祝贺，庆典告成，由此创行了满族
和清朝从未有过的新政体。

第 三 章

农民起义的失败与同治新政

第一节　两宫统治的确立与
农民起义的失败

慈安、慈禧两太后夺取皇权后，面临两件大事：一是重建中枢，以确立两宫与幼帝的统治，二是继续镇压太平天国革命与各地的农民起义。

同治建元后的三、四年间，逐渐巩固了两宫听政的政体。太平天国败亡。捻军与各地农民起义也相继遭到镇压而失败。

（一）两宫统治的确立

慈安、慈禧两太后，均出身于满洲官员世家。慈安父穆扬阿是广西道员，慈禧父惠征是安徽道员。入宫时慈安不满十五岁，慈禧不满十八岁。十余年深居宫苑,并不曾经历世事。亲政后收揽大权,不能不依靠诸王大臣的辅佐,又不能不建立自己的声威。同治建元前后,对一些重大事件做出了裁决。

建中枢 两宫正式宣布听政前,已授奕䜣议政王、军机大臣、管理总理各国事务衙门,随后又命兼宗人府宗令、督管神机营。两宫亲阅奏章,面授谕旨钤印颁发,但谕旨的草拟仍多由奕䜣呈上。奕䜣于是成为综管宗室事务及朝廷内外政务的第一重臣。

穆荫等四军机大臣革罢后,新建的军机处,在奕䜣统领下,入值大臣五人,依次为:桂良,兼总理各国通商事务大臣。沈兆霖,浙江钱塘人,咸丰末原任兵部尚书,以户部尚书入值军机。宝鋆,索绰络氏,满洲镶白旗,咸丰十年曾任总管内务府大臣。因圆明园被焚掠,遗失印信,罢职。以户部右侍郎入值军机,兼总理各国通商事务大臣。文祥,瓜尔佳氏,满洲正红旗。咸丰八年以吏部右侍郎入值军机。十年助奕䜣管理总理各国事务衙门。祺祥之变,疏请两宫垂帘,以户部右侍郎继续在军机大臣上行走,兼总理各国通商事务大臣。曹毓瑛,江苏江阴人,原充军机章京,以鸿胪寺少卿在军机大臣上学习行走。

同治元年(一八六二年)正月,沈兆霖病死。六月,桂良病死。河南河内人太常寺少卿李棠阶上疏言事,得两宫嘉纳,授大理寺卿,左都御史,闰八月,入为军机大臣。曹毓瑛去"学习"二字,晋为军机大臣。

醇郡王奕譞有翼戴功，授都统、御前大臣、领侍卫内大臣，与奕䜣督管神机营。同治三年，加亲王衔。

内阁大学士四人：桂良、贾桢、官文、周祖培，均为咸丰朝原任大学士。同治元年正月，又授两江总督曾国藩协办大学士。蒙古正红旗乌齐格里氏倭仁，咸丰朝曾任翰林院侍讲学士，在上书房行走。同治元年正月擢工部尚书。两宫太后颁懿旨称他"老成端谨，学问优长"，命充师傅，授幼帝读书。七月，授协办大学士，闰八月晋为大学士，充翰林院掌院学士。十月，蒙古镶红旗瑞常以户部尚书协办大学士。

两宫太后为同治帝选任授读的师傅，还有祁寯藻、翁心存。祁寯藻是已致仕的大学士和军机大臣，重新起用，以大学士衔授礼部尚书，在弘德殿授皇帝读书。翁心存，江苏常熟人，咸丰八年任大学士充上书房总师傅，管理户部。十年以宝钞案失察革职。两宫听政，开复革职处分，以大学士衔管理工部事务，在弘德殿授读。咸丰帝在世时原曾命直隶高阳人翰林院编修李鸿藻授皇子读书。同治帝即位后仍继续授读。

同治元年十一月，翁心存病死。心存子同龢，咸丰四年状元，授翰林院编修。同治元年，授右春坊右赞善，充日讲起居注官，与瑞常等为两宫太后轮流讲解《治平宝鉴》（礼部侍郎张之万奉诏编辑）所录历代皇后垂帘听政事迹。

两宫太后听政后建立的中枢，满蒙汉臣僚，来自各方,并非朋党援引,从而确立了两宫与幼帝的统治。

杀胜保 满洲镶白旗苏完瓜尔佳氏胜保,道光时举人。咸丰朝在营帮办军务,领兵镇压太平军和捻军,咸丰十一年正月授兵部右侍郎,是清廷镇压农民起义的一员主将。

两宫听政,因率先上疏奏请垂帘,授镶黄旗满洲都统,转兵部左侍郎。同治元年正月,兼正蓝旗护军统领。二月,因前所招降山东农民军宋景诗部再次起义,被革职留任。三月,进军安徽颍州,攻打太平军获胜,加兵部尚书衔。

太平军陈玉成部自安庆失守后,退守庐州。安徽寿州团练头目苗沛霖降太平天国,被封为寿王。暗中与胜保密谋,诱擒陈玉成。苗沛霖上书陈玉成,请去寿州,协同作战。陈玉成中计,退出庐州,至寿州被苗部擒捕,送胜保军营。胜保上疏报捷,将陈玉成槛送京师。行至河南延津,奉旨就地处决。陈玉成就义,时年二十六岁。胜保封授钦差大臣督办陕西军务,镇压陕西回民起义。

陈玉成是太平天国英勇善战的重要将领。陈玉成牺牲是太平天国的严重损失,却使胜保引以为重大功绩。胜保自诩为翼戴两宫听政的元勋,又是镇压太平军的功臣,重兵在握,日益骄恣不法。闰八月,光禄寺卿潘祖荫、顺天府丞卞宝第、御史丁绍周、华祝三等先后奏参胜保冒饷纳贿、骄纵贪淫。河南巡抚严树森更奏称"惟胜保为腹心大患。观其平日奏章,不臣之心已可概见"。(《近代稗海》第十辑)两宫命钦差大臣僧格林沁与山西巡抚英桂、西安副都统德兴阿分头查核入奏。十月,胜保屡请调苗沛霖练勇入陕,遭到严谕切责。谕称:"至苗沛霖率众助剿,屡经寄谕不准札调,该大臣必欲渎请,是诚何心。"(《清穆宗实录》)十一月,两宫密令督办陕西军务多隆阿在同州将胜保逮捕解京,多隆阿授钦差大臣,接管了胜保统率的军兵。

两宫颁谕,历举胜保任性骄纵、收受贿赂、携妓随营、设局抽厘(厘金)、需索地方、讳败为胜等罪状十款。派议政王、军机大臣、大学士会同刑部审讯。议政王向太后进言:"胜保罪固可杀,而才实可爱。"两宫不理。朝臣或为胜保说情,都遭到斥责或革职。在此期间,苗沛霖叛清割据,同治二年(一八六三年)四月,围攻寿州、六安,进攻蒙城,七月初逼近临淮。苗沛霖背叛,更加重了胜保的罪责。

七月十八日,两宫在听政已毕,谕令群臣散去,随后自宫中发出谕旨,胜保"著从宽赐令自尽"。谕中称被参各款已经查访,又举出苗沛霖、宋景诗背叛事,称"胜保之党护苗、宋二逆,不得谓无挟制朝廷之意"(《清史列传》卷四十七)。"挟制朝廷"与"不臣之心"是两宫的大忌。年轻的太后依靠诸王大臣的支持,夺取皇权,不能不对翼戴诸臣封赏重任,又不能不防范他们恃功要挟。身为钦差大臣、兵部尚书,统领重兵的胜保被处死,朝野为之震动。拥戴功臣与统兵将领不敢造次了。

倚用汉臣 咸丰末年倚用汉人军阀,倡办地方团练。两宫听政面对已形成的局面,不能不继续倚用汉臣。

两宫宣布听政几天后,即应御史之请,诏令各统兵大臣及各督抚保举将才,不拘资格。又下诏表彰曾国藩、胡林翼、骆秉章保举罗泽南、左宗棠等人皆能效命疆场,战功屡著。说"嗣后中外诸臣保举人才,均当取以为法"。(《清穆宗实录》)胡林翼已于咸丰十一年八月病死,诏赠总督,谥文忠。曾国藩、骆秉章均加太子少保衔。骆秉章授四川总督督办军务。曾国藩以两江总督,授钦差大臣,节制江苏、安徽、江西、浙江四省军务,成为镇压太平天国的主帅。

左宗棠,道光十二年举人,原在湖南巡抚骆秉章幕府,后从曾国藩治军,仿湘军建制,募兵五千,号为楚军,转战江西。曾国藩保举出兵浙江,授为浙江巡抚。

曾国藩又保举幕僚、遗缺道员李鸿章(安徽合肥人,道光时进士),说他统带淮扬水师,才大心细。曾国藩命李鸿章召募淮上兵勇六千五百人号为淮军,自安庆赴江苏。同治元年,授署江苏巡抚。

两宫太后信用曾国藩,擢任他保举的汉人将领,组成了对太平军的围剿。

借师助剿 咸丰十年冬,法国、俄国在条约签订后曾提出愿派兵协助清军镇压太平天国。清廷诸将帅议论不一。钦差大臣、漕运总督袁甲三认为外国借兵于我,包藏祸心。江苏巡抚薛焕认为借师助剿,利多害少。应俯允所请,迅速赶办。两江总督曾国藩主张"官军俟陆路得手后,再约其水路会剿","无论目前资夷力以助剿、济运,得纾一时之忧;将来师夷智以造炮、制船,尤可期永远之利。"

总理各国事务的恭亲王奕䜣征询于英国参赞威妥玛(T. F. Wade),威妥玛提出:如果外国军队攻克城池,按照国际惯例,是要占据该城的。奕䜣于是奏陈:南方各省城池"为贼据则尚有攻克之日,为夷据则无归还之理"。"上海夷人如或谆请,量为奖勉,以驯其性,倘有兵船驶入内地,即按照条约拦阻"。

两宫听政后,咸丰十一年十二月,薛焕又呈递《代江浙绅士奏请借师助剿折》,江浙绅士潘曾玮、龚孝拱等到京师向奕䜣面诉。奕䜣详询江浙情形,对于借师助剿,表示要"内顺舆情,外洽夷情"(《曾国藩未刊往来函稿》)。十二月二十七日,两宫发出《上谕》,称"借师助剿一节,业经总理衙门与英、法驻京使臣商约,上海为通商要地,自宜中外同为保卫"。"即著薛焕会同前次呈请各绅士与英、法两国迅速筹商,剋日办理。但于剿贼有裨,朕必不为遥制"。(《清穆宗实录》)清廷诏下,同治元年(一八六二年)正月,薛焕奏言,英法已在上海协同防剿。英法军直接参与了对太平天国的镇压。

(二)太平天国败亡

咸同易代之际,太平天国革命的形势是:(一)安徽安庆、庐州相继失守,陈玉成牺牲,天京面临清军的威胁。(二)侍王李世贤、忠王李秀成先后自江西入浙江,攻下金华、严州、处州、宁波、绍兴、台州等重镇,咸丰十一年十一月攻下杭州。(三)李秀成攻下杭州后,率军进入苏南,再攻上海。(四)石达开部自江西入广西。咸丰十一年九月转入湖南、湖北。同治元年正月,进军四川。

同治元年(一八六二年)五月,曾国藩奏请安徽省治移回安庆,自驻安庆督师。李鸿章率水陆师急援上海,进取苏常。左宗棠率湘军入浙江,攻取杭州。曾国荃自安徽进攻天京。兵分三路,以广东厘金接济军饷,对太平军大举围攻。

苏南战场 同治元年正月进攻上海的太平军遭到英法海军炮击。英国海军司令何伯(J. Hope)与法国提督卜罗德(A. Protet)督率英法军在浦东高桥镇击败太平军。

原来雇用外国流民组成洋枪队的美国流氓华尔(F. T. Ward),此前召募中国流民千余人训练作战,攻打松江,申请加入中国国籍,为清廷效劳。江苏巡抚薛焕奏报,得清廷嘉许,赐给华尔四品顶戴。薛焕又奏准将此新组成的洋枪队,命名为常胜军,由苏松太兵备道吴煦督带,官给兵饷。华尔军与英法军相配合,参与了浦东高桥之战。

三月,李鸿章统率的淮军,由英国轮船沿江运到上海。李鸿章与英国海军司令何伯商定,联合进攻上海附近各县的太平军。四月初三日,清军及英法军、常胜军合兵攻下太平军占领的嘉定县城,又进而攻占青浦。四月,向奉贤县南桥太平军营进攻,两军激战,法司令卜罗德中弹身亡,南桥被清军夺去。

苏州知府李庆琛率清军攻打太仓。李秀成自苏州领兵来战,大败清军,李庆琛败死。李秀成乘胜围攻嘉定。英陆军司令士迪佛立(C. W. Staveley)被围在城内。英法军自上海来援,被太平军击退。士迪佛立焚城突围逃回上海。李秀成收复嘉定后进军青浦。占据青浦的常胜军副统领法尔思德(E. Forrester)突围出城,被太平军生擒。太平军收复青浦进而攻打常胜军驻守的松江。清驻防军退至上海北门,上海大震。李鸿章急调奉贤南桥兵勇三千人回防,原湘军程学启率部扼守虹桥。又分兵攻打川沙、奉贤,以为牵制。太平军听王陈炳文、纳王郜云官部围攻程学启营。李鸿章率三千五百人来援,太平军撤退。

这时,曾国藩与弟国荃统率的湘军,正在从安徽向天京进军。天王洪秀全诏令李秀成率师回援。五月,李秀成自松江撤退,在苏州召集慕王谭绍光和听王、纳王等诸将会议,上书天王,建策坚守天京,待敌军久困,再图反攻。洪秀全得书大怒,诏责李秀成"三诏追救京城,何不启队发行。尔意欲何为?"李秀成被迫决定,自苏南撤回补王莫仕睽及十三支军队回援天京。慕王、听王、纳王等继续在苏南作战。

六月,淮军将领黄翼升率淮扬水师至松江。七月,华尔洋枪队攻陷青浦,程学启入城驻守。慕王谭绍光率太平军大举反攻。八月,向上海进军,在北新泾围攻清军况文榜营垒,水陆合战三日夜,不下,撤围去。常胜军统领华尔进攻浙江慈谿,被太平军击毙。副统领美国白齐文(H. A. Burgevine)、法尔思德会领所部。九月,李鸿章派其弟李鹤章会合白齐文部与英、法军攻陷嘉定。谭绍光、陈炳文等率太平军进攻,失败。

十一月,太平天国常熟守将钱桂仁、骆国忠、董正勤,太仓守将钱寿仁向清军求降。李秀成由天京回苏州,召见钱桂仁。骆国忠向李鸿章投降,助清军攻陷福山、许浦。十二月,慕王谭绍光率部讨伐骆国忠等,李鸿章派洋枪队五百人乘轮船由松江驶往福山口进援,黄翼升率水师往助。又增派淮军将领潘鼎新、刘铭传等由浦东经海道援常熟。

常胜军以中国兵勇隶外国将弁,渐致难以驾驭。李鸿章奏命裁制,以白齐文不服调遣抢掠钱财撤职通缉。收回指挥权,改命英国军官戈登(G. Gordok)为管带,中国军官李恒嵩会带。同治元年二月,李鸿章派李恒嵩、戈登率洋枪队援常熟,与潘鼎新、刘铭传等水陆进攻,太平军自常熟退军。清廷赏给戈登总兵职衔。

程学启部进攻太仓。三月,太平天国太仓守将会王蔡元隆诈降,郊迎淮军,李鹤章、程学启等至城下,太平军埋伏突起,枪弹伤李鹤章,程学启殿军而退。李鸿章调戈登、李恒嵩来援,攻陷太仓,李鹤章驻守。程学启与戈登进攻崑山,不下。戈登暂还松江。四月,程学启军再攻崑山,太平军慕王谭绍光、来王陆顺德率部援崑山,鏖战三昼夜,兵败,死伤一万余人。崑山被清军攻陷。黄翼升、刘铭传水陆会攻江阴,太平军伤亡二千余人。

这时,淮军兵力已超过四万人。五月,李鸿章派程学启由崑山进攻苏州,李鹤章、刘铭传由常熟进攻江阴、无锡,黄翼升率淮扬水师并戈登移驻崑山,专备各路援应。李鹤章、黄翼升在江阴、无锡攻破太平军营垒七十余座。李秀成由江北回援,连营数十里。李鹤章命刘铭传攻其左,郭松林攻其右,滕嗣武当中路,黄翼升水师助攻。太平军垒七十余座被清军攻破。六月,程学启、戈登陷吴江、震泽,切断了太平军苏南与浙江的联络。苏州太平军反攻吴江,兵败。七月,程学启会合水师李朝斌,攻破沿湖大缺口太平军垒,移营屯苏州城外。水师逼近苏州娄门、葑门。

八月,李鹤章、黄翼升等攻陷江阴。程学启、戈登等攻破苏州宝带桥太平军垒。李秀成自常熟失守后回驻天京,这时,奏请出援苏州获准。率大军来战,被清军击败。九月,程学启、戈登等攻破苏州宝带桥太平军垒。十月,李鸿章实授江苏巡抚,自上海至苏州督战。太平天国纳王郜云官等刺杀驻守苏州的慕王谭绍光,献出苏州,投降李鸿章。李鸿章将郜云官等降将处死。

李秀成退屯丹阳。十一月初返回天京。向洪秀全奏陈天京势难再守,建策弃天京,进取江西、湖北。洪秀全严诏切责,留李秀成死守天京。

十一月,李鹤章、刘铭传等攻陷无锡。同治三年(一八六四年)正月,戈登、郭松林等攻陷宜兴。二月,太平天国溧阳守将吴人杰献城降清。程学启、潘鼎新、刘秉璋等攻陷嘉兴。程学启在作战中负伤死。三月,李鸿章自苏州赴江阴督战。四月,攻陷常州。太平天国护王陈坤书被俘牺牲。苏南地区除天京近地外全被李鸿章淮军攻占。

浙江战场,左宗棠受命为浙江巡抚。同治元年(一八六二年)正月,率湘军自婺源入浙,攻占开化。二月,攻占遂安。

美国人华尔在上海组成常胜军后,英法争相效尤。五月,英国海军司令何伯派军官丢乐德克(Roderick Dew)率军至宁波。在宁波招雇中国流民,由英军训练,组成“绿勇”助剿。法国驻宁波海军司令勒伯勒东(Le Brethon de Caligny)也训练中国兵一千五百人协守宁波,称为"常捷军"。请清廷颁给"署浙江总兵"劄凭,听浙江巡抚左宗棠指挥。十月,已革道员张景渠与勒伯勒东与丢乐德克所率之洋枪队,合兵攻陷上虞、嵊县、新昌。勒伯勒东助攻绍兴,亲发巨炮震死。法国人达尔第福(T. de Moidrey)接统所部。十一月,清即选知府魏喻义攻陷严州。湘军进攻龙游、汤溪、兰溪,太平军战败。太平天国首王范汝增,戴王黄呈忠,梯王练业坤自绍兴、诸暨、东阳、义乌、永康等地西进金华,救援汤溪、龙游。

同治二年(一八六三年)正月,法国副将达尔第福助攻绍兴,被太平军击毙。浙江布政使蒋益澧策动汤溪太平天国朝将彭禹兰降清,诱杀天将李尚扬等,里应外合,攻陷汤溪。太平军黄呈忠、范汝增、练业坤等部退回金华。浙江按察使刘典率军攻陷兰溪。清军连陷金华、浦江、诸暨。署浙江提督叶炳忠与英法洋枪队围攻绍兴,策动太平军杨应柯降清内应,陷绍兴。太平天国占领的浙东地区完全丧失。

湘军进军富阳,直指杭州。二月,湘军杨政谟、魏喻义水陆配合,自桐庐进攻富阳。杭州太平军分兵驰援,驻扎新桥,与富阳城太平军相为犄角。当地潮汐甚大,湘军水师船小,难以作战。左宗棠调宁波水师由海道开入钱塘江助战。蒋益澧自临浦率部至富阳,进逼新桥太平军营。三月,太平天国听王陈炳文率部由苏州、嘉兴经余杭、临安,攻新城以援富阳。四月,在新城,击败魏喻义的援军。随即自新城赴援杭州。

八月,蒋益澧围攻富阳,久不能下。湘军中瘟疫流行,病死甚众,遂命接任常捷军管带的法国军官德克碑(D'Aiguebelle)统带洋枪队施放炸炮,与水师杨政谟部攻打太平军倚城各垒,太平军大败,退入城内,再退新桥,蒋益澧等攻陷富阳。

蒋益澧进逼杭州清波门、凤山门驻扎。命部将道员康国器攻余杭,魏喻义由新城出师夹击。康国器等攻占余杭宝塔山太平军营垒,太平天国朝将汪海洋自杭州来援,被击败。听王陈炳文,归王邓光明等在杭州附城要隘筑坚垒,树立木栅,连营四十余里。九月,出击清军,被蒋益澧军战败。左宗棠奏称太平军"以杭州为老巢,以余杭为犄角,均盼嘉兴、湖州之援,并资其接济,而嘉、湖来杭之路,又在余杭。故官军必先克余杭,扼截嘉、湖来路,而后乃可合围杭州"。(《中举别记》)十月,左宗棠由严州移驻富阳,十一月,自富阳至余杭督战。蒋益澧等部一万三千人在余杭西北乡作战获胜。左宗棠进驻余杭与杭州两城中间的横溪头,督攻两城。十二月,蒋益澧与德克碑等合兵攻破杭州凤山门太平军垒。水师副将杨政谟攻破江干石垒。左宗棠督率留营知府杨昌濬与康国器等攻破余杭西北门及东门、北门太平军垒。进攻林青堰,被太平军康王汪海洋击退。

海宁太平天国守将会王蔡元隆献城,投降左宗棠,改名蔡元吉。三年(一八六四年)正月,蒋益澧命蔡元吉袭桐乡,桐乡太平军守将何培章投降。杭州太平军粮道被堵。蔡元吉进而攻破嘉兴西门太平军垒。二月,湖州太平军辅王杨辅清、佑王李远继、戴王黄呈忠部数万人进攻桐乡,连营数十里。蒋益澧派同知杨道洽赴援。又调叶炳忠、蔡元吉自嘉兴回师助战。太平军败退。

蒋益澧督军攻杭州清泰门、观音堂太平军垒,听王陈炳文率万人来援,被击败。二月二十四日,德克碑以炸炮轰坍凤山门城垣三丈许,清军突入,死伤百余人。诸军分门环攻,杭州城陷,陈炳文率城内太平军突围,退走德清。余杭太平军汪海洋部也随即撤走,康国器进占余杭。三月初三日,左宗棠进驻杭州。清军连陷武康、德清、湖州。太平天国在浙江战场全告失败。

天京攻守 同治元年(一八六二年)二月,曾国藩弟国荃受任江苏布政使,曾国藩命国荃自安徽进军太平天国的天京。四月,清多隆阿等部攻陷庐州,曾国荃攻陷太平。五月,曾国荃自太平率湘军两万人攻陷秣陵镇、大胜关,在雨花台驻营,逼天京城下。

清廷命议"借师助剿"时,曾国藩曾奏称:宁波上海皆系通商码头,自当共争共守。苏州、常熟、金陵(江宁)本非通商子口,借兵助剿,后患不测。(《曾文正公奏稿》卷十五)湘军得安庆,江宁指日可取,功成在望,也不容外人染指。曾氏兄弟自领直系湘军,与太

298

平军展开决战。

六月,洪秀全调江苏李秀成、浙江李世贤军援天京。李秀成、李世贤各派太平军合数万人攻雨花台清营,不能攻下。八月,辅王杨辅清,护王陈坤书至苏州,李秀成在苏州与诸将会议后,闰八月亲率大军三十万北上,猛攻雨花台曾国荃大营,东起方山,西迄板桥镇,连营百数十座,掘地道,用地雷崩营墙,曾国荃屡屡堵合,相持十余昼夜,湘军伤亡颇众。曾国荃左颊中弹,血渍衣襟,裹创巡营。曾国藩在安庆闻报,檄令撤围,曾国荃不从。

九月,侍王李世贤也亲率大军援天京,合李秀成部,号称八十万。负版担草土填濠,猛攻曾国荃营,轰破营墙,死伤数千人,营墙又被堵完。曾国荃先后破太平军地道七处,坚垒数十处。相持四十六日,太平军撤围。洪秀全面对强大的敌军,制定所谓"进北攻南"的战略,命李秀成军西进,攻打安徽,以便迫使清军移兵作战,解天京之围。十月,李秀成军渡过浦口,攻陷安徽含山、巢县、和州。十一月,因江苏常熟兵变,又返回苏州。李世贤军往攻金桂关,企图打通天京的粮道。

同治二年(一八六三年)正月,曾国藩自安庆赴江宁视察。二月,曾国藩登大胜关,入雨花台营,见兵营坚稳,乃罢退师之议,决意进取。留十日,返还安庆,奏称:天京"实处必穷之道,岂有能久之理"(《曾文正公奏稿》卷十八)。二月,李秀成回到巢县,六月进攻六安,曾国藩调兵来援。李秀成军撤走庐州。四月,湘军刘连捷等部攻陷巢县、含山、和州。洪秀全诏命李秀成回天京。五月,湘军攻陷天京周围的江浦、浦口、下关、燕子矶、九洑洲等地。天京粮食运输日益困难。六月,曾国荃部西起江东桥,东至印子山,驻军二三十里。洪秀全派太平军出击,被击退。七月,曾国荃奏称天京"城内薪米均缺,杀马而食,拆屋而炊,决无能久之理"。"待其粮尽援绝,或可覆此老巢"(《剿平奥匪方略》卷三四八)。湘军攻破天京周边的太平军石垒。调驻军候补提督萧庆衍率三千五百人自江浦、浦口屯七桥瓮河边,另增募一万人,合围天京。天京附近各地的太平军营连续被湘军攻破。十月,太平军高淳、建平、溧水守将相继献城降清。天京东南百里内,全为湘军占有。曾国荃派兵进驻江宁近郊孝陵卫。十一月,曾国荃军掘地道攻城,太平军在城内筑墙防守,称"月围"。湘军在神策门轰塌城垣十余丈,冲入城内,被月围守军阻挡,死伤三百余人。李秀成劝洪秀全弃城别走,说粮道已绝,合城惊扰。洪秀全说可以杂草为食。李世贤部反攻溧水不胜。十二月,李秀成派李世贤去江西宁国救粮,被曾国藩军阻挡,不得进。

同治三年(一八六四年)正月,曾国荃约水师提督杨岳斌巡江,有人运米入天京,即行劫夺。又派朱洪章部绕钟山之后,断陆路粮道。太平军进攻朱洪章营,朱洪章出濠夹击,太平军退上钟山。湘军紧追,攻陷太平军在山下筑造的天保城垒。湘军近五万人合围天京，延亘九十余里。三月，湘军鲍超部攻陷句容，再陷宝堰、金坛。曾国荃攻城破月围，伤亡三千余人。四月二十七日（太平天历甲子十四年四月十九日），天王洪秀全在天京围困中病死。年五十二岁。

依照太平天国的定制，洪秀全子幼天王洪天贵福（原名天贵，后加福字）登极继位，朝政由干王洪仁玕掌管，军事由忠王李秀成掌管。五月，清廷命李鸿章赴江宁会攻。六月十五日，曾国荃接到李鸿章咨文，说十六日将派淮军会攻。曾国荃拿着咨文对众将说："他人至矣，艰苦二年以与人耶？"众将皆说愿尽死力。（《能静居日记》）十六日，曾国荃督湘军以地雷轰塌太平门城垣二十余丈，众将分头领兵突入城中，攻占太平天国的天京，大肆屠掠。

忠王李秀成与洪天贵福、洪仁玕等逃出天京城，十九日，李秀成在山下被俘。七月初六日在江宁被曾国藩处死，年四十岁。洪仁玕与洪天贵福逃往江西，九月在石城被俘，押解到南昌处死。

太平天国农民革命自金田起义至天京陷落幼天王败亡，历时十四年，转战十余省，先后参加起义的群众，多至一百数十万人。规模之浩大，时间之长久，为历代农民起义所未有。起义所经地区在不同程度上破坏了原来的统治秩序和统治制度，沉重打击了清朝的统治，在中国农民战争史上留下了雄伟壮烈的篇章。李秀成被俘后，曾奉曾国藩之命在供状中述太平天国的历程，总结天国的失误。认为误国之首，是杨秀清令李开芳、林凤祥扫北败亡；二是李、林兵败之后，又调曾立昌等去救，败于临清；三是派秦日纲复带兵去救，败于舒城；四是派林绍璋去湘潭，全军败尽；五是杨秀清、韦昌辉两家互相仇杀；六是石达开与洪秀全不和，将合朝好文武将兵带去；七是洪秀全不信任外臣，用其长兄、次兄为辅；八是洪秀全不问政事；九是封王太多；十是不用贤才；十一是立政无章。李秀成没有也不可能去剖析太平天国革命失败的深层的社会原因和历史原因，但他所总结的失误则是反映了太平天国领导者陷于败亡的历史事实。

西南战场 太平天国败亡前一年，即同治二年（一八六三年）四月，石达开率领的太平军已在四川战场上遭到镇压而失败。

同治元年（一八六二年）正月，石达开率部自湖北利川进入四川，由石砫厅西进，围攻涪州。以太平天国翼王名义发布训谕，号召城内官民归降，宣布"约束兵士，秋毫无犯"。（《太平天国文书汇编》）四川按察使刘岳昭等率部至涪州救援，石达开撤围，进攻綦江，分兵力挺进贵州桐梓。石达开至綦江轰塌南门十余丈，清军在城内已预掘壕沟，筑土垣，防堵住太平军前进。知府唐炯督队赶到，焚烧太平军营垒。内外夹击。石达开撤围，率部绕道贵州仁怀厅，转攻四川叙永厅。先锋傅佐廷等沿途遍贴布告,称太平军"抑强扶弱","除暴安良","由是耕者耕而读者读,毋容迁徙而远遁;商者商而贾者贾,尽可乐业以如常。"(《太平天国文书汇编》)占领叙永厅后,挺进兴文。当地义军张四等参加太平军,攻克长宁,击毙知县周于塈。石达开北渡长江遭刘岳昭等部阻击,退回长宁。

清军来攻,石达开被迫放弃长宁,挺进永宁,因清兵固守,又改趋合江,曾在先市场击败刘岳昭部。四川总督骆秉章调驻合江的唐友耕部与刘部合攻太平军先头部队左宰辅李福猷部,李福猷入贵州仁怀厅,至大定府,与太平军曾广依部会合。石达开也率部退入贵州。

石达开集诸将计议,决定分兵绕道渡江。派天台左宰辅赖裕新率偏师经云南,入川西,牵制清军,石达开率主力经云南镇雄,转四川叙州,会合诸部渡江,直取成都。骆秉章调云南提督胡中和,甘肃肃州镇总兵何胜必,总兵萧庆高率部由犍为赶赴叙南。新任云贵总督张亮基路过叙州府,派参将杨发贵率滇兵赴安边协防,与驻军都司徐步云部互为犄角。太平军抢渡金沙江,杨发贵、徐步云与当地团练沿江并进,三路夹击,太平军退守横江。

石达开命李福猷部在副官村扎营,准备再次抢渡金沙江,攻取屏山县、叙州府。太平军攻克高县,斩知县丁良俊。刘岳昭率部增援,太平军退出高县。清军胡中和、唐友耕、萧庆高等部,会集双龙场。太平军激战,死伤一万余人。石达开率部退入云南昭通。

同治二年(一八六三年)二月,石达开在昭通府与清军开战,从米粮坝急渡金沙江,经宁远、德昌、西昌,直奔大渡河。大渡河沿岸丛山峻岭,水流湍急,是著名天险。先锋赖裕新开拓前进,在礼州镇打败川军,斩副将邹成彪。至晃山,被川军总兵朱桂秋战败,北走越嶲厅,与驻军激战数日,大败,赖裕新中石弹阵亡。骆秉章派遣晋为重庆镇总兵的唐友耕分兵防守大渡河所有渡口,又在沿河各地部署重兵,阻断太平军的退路。命彝族土司将越嶲厅大路各隘口扎断,迫使太平军陷入山地小径。四月初,石达开率部进入。

土司王应元辖地紫大地,前阻大渡河,左为松林河,右为老鸦漩河,东南为山峦叠嶂。又遇暴雨,河水陡涨数丈。大渡河原有铁索桥,被土司拆毁。石达开命军士驾船抢渡数次,均告失败。石达开被困紫大地,军中乏食,至以桑叶充饥,杀马而食。石达开致书王应元,请他让路,被王应元拒绝。石达开在壁上题诗:"大军乏食乞谁籴,纵死洴江(大渡河)定不降"。(引自罗尔纲《太平天国史》石达开传)扼守凉桥要塞的参将杨应刚奉命招抚石达开,如放弃抵抗,即可回籍退隐,所部将士遣散为民。石达开写信给四川总督骆秉章说"愿一人而自刎,全三军以投安"(《太平天国文书汇编》),带着宰辅曾仕和、中丞黄再忠、恩丞相韦普成等到清军杨应刚营。五月初一日唐友耕将石达开等押

304

往成都,所部二千余人被围杀殆尽。石达开在成都被处死,年三十三岁。曾仕和、黄再忠、韦普成同时遇害。

清廷依恃湘军、淮军镇压了太平天国革命,论功行赏。曾国藩加太子太傅,封一等毅勇侯。李鸿章加太子太保,封一等肃毅伯。左宗棠加太子少保,一等恪靖伯。曾国荃加太子少保,封一等威毅伯。骆秉章加太子太保。左宗棠前此已授闽浙总督。曾国荃授浙江巡抚。

曾国藩在攻下天京后十余日即奏称"臣统军太多,即拟裁撤三、四万人。"廷谕要他"慎终如始,永保勋名",所部诸将,"勿使骤胜而骄"。此后湘军受命攻打太平军余部,逐步裁撤。李鸿章统率的淮军遂成为最强大的劲旅。

(三)太平军余部的战斗

太平天国天京陷落后,分散在各地的太平军在东南地区、西北地区和中原地区继续战斗,又延续了近四年之久。

转战东南 天京陷落后太平军在江南的主力,只有进军江西的侍王李世贤部和自余杭撤出的康王汪海洋部两支余部。

同治三年(一八六四年)八月,李世贤在江西信丰结集,经广东南雄,进入福建漳州。九月,攻占漳州,颁布保护农商,恢复生产等各项章程。准备以此地为据点,进取福州。汪海洋部攻陷武平、汀州,进驻上杭。

清廷即命闽浙总督左宗棠节制浙江、江西、广东三省军事,出兵福建会剿。康国器由邵武进攻漳州,刘典经建昌赴汀州。提督高连升由海路至福州布防。清军陷武平,刘典部进攻上杭汪海洋营,被太平军击退,康国器部进至龙岩,攻陷太平军营垒。

同治四年(一八六五年)正月,汪海洋被刘典军击败,退出上杭,清军追击,转入南靖,去漳州与李世贤会商,并力进攻广东大埔。二月,汪海洋进攻闽广边境的永定,不胜。四月绕道进入大埔县境内。清军大举进攻漳州,李世贤部自漳州退至南靖,又南走平和。清军攻陷平和,李世贤坠马负伤,所部太平军伤亡过半。李世贤率残军至大埔赤石镇,以就汪海洋部。这时,汪海洋已自大埔出兵西取镇平,五月攻陷镇平。六月,李世贤去镇平,汪海洋出城迎接。七月初三日,汪海洋派人乘李世贤熟睡将他刺死,收其部众。太平军将领数人愤而离去,投降清军。八月,汪海洋部自镇平撤出,拟北上经平远入江西,遭清军阻击。十月二十一日攻下广东嘉应州城。左宗棠原驻延平督战,攻陷漳州后进驻漳州。嘉应失守后,于十一月初三日到平和,布署闽、粤、赣三省军兵分地筑营,四面围攻。二十九日,左宗棠至大埔指挥作战,汪海洋出嘉应迎战,被清军击毙。太平军大败。余部由偕王谭体元统领,继续抗击

306

清兵。十二月,谭体元在作战中负伤,被俘遇害。东南地区太平军余部的战斗,全告失败。

进军西北 同治元年末,英王陈玉成曾自安徽庐州派遣扶王陈德才、启王梁成富、遵王赖文光、祐王蓝成春领兵进军陕西,年底攻克陕西兴安府。次年春,进军汉中。八月,攻陷汉中、城固,开辟了西北战场。十一月,李秀成建策自天京转移西北,洪秀全不纳,并召陈德才等回援天京。陈德才、蓝成春率援军行至途中,天京已被清军攻陷。同治三年(一八六四年)九月,转战到安徽霍山,部下叛变,陈德才服毒自杀。蓝成春被叛军执送清军僧格林沁军营处死。

梁成富部回援天京至河南边界,因有清军防堵,返回陕西。云南农民起义军蔡昌荣部投附太平军。同治三年八月,梁蔡军自陕西略阳入甘肃,攻克阶州(今武都)。在阶州招募起义农民,有兵约三万人,筑垒坚守。至同治四年四月,被清军攻破,蔡昌荣战死。梁成富被俘,押送至成都处死。

鏖战中原 太平军遵王赖文光自陕南领兵回援天京,行至湖北、河南边界受阻。来自安徽亳州、蒙城的捻军投附。

捻军首领张乐行(洛行)投附太平天国后,封沃王。同治二年(一八六三年)二月,在亳州与僧格林沁部交战失败,被俘牺牲。子张禹爵,袭爵称幼沃王。族侄张宗禹,随张乐行投归太平天国,封梁王。张宗禹、张禹爵与投附太平天国的捻军首领鲁王任化邦(任柱)等率领亳州、蒙城的捻军部众数万人投归赖文光。赖文光依照太平军的制度改编训练,并操练"以骑代步、以走疲敌"的战术,以便迎战僧格林沁的骑兵。

赖文光率领的太平军与来投的捻军相结合,清廷称之为发捻。天京陷落后,十一月,由湖北进入河南邓州,重创僧格林沁部,清军伤亡甚众。十二月在河南宝丰县张八桥,与清军激战。同治四年(一八六五年)正月,进军鲁山,僧格林沁追击。太平军采取以走疲敌的战术,经叶县、襄城、新郑、尉民南走临颍。僧格林沁部跟踪追击,至鄢陵。太平军诱敌南下。三月初,渡黄河进入山东境内,直趋济宁。僧格林沁追到汶上。太平军渡汶河北上,指向济南,诱清兵北渡,又折回汶河,还军汶上。清军追袭月余,已极疲累。赖文光调集各部,西渡运河,至郓城结集数万人,布署四围,待敌兵来追。僧格林沁认为捻军粮尽,昼夜穷追。四月初,进至郓城西南的曹州府高庄。太平军伏兵四起,僧格林沁陷入包围,负伤坠马,死于柳林。清军败溃。太平军取得重大胜利。

僧格林沁自咸丰三年以来即督师镇压太平军和捻军起义,所统蒙古骑兵是清廷的一支劲旅,史称"名震寰宇,朝廷倚为长城"。(《清史稿》本传赞)僧格林沁败死,清廷震动,急命曾国藩为钦差大臣去山东剿办,山东、河南、直隶三省旗、绿各营及地方文武员弁,均归

308

节制调遣。曾国藩调集湘军二万、淮军六万,驻营江苏徐州督战,奏称:"以有定之兵,制无定之寇。重迎剿,不重尾追。"

赖文光统率的太平军转战各地,发展到约十万人。同治五年(一八六六年)转战河南、山东边界地带,并曾走入安徽颍州、江苏徐州。九月,赖文光将大军分为两路,东路由赖文光、任化邦率领,继续在中原作战。清廷称之为东捻。西路由张宗禹、张禹爵等率领,进军陕甘,与当地起义的回民相联络,互为策应。被称为"西捻"。

东路军在十一月自河南入湖北黄陂西进。在安陆府与淮军大将郭松林部交战获胜。十二月在德安与淮军名将授广西右江镇总兵张树珊部会战,张树珊败死。同治六年(一八六七年)正月,赖文光在安陆大败淮军主将直隶提督刘铭传部。二月,在湖北蕲水,败记名布政使彭毓橘统领的湘军,俘斩彭毓橘,由湖北经河南入山东。赖文光军在不到半年的时间里,连续获胜。太平天国复国的目标,似已有望。

曾国藩督师无功,于同治五年十月,自陈病状,请另派员督剿。清廷派李鸿章接任钦差大臣。同治六年二月,湖北兵败,李鸿章也因而受责,奉旨戴罪立功,去山东会剿。六月,赖文光军由山东潍县进入登州、莱州,企图补给军需。李鸿章乘势在胶州至莱州二百八十余里筑长墙,围困太平军。赖文光率部攻破隄墙,击溃了清军胶莱防务。李鸿章命刘铭传、郭松林等以重兵往来袭击。太平军被围在海滨一隅。十月,鲁王任化邦率部南下江苏,至赣榆被清兵追及,败死。十一月,赖文光率部西走寿光,被清军围攻,全军覆败。赖文光率残军不足千人,急走江苏,至扬州东北,被清军擒捕处死。东路全部失败。

西路军在张宗禹领导下,同治五年(一八六六年)五月进入河南,牛宏升在作战中负伤,死于陈州。十月,张宗禹率军进入陕西。十二月,在西安灞桥大败清总兵刘厚基、道员黄鼎、副都统西蒙克西克统领的清军,斩汉中镇总兵萧德扬,记名提督杨德胜等。清廷将陕西巡抚刘蓉革职,命提督刘松山、张锡嵘等部增援西安,西路军经过激战,阵斩张锡嵘,后为刘松山战败,撤离西安,走扶风、岐山、同州、兴平,再攻西安,又被刘松山等战败。六年(一八六七年)正月,清廷授任陕甘总督(五年八月调任)左宗棠为钦差大臣,督办陕甘军务,按察使刘典为帮办。左宗棠、刘典率湘军入陕。张宗禹率西路军由蒲城经白水、洛川进至陕北,十月,占领绥德。十一月,收到东路军在山东求援的急信,遂进军河北,威胁京畿,以解山东之围。由绥德南下,在宜川渡过黄河,进入山西,经河南到达河北,清廷调山东巡抚丁宝桢率军至雄县,河南巡抚李鹤年率军至磁州。七年(一八六八年)正月,左宗棠率军到达获鹿,清廷敕直隶现到诸军归他调度,又谕李鸿章率军来援,督师至景州、安平。三口通商大臣崇厚率洋枪队在天津布防。直隶总督官文率军援保定。清军集结至十余万人。清廷又命恭亲王奕䜣为大将军，左宗棠、李鸿章为参赞大臣，节制各路统兵大臣及各省督抚。西路军在满城被道员余承恩战败。在饶阳，又被刘松山、郭松林等战败，张禹爵中弹阵亡，西路军伤亡很大。张宗禹采用以走疲敌战术，诱敌追到河南滑县，击毙淮军提督陈振邦等。四月，进军河北，直逼天津，被崇厚洋枪队所阻，又南下山东高唐州。六月，李鸿章命刘铭传等部围攻，西路军战败，全军覆没。张宗禹至徒骇河边逃去，不知所终。

太平军余部捻军东西两路的反清战斗，历经四年之久而失败。

（四）各地农民起义的失败

太平天国败亡前后，各地区自建国号、王号的农民军和一些少数民族的反清起义军也相继遭到清朝的镇压而失败。

大洪国起义 广东肇庆府三水人陈金釭，以箍桶为业。咸丰四年（一八五四年）六月，在三水起义。七年八月攻占怀集县城，称南兴王（民国《清远县志》卷三），建国号大洪。十年二月，陈金釭与练四虎等数万人攻四会县城，两广总督劳崇光派游击卓兴率清军五

311

千人来援,陈金钉等解围去,经梧州入广西浔州府藤县、岑溪、容县,于十一年二月攻克广东高州府信宜。乡民向大洪国交纳田谷,名曰:"洪租。"(光绪《信宜县志》卷八)起义军进至茂名、化州边境,纵横二府一州。容县、岑溪、西宁等地起义农民首领来附,受大洪国封号,新宁、恩平、阳春、阳江等地客家起义者也与大洪国联络,相应起义。(光绪《信宜县志》卷八)茂名富户李安、余巧珍等为清军做内应,攻陷高州嵩坡、石骨两镇。大洪国首领郑金战败,派人至清营通款。九月初七日,郑金回信宜,诱杀陈金钉,交出国王玉玺,献信宜城投降。陈金钉起义失败。

大成国起义 咸丰五年(一八五五年)广东陈开、李文茂等起义军进入广西。当年八月攻克浔州府城,建号大成国,年号洪德,陈开自为国王,称平浔王,李文茂封平靖王,梁培友封平东王。改浔州为秀州,为大成国都,称秀京。

陈开派李文茂进军贵县,与当地三合会起义军联合,攻陷贵县。次年北上,连克武宣、象州、融县。六月,进取柳州,与清军反复交战。咸丰七年(一八五七年)二月,攻占柳州。改柳州为龙城府,建王府,设官分职。九月,攻克广西庆远府。八年正月,进取桂林,与清军作战不利。四月,在临桂县苏桥战败,退回柳州。五月,李文茂自柳州领兵入贵州省境,被清兵战败,退入广西,在怀远县病死。

312

广西巡抚劳崇光以道员蒋益澧率水师自雒容攻柳州，六月，大成国兵败，柳州被清军攻陷。蒋益澧以功加布政使衔，乘胜攻陷庆远。十月，蒋益澧去湖南召募湘勇。九年春，大成军自浔州进兵桂林，三月，蒋益澧兵至，大成军退。十一年七月，清军自柳州、梧州两路进兵围攻浔州。蒋益澧驻军平南，命总兵李杨升率水师进攻。大成国拥有强劲的水师，陈开自率战船四万余艘迎敌，兵败，两千余人战死。陈开乘小船回浔州，去贵县，被地主练勇擒捕，送清营处死。

陈开被俘就义后，大成国起义军四万余人，由将军黄鼎凤统领，继续作战。黄鼎凤，广西贵县人，壮族，曾参加天地会起义，占领贵县。响应大成国，封将军，咸丰七年攻下宾州，封隆国公。蒋益澧进攻贵县，黄鼎凤在登龙桥与蒋益澧苦战一个多月，兵败受抚，退居覃塘。同治元年(一八六二年)，蒋益澧调往浙江镇压太平军。黄鼎凤再次起义，攻克贵县，反攻浔州，不克。同治二年，在贵县小平天山顶建平天寨，称建章王，刊刻《尧天五典》等书，与太平天国相呼应。广西布政使刘坤一进攻贵县，黄鼎凤兵败受抚，在贵县被处死。

东王起义　东王戴潮春，原籍福建龙溪，迁居台湾，为天地会支派八卦会领导人。彰化知县高廷镜命戴潮春募乡勇三百人随官捕盗，八卦会发展到数万人。戴潮春于同治元年(一八六二年)起义，攻克漳化，自称"奉天承运天命大元帅"，后又称"东王"，下令蓄发，围嘉义,攻占鹿港。冈山、新庄、大甲、埔正等地纷纷响应,台湾震动。起义军中,漳州籍人和泉州籍人互相争斗,分裂为红旗和白旗两派。二年,福建水师提督吴鸿源率兵三千从安平登陆,进占鹿港。福建陆路提督林文察率兵从麦寮登陆,台澎兵备道丁国健也率兵从竹堑南下,攻陷彰化和丰六街,戴潮春被捕牺牲。

陕西回民起义 同治元年(一八六二年)陕西渭南回民任武、赫明堂等在仓头镇杀死督办陕西团练大臣张芾率众起义。大荔、华州、华阴、临潼、高陵、三原、泾阳、蒲城、朝邑、咸阳、长安、咸宁等地回民起义响应,推举任武、洪兴为元帅。清廷命荆州将军多隆阿、直隶提督成明领兵入陕,成明在朝邑被击败。清钦差大臣胜保奉命来援,在临潼战败,十一月被革职拿问。多隆阿任钦差大臣,督办陕西军务。同治二年,多隆阿派陕西提督雷正绾、总兵曹克忠发动进攻,起义军伤亡甚大,退往凤翔、邠州。不久,凤翔、邠州又被新任甘肃提督陶茂林和总兵曹克忠所攻占。起义军退入甘肃。

大明、大汉起义 咸丰九年(一八五九年),云南昭通农民李永和(李短鞑)、蓝朝柱(蓝大顺)、蓝朝鼎(蓝二顺)结盟起义,建号大明顺天。李永和称顺天王,提出不交租、不纳粮"打富济贫"等口号,组织起义军挺进四川。连克筠连、高县、庆符,围攻叙州府,蓝朝鼎攻克犍乐盐场,当地盐工多参加起义。十年,攻下自贡。又连克井研、峨眉、彭山、浦江、洪雅、新津、灌县、

314

察灵、大邑、邛州、崇宁、新都、双流,起义军发展到数万人。清廷命湖南巡抚骆秉章入川督办军务。十一年三月,骆秉章率湘军黄淳熙部万余人入川,李、蓝起义军分兵北上迎战。骆秉章集中兵力围攻蓝朝柱部,追至丹陵,蓝朝柱、蓝朝鼎突围,朝鼎战死。十月,骆秉章转攻眉州李永和部,李永和退守青神,转走荣县。同治元年(一八六二年)三月,起义军在青神战败。李永和经宜宾退至犍为,被俘,押至成都遇害。

蓝朝柱率余部向嘉陵江以东发展。同治二年正月,太平天国扶王陈德才部由湖北进入陕西。蓝朝柱部从定远入陕,与太平军联络,连克定西、西乡、洋县。蓝朝柱建号"大汉显王",铸"受命于天,既寿永昌"玉玺。十月,攻克盩厔,距省城西安仅百余里。清廷大震,急调西安将军多隆阿率兵阻击。同治三年二月,多隆阿攻盩厔,中炮伤死。蓝朝柱突围,撤至汉阴县叶家坪,遭当地团练偷袭,战死。余部在蔡昌龄领导下,与太平天国梁成富部联合作战,进入甘肃,攻克阶州。同治四年,阶州被清军攻陷,蔡昌龄阵亡。大明、大汉起义持续六年而失败。

蒙族人民起义　内蒙卓索图盟喀喇沁右翼牧民白凌阿,咸丰十年(一八六〇年)领导当地蒙古族人民起义,攻克赤峰,与胜保部大战于水泉。同治二年(一八六三年),攻克榆树台、梨树等城镇,打败团练五十余社。同治十年,攻克义州。盛京将军玉明派兵围攻义州,白凌阿率部渡过大凌河,转战于闾阳驿,击毙候补千总李遇春等。又攻克朝阳城,焚烧了衙署。后被清军击败,白凌阿被擒遇害。

平南国起义 咸丰六年(一八五六年)云南保山回民杜文秀率众起义反清,在大理建号平南国,自任总统兵马大元帅。

杜文秀曾在道光二十七年因保山回汉民众械斗,来北京申诉。返回保山后,被捕入狱。咸丰四年,楚雄回汉民因争夺银矿又发生械斗,延至六年春,云南巡抚舒兴阿下令自昆明至大理剿杀回民八百里。楚雄、姚州、大理、蒙化各地回民纷纷起义反抗。杜文秀自保山至蒙化,组织群众万余人在八月间攻下大理府起义。宣称"回汉同心""推翻妖朝","驱除鞑虏,恢复中华"。

云南东南部建水、新兴州、澄江府等地回民起义响应,推马德新、马如龙领导,咸丰七年(一八五七年)闰五月,进攻昆明,云贵总督恒春自杀。四川总督吴振棫继为云贵总督。八年二月,马德新受抚降清。十年五月,马如龙率众攻陷楚雄,与杜文秀会盟。相约平定全滇,归附太平天国。

杜文秀率领的平南起义军在咸丰十一年(一八六一年)六月攻下永昌府,九月攻占腾越,至年底已占有滇西五十三县。军中诸将请他称王建制。杜文秀不愿称王,仍称大元帅。同治元年(一八六二年)正月,下令建立制度,设大司藩、大将军、大都督、大参军、将军都督等官职,又下令全境剪辫蓄发,以示坚决推翻清朝。这时,参加平南国起义的官民,已包括有回、汉、满、彝、白、纳西等各族人。杜文秀颁布管理军政条例,严明军纪,兴修水利,开矿通商,得到各族人民的拥戴。

同治元年二月,马如龙降清,写信给杜文秀劝降。杜文秀复信说:"回汉一心,誓绝满虏,有进无退。况今者太平天国业已克复十有余省,石达开奉命来滇,将与吾歃血为盟",对劝降严词拒绝。

杜文秀驻大理五年,聚集兵马训练。同治六年(一八六七年)九月,派出大军东征昆明。发布檄文说:"慨自满清僭位以来,虐我人民二百年於兹矣。""尔时百姓危若倒悬,可恶妖官安然高枕。置苍生于不问,弃黎庶其如遗。""本帅目击时艰,念关民瘼,不忍无辜之回为汉所杀,更不忍无辜之汉被回所伤,爰举义师,以清妖孽"。(《回民起义》资料第二册)大军出发后,十一月攻下楚雄。次年正月攻下富民县城,直向昆明。另一路攻下寻甸、嵩明两城,屯兵后路。起义军围攻昆明,不能攻下。云南巡抚岑毓英率兵来援。十一月富民县被攻陷。八年四月,嵩明、寻甸失守。八月,清军大举进攻,东征起义军苦战至十一月,全军覆没。

清军西进,连续攻下起义军占领的州城。同治十一年(一八七二年)七月进攻大理,杜文秀督师坚守,至十一月城破,服毒自尽。起义失败。

苗族人民起义 咸丰五年（一八五五年）三月，贵州镇远府台拱厅（今台江）苗族农民在雇农出身的张秀眉（苗族）领导下起义，进攻台拱厅城。九月，进占都匀府丹江厅（今雷山）。起义由于贫苦苗民要求减轻赋税遭到官府和地方团练的镇压而引起，起义发动后，附近各地苗民群起响应。次年六月以后，连克凯里、清江及台拱厅城。思南府汉族农民在白莲教首领刘仪顺领导下起义，起义军分为白号、黄号、红号、青号，以各色布包头为号，又称号军。张秀眉领导的苗军与号军联合，协同作战。咸丰八年二月，攻下都匀府城，八月攻下镇远府城。两府的大部分地区都为起义苗民所控制。张秀眉以台拱厅为基地，称大元帅，下令蓄发反清。恩州府汉族农民也蓄发响应。张秀眉在占领区把原来屯田的官地分给贫苦苗民，组织农民参加义军保卫家园，受到苗民的拥护。

同治五年（一八六六年）四月，贵州巡抚张亮基奏请派湘军大将李元度率湘军十二营入贵州，进剿号军。李元度进军到石阡府荆竹园号军营垒，久攻不下。次年冬，清廷命湘军将领席宝田为贵州按察使，率湘军入黔。席宝田驻军湖南沅州，定计先攻号军再打苗民。十二月，与李元度会师，攻陷荆竹园。七年二月，追袭号军。刘仪顺战败，被捕处死，号军起义失败。

席宝田入贵州，攻陷清江厅北的寨头，逼近台拱。五月，张秀眉亲自率大军反攻寨头，席宝田自湖南增调

318

湘军万人来援。八年正月,攻陷镇远府,三月攻陷施秉县城。张秀眉在施秉西南的黄飘设伏,诱敌来战。湘军大将荣维善部中伏,大败。起义军斩荣维善,获得大胜利。

张秀眉渡清水,在河岸施洞口聚集诸军,扼守台拱。一年后,席宝田再领大军来攻。九年三月,施洞口失陷,起义军退守台拱。十月,清军攻陷台拱,次年三月,攻陷清江。张秀眉率军退守丹江厅雷公山。同治十一年(一八七二年)二月,清军大举进攻,张秀眉兵败被俘,解送湖南长沙处死。起义失败。

与贵州东南部苗民起义约略同时,贵州西部大定府也爆发了苗民陶新春领导的起义。陶新春是威宁厅彝族土目的农奴。咸丰十年(一八六〇年),联络白莲教会众在威宁起义,攻下水城铜矿,苗汉矿工群起参加起义。起义军攻下安顺府岱厅,建立据点。次年与石达开太平军结合,石达开授为苗军元帅。同治元年(一八六二年)北上配合作战,三年,攻占大定府。六年,云南布政使岑毓英率大军来攻,起义军战败,陶新春被俘处死。

彝族起义 云南大理府赵州彝族奴仆李文学,(又名李正学),与逃来云南的四川彝民李学东、汉民王泰阶秘密结社。咸丰六年(一八五六年),在赵州起义。李文学称彝家兵马大元帅,王泰阶为参军,李学东为上将军,建立帅府。参加起义的群众包括彝、汉、回、哈尼、白、傣、苗、傈僳等八个民族。起义军在哀牢山区,设立左、右、南三个都督府,转战在蒙化、弥渡、镇南、楚雄、妥甸、景东、镇源、新平、之江、他郎等十余州县。七年,与哈尼族田以正起义军联合,以田以正为副帅。同治二年(一八六三年),王泰阶攻克通关哨,设立都督府,控制了附近十多个县。起义军自附于杜文秀的平南国,李文学受命为平南国大司藩。同治十一年七月,清军进攻大理,攻陷下关。李文学和李学东率三千人马驰援杜文秀,途中遇清军截击,李文学被俘,关押二年后处死。李学东率余部退入深山。

甘肃回民起义 同治元年(一八六二年),甘肃白山教派教主马化龙在宁夏府金积堡牛首山制造武器,招募兵勇数千,编为标兵十三营,联络镇靖堡汉人团练首领董福祥,攻占灵州,杀知州穆栋额。起义首领赫文选攻占宁夏府,杀宁夏道员侯登云,知府吕际韶,知县赵长庚。马化龙命赫文选为宁夏镇总兵。自称"统领宁夏两河等处地方军机军务大总戎"。宁夏将军穆图善,西安将军都兴阿等率清军进攻宁夏府,马化龙接受清军招抚,被任为宁夏副将,改名马朝清。

西宁回民在起义军首领马文义领导下起义,占领了碾伯至享堂之间的大道,在南川击败甘肃提督成瑞的进攻。同治二年,马文义病死,起义军由马永福率领。

甘肃南部回民在马占鳌领导下,在甘南同州、狄道起义。同治三年,攻占河州城。四年,河州回民马文禄

320

率起义军攻占肃州,自称"兵马大总戎"。

马化龙、董福祥在宁夏再次反清,攻占金关。同治六年(一八六七年),左宗棠受命为陕甘总督。次年,派刘松山率湘军进攻宁夏,董福祥投降。八年,刘松山战死。九年,马化龙降清,被处死。十一年,马占鳌降清,十二年马文禄降清,均被清军处死。

升平天国起义 湖南东安人朱洪英(又作朱洪胜、朱世雄)咸丰二年(一八五二年)以恭义堂名义,与广西武宣人胡有禄在广西南宁起义。四年秋,占领灌阳,建号升平天国,年号太平天德,朱洪英称镇南王,胡有禄称定南王。进攻湖南道州、嘉禾、江华等地,占领广西恭城、富川。五年,湘、粤两省清军进攻灌阳,朱洪英、胡有禄等放弃灌阳,分兵进取。一路活动于道州文村、新墟一带;一路从全州、道州、零陵进攻东安,胡有禄在作战中被俘,槛送长沙被杀。朱洪英退回新宁,与全州起义军陈永秀部联合,扩军作战,再度攻克灌阳、永明。七年,攻克柳州,转战在湘、桂、黔三省边区。同治十三年(一八七四年),在湖南宜章战败,被捕遇害。

第二节 同治朝新政

咸丰一朝,经历英法联军的入侵和太平天国革命的冲击,清廷的统治处于风雨飘摇之中,皇皇不可终日。同治初年，依恃汉人军阀镇压了太平天国和各地农民起义，动荡的局势又暂时趋于平稳。对外战败的经历和镇压起义的教训，促使清廷实行了若干新政。

（一）总理各国事务衙门诸政

清朝统治者历来以为中国居天下之中，是文明古国，对外界情势不甚了了。因而视海外诸国为未开化的夷狄，只是通商谋利。对外事务原由管理国内各族事务的理藩院统一管理。开放五口通商后，广州、上海官员办理通商，仍然没有专设的外事机构。咸丰帝病

总理各国事务衙门旧照

死前,咸丰十年(一八六〇年)十二月,诏准设立总理各国事务衙门,命恭亲王奕䜣、大学士桂良、户部左侍郎文祥管理。奕䜣辅两宫垂帘,总理各国事务衙门的事权也随之强化了。

一、总署建置

总理各国事务衙门简称总理衙门或总署,设大臣统领。两宫垂帘后,咸丰十一年(一八六一年)十月,奕䜣、桂良、文祥均为军机大臣,兼总署大臣。军机大臣宝鋆也兼总署大臣。同治元年(一八六二年)二月,桂良病死。军机大臣五人中三人兼领总署。至同治八年六月,命军机大臣沈桂芬兼在总署行走。军机大臣五人中,兼领总署多至四人。

总署司员原设满汉章京各八人,其中各选二人为总办。同治元年增置额外章京,满汉各二人,二年又各增六人,各章京分署治事。三年改设司务厅,置司务二人管理总署印钥文书诸事。设英国股、法国股(兼掌荷兰等国)、俄国股(兼掌日本等国)、美国股(兼掌德、意、葡萄牙等国),各章京分在各股分工掌理有关国家事务。

总理各国事务衙门的管理权限,日益扩展。综理所谓"夷务"、"洋务"的一切方面,包括邦交、条约、通商、传教以及培养外事人才、购买外国船炮、引进外国技术造船、开矿、制造兵器、训练新军等等。名义上隶属于军机处,但总署大臣由军机大臣兼领,渐与军机相埒。总理各国事务衙门原由奕䜣奏请设立。两宫听政,奕䜣以辅翼功封议政王,以首席军机大臣统领总署,又身兼多职,权势日隆。太平天国败亡后,又以功加封亲王世袭。

两宫太后不能不依靠奕䜣综理朝政,尤其是涉外政务,但又不能不担心奕䜣位高权大,威胁两宫和幼帝的统治。两宫与奕䜣嫂弟之间,明和暗斗,渐多疑忌。奕䜣好谀恶直,也不免骄盈。同治四年(一八六五年)二月,翰林院编修署日讲官蔡寿祺上章弹劾议政王揽权徇私。慈禧后召见奕䜣,说"有人弹劾你"。奕䜣不谢罪,追问是什么人。后答:蔡寿祺。奕䜣顶撞说"蔡寿祺不是好人",欲加逮问。慈禧后大怒,三月初五日,召见内阁大学士与部大臣,说"王植党擅政,欲重治罪"。群臣不敢回对。次日,慈禧后自拟帝旨,指斥奕䜣"妄自尊大,诸多狂敖(傲)","目无君上,诸多挟致(制)","革去一切差使",交经筵讲官大学士倭仁(蒙古正红旗

慈禧后自拟罢免奕䜣诏书

324

人）改正别字，润饰文理发下。惇亲王奕誴为奕䜣申辩。慈禧后命大臣复议。醇亲王奕譞也为奕䜣说情。十六日，明降谕旨，恭亲王加恩仍管理总理各国事务衙门。奕䜣入朝谢恩，痛哭自责，两宫太后谕仍任军机大臣，但免去议政王及各项兼职。

同治一朝，总理各国事务衙门一直由恭亲王奕䜣以军机大臣兼领，但重大决策须奏陈两宫太后，请皇帝诏旨。大权归于两宫。

二、各 项 新 制

总理各国事务衙门建立后，从多方面改变了前此办理夷务的旧制，实行了若干新制。

建国旗 中国历史上历来只有军旗、都旗，并无国旗。清代满洲八旗是在牛录制基础上组成的军事行政单位，以不同颜色的旗帜，相互区别。水陆军兵各有营旗。总理各国事务衙门建立后，得知外国船只皆竖立国旗，以便识别，交两江总督曾国藩议复。曾国藩等议得：各处兵船可仿照外国竖立旗号之例，用三角形黄色龙旗。原有营旗照常竖立，有益公事，无碍行军。奕䜣据此上奏，获准。同治元年（一八六二年）闰八月，总理衙门照会各国，称"查各国船只，向皆竖立各国旗号，易于认识"。"中国兵船原有旗帜可认，今复一律添设龙旗一面，其旗用三角尖式，大船直高一丈，小船高七八尺，其斜长及下横长各从其便，均用黄色画龙，龙头向上"。"嗣后遇有前项黄龙旗帜,即系中国官船,应照外国之例,不准擅动"。曾国藩等设计的三角形黄龙旗,是中国最早的国旗。

南北通商大臣 咸丰朝英法联军侵占广州后,五口通商事务由两江总督管理,授钦差大臣衔。同治初年,总理各国事务衙门下设五口通商大臣,驻上海,由江苏巡抚兼领。同治四年(一八六五年),以两江总督兼任,被称为南洋通商大臣。

总理各国事务衙门,又在天津设三口通商大臣,管理天津及奉天省牛庄、山东省登州等三口通商事务。同治九年(一八七〇年),加钦差大臣衔,改称北洋通商大臣,由直隶总督兼领,管理直隶、奉天、山东三省通商事务。

南洋、北洋两大臣职名列于总理各国事务衙门之下,奏请事项需经总理衙门承转,但并非总理衙门的属员。两大臣办理商务外也兼管其他涉外的洋务,权位渐重。

海关总税务司署 咸丰九年(一八五九年),依据中英通商章程善后条约,两江总督何桂清任命原英籍税务司李泰国(H. N. Lay)为中国海关总税务司,驻上海。总理各国事务衙门成立后不久,李泰国回国,奕䜣任命原广州海关副税司英人赫德(R. Hart)代理。同治二年(一八六三年)实授赫德为总税务司。同治四年七月,总税务司移驻北京,建立海关总税务司署,为总理各国事务衙门附属机构。赫德作为清廷任命的客卿，加按察使衔。司署官员主要招聘英人担任，华人帮办。全国各地的海关税务司的行政、人事统由总税务司统领。清廷的厘金与关税是朝廷的两大收入。同治四年，赫德征得海关关税八百三十万两，此后续有增长，博得总理衙门的信任与赏识。又呈递《局外旁观论》向总理衙门提出若干建策。同治八年晋为布政使衔。总理各国事务衙门处理涉外诸事往往向赫德咨询，征求意见。英国政府则得以经由赫德了解中国内情，作为侵略中国的助手。

外国驻京使馆 自从道光朝英国武装入侵以来，清王朝一再拒绝外国公使进京的要求，担心他们会侵犯天朝皇帝的天威，招致纠葛，难以应付。英法联军入侵后，咸丰八年中俄、中美所订天津条约中，清廷被迫同意：遇有要事，可派使臣进京，准予暂住。随后签订的中英天津条约则明确规定，两国可互派大员到对方京师。英国大员可在中国京师"长行居住"，"在京师租赁地基或房屋，作为大臣等员公馆"，在通商口岸设立领事官。次日签订的中法天津条约则规定："凡与中国立有章程之国或派本国钦差公使等进京长住者，大法国亦能照办"。（俱见《中外旧约章汇编》）

咸丰十年中英续约中重申前议。次年二月，法国公使布尔布隆、英国公使普鲁斯（F. W. A. Bruce）来京，由恭亲王奕䜣与建立未久的总理各国事务衙门接待安排,在京师崇文门内租用王公府第,建立了使馆。六月,俄国公使巴留捷克(L. th. Baluzeck)来京。同治元年(一八六二年)七月,美国公使蒲安臣(A. Burlingame)来京建馆。各国援例,相继遣使来京。同治一朝,德国、比利时、西班牙、意大利、葡萄牙、丹麦、奥地利、日本、荷兰先后派公使来京建立使馆。崇文门内今东交民巷地带成为使馆集中的地区。各国驻京使馆可随意雇用夫役,公使及随员任便往来,文件及行装不得有人启拆。中英天津条约第四款还写明"泰西各国于此等大臣向为合宜例准应有优待之处,皆一律行办"。即依西方诸国惯例,享有一切外交特权。有关事务,由总理各国事务衙门交涉办理。

同文馆 总理各国事务衙门建立后,奕䜣等大臣曾奏称"今语言不通,文字难辨,一切隔膜。"请选通晓英、法、美三国文字之人,在京师挑选八旗子弟教习。英国公使威妥玛推荐通晓汉文的英国传教士包尔腾(J. S. Burdon)任教。同治元年(一八六二年)六月,奕䜣等奏请在京设立同文馆,拟具同文馆章程六条:一、录取满、蒙、汉学员定额二十四名,先取十名;二、分设教习(教员)教授英、俄、法语文;三、总理衙门司员满、汉各一员充任该馆提调;四、分期考试,设月课、季考、岁试;五、年限三年,经总理衙门考试授官;六、酌定俸饷。奉旨依议照准,成立同文馆,原有的俄罗斯文馆并入。次年三月,又依法、俄公使推荐,增聘法人、俄人教习各一人到馆。汉人教习有八旗学官徐树琳等三人。对洋教习给以高俸。汉人教习月俸银八两,英、法、俄教习年薪一千两。

同治三年(一八六四年),经总理衙门奏准,同文馆将美国传教士丁韪良(W. A. P. Mattin)与江宁何师孟等人摘译的英国惠顿著《万国律例》一书题为《万国公法》刊行,分送通商口岸有关官员。四年,丁韪良受聘为同文馆教习。六年正月,太仆寺卿徐继畬充任总管同文馆事务大臣,仍在总理事务衙门行走。总理衙门奏准同文馆增设天文算学馆,招收学员三十一名。此事曾遭到大学士倭仁的反对,奏称"立国之道在人心不在技艺,倘延夷人为师,祸患无穷。"慈禧后命倭仁在总理衙门行走,"互相参酌,共济时艰",倭仁辞不赴任。八年十月,丁韪良任为同文馆总教习。

上海、广州两地依仿同文馆章程先后在当地设同文馆,延聘外人教授英、法及日、俄、德语文,招收满汉学员学习,结业后充任译员。两地的同文馆又称广方言馆。

遣使出洋 中英、中法天津条约原规定两国可互派大员在对方京师居住。清廷依约准外国使臣驻京,但并未派遣驻外的使臣。据奕䜣说,这是因为:"中国特派使臣前赴各国,诸费周章,而礼节一层尤难置议,是以迟迟未敢奏请"。同治五年(一八六六年)正月,总税务司赫德请假回国,依赫德的建议,奕䜣奏准派遣总税务司文案、原山西襄陵知县斌椿(正白旗汉军)以总理衙门副总办官名义,加三品衔,随同赫德去英国游历考察。斌椿之子总理衙门笔帖式广英及同文馆学生二人作为随员同行。斌椿等于正月二十一日随赫德离京启程。三月到达法国马赛、四月初到英国,游历月余,随后又遍游荷兰、汉堡、丹麦、瑞典、芬兰、俄国、普鲁士、汉诺威(Hanover)、比利时等地。六月,返回法国。七月初十日自马赛启程,九月十八日回京。斌椿在伦敦时曾对英皇子说:"中华使臣,从未有至外国者。此次奉命游历,始知海外有此胜境"。回国后写成《乘槎笔记》一书,对海外见闻,做了概略的记述。

同治六年(一八六七年)十月,美国公使蒲安臣任满。回国前,奕䜣上奏称:"近来中国之虚实,外国无不洞悉,外国之情伪,中国一概茫然,其中隔阂之由,总因彼有使来,我无使往。"(同治朝《筹办夷务始末》)奏准以蒲安臣为客卿,充办理中外交涉事务大臣,率中国使团出使美欧诸国。记名海关道志刚、礼部郎中孙家谷加二品衔也充办理中外交涉事务大臣同行。另任在华的英、法官员各一人为左、右协理,同文馆英、俄、法科学生各二名随行。行前约定,交涉事务须知会总理衙门复准。同治七年二月,使团自上海乘轮船经日本赴美国。六月初,蒲安臣在华盛顿,不待知会总理衙门,即与志刚、孙家谷以三大臣名义与美国总理各国事务大臣草签了中美天津条约"续增条约"八条。主要

330

内容是中美两国人民得自由来往,在对方国内游历、贸易、居住、求学、传教,一体优待。中国可在美国通商口岸派驻领事官。对中国之内治,美国声明并无干预之权等等。续约于同治八年十月经两国批准,在清京师交换。当时美国亟需大批廉价的劳力开发西部地区。条约中虽写明两国人民"自愿往来","别有招致之法,均非所准"。不得将中国人"勉强带往美国",但此后几年间,美国的经营者却因有自由往来的规定得以招募数万名廉价的华工去美劳作。(参见丹涅特《美国人在东亚》)

同治八年十二月,蒲安臣在柏林会晤普鲁士首相俾斯麦(O. Von BismarcK-Schon-hausen)了解普鲁士对华政策。次年正月,自柏林去俄京彼得堡,向俄皇呈递中国国书,十八日在彼得堡病死。清廷谕令志刚接办出使事宜。志刚与俄国外交部商谈两国和好诸事,不得结果。三月,志刚率使团返回普鲁士。尔后又访问比利时、意大利、西班牙、法兰西等国,八月启程回国。同治九年十月回京,写成《初使泰西记》呈览。

同治一朝迄未派遣驻外公使,但派遣使团出洋,表明清廷已察知"有来无往","一概茫然"的积弊,开始走出国门,步入世界了。

派送留学生 早在同治二年,总理衙门即曾奏陈捡选知县桂文灿条陈:"闻日本近遣幼童分往俄、美两国学习制造船炮铅药及一切军器之法","我国家亦宜行之"。搁置未议。

广东香山人容闳，原在澳门学习，后赴美国耶鲁大学留学，咸丰时毕业回国，在上海经商，曾往江宁会晤太平天国洪仁玕，建策数事。同治二年起在曾国藩幕府，保江苏候补同知，任江苏巡抚衙门译员。六年，向江苏巡抚丁日昌提出派遣青年出洋留学的建议。九年，又向丁日昌、曾国藩重陈此议。曾国藩采纳此议，咨函总理衙门，获得赞许。十年七月，两江总督曾国藩与直隶总督李鸿章奏拟章程十二条。在上海设出洋局，挑选训练二十岁以下幼童，不分满汉，每年三十名。四年内共派一百二十名。在外洋肄业十五年，学习西学，仍兼讲中学及清朝律例。不准加入外国国籍，不准自谋职业，回国后由总理衙门委用。留学经费银一百二十万两，由清廷自海关税收中拨付。商请美国公使，首批去美国学习。又奏请以刑部候补主事陈兰彬任出洋局委员、容闳为副委员办理选派诸事，并常驻美国管理一切。经总理衙门奏准实行。

出洋局在上海设出洋预备学校，选詹天佑等青年三十名，训练半年，学习基础英语及中国知识。同治十一年（一八七二年）七月初六日，由陈兰彬、容闳率领，自上海启程赴美，是为第一批官派的留学生。此后每年一批，同治朝共派出三批留学生赴美学习。选派青年出洋表明，清廷已逐渐认识到向西方学习技艺的必要。

三、中外交涉诸案

自英军入侵以来,清朝屡战屡败,丧权辱国,不得不被迫改变天朝对诸夷的倨傲,在所订条约中,以平等的词句对待各国,但外国侵略者并未因此平等地对待中国。同治一朝,没有再发生外国武装入侵的战事,但外国的侵略活动并未停止。总理各国事务衙门在十多年中先后处理了如下的一些要案。

中俄划界　咸丰十一年(一八六一年)中俄签订《勘分东界约记》以后,俄国又提出西北划界的要求。

咸丰十年(一八六〇年)中俄续增条约的俄文本与俄国所译的汉文本,关于西疆未定界的文字原有歧异含混,成为俄国要求补充条款,进一步勒索的依据。谈判划界前,俄国外交部与受命谈判的西伯利亚军官巴布科夫(I. F. Babkov)上校已经过策划,先行拟制"国界草案",将巴尔喀什湖以东和以南的大片清朝领土,包括伊塞克湖、阿拉湖划归俄国。两国商定,俄国以巴布科夫为全权委员,清廷以乌里雅苏台将军明谊为钦差大臣,在塔城(塔尔巴哈台)谈判划界。

谈判于同治元年(一八六二年)六月二十七日开始,巴布科夫曲解中俄续约的文字,提出以俄文本所谓中国"常驻卡伦线"为界,明谊据实反驳,谈判两次,无结果。俄国又增派原驻伊犁总领事札哈罗夫(I. I. Zakharov)为谈判代表,坚持原议,会议陷于僵局。八月十七日,俄方将原拟国界草案,作为《俄中划分西北边界议单》提出,声称必须照此办理。限十日内答复。明谊将议单上奏清廷,告知俄方,待奏请后答复。十日后,札哈罗夫见尚无答复,即宣布中止谈判回国。

十一月,清总理衙门照会俄驻京公使巴留捷克,据理反驳俄方的曲解,希俄方照约办理,勿再另生枝节。明谊多次约俄方恢复谈判,俄国不理。

俄国政府袭用东部划界先行强占的故技。同治二年(一八六三年)春派遣西伯利亚驻军分头侵入塔城东北、科布多和斋桑湖地区,迫令清廷卡伦守军后撤。又由戈鲁别夫率军分三路入侵伊犁地区。自五月至七月间,多次进攻清卡伦营地,清兵奋起还击,俄军败退。

清总理衙门一再要求入侵俄军撤去,在照会中指责"俄国兵突来占踞,实为背理。"但当伊犁战报传到清廷,总理衙门生怕事态扩大,俄军深入,奕䜣奏请依照俄国所提"议单"划界,谕旨照准。明谊回奏,请朝廷复议。清廷不准。同治三年九月七日,明谊奉命与札哈罗夫签订《勘分西北界约记》,依照俄方所拟"分界地图"划分边界,人随地归,建立界牌。总理衙门以妥协求苟安。俄国凭借曲解条约和武力威胁,强占了塔城、伊犁以西约十四万平方公里的中国领土。

中英修约 咸丰八年签订的中英天津条约第二十七款规定"此次新定税则并通商各款,日后彼此两国再欲重修,以十年为限,期满须于六个月之前,先行知照,酌量更改"。同治六年(一八六七年)四月,英国公使阿礼国(R. Alcock)即赴各通商口岸征询英商意见。九月,奕䜣奏请饬下南北洋通商大臣及各省督抚等征询意见。双方预做修约的准备。

十二月,阿礼国送交总理衙门《修约节略》一份,提出免除洋货厘金、改订海关税则、内河行驶轮船、海关设栈、长江增开口岸等条。次年四月,又送来一份《修约节略》,依据英商要求,提出增开温州商埠、开采煤矿等事。奕䜣答复可增开琼州代替温州,煤矿由中国自办。九月,英使送来照会,胪列要求共十九项。十月,奕䜣复照,予以驳辩,并奏报清廷。英使称俟收到本国复文,再行商谈。同治八年(一八六九年)七月,重开谈判。九月,双方拟订《新定条约》及《新修善后章程》附《新修税则》,新增的主要内容有:中国允开温州、芜湖为通商口岸;英商可自备中国式船往内地,可在通商口岸酌设关栈;南省煤矿三处,由清通商大臣自行派员开办,"挖出之煤,华洋商人均可买用"。又规定减免英国进口商税数款,加征洋药(鸦片)进口税(每百斤由银三十两增至五十两)和生丝出口税。修订的新约九月十九日在北京会签。奕䜣奏称:有益于英国者以南省由中国自行挖煤及芜湖设关为大,有益于中国者以洋药增税湖丝倍征为大。英国商人因鸦片增税哄起反对。英政府屈服于商人的压力,对新约不予批准,因而未作为正式条约互换。

中法教案 基督教自唐代传入中国。元代也里可温遍布各地。晚明及清初耶稣会士参与天文历算的研考,受到朝廷的重视。历来对基督教并未排斥。康熙时因罗马教廷下令禁止中国信徒传习中国传统文化,遂明令禁止西洋人在中国传教。英法联军入侵后,清廷与俄、美、英、法等国订立的天津条约中,应各国的要求,解除禁令,明文规定天主教得在中国传教,安分传习都受到保护。条约订立后,各国不断有传教士来中国,在各地建立教堂,获得了一批中国信徒,也与中国官民发生了不少纠纷。一些地区的民众遭受外国侵略,对洋教抱有反感。一些传教士及中国教民恃有教会保护,骄横不法,更激起群众的愤怒,发生激烈的反抗行动。外国公使则借端提出种种要求,侵犯中国主权。同治一朝,各地不断有教案发生,其中以中法之间的教案最为频繁也最为严重。其中要案,有如下列。

贵阳教案——咸丰十一年(一八六一年),法国天主教贵州教区主教胡缚理(L. Faurie)在贵阳骄踞恣纵,乘大轿设仪仗,鼓吹过市,引起官民的公愤。贵州巡抚何冠英提督田兴恕令各地驱逐外国传教士。贵阳青岩镇中国教民四人,恃有教会保护,横行乡里,当地团练将四人逮捕处死,焚毁青岩晁家关教会学堂。法国使馆代办哥士耆(M. A. Comte kleczkowski)出面交涉,要求赔偿教会损失。同治元年(一八六二年)正月,贵阳东北的开州(开阳)居民,依当地风俗,上元节

336

祭神赛灯,受到法国传教士文乃耳(J. P. Neel)及中国教民的抵制。当地团练将文乃耳及中国教民四人捕送州署。贵州提督田兴恕批示开州知州戴鹿芝,将文乃耳及教民四人处死。胡缚理报告法国驻京使馆,照会中国总理衙门查办。五月,清廷命降调两广总督劳崇光与成都将军崇实、四川总督骆秉章赴贵州访查具奏。

七月,清廷命将田兴恕交部议处,即赴四川,交骆秉章差遣,听候查办。十一月,哥士耆向总理衙门递交照会,提出十二条要求,主要是将田兴恕、戴鹿芝及团务道赵畏三问斩抵罪,贵州巡抚革职,田兴恕所建房屋一所改建天主教堂,赔偿教主银五千两,教民死者每人六百两,并为修墓,建立牌坊。奕䜣复照,只许赔偿,不能抵罪。

同治二年(一八六三年)三月,法国新任驻华公使柏尔德密(J. F. G. Berthemy)到京。哥士耆奉调回国。四月,法公使照会总理衙门,催办贵州教案。清廷命新授云贵总督劳崇光将田兴恕等按律定拟具奏。双方交涉经年。次年九月,清廷迫于法国的战争恫吓,与法公使达成结案协议。田兴恕发往新疆充军,原提督公廨改建天主教堂,赔款银一万二千两,又处死涉案民众八人抵罪。次年春,田兴恕发往新疆途中,陕甘总督左宗棠将他留在军营效力。

南昌教案——清廷解除传教禁令后,各传教国纷纷要求发还康熙、雍正间没收或查封的教产。咸丰十一年（一八六一年）十月，哥士耆致函总理衙门，要求发还江西南昌府吴城镇两处教堂，总理衙门行文江西巡抚办理。法国传教士罗安当（Antoine Arot）于十二月去南昌交涉。南昌城内乡绅将湖南指斥天主教不敬祖宗、不分男女的《湖南阖省公檄》翻印，在街市张贴，激起居民反传教的情绪。同治元年（一八六二年）二月，群众聚集，将城内两处天主教堂拆除，捣毁教民房屋。进贤县也捣毁教民住房。江西巡抚沈葆桢上奏，廷谕妥为驾驭，"既不可使洋人有所借口，亦不可稍失士民之心"。沈葆桢见群情激愤，拖延不办。罗安当返回上海，来京申理。闰八月，哥士耆照会总理衙门，要求赔偿南昌等地各种损失银一万五千两。吴城镇教堂已在道光时被毁，另做赔偿。又要求在九江城内拨地十五亩作为教产。总理衙门严饬江西谈判结案。同治二年（一八六三年）二月，罗安当离京，经九江去南昌会谈。南昌城内遍贴《扑灭异端邪教公启》，抵制传教。罗安当被迫返回九江。江西巡抚沈葆桢命署九江道蔡锦清与罗安当会谈，依清廷旨意，达成结案协议。赔偿南昌及进贤县教堂教民损失银一万三千两，吴城镇重建教堂银一千两，罗安当赴京往返费用一千两。发布告示，禁居民对教堂滋扰。

重庆教案——同治元年（一八六二年）闰八月，哥士耆照会总理衙门，要求将重庆的佛教寺院崇因寺（长安寺）拨充天主教堂，以补偿川东已毁的四处旧

338

堂,总理衙门行文四川办理。重庆绅民联名具禀,请予严拒。川东主教范若瑟(E. J. C. Desfleches)得成都将军崇实允准,在崇因寺扩建主教座堂,激起公愤。同治二年正月,团勇与民众数千人捣毁主教座堂,又抄掠教民数十家,打死中国教民一人。四川总督骆秉章奉命处理此案,以赔款重建教堂结案。

酉阳教案——重庆教案后,四川各地教士与教民日益骄恣。同治四年(一八六五年)七月,四川酉阳州民众,因遭受教会与教民的欺压,聚众数万人,捣毁教堂并打死中国教徒一人。主教范若瑟命传教士玛弼乐(F. Mabileau)前往处置,当地民众又将玛弼乐打死。法国公使柏尔德密照会总理衙门查办。四川总督骆秉章处死涉案民众一人,命当地绅民赔银八万两。

此案之后,酉阳不法教士更加肆无忌惮,甚至捕押平民、奸污民女、掠夺财物。同治六年(一八六七年)三月,酉阳团勇及民众千余人围攻教堂,抓走中国籍教士一人,抄掠教民数十家。四月,教民聚集报复,杀死团民二十余人。团民不断围攻教堂。中国籍教士谭纯卿(一作覃辅臣)在教堂外筑高墙,购置枪炮,聚众千人操练,自称统兵大元帅。七年四月,武装的教徒外出抢掠。各乡团揭出"奉旨灭教"旗帜,聚众自保。奉教与反教的民众互斗。十一月,不法教民百余人杀死乡民何大发一家。轮奸何妻致死,激起民愤。团首何彩率团民纵火攻入教堂,与武装教徒搏斗,互有伤亡。法

339

国教士李枸(J. F. Rigaud)被杀。当地中国教士和教徒中的一些不法之徒,奉教之始即企图依恃教会特权鱼肉乡里,得到主教范若瑟等人的支持,愈益骄横。八年二月,署酉阳知州田秀栗到任,命教民、团民缴械解散。团民解散后,谭纯卿又聚众二千余人报复,杀死团民百余人,成都将军崇实出兵弹压。九月,法国公使代办罗淑亚(de Rochechouart)照会总理衙门,将与水师提督率兵船入川,督办教案。十月,率兵船三艘经九江至南昌,又驶向武汉。湖广总督李鸿章奉命去四川查办。十一月到达重庆,谭纯卿已随范若瑟逃往法国。李鸿章将团首何彩斩首,又处死民众一人,充军一人,赔偿教会银三万两。十二月初,李鸿章自重庆回武汉,会晤罗淑亚,劝谕勿再去四川。酉阳教案以清廷的屈服而结束。

天津教案——咸丰九年(一八五九年)英法侵略军自北塘登陆,攻陷塘沽、大沽,蹂躏津京,在天津居民中留下深刻的仇恨。仇恨的聚积,终于在同治九年(一八七〇年)爆发了震动中外的天津教案。

法国传教士在天津望海楼建立教堂传教,又设育婴堂,收养婴儿和孤儿。送养者或给予酬金。某些不法之徒因而迷拐幼童,送堂牟利,引起居民的愤恨。同治九年(一八七〇年)五月,育婴室埋葬婴儿的坟场,尸体外露,为民众发现。辗转传说,群情汹涌,要求查勘。又抓获拐犯一名扭送县衙。三口通商大臣崇厚命天津知府张光藻等去育婴堂调查,未见异常。天津知县刘杰与法国传教士谢福音(C. M. Chevrier)协议,此后婴儿死亡报官验明后再葬,以免物议。此时愤怒的群众聚集教堂,与中国教民争斗,法国领事丰大业(H. V. Fontanier)出面威胁,遂成大案。

崇厚奏报此案经过,略谓:天津一带谣言天主教挖眼剖心,拿获为教堂迷拐幼孩人犯,民情汹汹,教民与居民互殴。法国驻天津领事丰大业神气凶悍,至崇厚官署,口出不逊,枪击崇厚未中,将什物打坏,咆哮不止。崇厚劝他不可外出,恐有不虞。丰大业不听,盛气而去。路遇天津知县刘杰,又向刘杰开枪,将刘杰家人打伤。众百姓大怒,将丰大业殴毙。

群众焚烧望海楼法国教堂,又去焚烧法国领事馆及东门外法国女修士居住的仁慈堂,并烧毁英国礼拜堂四处,美国礼拜堂二处。打死谢福音及法国领事馆随员、翻译及教士、修女等十二人,误伤比利时修女二人、意大利修女一人、英国修女一人及俄国商人三人致死。

教案发生后,中外震动。清廷命总理衙门议奏。奕䜣奏称"此案尤在预杜兵端",应给以切实照会,"以安法国之心"。清廷应崇厚之请,命直隶总督曾国藩(同治七年七月调任)赴津查办,又采居间国公使的建议,拟命崇厚为钦差大臣赴法国道歉。总理衙门照会法公使,称已命各省保护通商传教,崇厚前往法国,曾国藩赴天津查办,查拿凶犯,按例抵拟,将地方官交部议处,被毁教堂一律修补,毙命修女,予以抚恤。

六月初十日,曾国藩由保定到天津,十九日会晤法公使罗淑亚。罗淑亚当面提出赔修教堂、埋葬丰大业、查办地方官、惩办凶手等要求。两日后,又提出定要天津知府张光藻、知县刘杰及提督陈国瑞抵命、随后又送交照会以武力要挟,宣称如不以府县提督抵命,法国水师提督到津,即便宜行事。曾国藩奏请将府县革职,交刑部治罪,陈国瑞交总理衙门查办。又请降旨宣布教会挖眼割心之说虚诬,用以雪洋人之冤。两宫太后召集御前会议,诸王大臣议论不一,依奕䜣之请,以曾国藩所拟定议。

曾国藩奏称:"中国目前之兵力,断难遽启兵端,惟有委曲求全之一法"。在天津张贴告示,查拿凶犯。民怨沸腾,群起反对。清廷又调江苏巡抚丁日昌来津,协同办理。七月,丁日昌到津。八月间,曾国藩、丁日昌缉拿涉嫌民众八十余人,施以酷刑,仍拒不认罪,无法定案。曾国藩、丁日昌奏请变通处理,不待招供,正法斩首十五人,军流四人,徒罪二十一人。另涉嫌十六人待续审定罪。是月,清廷任曾国藩两江总督,调任湖广总督李鸿章(同治六年授任)为直隶总督。九月,李鸿章到津,协同结案。曾、李联衔奏请再正法五人、军徒四人。前后处死者,凑足二十人,算是对洋人一命抵一命。刑部判处天津知府张光藻、知县刘杰发往黑龙江效力赎罪。奕䜣与罗淑亚议定,赔偿法国教堂、领事馆等损失银二十一万两,英国礼拜堂二千五百两、美国礼拜堂四千七百余两。法国及英、意、比等国死者恤银共二十五万两,俄国商人三万两。另给予教案中被打死的中国教民十六人恤银五千两。十月,崇厚以钦差大臣名义持国书去法国赔罪。天津教案遂以屈从于法国的苛刻要求,枉杀平民结案。

日本侵台 同治九年(一八七〇年)日本与清朝建立外交关系。次年,签订中日《修好条规》和《通商章程》。同治十二年正月,日本外务相副岛种臣受任为特命全权大使来华,与直隶总督兼北洋通商大臣李鸿章交换了条约的批准书。

日本与清廷建交后即开始了对琉球和台湾的侵略。琉球自明初即向中国称藩入贡。同治十二年(一八七三年)三月,琉球国王尚泰仍遣使上表进贡,清廷赐宴赏赉。日本久已觊觎琉球,竟于同治十一年(一八七二年)擅自宣布琉球为日本的藩国,同于日本的府县,并借琉球船民在台湾遇害事件向清廷提出交涉。同治十年琉球船民六十六人遇风,漂流到台湾南部东海岸上陆,当地牡丹社高山族居民将其中五十四人杀害,经福建督、抚查办,将幸存者十二人送回琉球。同治十二年初又有日本人四名遇风漂流到台湾,得救后被送回国。日本竟称遭受到劫掠。副岛种臣来华后派柳原前光到总理衙门提出交涉,说日本要向台湾土蕃遣使问罪。总理衙门大臣毛昶熙等予以驳斥，说："蕃民之杀琉民，闻有其事。害贵国人，没有听说过。琉球台湾二岛都是我朝领土，居民相杀，与贵国有甚么相干！"柳原竟说琉球人即日本人，又质问："请问对狂暴虐杀琉民之生蕃又曾做何处置？"毛昶熙等对："该岛之民向有生熟两种"，"其未服者为生蕃，姑置之化外，尚未甚加治理"。柳原乘机讹诈说："贵大臣既谓生蕃之地为贵国政教不及之区"，"则只能由我国加以处理"。

副岛种臣等回国后力主出兵侵略台湾。日本政府制定了侵略台湾的方案《台湾蕃地处分要略》，命西乡从道率兵舰进攻台湾。派柳原前光出任日本第一任驻华公使。

同治十三年（一八七四年）三月，奕䜣等奏称自英国公使威妥玛处得知，日本已派兵进攻台湾。总理衙门致函南、北洋大臣、闽浙总督、福州将军，密饬探访。三月十九日，接两江总督李宗羲咨文：十五日，有日本大战船一只停泊厦门。请派大员带领轮船前往台湾，妥筹办理。清廷即派总理船政大臣沈葆桢率兵船前往台湾，会商福州将军文煜，闽浙总督李鹤年等调拨军兵。四月，日本政府任陆军中将西乡从道为台湾番地事务都督，率军舰驶向台湾。日军共出动军舰七艘，两千余人在台南琅峤登陆，焚烧番社。当地高山族人民英勇抵抗。日军不习水土，暑疫流行，伤亡甚

344

众。奕诉等奏称日本兵船,已在琅峤登岸。请任沈葆桢为钦差办理台湾等处海防兼理各国事务大臣,福建省镇、道各官,均归节制。江苏、广东沿海各口轮船准其调遣。清廷准奏,又谕应调官兵,著李鹤年迅速派拨,毋误事机。

五月,两江总督李宗羲奏称:日本使臣柳原前光到上海,署江苏布政使应宝时质问其擅自兴兵之由,柳原说他专为通商和好而来,与西乡从道之往台湾各办各事。意在迁延时日。福建布政使潘霨又连次前往诘问,柳原答应函致西乡,按兵不动,听候核办。

沈葆桢与潘霨等分乘"安澜"、"伏波"、"飞云"等轮船到台湾,准备在郡城筑大炮台。由陆路提督罗大春派兵镇守淡水等地。由镇、道添招劲勇。潘霨赴琅峤至日本军营当面诘问西乡从道。西乡理屈词穷,托病不出。潘霨召集番社高山族各部一百数十人抚慰,众人同仇敌忾,愿永为编民。潘霨见西乡不出,即不再会谈,欲告辞而去。西乡又再三挽留,提出所用兵费无着,意在勒索。

六月,沈葆桢等奏请向北洋、南洋大臣借洋枪队五千人来台。清廷命李鸿章、李宗羲速派。李鸿章奏派六千五百人赴台。又称:只自扎营操练,勿遽开仗启衅。

日本侵略军遇到台湾高山族民众的抵抗,又见清廷调兵遣将,自知难以一举占领台湾。八月,派遣全权大臣大久保利通来京谈判。总理各国事务衙门大臣奕诉、文祥与大久保利通辩论,指出台湾番社向来是中国领土,日本出兵是违反中日友好条规关于不侵越领土、不干预政事的规定。日方则坚称生番是中国的化外,日本出兵是"义举"。双方争议不下。英、法两国公使出面调停。日使乘机敲诈。由日本书记官郑永宁提出索偿洋银五百万元,至少亦须银二百万两。大久保利通、柳原前光各递照会要挟。英国公使威妥玛向奕诉调解,奕䜣等称中国既允抚恤,数不能逾十万两,日本在台湾修道造房等,留为中国用,给银四十万两,总共不得逾五十万两。经中日双方商谈,文祥与大久保利通签订结案办法三条:一、承认日本出兵是"保民义举";二、给予抚恤银十万两,补偿道路、房屋四十万两;三、日军全部撤退。清廷为避免开仗,又以屈从而结案。

总理各国事务衙门办理中外交涉诸案,改变过去办夷务的旧例,力求依国际惯例平等谈判,但一当外国以武力恫疑虚喝,不论理曲理直,便俯首屈从。清朝国力衰敝,兵力虚弱,总理衙门办理诸案,仍然只是屈辱的外交。

(二)机器局与船政局的设立

清朝屡遭外国武装侵掠,蒙受立国以来从未有过的奇耻大辱。国力不强便不免要受欺凌侮辱,已是人所共见的现实。英法联军入侵后,朝野志士纷纷提出

"自强"的呼吁。总理衙门建立之初,奕䜣等即奏陈"自强之术,必先练兵"。同治三年(一八六四年)四月又奏称:"自强以练兵为要,练兵又以制器为先"。"外洋如英、法诸国,说者皆知其惟恃此船坚炮利,以横行海外"。(《筹办夷务始末》)请讲求外洋火器。虽然朝中老臣如倭仁等仍持"以师法夷人为深耻"的"不达时务之论"(奕䜣语),但"师夷以制夷"学习外国技艺,制造新式兵器,已成为越来越多的人们的共识。

咸、同易代前后,湘军、淮军都已自外国购买新式武器,并开始仿制。曾国藩的湘军曾在安庆设内军械所,试制洋枪洋炮,又派容闳赴美国购买造船机器。李鸿章的淮军自建立时起即大量购买洋枪,至同治三年,兵士五万余人有枪一万五千支。后又组建洋炮队,并在上海和苏州设炸弹局(洋炮局)延聘英人马格里(S. H. Macartney)教习制造武器弹药。左宗棠也曾在杭州仿造小型轮船。但这些制作,主要是用于镇压太平军作战,规模不大。太平天国败亡后,清廷陆续在各地设立机器制造局,开始正规的武器制作,建立起官办的新式军事工业。

江南机器制造总局 同治四年(一八六五年)初,江苏巡抚李鸿章接到管领洋炮局的上海道丁日昌密禀称:"船坚炮利,外国之长技在此,其挟制我国亦在此。"建策设厂,自制船炮。李鸿章咨送总理衙门,函称"洋人以船炮为性命","中国一无足恃,未可轻言抵

江南机器制造总局

御,则须以求洋法、习洋器为自立之本"。经与总理大臣奕䜣及两江总督曾国藩反复磋商,正式呈上奏折,内称:"臣处所设西洋炮局,其机器仅值万金,不全之器甚多","若托洋商回国代购,路远价重","访有洋人出售铁厂机器,确实查验,议价定买,可以立时兴造"。(《李文忠公全集》奏稿卷九)建议购买上海虹口美商设立的旗记机器铁厂,与上海原有的两洋炮局合并,成立江南制造总局。容闳购买的机器归并处置。制造局以铸造枪炮借充军用为主。责成丁日昌与管领另一洋炮局的总兵韩殿甲等到局总理。制造局另行择地建房,迁出虹口。李鸿章奏陈的建议于八月初一日奉诏准行。

江南机器制造局获准成立两年后,迁至上海高昌庙,简称江南制造局,又称上海制造局。下设工厂,铸铁炼钢,制造枪炮弹药,修造轮船,成为清廷最大的新式兵工厂。同治七年(一八六八年)八月,自制的第一艘轮船恬吉号自黄浦江驶至南京下关试航。同治八年,培养西学人才的上海广方言馆划归制造局统属。

金陵机器局 原由李鸿章设立的苏州洋炮局,在江南总局成立后,迁到江宁,称金陵机器局。原来主持此局的英人马格里赏道员衔,继续任事。仍以制造大炮为主。

福州船政局 同治五年(一八六六年)五月浙闽总督左宗棠奏陈:"自海上用兵以来,泰西各国火轮兵船直达天津,藩篱竟成虚设。""自洋船准载北货行销各口,北地货价腾贵。"请在福州设局监造轮船,延聘外国师匠教习造船及驾驶,内地匠作随同学习,并称税务司法人日意格及法国常捷军参将德克碑请代为监造。六月,廷谕:"该督现拟于闽省择地设厂购买机器、募雇洋匠,试造火轮船只,实系当今应办急务,所需经费,即令在闽海关税内酌量提用。"

左宗棠奉谕即在福州马尾选定厂址,设立福州船政局,以日意格与德克碑为正副监督,招雇法国技师工匠数十人,又招募中国工匠,着手兴建。又在福州设求是堂艺局即船政学堂,招收十六岁以下学员,分设法文英文两所,学习造船与驾驶的基础知识与技艺。由英、法教员讲授,以培养中国的航海人才。八月,左宗棠调任陕甘总督,十月率部西行,奏荐在制的原江西巡抚沈葆桢为总理船政大臣督办其事。

同治七年(一八六八年),福州船政局建成三座造船的船台,次年四月,建成自制船体配备外国主机的蒸气船"万年清"轮下水,获得朝野赞誉。船政局原设五厂,后又增设八厂,自制钟表、轮机。学堂增设绘事院(绘图)等四所,学童共三百余名。同治十年十二月,内阁学士宋晋上疏称:闽省连年制造轮船,未免靡费太重。外夷"早经议和,不必为此猜嫌之举",请旨饬下福建及江苏上海暂行停止。次年正月,曾国藩致函总理衙门,反对宋晋之议。四、五月间,左宗棠、沈葆桢、李鸿章接连上疏,详陈利弊,反驳宋晋。六月,总理衙门奏准,依李、左、沈所议,继续造船。至同治十三年,福州船政局共造成兵船十五艘,也培养出一批制造和驾驶人员。法人日意格等已聘任期满,清廷给予嘉奖。沈葆桢奏请此后督令中国匠徒自造,不再用洋员监督。

天津军火机器局 同治五年(一八六六年)八月,总理衙门大臣奕䜣奏请因直隶练兵,就近在天津设局制造军火,命三口通商大臣崇厚筹建。次年四月成立。延用英商密妥士(J. A. T. Meadows)购买外洋机器,参与创办。聘任英国技师,招募中国工人制造枪炮弹药。同治九年,三口通商大臣裁撤,改属直隶总督,称天津机器制造局。

广州机器局　同治十三年(一八七四年)四月,两广总督瑞麟奏设。江苏试用道温子绍总办局务。同年九月,瑞麟病死。制造火器,规模不大。

清廷一再设立机器局和轮船局,表明当政者已不再拘收旧制,开始学习制造西方式的武器,建立新式的军事工业。所造枪炮轮船自然远胜于旧式的刀矛弓矢,但和当时西方先进的坚船利炮相比仍处于较低的水平。清朝的国力与兵力依然和西方列强存在很大的差距。

(三)同治朝终局

两宫太后垂帘听政之前,曾于咸丰十一年十月,颁懿旨称:"垂帘之举,本非意所乐为","一俟皇帝典学有成,即行归政。王大臣仍当届时具奏,悉复旧制"。(《清代档案史料丛编》第一辑)同治十一年(一八七二年)九月,同治帝载淳十七岁,娶蒙古正蓝旗阿鲁特氏(大学士赛尚阿之孙女,翰林院侍讲崇绮之女),立为皇后。次年正月二十六日两宫太后归政于载淳。同治帝亲政,同治朝进入了终局。

公使觐见　道光朝以来,外国公使多次提出觐见皇帝,清廷均予拒绝。同治朝外国公使获准驻京,再次提出此事。总理衙门推称,皇帝亲政时再议。同治帝亲政的第二天,俄、德、美、英、法等国公使联衔照会总理各国事务衙门,请求觐见,面达庆忱。总理衙门复称,待总理大臣文祥病愈后面议。二月,俄、德、美、英、法等国公使再次照会总理衙门,文祥赴俄国使馆与俄、德、美、英、法等国公使会商,坚持觐见必须跪拜。各公使只允行免冠五鞠躬礼。同治帝命大学士李鸿章妥议觐见礼仪,李鸿章奏称,各国使臣觐见应宽其小节,示以大度。五月,奕䜣又奏请准予觐见。六月初五日,同治帝在紫光阁接见各国公使,接受国书,免行跪拜。日本特派大使副岛种臣坚请头班接见。随后各国全权公使、代办按照到京日期先后,俄国倭良嘎哩(A. G. Vlangaly)、美国镂斐迪(F. F. Low)、英国威妥玛、法国热福理(F. L. H. Geofroy)、荷兰费果荪(J. H. Ferguson)等依次呈递国书。恭亲王奕䜣代同治帝致词,对使臣们所代表的各国元首致意。全部觐见礼在半小时内结束。长期争议不决的公使觐见事至此而获得解决。

荒怠朝政　同治帝载淳六岁即帝位,生母慈禧后督教甚严,令在弘德殿读书,名臣祁寯藻、倭仁、李鸿藻等授读,后又命翁同龢在弘德殿行走。规定学习汉文经史诗文,又增加习射猎,学满文、蒙文。同治帝性聪慧而不喜读,亲政前十年间,听讲常倦怠嬉笑。书既不熟,论文多别字。两宫太后每加责问。两宫垂帘听政,同治帝临朝默坐,常对讲官内阁学士翁同龢说,这是"当苦差"。读《尚书》尧典"曰若稽古帝尧"把帝字读作"屁"。亲政后，慈禧后仍规定他半日读书。他既不喜读书，也不喜临朝问政，召见一二大臣，问话数句即行退朝。这时祁寯藻、倭仁已先后病逝，总师傅军机大臣李鸿藻（同治四年起入值军机）上章直谏，说"每月书房不过数次，且时刻匆促。不几有读书之名，无读书之实乎？""若每见不过一、二人，每人泛问三数语，则人才之贤否，政事之得失，何由深悉乎？"（《晚清宫廷实纪》）同治帝亲政前，两宫准奕䜣请，恢复军机处旧制。新政庆典，赐恭亲王奕䜣复世袭罔替，仍任首席军机大臣，总理衙门大臣。醇郡王奕譞晋封亲王。同治十一年二月大学士曾国藩病卒。五月，李鸿章任大学士，仍任直隶总督北洋大臣。八月，军机大臣李鸿藻任工部尚书，又加太子少保。同治帝怠政，朝内外政事多由王大臣奕䜣、李鸿章、李鸿藻等议处。

同治帝完婚时，慈安后选中蒙古阿鲁特氏，慈禧后选中满洲富察氏（员外郎凤秀之女）。同治帝择定阿鲁特氏立为皇后，富察氏封慧妃。慈禧后不喜阿鲁特氏，时加劳苦责让，并称："帝行将亲政，国事频繁，宜节欲，勿时宿内寝。"（《慈禧传信录》）同治帝婚后生活受到生母的限制，经常独宿乾清宫，由身边太监扮戏作乐，以至与太监微服出宫，游荡酒肆戏馆。翰林院侍读王庆祺入直南书房，迎合帝意，进上小说淫词，秘戏图册。同治帝日益沉湎声色，伶人娼女每被邀幸。奕䜣之子载澂自幼在弘德殿伴读。同治帝亲政后，仍常与载澂着青衣出宫,在娼寮酒馆宵游夜宴,有如纨袴子弟,不似人君。

修园之争 两宫归政后,慈禧后意欲迁居圆明园旧址。同治十二年(一八七三年)九月,同治帝秉承生母的意旨,诏谕重修被英法联军焚毁的圆明园部分宫殿,供两宫太后居住及皇帝驻跸听政,回复旧制。诏谕并称"即著王公以下京内外大小官员量力报效捐修,著总管内务府于收捐后,随时请奖"。当时内务府供应宫廷靡费,已经入不敷出,无力支应修建。诏谕颁下,恭亲王奕䜣、醇亲王奕譞各捐银二万两。以下官员应诏报效,共捐银二十三万余两。连同其他筹募拨款,内务府共募得修园银四十万两。同治十三年正月,正式开工修建。三月间,同治帝两次去圆明园察看工程。四月初九日,又去圆明园阅视正在修葺的安祐宫工程,在双鹤斋进晚膳后回宫。五月十一日,又去园察看。

圆明园兴工后,主管此事的内务府官员与奸商勾结,从中渔利。七月初七日,大学士、北洋大臣李鸿章上疏,揭露李光昭欺罔案。原籍广东嘉应州的木材商人李光昭,曾捐得知府衔。与内务府大臣诚明、郎中贵宝等结识,声称愿采伐木材运京"报效园工"。内务府奏请给以"奉旨采办"衔。李光昭自称"圆明园监督"向法商购买木材,内务府咨请北洋大臣免税放行。李鸿章命天津海关官员查得,李光昭向法、美商人议购木

354

材总值五万四千余元,向内务府谎报价银三十万两。因不能如约付款收货致起纠纷,洋商已向北洋大臣衙门控告。所称"报效园工"实为欺罔。七月初六日廷谕:"李光昭胆大妄为,欺罔朝廷"。"交李鸿章严行查究,照例惩办"。李鸿章审结此案,奏准以"诈传诏旨"、"诈称内使臣"罪处斩。总管内务府大臣崇纶等因此案交部议处。内务府有关官员,分别处置。

自同治帝诏谕修园以来,御史沈淮、游百川曾先后上疏谏阻。兴工后,奕譞、奕劻、景寿、广寿、徐桐等又一再奏请停工。李光昭案被揭露后,七月十六日,由奕䜣、奕譞领衔,御前大臣庆郡王奕劻拟稿,经李鸿藻润色,军机大臣文祥等十余人联署,递上《敬陈先烈请皇上及时定志用济艰危摺》,内称:"自同治十二年皇上躬亲大政以来,……今甫经一载有余,渐有懈弛情形。推原其故,总由视朝太晏,工作太烦,谏诤建白未蒙讨论施行,度支告匮犹复传用不已,……值此西陲未靖,外侮方殷,乃以因循不振处之,诚恐弊不胜举,害不胜言矣。"(《李鸿藻先生年谱》)条列畏天命、遵祖制等八事,请求召见面奏。两日后,同治帝召见群臣,只阅奏摺数行,便说:"我停工何如!尔等还有何哓舌?"奕䜣回奏:"臣等所奏尚多,不止停工一事,容臣宣诵。"取出摺底,逐条讲读。同治帝大怒说:"我这个位子让给你如何?"奕䜣不敢再奏。文祥伏地痛哭,同治帝命人扶出。奕譞继续泣谏不止。同治帝称园工一事,不敢自擅,允为转奏太后。(《翁文恭公日记》)李鸿藻又向两宫太后再上一摺,请允停工。

七月二十七日,同治帝召见奕䜣,追问所奏微服出行事,是听谁说的。奕䜣答"臣子载澄"。同治帝大怒,愤恨载澄。两日后,同治帝召见军机大臣、御前大臣及翁同龢等,议定停修圆明园,改修中海、南海、北海三苑。对恭王奕䜣、醇王奕𫍯严厉斥责,说是"离间母子,把持政事"。群臣退后,同治帝交军机大臣文祥朱谕一道,将恭亲王革去一切差使。文祥一再请旨,次日降旨"革去亲王世袭罔替,降为郡王,仍在军机大臣上行走,并载澄革去贝勒郡王衔,以示惩儆"。(《清穆宗实录》)八月初一日又拟朱谕,指责奕䜣、奕𫍯、奕劻、宗人府宗令惇亲王奕誴等与军机大臣文祥、宝鋆、沈桂芬、李鸿藻等,"朋比谋为不轨",欲加罢斥。两宫太后得知,赶来制止。慈禧后慰谕奕䜣,说"十年以来,无恭王何以有今日,皇帝少未更事,昨谕著即撤销"。命同治帝再颁谕旨,赏还恭亲王世袭罔替,载澄贝勒郡王衔。一场风波,遂告平息。

载淳之死 同治十三年(一八七四年)十月初十日,慈禧后四十寿诞,连日赐宴群臣。同治帝率王大臣举行贺礼。礼成后十日,同治帝即抱病不起,命李鸿藻代为批答章奏。十一月初五日,又命奕䜣代阅满文摺件。次日,慈禧后召见王大臣,示意奏请两宫太后听政。十一月初十日,同治帝颁布诏谕,所有内外各衙门

陈奏事件呈请两宫皇太后披览裁定。(《清穆宗实录》)

同治帝病情日益恶化。太医诊为天花疹。十九日以后,痂落,腰间肿溃,作痛流脓,溃处如碗。十二月初五日在养心殿病死,年十九岁。庙号穆宗,谥毅皇帝。

关于同治帝载淳的病因,外间传说纷纭,难以确指。但少年天子,纵欲伤身,当是事实。载淳死后,两宫太后依御史参奏,将王庆祺革职,总管太监发往黑龙江为奴,又处置太监多人。

第 四 章

慈禧后再执政与
外国侵略的深入

　　同治帝病危时,慈安、慈禧两太后已再听政。同治
十三年(一八七四年)十二月初五日酉刻,同治帝病
死。不到一个时辰,两宫太后即召见诸大臣,宣告立醇
亲王奕谭的四岁幼子载湉继嗣文宗咸丰帝为子,以皇
子承继帝位。

　　载湉是同治帝载淳之堂弟,皇位传承,兄终弟及,
为清朝建国以来所未有。两太后向王大臣宣谕"现在
一语即定,永无更移。我二人同一心,汝等敬听"(《翁
文恭公日记》)。两日后颁布懿旨,迎载湉入宫即位。
三日后颁懿旨,两宫太后垂帘听政,称"垂帘之举本属
一时权宜","一俟嗣皇帝典学有成,即行归政。"(光绪
朝《东华录》)随后宣布改明年年号为"光绪"。同治帝
后阿鲁特氏,封嘉顺皇后,两个多月后病死(一说自
尽)。奕谭上疏称病告归,两宫谕"拟将该王所管各项
差使予以开除。""著以亲王世袭罔替。"(同上书)恭亲
王奕䜣授宗正府宗令,仍任军机大臣兼领总署,李鸿章

授文华殿大学士(首席)。内阁学士翁同龢与侍郎夏同善在毓庆宫授皇帝读书。

光绪七年(一八八一年)三月,慈安后病死。慈禧后独掌朝纲。十三年正月,载湉举行亲政典礼,仍由慈禧后训政。十五年正月,光绪帝完婚,娶慈禧后侄女叶赫那拉氏,立为皇后。二月,慈禧后颁懿旨"归政",由光绪帝"亲裁大政",但朝中大政仍须奏请慈禧后裁决。

自光绪帝即位,到光绪二十年(一八九四年)中日战争(详见另章)前约二十年间,清朝的局势是:(一)外国侵略势力已不再限于在沿海口岸通商,而是通过军事、经济、宗教等途径逐渐深入到中国边疆各民族地区。清廷加强了对边地的统治。(二)外国侵略势力逐步侵入清廷周边各藩国,企图取代清廷,侵占各地。光绪十年(一八八四年)爆发了法国侵略越南的海陆战。(三)同治朝自强的新政在继续推行。官办工业主要是纺织业和矿冶业得到发展。中法战后建立了新式海军。(四)以慈禧后为首的满洲贵族日益衰朽。汉族官员在军事、政治、经济各个领域中掌握的权力和作用在不断加强。满汉势力的消长呈现出前所未有的新变化。(五)社会经济领域中,外国经济势力逐渐渗入到各个部门。中国开始出现了民办的新型企业。

本章各节将分别简述上举各方面的历史状况。关于"外国在华企业与民办新型企业的开设"将在第五章专章论列。

第一节　边疆事变与处置

光绪初年,新疆、云南、西藏、蒙古、台湾等地先后遭到外国侵略势力的入侵,清廷被迫与英、俄等国签订条约,丧失了若干主权与边地。新疆与台湾在击退了侵略势力后,相继建立行省,改革了政治体制。

(一)浩罕入侵,新疆建省

新疆地区自道光朝镇压了七和卓之乱后,咸丰时,七和卓之一的倭里罕和卓继续在浩罕支持下,不断在喀什噶尔等地窜扰。咸丰七年(一八五七年)一度攻占喀什噶尔回城,清军大举出击,历时三月击退倭里罕军。同治初年,新疆乌鲁木齐、伊犁、库车、和阗等地领主纷起反清,自立政权,动乱不止。喀什噶尔地区回族首领金相印与布鲁特部首领思的克派人去浩罕求援,请立和卓后裔入喀什噶尔。这时的浩罕面临俄军的入侵,亡国在即,但见回疆动乱,有利可图,由浩罕摄政王毛拉阿里木库里派遣伯克阿古柏(塔吉克人,一说乌兹别克人)护送张格尔之子布素鲁克侵入喀什噶尔,扶立为汗。一场大规模的侵掠展开了。

一、浩罕阿古柏入侵新疆

同治四年(一八六五年)四月,阿古柏领兵攻占英吉沙尔。九月,又用重金收买困守喀什噶尔汉城的清军绿营守备何步云,攻破汉城,喀什噶尔参赞大臣奎英自尽。被沙俄击败的浩罕军七千余名官兵窜入南疆,投靠阿古柏,阿古柏的兵力大增。次年,库车汗和卓热西丁进兵叶尔羌,企图驱逐阿古柏。五月,阿古柏攻取巴尔楚克,切断阿克苏与叶尔羌的交通,随即攻陷叶尔羌、和阗。同治七年(一八六八年)三月,在南疆地区建立"哲德沙尔"(意为七城汗国,七城指喀什噶尔、英吉沙尔、和阗、叶尔羌、阿克苏、库车、乌什),将布素鲁克汗逐出新疆,自称"毕调勒特"(意为"洪福之王")。阿古柏自以为羽毛已经丰满,同治九年(一八七〇年)向天山北路扩展,攻占乌鲁木齐、玛纳斯等地,南疆的全部和北疆的部分地区都陷于他的控制之下。

阿古柏侵略军每到一地,即大肆屠杀。据说,乌鲁木齐一地即有十三万满族人和汉族人被杀(斯凯勒《土耳其斯坦》卷二)。攻占喀什噶尔城,纵兵掳掠七天。提出"杀异教徒"的口号,在喀什噶尔和叶尔羌两城,屠杀汉、满人四万。在和阗,纵兵掳掠五天,杀人也不下数万。古城(奇台)被攻破后,全城满人绝大多数被杀,只有八家死里逃生;乌鲁木齐驻防满人除一二百人逃往山中,几乎全部遇害;吐鲁番满城被攻破后,青、壮、老年人全被杀害，只有十三岁以下的儿童幸免于难。伊犁满城被攻破后，幸存者很少。巴里坤满城未被攻破，但交通隔绝，城中居民只能以树皮、野菜、老鼠充饥，死者无算。新疆驻防满人原有三万多人，经此祸乱，只剩下四千余人。

阿古柏侵略军在占领区制定名目繁多的苛捐杂税，恣意搜刮。农业税"乌守尔"名义上每年征取收获的百分之十，实际上却增至百分之三十。宗教税"扎卡提"由每年征一次，改为两次，并将税率提高近一倍。另有丈地税、遗产税、麦草税、果园税、棉田税、菜园税、行政费用税、军需税、附加捐等。阿古柏侵略军扩展到四五万人，由骑兵、步兵、炮兵组成。各地阿奇木伯克要向他们进贡金银财宝。

同治七年（一八六八年）阿古柏派遣使者赴印度，英驻印总督的使者沙敖以商人身分进入喀什噶尔，向阿古柏赠送了大批枪械军火，将阿古柏控制区建成一个英国卵翼下的属国。英国公然要求清廷承认阿古柏政权，被断然拒绝。恭亲王奕䜣明确告诉英国驻华公使威妥玛，新疆不同于朝鲜、安南（越南），是中国的一部分。十年，阿古柏再次派遣使者赴印度，呈交致英国女王和英属印度总督的信函，重申建立"友好"关系的请求。十一年，俄国政府不经清廷允准，擅自遣使去喀什噶尔与阿古柏签订"自由通商条款"五条，承认阿古柏为"哲德沙尔"君主，阿古柏同意俄商在"哲德沙尔"

汗国境内享有自由行商,开设商行,建立货栈,设置贸易代表等特权。

同治十二年(一八七三年),阿古柏遣使前往已沦为英国附庸的土耳其的首都君士坦丁堡,承认土耳其为宗主国,土耳其苏丹授予他"艾米尔"(异密)称号。同年,英国也派出一个庞大使团会同土耳其代表到达喀什噶尔,带给阿古柏大批武器军火和英国女王维多利亚的亲笔信。阿古柏称颂:"女王的政府是一个强大仁慈的政府"(包罗杰《阿古柏伯克传》)。英国使团在次年签署英国与喀什噶尔通商条约,承认阿古柏的哲德沙尔为"合法的独立王国",英国获得在南疆驻使、通商、低税和领事裁判权等特权。

二、俄国侵占伊犁

新疆西部伊犁河流域广大的伊犁地区,是清廷在新疆的军事政治重地,也是经济发达的地区。乾隆时平准噶尔后,设伊犁府,在河北筑惠远、惠宁、绥定、广仁、瞻德、拱宸、熙春、塔勒奇、宁远等九城。伊犁将军、参赞大臣等驻伊犁府惠远,节制天山南北两路。同治初年,新疆动乱。伊犁领主 阿布尔奥格兰(又译挨婆鲁屋拉)反清,在惠远自立为苏丹(王)。在阿古柏入侵新疆,占据喀什噶尔的年代,俄国乘机出兵,强占了伊犁。

伊犁苏丹自立后,俄国曾照会清廷,愿出兵助剿,收复惠远,清廷不理。又向伊犁苏丹提出自由通商等要求,被苏丹拒绝。同治九年(一八七〇年)俄军侵入天山穆素尔山口,扼住伊犁通往南疆的通道。次年四月,俄国七河省长、驻军司令科尔帕科夫斯基(G. A. korpakovsky)指挥俄国侵略军分两路入侵伊犁。一路指向马札尔,一路指向克特门山口。两路侵略军均遭到当地各族居民的顽强抵抗,被迫撤退。五月间,俄军增兵至两千人,携大炮十门,再侵伊犁,经清水河子进军,沿途维、汉、回、布鲁特、哈萨克居民及驻防的蒙古、锡伯、索伦等族兵民四千余人顽强抵御,与侵略军展开激战。侵略军用重炮围攻,至五月底,连续攻陷绥定、惠宁、宁远诸城,进而占领了整个伊犁地区。

俄国侵略军将伊犁苏丹俘掳,抄掠其全部资产运走。又将惠远城三面城墙及房舍拆除,建立兵营、教堂,驻军千人,统治伊犁居民。对各族人民实行严酷的压榨和赋税徭役剥夺,并在城内兜售鸦片。

俄国侵占伊犁,师出无名,声称“只以中国回乱未靖,代为收复”,乱平“即当交还”(袁大化等《新疆图志·交涉志二》)。清廷派伊犁将军荣全多次与俄国交涉归还伊犁,不得结果。

三、清军出战,收复新疆

阿古柏侵入南疆和北疆大部,沙俄占领伊犁,清军在新疆只能控制塔尔巴哈台、古城、巴里坤、哈密一带狭窄地区。

同治十三年（一八七四年），日本侵略台湾战后，总理衙门提出"切筹海防"的六条措施，即"练兵"、"简器"、"造船"、"筹饷"、"用人"、"持久"。清廷谕南北通商大臣和各省督抚、将军详细筹议，限期复奏。直隶总督李鸿章认为："新疆不复，于肢体之元气无伤；海疆不防，则腹心之大患愈棘。"（《李文忠公全书》，奏稿第二十四卷）主张放弃新疆，停兵撤饷，以加强东南海防。山西巡抚鲍源深、前江苏巡抚丁日昌、刑部尚书崇实等附和此议。

陕甘总督左宗棠提出"东则海防，西则塞防，二者并重"（《左文襄公全集》奏稿卷四十六），奏陈出兵收复新疆，认为"若此时即拟停兵节饷，自撤藩篱，则我退寸而寇进尺，不独陇右堪虞，即北路科布多、乌里雅苏台等处，恐亦未能晏然"（同上）。山东巡抚丁宝桢、江苏巡抚吴元炳、湖南巡抚王文韶等人赞同此议，并得到武英殿大学士、军机大臣文祥的支持，力主进剿。光绪帝即位，两宫太后听政，于光绪元年（一八七五年）三月二十八日采纳收复新疆之议，任命陕甘总督左宗棠为钦差大臣督办新疆军务，自陕甘向新疆进军。又任满洲镶蓝旗人、乌鲁木齐统军金顺为乌鲁木齐都统，帮办军务。

左宗棠以湘军为主力，集结了军队七八万举行西征。西征军年需饷银六百余万两，外加运粮经费，实需八百余万两。除户部从库存银中拨解二百万两,各省拨解协饷三百万两外,其余缺额多向外国银行借债。从宁夏(今宁夏银川)、包头等处大批收购军粮,长途贩运,至巴里坤一带。又与在兰州的俄人商定采购俄国西伯利亚粮食运抵新疆古城(今奇台县)。至光绪二年春季,共运到俄方粮食四百万斤,以解决军粮。

当时,阿古柏的军队主要集结在南疆,北疆由白彦虎部盘踞。白彦虎原是陕西回民起义军首领,据守肃州,后率众出嘉峪关,投依阿古柏。左宗棠从全局考虑,制订"先北后南"的作战方略,一可避实就虚,二可诱引南路敌军往援,伺机重创,三可形成南北夹攻的有利态势。只要收复乌鲁木齐,就可乘胜进攻南疆。

光绪二年(一八七六年)正月,湘军将领刘锦棠总理行营事务,率湘军自河西走廊开拔,左宗棠大本营移节肃州,指挥进军。五月,清军大举出关,至巴里坤。刘锦棠部同金顺部会合,先取北路。乌鲁木齐三面环山,易守难攻。古牧地(今米泉)是进入乌鲁木齐的东北门户。左宗棠指出:"官军必先攻古牧地,撤乌垣(乌鲁木齐)、红庙(迪化州城,在乌鲁木齐城东南三里)之藩篱,乃可成捣穴犁巢之举。"(《左文襄公全集》奏稿卷四八)

六月初,刘锦棠、金顺军进驻阜康城,在乌鲁木齐东百余里。阿古柏得知清军往攻北疆,命白彦虎部扼守战略要地古牧地。阜康至古牧地有路两条:一条是大道,途中多戈壁,缺水源;另一条是途经黄田的小道,水源充足。阿古柏军于小道筑卡树栅,严密防守,企图引诱清军沿大道前进,跨越戈壁五十里,陷入困境,然后乘隙攻之。刘锦棠命所部在大道中途掘井挖渠,佯装将由此道进军。驻黄田的阿古柏军以为清军中计,疏于防守。清军突然沿小道衔枚疾进,袭取黄田,守敌惊慌失措,纷纷向古牧地狂奔。六月下旬,清军逼近古牧地。刘锦棠见守敌壁垒森严,抽派兵勇在城周赶筑炮台,炮台均高出城墙一丈。炮台竣工后,清军用开花大炮连续轰城。乌鲁木齐守敌以数千骑倾巢来援。刘锦棠派马队从正面迎击,金顺以马队绕至敌后,两面夹击,敌骑四散溃逃,不复成军。二十七日,清军攻克古牧地城,歼敌近六千人。清军仅阵亡三百五十八人,伤四百五十人。获得大胜。

刘锦棠军入古牧地城,缴获敌方文书一件,知乌鲁木齐的敌军精锐已悉数来援古牧地,乌城空虚无守。于是当机立断,直捣乌鲁木齐。沿途守敌闻风逃窜,轻而易举地收复了乌鲁木齐城。金顺挥师西进,接连克复昌吉、呼图壁等城,九月初进抵玛纳斯南城。玛纳斯南城城垣坚厚,久围不克。刘锦棠派军助攻,伊犁将军荣全也自塔尔巴哈台率师往援,于九月二十一日收复玛纳斯南城。至此,清军已拔除阿古柏在北疆的全部据点,收复北疆,掌握了战争的主动权。

阿古柏固守南疆,以达坂、托克逊、吐鲁番三城为犄角,构筑防线。达坂位于天山南麓,扼南疆门户,形势险要,东南行约二百里为吐鲁番,南行百余里为托克逊,阿古柏下令在该处另筑一新城,派重兵防守。吐鲁番原有满汉两城,征调夫役重新加固,派白彦虎部加强吐鲁番防御,并将大批武器装备由喀什噶尔运抵吐鲁番。又在托克逊筑坚城,派次子海古拉(哈克胡里)率兵驻守。阿古柏坐镇喀喇沙尔(今焉耆),居中指挥。

左宗棠根据敌军设防情况,决定首先攻取三城,打开南疆门户,然后长驱西进。光绪三年(一八七七年)三月初,刘锦棠统湘军二十余营自乌鲁木齐出发,越天山南下,奇袭达坂城。达坂城附近有草泽,敌军引湖水自卫,形成一片泥淖,深及马腹。清军涉水挺进,合围达坂城。托克逊守敌派兵往援,被清军马队击溃。清军大炮轰城,城垛及炮台皆毁,弹药库被击中爆炸起火,守敌伤亡惨重。清军乘势攻克达坂城,毙敌二千余名,俘敌一千二百余名。清军仅伤亡百余人,取得达坂大捷。刘锦棠挥师进取托克逊城,歼灭守敌二千余人,会合自哈密西进的清军,连克七克腾木(七克台)、辟展(鄯善)、金台、吐鲁番诸城。南疆门户被打开了。

南疆各族人民饱受阿古柏侵略军的荼毒,拜城、阿克苏、和阗、喀什噶尔等地居民纷纷揭竿而起,配合清军进剿阿古柏军。阿古柏陷于众叛亲离的境地,从托克逊逃到库尔勒,总管军需的"司库"吾守尔率部携财物往投清军。阿古柏见大势已去,四月,服毒自尽(一

368

说被部下杀死)。他的次子海古拉携尸西走,将至库尔勒,被其兄伯克胡里截杀。伯克胡里据喀什噶尔,自立为王。

这年秋季,刘锦棠军一部取道乌什塔拉,沿博斯腾湖南岸西出库尔勒侧背为奇兵,亲率主力由大道向开都河,连克喀喇沙尔、库尔勒,进抵库车。在库车救出被掳人民十万余众。又收复拜城、阿克苏城、乌什城,阿古柏余众和白彦虎残部望风披靡。清军长途驰驱二千余里,收复了南疆的东四城(喀喇沙尔、库车、阿克苏、乌什)。至十一月,刘锦棠部连续克复西四城中的喀什噶尔、叶尔羌、英吉沙尔。伯克胡里和白彦虎率残部逃入俄国境内。清军乘胜收复和阗。被阿古柏侵占十余年的新疆地区,至此已全部被清军收复。

在此以前,俄国已于一八七六年春攻灭浩罕汗国,在其地设费尔干纳省。浩罕国亡,阿古柏败死,清廷收回新疆,只有伊犁地区还被俄军占领。

四、收回伊犁,新疆建省

伊犁交涉 光绪四年(一八七八年)五月,总理衙门大臣、吏部侍郎崇厚奉旨出使俄国,交涉索还伊犁。崇厚,满洲镶黄旗人,先任天津三口通商大臣,曾参与和丹麦、荷兰、西班牙、比利时、意大利、奥地利等国签订条约。同治九年为处理"天津教案"善后事宜,曾受命出使法国道歉。崇厚受命,翰林院侍讲张佩纶上疏指责崇厚"航海而往,不睹边塞之实情,不悉将帅之成算,胸无定见而遽蹈不测之地,将一味迁就乎,抑模棱两端乎?"(《涧于集》卷一)。大臣翁同龢也认为,崇厚不胜任交涉重任。

光绪五年(一八七九年)九月十七日,崇厚在克里米亚半岛的里瓦几亚(即雅尔塔),擅自与俄国签订《交还伊犁条约》(史称"里瓦几亚条约")。根据这个条约,清廷仅能收回伊犁东部地区,作为伊犁屏障的霍尔果斯河以西地区以及伊犁南部特克斯河谷一带,均归俄国占有。条约还规定:将喀什噶尔和塔尔巴哈台两地疆界按照俄方要求,重新加以调整;清政府支付五百万卢布(折合中国库平银二百八十万两)作为俄方"代收代守伊犁所需经费"的赔款;给予沙俄在新疆、蒙古等地区的通商特权;准许俄国除照旧在伊犁、塔尔巴哈台、喀什噶尔、库伦设立领事官外,还可在嘉峪关、科布多(今蒙古国吉尔格朗图)、乌里雅苏台(今蒙古国扎布哈朗特)、哈密、吐鲁番、乌鲁木齐、古城设立领事官。俄方还通过条约的附件《瑷珲专条》和《陆路通商章程》,获得在松花江流域行船、贸易和陆路通商减税等特权。

崇厚将条约和俄人所绘伊犁分界地图寄回国内,朝臣大哗,交章弹劾他丧权辱国。李鸿章反对悔约,认为崇厚作为全权代表赴俄,所签条约应该是有效的,应予批准。如果翻悔,其曲在我,曲在我而悔必自招。恐

370

中俄兵衅一开，日本将伺机而动，英德各国也会生贪婪之心。不如忍痛批准，待换约时再争取酌量改动。左宗棠坚持改约，建策对俄国交涉："先之以议论，委婉而用机；次决之以战阵，坚忍而求胜"，即以战备为后盾，争取通过交涉改约（《左文襄公全集》奏稿卷五十五），并自请出屯哈密，规复伊犁。经过王公大臣多次会议，慈禧后说："此事委曲已久，不意（俄）要挟至此，万不能忍。若再从之，上不［能］对祖宗，下不能对天下臣民"（《翁同龢日记》光绪五年十二月初十日），决策交涉拒约，将崇厚革职问罪。

光绪六年（一八八〇年）正月初十日，清廷正式照会俄国，宣布崇厚所订条约"多有违训越权之处"，"窒碍难行"，不能承认。随即任命驻英公使曾纪泽（曾国藩长子）为使俄钦差大臣，交涉改约。曾纪泽从伦敦启程，六月抵达俄国首都彼得堡，重新议约。

俄国对于清廷拒绝批准条约，重惩崇厚，异常恼怒，向清政府提出抗议，并炫耀武力进行威胁。在西北的伊犁地区和斋桑湖一带集结数万军队，又向中俄边界东段增兵，派遣二十余艘军舰由黑海驶至远东，扬言将封锁大沽口，分队由山海关登陆，直逼京师。一时间，战云密布，大有一触即发之势。清廷决定备战待和，连发数道密旨，命直隶总督李鸿章、陕甘总督左宗棠、两江总督刘坤一、山西巡抚曾国荃等迅速调兵，加强南北洋、新疆、蒙古、东北等处防务。

左宗棠受命后，分三路部署军队，金顺军扼精河（晶河）为东路，收复乌鲁木齐的提督张曜军自阿克苏北进，沿特克斯河直趋伊犁为中路，刘锦棠军自喀什噶尔取道出兵乌什而趋伊犁为西路。调动的兵力约有五万人。这时左宗棠已年近七十，为表示决心，携带棺材，亲自率军由肃州进抵哈密。

这时俄国处境本已十分困难，一八七七年开始的俄土战争刚刚结束，俄军精疲力竭，财政拮据，政局动荡，发动侵华战争实已力不从心。调动边境军队只是虚声恫吓。清廷调兵备战，俄国不得不坐下来会谈。

曾纪泽与俄国代表外交副大臣格尔斯等的谈判历时六个多月。谈判中，曾纪泽表示："中国不愿有打仗之事，倘不幸有此事，中国百姓未必不愿与俄一战。中国人坚忍耐劳，纵使一战未必取胜，然中国地方最大，虽数十年亦能支持，想贵国不能无损。"（曾纪泽《奉使俄罗斯日记》，光绪六年十月初三日）曾纪泽始终把界务问题作为重点，关键是伊犁南境的特克斯河流域等处。双方争执不下，反复辩论，俄方最终不得不同意将伊犁南境全部归还。光绪七年（一八八一）正月二十六日，曾纪泽与俄方签订《中俄改订条约》（又称《圣彼得堡条约》）和《改订陆路通商章程》。根据《改订条约》，俄国归还特克斯河谷及通往南疆的穆扎尔山口，即伊犁全境。但以安插移民为借口，仍割占霍尔果斯河以西地区；中国的赔款由五百万卢布增至九百万卢布;俄国得在伊犁、塔尔巴哈台(塔城)、喀什噶尔、库伦、吐鲁番、嘉峪关设立领事;俄国商人由陆路贩货入中国内地,可照旧经张家口、通州(今北京通县)至天津;俄国商人在新疆和蒙古贸易暂不纳税。条约还规定对喀什噶尔以西、塔尔巴哈台等处边界由双方大臣勘定。《改订条约》的订立,中国得以收回被俄国侵占的伊犁地区的领土,俄国则由此获得巨额赔款和许多侵略性特权。

光绪八年(一八八二年)至十年间,俄国又以"勘定"边界为名,迫使清朝陆续签订了《伊犁界约》、《喀什噶尔界约》、《科塔界约》、《塔尔巴哈台西南界约》和《续勘喀什噶尔界约》等五个勘界议定书,分段勘定新疆地区的边界,把塔城东北和伊犁、喀什噶尔以西七万多平方公里领土并入了俄国。

新疆建省 天山南北路广阔地区,古称西域,清人又称为西疆或回疆。乾隆帝平准噶尔,泛称为新疆。道光帝用兵西陲,平张格尔之乱,诏谕中正式称回疆为新疆。新疆地区住有维吾尔族(回部)、汉族、乌兹别克、哈萨克及驻防旗兵中的蒙古、锡伯、索伦等族。乾隆以来,为平定战乱,在新疆长期实行军政合一的军府制度。伊犁将军驻伊犁府,统管全疆事务,是最高长官。下设伊犁参赞大臣、塔尔巴哈台参赞大臣、乌鲁木齐参赞大臣,各要地设办事大臣和领队大臣。南疆东西回城是维族聚居地,民政仍由原大小伯克管理。北疆哈密地区，民政设扎萨克王公管理，乌鲁木齐和巴里坤地区设迪化府和镇西府，编为镇迪道，由甘肃省统管。

军府制"治兵之官多，治民之官少"，将军和各级大臣的职掌偏在治军，不能适应地方施政和经济开发的需要。地方民政又分属三个系统，体制涣散，彼此掣肘。将军、大臣都由旗人担任，"民隐未能周知，吏事素少历练"，各族王公、伯克，又往往压榨人民，与清军官员发生种种矛盾，时有动荡。

嘉庆、道光年间，龚自珍曾撰写《西域置行省议》和《御试安边绥远疏》，建策在新疆设置行省。光绪二年（一八七六年），左宗棠督师出关后，即上奏朝廷，提出变革新疆旧制，设置行省。南疆收复后，再次上奏，重申此议。此后四年间，左宗棠又多次奏请建省，并拟订建制大略呈览。清廷认为伊犁尚为俄人霸占，设省事宜应暂缓施行。

光绪八年（一八八二年）收回伊犁地区时，左宗棠已调任两江总督，新任陕甘总督谭钟麟主张先设立州县，仿北疆镇迪道之例，在南疆设喀什噶尔道和阿克苏道，尔后再正式建省设巡抚。督办军务的刘锦棠提出建省的具体方案：以新疆和甘肃合设一省，省会设在乌鲁木齐，设甘肃新疆巡抚一员，受陕甘总督节制；下设三道：镇迪道加布政使衔，除原辖州县外，并辖哈密；阿克苏道，辖南疆东四城；喀什噶尔道，辖南疆西四城（以后增设伊塔道）；道下设府、厅、州、县。伊犁将军不再总理全疆事务，专管伊犁和塔城的军政。光绪十年（一八八四年）九月，诏谕新疆改建行省，裁减原设都统及各地参赞、办事、领队诸大臣。十月刘锦棠受任为首任甘肃新疆巡抚，仍以钦差大臣督办新疆事宜。作为行省的"新疆"一名，由此正式确立。

次年春，刘锦棠到乌鲁木齐莅任，奏减乌鲁木齐参赞大臣，改置都统。为加强新疆与内地的联系，将原有的军台营塘一律改为驿站，以乌鲁木齐为中心，通往各地。又宣布废除维吾尔族传统的伯克制度，只保留爵号。维吾尔族地区的地主制经济很快发展起来，农奴逐渐转变为佃农。哈萨克、塔塔尔等族中，牧主雇工和牧民租用牧场放牧的个体经济，也有所发展。

新疆设省后，大力兴办屯政，取消内地民人移居新疆的限制。各地汉、回农户陆续移居新疆。主要在天山北路和南疆东部从事农业生产。来自陕西、甘肃、河南、山西、两湖、直隶等省的商贩曾随军入疆。建省后，许多商贩留在新疆设号开店，形成燕、晋、湘、鄂、豫、蜀、秦、陇八帮，以燕商、晋商资力最为雄厚。燕商又称京津帮，仅天津杨柳青人在新疆开办的商号就有一百多家。主要经营京货（百货），以绸缎、布匹、香烟、茶叶为大宗，还放牧羊群，开设金店、银楼、戏院、澡堂，烧锅（酿酒坊）、药铺，并把新疆的皮毛、金沙运往内地。晋商多经营汇兑。内地与新疆的商业往来主要通过陕甘地区，或由内蒙古归化城经过草原进入新疆。南疆地区，维吾尔族商业也得到发展。

随着移民西来，经济发展，人口迅速增长。清末新疆人口已达二百余万人，其中百分之七十五以上是维吾尔族。

（二）云南滇案条约

一八五二年，英国侵占了原为清朝属国的缅甸南部（下缅甸），便企图北上吞并整个缅甸进而侵入云南，多次派人以"游历"、"探险"名义进入滇、川、藏地区探路。一八五八年，英国军官斯普莱（R. spy. le）提出修筑一条由缅甸仰光直达中国云南景洪铁路的建议，后来又有人测量了由缅甸新街（八莫）进入云南腾越的路线，一八六三年、一八六八年先后派出"探险队"进入云南。

同治十三年（一八七四年）初，英国政府派上校军官柏郎（H. A. Browne）带领二百多人的武装勘探队到达缅甸新街窥测，试图入滇，英国驻京公使馆派译员马嘉理（A. R. Margary）前往云南边境接应。八月，马嘉理由上海启程，沿长江西上，经湖北、湖南、贵州进入云南。沿途刺探情报、勘测地形，经腾越出境，至缅甸新街与柏郎会合。

马嘉理出境后,云南边境一带居民纷传英人将借通商之名袭占腾越(今腾冲市),于是联络土司,组织团练,准备抵御。马嘉理并不通知云南官府,即于光绪元年(一八七五年)正月率随从五人折反云南探路,正月十六日行至永昌府(今保山市)蛮允(今盈江县曼允),被当地景颇族民众拦阻,马嘉理持枪击毙一人,景颇民众愤起杀死马嘉理。尾随马嘉理进入云南的柏郎也遇到景颇等族人民的围攻,被迫率英兵退回缅甸。时称"马嘉理案"或"滇案"。

马嘉理案后,英国驻华公使威妥玛(T. F. Wade)乘机向清朝总理衙门提出六项要求:派员前往云南调查此案,准许英国再派探路队入云南考察,中国赔银十五万两,优待英国使臣,减免英商厘税并解决其他积案。清廷命云南巡抚岑毓英查办此案。岑毓英认为:永昌居民杀死马嘉理等人是激于义愤,"无非为保卫疆土起见",又说:马嘉理等人"系死于野人,非死于华民"。为了防备英军突袭,他以"弹压土司"为由,派兵至永昌驻守(《岑襄勤公遗集》卷一一)。清廷不满他的处置,改派湖广总督李翰章调查滇案。

英公使威妥玛不待李翰章去云南,即派员到湖北面见李翰章提出要挟。威妥玛本人则自上海去天津面见直隶总督李鸿章,提出多项要求。清廷迫于英使的要挟,在八月间加派刑部侍郎薛焕为钦差大臣去云南协同查办滇案,并允许英使馆参赞格维纳(T. G. Grosvenor)去云南旁听。光绪二年(一八七六年)正月,李翰章、薛焕奏报滇案确系山林"野人"所为。威妥玛向清总理衙门怒斥"滇案办案直同儿戏",要求将李、薛处分。随后又在五月间提出办理滇案、优待公使及通商等八项要求。

清廷命李鸿章在天津会晤威妥玛,拒绝所提要求,威妥玛离京去上海。海关税务司赫德往来上海天津之间,从中调停。六月初,函请李鸿章去烟台(英海军司令驻此)与威妥玛会商。李鸿章奏请委曲求全以避战。清廷授任李鸿章为钦差便宜行事大臣,赴烟台。经多次会谈,于七月二十六日签署协议,计分"昭雪冤案""优待往来""通商事务"等三端十六款,主要内容有:清廷在全国范围张贴告示,为滇案"昭雪";派专使赴英国道歉;赔偿抚恤银二十万两;印度官员得进入云南驻寓;扩大英国领事裁判权;增开宜昌、芜湖、温州、北海为通商口岸;各口租界洋货免纳厘金,只有洋药(鸦片)酌纳。

附列《另议条款》,准英人遍历甘肃、青海,由四川或印度进入西藏,探访路程。中英在烟台签订的这一条约原称"滇案条约"(见《光绪条约》)。条约首称"为会议条款事",因而又称"中英会议条款"。英文本作"英中两国政府全权大臣的协定"。近世史家或称

378

为中英烟台条约。英国因滇案大肆勒索外,又乘机攫取了外交和通商的多种特权。

(三)英国入侵西藏

道光时,英国提出克什米尔和西藏地方之间的划界通商,未能得逞。光绪二年(一八七六年)七月滇案条约订立后,英国依据"另议条款"取得入西藏"探路"的权利,随即派人由四川分赴西康、西藏等地进行"探访",遇到藏族人民和西藏地方政府的拦阻。光绪十一年(一八八五年),英国又派遣"商务代表团"以考察矿脉为名,由中印边界入藏。次年行至岗巴宗,遭到宗本和藏族群众的阻拦,不许前进。英人与岗巴宗守土军民相持数月,不得不退去。

西藏地方政府(商上)为阻止英人蚕食边界,派藏兵在边界道路上设防建卡,又在与哲孟雄(锡金)邻近的热纳宗隆土山上修建堡垒和炮台,派二百名藏兵驻守。哲孟雄地处西藏南边,原为清朝属邦。道光时,英印当局强迫租借哲孟雄大吉岭及附近地区,作为租占的属地。隆土山是中国领土,藏军在这里设防无可非议。一八八六年至一八八七年间英国多次向清廷发出照会,指藏军在隆土山的设防是"越界"行为,要求撤卡退兵,否则将用兵驱逐。

清廷令驻藏大臣文硕谕令藏官,速将哲孟雄界内所设卡兵撤回,勿与英人生边衅。文硕复奏称,隆土山不属哲孟雄,实在我藏界,撤兵一说,实在窒碍难行。西藏僧俗大众也纷纷向驻藏大臣和清廷呈文,揭露英国的阴谋,表示抗英决心,纵然战至"男尽女绝"也决不反悔(吴丰培辑《清季筹藏奏牍》卷二)。

光绪十四年(一八八八年)春,英军悍然出兵进攻隆土山藏军。西藏地方政府调派援军赶赴战场。隆土山藏军用简陋的火绳枪、弓箭、刀、矛等武器抗击英军,英军集中大炮轰击,藏军被迫撤离,亚东、朗热等关隘相继失守,藏军全部溃散。清廷斥责文硕"识见乖谬",将他撤职,命驻藏帮办大臣升泰先撤隆土山藏军,再与英人商议界务。

光绪十六年(一八九〇年)二月二十七日,升泰与英印总督兰士丹在印度加尔各答签订中英会议《藏印条约》。承认哲孟雄为英国的保护国,清廷失去了宗主权。重新划定藏哲边界,以布坦交界的支莫挚山起至廓尔喀止,分哲属梯斯塔和山南诸小河、藏属莫竹和山北诸小河分水岭一带山顶为界。中国失去了从隆土山到岗巴宗南部的大片牧场和险要地带。条约议定有关通商游牧事容后再议。三年后,又签订藏印条款(或称续约),包括通商、交涉、游牧三款。又开亚东为商埠,英商可随意往来。亚东开埠后,进出口货物免税五年。英、印对西藏的进出口贸易迅速增长。亚东的进出口商品总值,一八八九年仅为二十八万七百一十二卢比,一八九四年增至一百一十四万九千一百五十卢比。即增长了四点一倍。在这以前,西藏每年从打箭炉运入大量"边茶"供藏民饮用。英国在打开西藏贸易关口后,开始将廉价的印茶向西藏倾销,逐步侵入"边茶"市场。

(四)法军侵台,台湾建省

光绪十年(一八八四年)春,法军派出海军侵犯台湾。四月间,法国海军舰队司令孤拔(A. A. P. Courbet)率舰队闯入中国领海。清廷起用淮军将领前提督刘铭传(安徽肥西县人),督办台湾军务,加福建巡抚衔。

闰五月二十四日刘铭传抵达台湾基隆,巡视军事设施,制订海防武备方案。六月十三日,法国远东舰队副司令利士比(Lespés)率领兵舰五艘及陆军四百余人至基隆港,要求守军交出炮台、阵地,被严词拒绝。十五日晨,法舰开炮轰击,激战半日,基隆炮台被轰毁。刘铭传认为不诱敌深入难以取胜,于翌日下令各军撤出海滩,退至基隆山后隐蔽。法军登岸,被清军分割包抄,仓皇败退,清军获得胜利。

八月,孤拔率法国舰队再次进攻台湾。分兵两路,一路由他率领攻基隆,一路由利士比率领攻沪尾(今淡水)。沪尾是台北府的门户,距台北仅三十余里,战略地位比基隆更重要。法军猛攻沪尾,守军连连告急。刘铭传为救沪尾,主动放弃基隆,以保台北后路。各营将士闻令均不愿从命,群起谏阻,铭传不为所动,告谕部下说:"事急不得出十全,必有所弃而后有所取。"(《中法战争》第三册)

刘铭传率军至沪尾,构筑工事,架设大炮,又用木船载石沉于口门,将港湾堵塞,以阻法舰靠岸。八月二十日晨,法军攻沪尾,以排炮猛轰,继则兵士千人分三路登陆海滩。刘铭传仍用诱敌深入计,派老弱残卒且战且退。法军轻敌妄进,陷入埋伏。清军跃起迎敌,各路齐进,法军不支,纷纷后退,蜂拥逃向海面,溺毙数十人。清军伤亡百余人,击毙法军官兵三百余人,再次获得胜利。

孤拔自沪尾退后,集中舰队封锁台湾西海岸的全部港口。次年二月孤拔攻陷澎湖。四月在澎湖病死。法军退出澎湖,中法停战。法军侵台战后,光绪十一年(一八八五年)九月,清廷宣布将原属福建省的台湾改为行省,设台湾巡抚,以台北为首府,原有二府四厅八县扩大为三府一州三厅十一县。任命刘铭传为台湾巡抚,办理台湾善后事宜。

台湾建省前,刘铭传曾于六月间奏陈台湾善后事宜,筹防务、讲军政、清赋税、抚生番等多项措施。就任台湾巡抚后的七年间,在台湾进行了开发建设。

设防——刘铭传认为台湾防务是南北洋海防的关

键,澎湖列岛又为台湾防务的锁钥,在基隆、沪尾、旗后、澎湖等重要港口修建新式炮台,购买轮船兵舰,以澎湖列岛为基地组建海军。创办军事工业,建立机器局、军械所,自制枪炮子弹。

清税——对全台土地进行清丈,查出隐匿私田百万亩以上,耕地面积达到四百万亩。由田赋局实行"减四留六"的田赋政策。光绪十六年(一八九〇年)全台田亩清丈完毕,征收的田赋银由十八万三千两增加到六十七万四千余两。

"抚番"——为了加快高山族地区的开发,修建进山道路,派人入山。对歧视、虐待高山族人的官员严加惩处。招徕福建贫民入台开发,推广先进生产技术。清初,台湾只有汉族移民约十万人,到光绪二十年(一八九四年),已激增到三百七十余万人。又在高山族地区设立抚垦总局,刘铭传亲任抚垦大臣,组织当地居民垦荒。全台有五百个番社,近十万名土著居民"归化",开垦农田数十万亩。对"生番"实行开山抚番,对"熟番"则大举清赋,变屯田为民田,与汉族田地一样征收田赋。

对番社颁发条教,计分五教五禁:五教即教正朔(使知年月日时)、教恒业(以农为主,不得专门游猎为生)、教体制(无论男女老幼,不可赤身裸体)、教法度(男人剃头辫发,女人梳头挽发)、教善行(使遵五伦之道);五禁即禁做缫(破除杀人解厄的旧习)、禁彼此仇杀、禁争占土地、禁佩带刀铳枪箭、禁迁避（家有病人，不得合家避居，置之不理）。

兴办教育——开办书院、儒学、义学、官塾等教育场所。又在台北创办西学堂，教授英语。在高山族居住地区兴办"番学堂"。台湾文风日盛。

发展工商——首府台北，铺砌街道，与富商林维源等合建商业街。鼓励江浙商人前来投资，聘日本人凿井，名为"自来水"。安装瓦斯灯，名为电汽灯。台北至基隆和台北至新竹铺设铁路。又铺设沪尾至福州的海底电线，后续接至澎湖，再接至台南安平口。

为鼓励发展工商业，创办或扩建一批政府机构，管理硫磺、煤矿、樟脑、盐、金矿等主要工业。设招商局于新加坡，派员赴南洋招徕华侨投资。开辟官督商办的海上航线，购置轮船航行于台湾、澎湖、上海、香港以及印度和南海诸国之间。发展对外贸易，奖励茶叶、糖、樟脑生产。光绪十五年（一八八九年），台湾仅樟脑出口一项，即获白银八万五千余两。各项对外贸易迅速扩大，光绪十六年达到三百六十三万两。台湾的开发建设取得显著成效。

第二节　列强对中国周邻诸国的侵占

列强在入侵中国边疆的同时，又开始了对中国周邻诸国的侵占。中国周邻国家琉球、越南、缅甸、朝鲜诸国各自独立建国,与中国有悠久的历史关系。清朝建国后,诸国王嗣位,请清廷册封,定期入贡。清廷不干预诸国内政,诸国有事请援,清廷给予援助。日、法、英列强图谋侵占中国诸邻国,中国不能不出面干涉与抵抗。

(一)日本侵占琉球

琉球群岛处于中国东海与太平洋之间,由三十六个岛屿组成,周围约三百余里。明洪武五年(一三七二年)琉王察度以中山王的名义上表,称臣入贡。明封中山王为琉球王,赐姓尚氏。清朝建国后,琉球使节于顺治三年(一六四六年)经江宁到京朝见顺治帝。至同治十三年(一八七三年),一直保持封贡关系。琉球隔年一贡。新王嗣位,必先遣陪臣来朝请命,清帝命正副使赍敕往封,赐镀金银印,文曰"琉球国王"。未封以前,"称世子权国事"(《钦定礼部则例》卷一七三)。琉球国王请派遣陪臣子弟入国子监学习,奉清朝正朔,历法用中国时宪书,又仿中国制度设太庙、孔庙,在各地设立乡学,尊崇儒学。琉球贡使、商贾例由福州进出中国,住在清廷接待琉球贡使、商贾的馆驿——柔远驿。琉球向中国出口的商品,主要是海产品、金铜器、食品和杂品。从中国进口的商品主要有绸缎、布匹、药材、瓷器、纸张、手工制品等。

明万历十九年(一五九一年),日本丰臣秀吉用兵朝鲜,强令琉球向日本纳粮,万历三十四年出兵侵入琉球。万历三十七年,日本萨摩藩(在今日本鹿儿岛)又以武力攻占琉球,强迫琉球向萨摩进贡。清同治十一年(一八七二年)日本明治天皇亲政,改封琉球王为藩王,宣布琉球为"内藩",与日本府县同列,辖于内务省,租税交大藏省,蓄谋吞并琉球。

光绪元年(一八七五年)二月,琉球最后一次贡使至北京,清廷赐给琉球王及贡使缎匹。随后,日本政府派兵进驻琉球那霸(今冲绳县治),强令琉球停止对中国的朝贡;不准受中国册封;撤销在福州的琉球馆;停止与中国的交涉和贸易,转归日本外务省负责。又强迫琉球改用日本年号。翌年,日本又在琉球设立司法机构和警察机构,严密控制。

光绪三年(一八七七年)二月,琉球国王尚泰遣紫巾官向德宏乘小船抵福州,陈述日本阻贡经过,请求清廷救援。向德宏一行乘小船抵福州,向闽浙总督何璟、福建巡抚丁日昌,呈递琉王密咨。清廷命驻日公使何如璋就琉球问题与日本政府进行交涉。何如璋认为日本国小而贫,陆军常备军只有三万,海军只四千人,轮船只十五艘,且多朽败不可用者,尚不敢与中国开衅,所以极力主张对日强硬,"今日本国势未定,兵力未强,与日争衡,犹可克也",否则,"隐忍容之,养虎坐大,势将不可复制。"并筹拟解决琉球问题的上中下三策。上策:先遣兵船,责问琉球,惩其入贡,示日本以必争。中策:明约琉球,令其夹攻,示日本以必救。下策:反复辩论,徐为开导,若不听命,或援万国公法以相纠责,或约各国使臣与之评理(《李文忠公全书》译署函稿第八卷)。主持对日外交的北洋大臣李鸿章认为何的上、中两策"皆小题大做,转涉张皇",在复何如璋信中说:中国受琉球朝贡,本无大利,受其贡而不能保其国,固为诸国所轻,若再以武力相角,争小国区区之贡,务虚名而勤远略,实无必要(《李文忠公全书》译署函稿卷八)。他主张取何如璋的下策,即通过外交途径与日本辩明琉球归属问题,辩论无效,再请驻日各国公使出面干涉。

光绪四年(一八七八年)九月,何如璋就日本阻止琉球向中国朝贡一事向日本外务省提出照会交涉。被日本外务省拒绝。次年三月日本悍然出兵占据琉球国王居住的那霸,俘掳国王和王子至东京,灭琉球,改设冲绳县统治。

七月,琉球国紫巾官向德宏再次秘密来华请求援助,在天津谒见李鸿章,面呈禀文,内称:溯查鄙国前明五年臣属中国,天朝定鼎,首先效顺,恪遵《大清会典》,间岁一贡,罔敢愆期。不意光绪元年日本禁阻进贡,又于本年四月竟敢大肆凶威,责灭数百年藩臣之祀。宏等生不愿为日国属民,死不愿为日国属鬼,用敢不避斧钺,来津呼泣,效申包胥之痛哭,吁请据情密奏,速赐拯援之策,立兴问罪之师,以救鄙国倾覆之危。(《李文忠公全书》译署奏稿第九卷)。不久,琉球耳目官毛精长等三人至京,面递禀词,以日本侵灭其国,吁请天朝救存。又穿中国服色,至总理衙门,伏地哭拜不起。李鸿章提出,琉球"自主免贡",清廷放弃对琉球负有的责任,琉球前途交国际"公评"。这时,美国前任总统格兰特(U. S. Grant)游历来华,将转赴日本,李鸿章、奕䜣等人托他从中斡旋,格兰特也慨然以调处自任。他提出的办法是把琉球列岛划分为三部分,北部归日本,中部归琉球复国,南部贫瘠的小岛归中国。

日本利用这个分岛计划在一八七九年、一八八○年两次派使者到中国,提出以南部靠近台湾的两小岛(宫古、八重山岛)留给中国,附加新条件,修改一八七一年《中日修好条规》,加入利益均沾即最惠国待遇一款,以取得与西方列强同等的特权。总理衙门以"中国若拒日本太甚,日本必结俄益深"为理由,奏准接受日本提出的方案,九月间与日本协议《球案专条》等草稿奏陈。协议订立前,总理衙门曾征询南北洋大臣意见。两江总督刘坤一主张以留给中国的南二岛重立琉球国,以存亡继绝。大学士直隶总督李鸿章也主张由琉球国王驻此二岛。协议奏上后,詹事府右庶子陈宝琛即日上疏,痛陈"分琉球一误也,因分琉球而改旧约又一误也。"略谓:日本无故擅灭琉球,虏其王,县其

388

地,中国屡与讲论,则创为两属之说,权相抵制。所割南岛皆不毛之地,归如不归。改约利益均沾,居心叵测。最后说:"自道咸以来中国为西人所侮,屡为城下之盟,所定条约,挟制欺凌,大都出于地球公法之外。"(《清季外交史料》卷二十三)詹事府左庶子张之洞奏称商务可允,球案宜缓。廷旨命李鸿章统筹具奏。出使日本大臣何如璋致函李鸿章,力陈利益均沾及内地通商之弊,并称询访琉球王,拒受南二岛。李鸿章据以陈奏,提出琉案条约及加约,三个月内互换,准与不准之权仍在朝廷。他建策延展到三月限满,再"请旨明指其不能批准之由,宣示该使。"(《光绪朝中日交涉史料》卷二)大学士左宗棠也奏称琉球案不能拟结。日公使催促换约,至年底见清廷仍无意换约,怏怏回国。此案遂形搁置。

日本以武力强占琉球,造成既成事实,清廷出面干涉却无意出兵援琉抗日。与日本仓促议约,又自悔失计,拖延不准。琉球一案遂成为历久不决的悬案。

(二)法侵越南,中法大战

一、法军侵略越南

越南与云南、广西两省接壤。清顺治十七年,越南的黎氏王朝遣使入贡,清廷封黎维祺为安南国王。嘉庆时,改安南为越南国。清廷派使臣册封越南国王阮福映,定制二年一贡,四年一朝,保持悠久的封贡关系。道光时,法国在越南经商传教,逐步扩展其势力。咸丰六年,法国舰队炮轰越南南部的土伦港(岘港)。八年至九年,又联合西班牙进攻越南,占领柴棍(西贡)。十年抽调侵华军队进攻南圻(越南有北圻、中圻、南圻三部,南圻即下交趾)。次年再次出兵,先后占领边和、嘉定、定祥等三省。同治元年(一八六二年)五月,强迫越南阮福时王朝订立柴棍(西贡)条约,割让三省给法国,允许法国人在湄公河航行,在越南传教。北圻开港口三处通商,赔款四百万元。次年,法国又强制柬埔寨(高棉)接受"保护",从而扩大了对湄公河下游广大地区的控制。

同治十二年(一八七三年),法国驻西贡总督杜白蕾(Duperré)又图谋吞并越南北部,自上海调遣安邺(Garnier)带兵至北圻挑衅。安邺曾经深入云南探路,积极鼓吹"建立法兰西东方大帝国",曾说:"如果北圻有法国军队驻守,并且有铁路通往云南,英国人将奈我何?如果我们能得到有力的支持,整个印度支那不难全入法国掌握。"(《中国海关与中法战争》第十二页)安邺攻陷河内,又连续攻下海阳、宁平、南定等地。法国驻广州领事照会两广总督瑞麟,要求清政府撤回在北越驻扎的清军。瑞麟回复说:粤西防军向驻越南高平、谅山两省,请勿侵犯该处。

越南国王见清廷态度软弱,转而求助于驻越南境内的刘永福黑旗军抗法。广东钦州人刘永福，咸丰七年在广西参加天地会起义，同治时起义失败，率部建七星黑旗，号黑旗军，入越南六安州。后移驻保胜（老街），开辟山林，聚众耕牧，队伍迅速壮大到二千余人。咸丰十二年冬，刘永福应越南国王之邀赴河内抗法，与越南驸马黄佐炎部会合，列阵于河内城郊。安邺出兵挑战，刘永福挥师猛攻，法军溃败，黑旗军乘胜追杀，击毙安邺。法军被迫自北越撤退。越南国王授任刘永福三宣副提督，管宣光、兴化、山西三省，扼守红河（富良江）南岸。

　　咸丰十三年（一八七四年），越南被迫与法国订立法越和亲条约（又称"第二次西贡条约"）。法国承认越南为"独立国"，法国主持其外交，并得在富良江航运在河内以及东京湾（今北部湾）的两个通商口岸进行贸易。法国将此条约照会清总理衙门，总理衙门复照称越南向为中国藩属，对条约内容予以拒绝，据理驳复。尔后出使法国大臣曾纪泽又多次向法国外交部提出交涉，重申此意。

　　光绪六年（一八八〇年），法国再次出兵富良江。八年春，法国驻西贡总督以驱逐黑旗军保护法国国民为借口，命海军上校李维业（H. L. Rivière）攻入河内，随后又将河内交还越南，兵舰进入富良江，企图北上消灭保胜的黑旗军，进窥云南。四月，两广总督张树声派去年年底进驻越南谅山的广西记名提督黄桂兰领兵进驻越南的北宁。奏请增派广西兵进越。廷谕广西巡抚倪文蔚添调关内防军出关。道员赵沃统带防军驻扎北圻的太原，与黄桂兰军分左右两路驻扎北圻。清廷又命云南练军出境，以剿办土匪为名，择要驻扎。

九月，法国驻华公使宝海（F. A. Bourée）照会总理衙门质问出兵北圻的用意，又提议派员商办。总署委大学士署通商大臣李鸿章与宝海交涉。十月李鸿章与宝海在天津达成《越事协议》（又称"李宝协议"）：一、中国撤退驻越南北圻之兵，法国保证不侵占越南土地及削贬越南国王统治权；二、越南开放保胜为通商口岸，设关收税；三、越南北圻以富良江为界划分南北两区，分由两国保护。不久，法国新组内阁，总理茹费里（J. Ferry）认为此次交涉失败，废除协议，免去宝海驻华公使，增兵越南。

清廷诸大臣也强烈反对协议。云贵总督岑毓英支持黑旗军抗法。清廷命上疏请命的吏部主事唐景崧入越南与刘永福联络抗法，唐景崧乘轮南行，经上海抵广州，再至越南山西，邀永福自保胜来见。唐景崧说：万里来此地，专为足下谋划不朽之勋，创不世之业，并为提出上、中、下三策，请永福选择。据保胜十州为老巢，守山西为门户，北宁、太原、谅山、高平、宣光、兴化传檄可定，据北图南，事成则王，不成亦不失为捍卫华边之豪杰，功在中国，事施万世，此为上策；提全师击河内，战胜则名声崛起，粮饷、军装必有助者，不胜而忠义，人

392

犹荣之,此为中策;坐视国难,株守保胜,则无功无名,及法人来攻,事败而投中国,恐不受,此为下策。刘永福回答说:微力不足以当上策,中策勉为之。(唐景崧《请缨日记》卷二)率所部二千余人自山西进至怀德,复进扎河内近郊纸桥附近。光绪九年(一八八三年)四月十三日,刘永福指挥黑旗军在纸桥三面夹击法军,双方短兵相接,法军大败。统将李维业(Riviére)以下大小头目三十余人、士兵二百余名皆毙命。黑旗军取得威震中外的"纸桥大捷"。越南国王晋刘永福为三宣正提督,加封男爵,驻守富良江一带。

五月,新任法国特使脱利古(A. Tricou)到上海与李鸿章重开谈判,脱利古态度蛮横,声称如损害法越条约(指法越和亲条约),法国断不退让,即使与中国失和,也在所不恤。李鸿章说,越南为中国数百年属邦,法越条约,中国未尝承认。脱利古说:目下情形只论力不论理,要求清政府不得视越南为属邦,也不得派兵明助或暗助越南。李鸿章持"未可与欧洲强国轻言战事"之成见,避战求和,曾奏称:"使越为法并,则边患伏于将来,我与法争,则兵端开于俄顷,其利害轻重,皎然可睹。"在谈判中主张"华不必明认属国,法不必明认保护"(《李文忠公全书》电稿第一卷),以谋妥协,但对脱利古所称中国不得援助越南和承认法国控制越南的蛮横要求,却不敢贸然接受。脱利古愤然离去,谈判破裂。法军分两路进攻。一路由陆军统帅波滑(Bouet)指挥,沿富良江进攻黑旗军,一路由海军主将孤拔(Courbet)指挥,率舰队向南进攻越南中部,直逼首都顺化。波滑指挥的陆军在怀德、丹凤等地连遭黑旗军痛击,北上计划不能得逞。这时,越南国王阮福时病卒,权臣阮文祥等废嗣君,立阮福升(阮福时堂弟)为国王。越南朝政紊乱,孤拔乘势攻入顺化。七月二十三日,迫使越南新国王订立顺化条约,越南承认并接受法国的保护,法国管理越南政府对一切外国的关系,包括对中国的关系。据此,越南将完全沦为法国殖民地。

法国控制越南,清廷确认黑旗军为可利用,明令嘉奖刘永福,发给饷银十万两。云贵总督岑毓英奉命暗助清军进入越南,以"剿办土匪"为名,将部分滇军交由刘永福节制。波滑奉命回国,孤拔兼统陆军。十一月十五日以兵轮十二艘、陆军约六千人分水陆两路,进攻山西。驻守山西的刘永福黑旗军三千人与桂军、滇军分守城池。法军以重炮攻城,刘永福率众突围出城,退至兴化。法军攻占山西。

法军攻下山西,进取北宁。岑毓英进驻兴化,扩编黑旗军十二营四千人,唐景崧、刘永福星夜兼程赶赴东线战场救援北宁。越南前线集结了桂、滇、淮军以及黑旗军四万余人,统由岑毓英指挥。

次年正月,法军以米乐(Millot)为法国远征军统帅统领陆军,大举攻北宁。北宁西接山西,东临海阳,南拒河内,北蔽谅山,战略地位重要。法军分路来攻,

394

广西巡抚徐延旭指挥的东线清军败溃。北宁、谅江、郎甲、太原相继失陷,余部集结于谅山一带。三月,法军主力转向西线作战,岑毓英弃兴化城,率军退至保胜、河口一带,法军轻取临洮、宣光,进逼中越边境。

慈禧后将云贵总督岑毓英革职,交部议处。李鸿章电告总理衙门,法国水师总兵福禄诺(Fournier)来函讲和。总署奏闻,廷谕李鸿章办理交涉,授权与福禄诺在天津谈判。四月十七日,福禄诺作为法国的全权代表与中国的全权代表李鸿章签订《简明条款》(又称《李福协定》),承认法国南界越南北圻,中国撤退北圻驻军。"并于法、越所有已定与未定各条约,均置不理。"允许法国在中越边界通商,细则后议。五月十三日法国又与越南签约,将清廷给予越南国王的封册印玺销毁,从而完成了对越南的侵占和统治。

二、中法大战

光绪十年(一八八四年)闰五月初一日,法军官杜森尼(Dugenne)率兵九百余名向北挺进谅山,进至观音桥(北黎)附近,清朝守军因未接到撤退命令,拒绝法军接管。法军进攻清军阵地,清军反击,法军败退。此役,清军伤亡三百余人,法军死伤约百人。时称"观音桥事变"(或"北黎事件")。冲突发生后,法国指责中国背约,索赔二亿五千万法郎,清廷不允。法国远东舰队在孤拔率领下,从南中国海北上,驶进福建水师基地马尾港。自五月二十五日至台湾基隆。

六月十四日晨，法舰向基隆守军投递劝降书，遭到严正拒绝。第二天，法军炮击基隆炮台。督办台湾军务大臣刘铭传督率守军奋起反击，打退了法军的进攻（参见上节）。法国议会决定扩大对华战争，通过三千八百万法郎的军费，叫嚣要进行"本世纪最大的一次征伐"。法国驻华公使谢满禄以基隆事件为由，向清政府发出最后通牒，勒索赔款八千万法郎，离开京城，进行恐吓。中国驻法署使李凤苞离巴黎回国，中法外交关系完全破裂。七月初三日，法军发动对马尾的袭击，击沉福建水师兵船九艘，法军的武装侵略扩展到中国了。

马尾又名"马江"，位于福州东南百里，是福建水师驻泊地，也是福州船厂和福州船政学堂所在地。马尾港四周群山环绕，港阔水深，从港口至闽江入海口，距离一百六十余里。法舰陆续驶入马尾港后，控制马江江面和闽江口，不许福建水师兵船移动，声言动则开炮。福建水师官兵忍无可忍，纷纷请战。福建船政大臣何如璋和海疆大臣张佩纶不准无命自行起锚。光绪十年（一八八四年）七月初三日上午十时，何、张二人收到法军的挑战书，仍心存侥幸。当日下午一时四十五分，孤拔指挥法舰突然发起攻击，福建水师仓促应战，有军舰十一艘、运输船十九艘，六艘军舰三艘运输船沉没，其余多被击伤。官兵伤亡七百余人。法国舰队仅轻伤两舰,重伤两舰,人员伤亡不过数十。次日,法舰又炮击港内的福州造船厂,船厂机器设备多被击毁。

法军偷袭基隆马尾,激起中国人民的极大愤慨。云南、广西、广东、福建、浙江、贵州等地,各族人民到处驱逐法国传教士,焚毁天主教堂。旅居美国、日本、古巴、新加坡等地的华侨,纷纷捐款回国,支援抗法斗争。

七月初六日,清廷发布诏谕宣战,驱逐法国侵略军。诏书略称:"法人违背条约,无端开衅。"本月初三日,"在马尾先期攻击,伤坏兵商各船,轰毁船厂"。"若再曲予含容,何以申公论而顺人心!"诏谕各路统兵大臣,"沿海各口如有法国兵船驶入,著即督率防军合力攻击,悉数驱除。其陆路各军应行进兵之处,亦即迅速前进。"刘永福"著以提督记名简放"统率所部,"将法人侵占越南各城,迅图恢复。"(《光绪朝东华录》)清廷诏下,一场反侵略的大战展开了。

战争在海陆路两方面进行。海上的战场在闽台海域,陆地战场均在越南的北圻。

海上战场——法国舰队于马尾战役后,以数艘军舰封锁长江以南各口,集中主力舰队进攻台湾的基隆和沪尾(淡水)。刘铭传督军在沪尾打败法军(见上节)。法军不敢再犯。十二月,孤拔率舰队北上骚扰浙江镇海。浙江提督欧阳利见在南岸设防,在甬江海口钉木桩、沉石船,堵塞航道,以阻敌舰;又在南北两岸增兵,扼险驻守。光绪十一年(一八八五年)正月,孤拔率法舰四艘侵入镇海海面。欧阳利见命所属严阵以待。正月十五日下午,一艘法舰企图入港侦察,被守军炮火击退。法舰四艘合力进攻,守军岸炮和舰炮一齐反击,击穿法先头一舰。法舰不支,施放烟幕逃走。此后,孤拔连续多次进攻,均遭失败。军舰多艘受损,旗舰被击伤,孤拔本人也中弹受伤,率法舰退踞澎湖,不久死在岛上。

陆路西线战场——法军在陆路战场上采取西守东攻的战术,西线坚守宣光、兴化,东线集中兵力夺取谅山,然后再回援西线。清军划东西两线协同作战,东线军进攻谅江、太原,西线军进攻馆司、宣光,打开通道后,两军会师,然后并力进攻北宁、河内。

光绪十年(一八八四年)九月,法军收缩防线于兴化、宣光一线。清军西线总指挥、云贵总督岑毓英乘势挥师进驻馆司、镇安、清泊,进抵宣光城。宣光城依山傍水,易守难攻。岑毓英调集滇军主力及黑旗军一万余人攻城,夺取了南门炮台。清军围攻宣光三月有余,城内法兵伤亡枕藉,粮弹将绝。清军久攻不下,伤亡近三千人。次年正月,法军自东线战场西援宣光。刘永福为断敌援,奉命进驻左育。正月十六日,法军猛攻左育,黑旗军血战两日,奋勇杀敌,被法军冲破防线。宣光法军得到增援,岑毓英见克城无望,命清军退出战场。

法军继续向临洮清军发起进攻。岑毓英招募民勇千余人扎前营,刘永福军继后,与滇军精锐共同防守阵地。法军连续进攻数次,均被击退。二月初七日夜,越南义民在法军阵地周围遍插黑旗,齐声喊杀,法军以为被黑旗军包围,纷纷逃窜。义军歼敌数百人,清军乘胜克复十数州县。

陆路东线战场——东线清军在广西巡抚潘鼎新指挥下作战。光绪十年(一八八四年)秋越过谅山、谷松,屯扎于船头、郎甲一带。九月,法军发动反攻,攻陷郎甲、船头。年底,得到增援,指向广西边境。潘鼎新率淮军五营守谅山。十二月二十九日,法军占领谅山,守军败退,镇南关(今广西友谊关)告急。法军进攻文渊(同登),清军将领杨玉科迎战,中炮阵亡。潘鼎新率部增援,左肘中弹落马,仓皇溃入关内。法军乘势占领镇南关,前锋一度进抵中国境内十余里的幕府一带。广西全境震动。

光绪十年七月,山西巡抚张之洞实授两广总督,起用曾在越南境内作战的前提督、年近七旬的宿将冯子材募兵援广西。冯子材在钦州等地募军十八个营驻广西龙州。谅山弃守后,曾亲率一营从龙州赶至镇南关,以守关自任。潘鼎新以为关无须守,令往援东路。

光绪十一年(一八八五年)正月廷命电令冯子材帮办广西关外军务,被诸军公推为前敌主帅。这时,法军已炸毁镇南关,退驻关外三十里的文渊城。冯子材认为镇南关不宜歼敌,督所部移驻关内八里处的关前隘(隘口)。在关前隘两旁山上赶修炮台,又在隘口附近抢筑一道约三里多的土石长墙,构成一个防御体系。法军从侧翼发起偷袭。子材得密报,主动出击,命部将王元春、王孝祺率精锐连续出关,袭击法军前哨阵地,打乱了法军的军事部署。

法军将领尼格里(De Negrier)发起进攻。二月初七日晨,亲率二千余官兵分三路直扑关前隘。战至下午,法军攻占东岭三座炮台,居高临下,俯击长墙前清军。冯子材见状,向将士疾呼:"法军再入关,有何面目见两广父老?"诸将感奋,率兵丁跃出长墙,与法军殊死拼杀。战至深夜,仍未分胜负。子材分兵奔袭敌后据点文渊,缴获法军囤积军火,切断其补给线。法军始乱。

初八日,尼格里发动更猛烈进攻,以中路为主力猛攻长墙,两翼沿东、西两岭向左右包抄。战场上"药烟弥漫,至不辨旗帜,弹积阵前逾寸,墙后且被毁"。(林绳武《冯勇毅公神道碑》)法军扑至墙下,或攀跃长墙,形势凶险。冯子材持长矛跃出长墙,杀入敌阵。子材两子紧随其后。全军士气大振,敞开栅门,杀向敌阵。法军大败,死伤累累。次日,冯子材下令发起总攻,法军全线崩溃,被击毙近千人。

冯子材乘胜收复文渊,进围谅山守敌。十二日,分三路攻谅山,苦战竟日,于翌日克复谅山,再歼法军近千人。法军统帅尼格里身负重伤,逃窜。冯子材命各军跟踪追剿,连克屯梅、谷松,法军残部逃到郎甲、船头一带,不堪再战。清军前失阵地几乎全部收复。

谅山大捷扭转了东线战场的被动局面,使整个战局发生了变化。"法人自谓入中国以来,从未受此大创。"(《李文忠公全集·译署函稿》,光绪十一年二月十四日寄译署)败报传到巴黎,对茹费里内阁久怀不满的法国人民游行示威,包围议会,高呼打倒茹费里内阁的口号。二月十五日(西历三月三十一日)茹费里内阁下台。

三、屈辱的和约

法国侵越战争爆发以来,清海关总税务司英人赫德与英国政府不断作为调停者在中法两国间往来交涉。光绪十年(一八八四年)七月,赫德在上海与法国公使巴德诺会谈,提出调停方案:中国以"捐输"名义向法国偿付八千万法郎,法国同意越南继续每隔两年到中国朝贡一次。法国坚决反对越南向清廷朝贡,而清廷也拒绝以任何形式向法国赔款。调停失败。九月下旬,赫德又提出另一个调停方案:中国军队退出北越,法国海军不再进攻中国沿海口岸;中国批准中法《简明条款》;法军暂驻基隆、马尾,并管理两地煤矿、海关若干年。清廷拒不采纳。

法国入侵后,朝臣交章弹劾主持军机的恭亲王奕诉委靡因循。三月,慈禧后罢免奕诉,以礼亲王世铎为首席军机大臣,重大事件与醇亲王奕譞商办。醇亲王会同军机大臣、总理衙门于九月间拟具与法议和条款八条奏陈请旨。主要是,简约不可酌商,在越南谅山至保胜一线划界作为中国保护己方界线。法国在越南不能有保护之名,越南仍向中国朝贡,法国不得干预以及撤兵、通商等。廷谕电寄出使英法大臣曾纪泽商办。曾纪泽经由英国外交部转告,被法总理茹费里拒绝。

赫德命在巴黎办事的中国海关驻伦敦办事处税务司英人金登干(J. D. Campbell)继续就划界朝贡事与法国交涉,均被严词拒绝。谅山战后,赫德又草拟议和草约四条,由金登干秘送茹费里:一、中国批准中法简明条款,法国在该约外不再提出其他要求;二、两国停战,法国立即撤除对台湾的封锁;三、法国派专使至天津或京师议定专约及双方撤军日期;四、中国派金登干为议约专使。茹费里允予商办。金登干函告赫德,经由总理衙门及醇亲王奏准依议。

谅山大捷,茹费里内阁下台,清廷获得续议界、贡等事的有利时机。李鸿章致电总理衙门,主张"乘胜即收",从速缔约。曾纪泽也电主乘胜议和,说:"谅山克,茹相革,刻下若能和,中国极体面,稍让亦合算。"(《清季外交史料》第五十五卷)清廷原来就意在求和,不得已而宣战。草约奏上,遂命金登干代表中国政府于光绪十一年(一八八五年)二月十九日在巴黎签立和议,入越清军在两个月内陆续撤回。

军事的胜利换来丧权的和约,爱国将士"拔剑斫地,恨恨连声"。(胡传钊《盾墨留芬》)冯子材致电两广总督张之洞称:"去岁上谕议和者诛,请上摺诛议和之人。"(《张文襄公全集》电牍第一二四卷)全国纷纷通电谴责和议,有人比做岳飞退兵,赋诗说:"十二金牌事,于今复见之。""不使黄龙成痛饮,古今一辙使人哀。"

草约签后,清廷连下九道谕旨督催刘永福撤回。张之洞电告广西巡抚李秉衡:"刘一日不离越,中国海防一日不能结局。"永福率黑旗军三千撤入广西,清廷授他福建南澳镇总兵,命裁军二千,随后只留三百人。

光绪十一年(一八八五年)四月二十七日,清全权大臣李鸿章与法国驻华公使巴德诺在天津签订《越南条款》(又称中法新约)。条款以原简明条款为底本,主要内容是:越南北圻与中国交界内由法国弭乱安抚;法国与越南所立条约,中国均听办理;中法两国派员会同勘定中国和越南北圻的边界;在云南、广西的中越边界指定两处通商;中国日后修铁路,应与法国商办;法军退出基隆和澎湖。条约实际上承认了法国对越南的侵占,放弃了中国与越南的封贡关系。法国不仅由此获得了原来勒索的各种要求,并得到更多的通商特权。

中法新约规定,有关划界和通商的细节留待续议。光绪十三年(一八八七年),经两国派员勘察两广、越南边界后,五月初六日在京签订"续议界务专条",依据地图承认广东、云南的边界。同日又签立"续议商务专条"。清廷再做让步,除允广西龙州、云南蒙自开商埠,法国设领事馆,又增开云南蛮耗一处为商埠,允蒙自领馆属员驻扎。法国经三处运进货物减额税十分之三,运出货物减十分之四。法国不胜而胜,中国不败而败,清廷的昏弱造成了耻辱的结局。

(三)英国侵占缅甸

乾隆五十四年(一七八九年),缅甸国王孟云遣使贺乾隆皇帝八十寿辰,请封。次年,清遣使赴缅,册封孟云为缅甸国王,定十年一贡。此后,两国一直保持封贡关系。

一八二三年,英国军队强占位于阿拉干与吉大港之间的刷浦黎岛,缅甸出兵抗拒,战败,被迫将阿拉干与丹那沙林割让给英国,并赔款一千万卢比,准许英国外交代表进驻缅甸。一八五二年,英印政府以缅甸政府虐待仰光的英国商人为由,再次侵缅,侵占白古等地。一八六二年,英国将阿拉干、丹那沙林与白古合并为英属缅甸省,以仰光为首府。缅甸南部基本上被英国侵占。同年,英印政府与缅甸政府签订条约,英国商人得沿伊洛瓦底江而上进入缅甸领土,经商和居留。次年,英印政府驻缅甸代表威廉斯(Williams)沿伊洛瓦底江而上至八莫考察,企图打通由八莫至云南的商道。

　　光绪十一年(一八八五年)中法签订《越南条款》后,英国工商界纷纷怂恿政府迅速吞并北缅甸(上缅甸)。十一月英国以缅甸处分英商为借口发动侵缅战争,占领缅甸国首都曼德勒,俘虏缅王锡袍,宣布缅甸为印度的一个省。清廷命使英大臣曾纪泽提出交涉,曾纪泽奏陈中国无力阻止英国吞并缅甸,应坚持将中国边界扩展至八莫(新街),以使英国势力远离中国。清廷认为"勿阻朝贡为第一要义,但使缅祀未绝,朝贡如故,于中国便无失体。八募(莫)通商,宜作第二步办法"(《李鸿章全集》电稿一)。英国首相兼外交大臣索尔兹伯里(R. A. T. Salisbury)经曾纪泽转告清政府:英对缅甸,"管教不管政,照旧进献中国",并说:"英徇华请而立王,华于商务宜宽待英"。(《李鸿章全集》电稿一)总理衙门指示曾纪泽说,英国立何人为缅王,"宜先告中国,允后再定,方为得体"(同上书)。交涉中,英国索尔兹伯里保守党内阁下台。自由党新阁执政,不承认关于另立缅王、管教不管政、继续向清廷进贡等承诺。曾纪泽与英国新政府就缅甸问题重开谈判,内容涉及缅甸朝贡、中缅界务、商务等问题。北缅瑞波、稔祚各土司聚集兵民,与英军拒战,请求清廷"发兵救援,诸事愿听指挥"。(岑毓英《岑襄勤公奏稿》第二十五卷)英国政府为防止缅甸人民的抗英斗争扩大,表示可在界务、商务方面允让,拟将潞江以东地方归属中国,以大金沙江(即伊洛瓦底江)为两国界,允许中国在八莫近处设关收税。

此时正值英印当局派使团赴西藏,遭到西藏僧俗各界的强烈反对。总理衙门向英使表示,如果英国放弃入藏计划,清廷愿与英国解决缅甸问题。光绪十二年(一八八六年)六月二十三日,清廷特派庆郡王奕劻与总署大臣孙毓汶与英国特派前驻华大臣欧格讷在京签订中英会议《缅甸条款》:"中国允英国在缅甸现时所秉一切政权,均听其便"。英国允停止入藏。中缅边界另行勘定,通商另立专章。原来所称"允让",并未指实,即行搁浅。

光绪十七年(一八九一年),出使英、法大臣薛福成因得知英国派人前往滇缅边界勘察地理、矿产,且有向边界修筑铁路之意,奏请与英国谈判滇缅界务。薛福成向英国提及原向中国许诺"允让三端"之议,遭英方拒绝。薛福成提出中国与英属缅甸应以大金沙江(伊洛瓦底江)为界,以便争得英军侵驻的江东野人山地区,作为边界屏障。在谈判中据理力争,说若不划定边界,滇缅间的商务难以开办。光绪二十年(一八九四年)正月,双方达成协议,在伦敦签订中英续议滇缅界务、商务条款。确定尖高山以南的一段中缅边界,曾被英军侵占的野人山、昔马、科干、汉董、铁壁关、天马关、车里、孟连等地划归中国。中国商船得在伊洛瓦底

406

江航行。作为交换条件，中国不再索要永昌、腾越边界外的隙地，不要求在八莫设关收税。条款还规定，进出中缅边界的货物，由蛮允、盏西两路行走，进出口货物减税。英国由此获得与法国大体同等的贸易特权。

（四）日本侵略朝鲜

清太宗在天聪元年出兵朝鲜，订立"江都之盟"。崇德元年再次出兵侵朝，迫令朝鲜国王送两子入质，奉清正朔，每年朝贡一次。朝鲜由此成为清朝的藩属。

同治七年（一八六八年，日本明治元年），日本政府曾派遣对马藩主赴朝鲜递送国书，被朝鲜拒绝。次年，再次遣使，又被拒。同治十年（一八七一年）中日签订《友好条规》，确认互不侵越所属邦土。

江华岛事件——光绪元年（一八七五年）八月，日本军舰"云扬号"擅自闯入朝鲜仁川附近水域测量航道，又以寻找淡水为名派舢板驶近江华岛炮台。江华岛上的朝鲜守军鸣炮示警。日舰发炮，攻毁炮台，复派陆军登岸攻陷永宗城，劫掠后退兵。日本强迫朝鲜签约通商，朝鲜答称"本国为中国藩属，不敢擅专。"日本政府又派外务省大辅森有礼为特命全权大臣来中国，与清政府交涉。总理衙门据《中日修好条规》"两国所属邦土，亦各以礼相待，不可稍有侵越"的条文，告以中国"所属邦土"包括朝鲜，应是"不可稍有侵越"的范围。森有礼诡称，属国只是空名，内外政令悉由自主，日本也将"自主"对待朝鲜。

光绪二年(一八七六年)正月日本再次派军舰至江华岛，强迫与朝鲜订约。北洋大臣李鸿章函总理衙门，建议密函朝鲜政府，劝以"忍耐小忿，以礼相待。"清廷由礼部咨朝鲜国王，劝谕息事宁人。朝鲜政府于二月间与日本签订《江华条约》。称："朝鲜为自主之邦，保有与日本平等之权。"向日本开放釜山、元山、仁川通商，承认日本在朝鲜的领事裁判权，无税贸易，建立租界。

李鸿章对外交事务，主张联日拒俄，认为"日本方欲与中国高丽并力拒俄，岂肯同室操戈，自开衅端"(《李文忠公全书》译署函稿第六卷)。光绪四年(一八七八年)致书朝鲜退任领议政李裕元，劝朝鲜联日防俄。日本以朝鲜、中国为侵略目标，李鸿章以中朝联日为外交方略，处处被动了。

壬午事变——随着日本势力对朝鲜的渗透，朝鲜王廷内部分化为新旧两党。旧党以国王李熙的父亲大院君李昰应为首，对内把持朝政，对外主张闭关自守，反对日本渗透。新党以王妃闵氏家族为首，对内力主国王收回大权，实行改革，对外亲近日本。光绪七年(一八八一年)新党得势，大院君被迫家居。新党依靠日本教官训练新军，派大臣赴日考察，准备实行改革。日本对朝鲜的影响力日益增长，朝鲜宫廷内部的矛盾

408

也日益尖锐。光绪八年(壬午年),大院君利用人民的反日情绪和对当朝者的不满,在京城发动政变。数千兵民冲入王宫,杀死闵氏权贵,又进围日本公使馆,杀死日本教官。日本公使花房义质自焚使馆,率众逃往仁川。大院君进入王宫,重新掌权。史称"壬午事变"。

事变发生后,日本国内舆情汹汹,要求立即对朝宣战。日本内阁决议,派外务大臣井上馨为特使,统带兵舰四五艘、士兵千余人赴朝鲜交涉,要求"逞凶"、"抚恤",并提出驻兵汉城,割占巨济岛、松岛等要求。清政府闻讯,派天津道台马建忠、水师提督丁汝昌率军入朝。又增派吴长庆率淮军六营增援。吴长庆诱捕大院君押送中国,镇压起事兵民,扶助朝鲜国王李熙恢复了王位。李熙向清廷提出,在中朝间开放海禁,允许两国人民于开放口岸贸易,并提出朝鲜应同西方国家一样有派使节驻京的权利。八月二十日,李鸿章在天津与朝鲜使臣签订《中朝商民水陆贸易章程》,称朝鲜"久列藩封";"一切均有定制,毋庸更议"。放宽两国贸易的限制,增辟通商口岸,但未准朝鲜在京派驻使节。前言中并申明:此章程"系中国优待属邦之意,不在各与国一体均沾之例"。(《清季外交史料》卷二九)

日本以兵民攻毁使馆一事对朝鲜进行要挟,朝鲜被迫与日本公使花房义质在仁川签订《日朝济物浦条约》,同意向日本赔款、惩办肇事凶犯,允许日本公使馆设置兵员若干警备,为日兵长期留驻朝鲜提供了依据。

甲申事变——济物浦条约签订后,日本多方怂恿朝鲜独立,并表示可以给予财政和军事援助,以便把中国势力排挤出朝鲜。光绪十年(一八八四年)中法开战,清朝减少在朝鲜的驻军。朝鲜政府内亲日的"开化党"大臣金玉均、朴泳孝等认为有机可乘,于十月十七日发动政变,引日兵入宫,劫持国王李熙,宣布成立新政府,废止朝鲜与中国的宗藩关系,并策划袭击驻朝清军防营。驻朝清军营务处会办同知袁世凯等,见事态危急,不待请旨,即率清军与朝军左右营入宫,击败日兵,粉碎政变,恢复了李熙王位。日本公使竹添自焚使馆,带领日兵和日侨仓皇逃往仁川。十一月,日本外务相井上馨率兵船载兵士二千人抵汉城,威胁朝鲜签订汉城条约五款,惩凶赔款,在使馆界建护卫兵营。

次年正月,日本天皇派遣伊藤博文为头等大使,携带国书来华,与李鸿章在天津谈判朝鲜问题。清方参加谈判的大臣吴大澂拟具条款,"朝鲜本国如有乱党滋事,该国王若请中国派兵弹压,自与日本无涉"。李鸿章未采此议,反而向伊藤声言:"我知贵国现无侵占之意,嗣后若日本有此事,中国必派兵争战。若中国有侵占之事,日本亦可派兵争战。"这一丧权的谬语博得伊藤的赞赏。三月初四日,双方议定专条三条写明:"将来朝鲜国若有变乱重大事件,中、日两国或一国要派兵,应先互行文知照。"(引自《中外旧约章汇编》天津会议专条)清军限期自朝鲜撤退,日本撤回使馆驻兵。清廷由此自失出兵藩国的权利,并且承认了日本出兵朝鲜的特权。

备战侵华——甲申事变,日本兵败,海陆军人即纷纷叫嚣"膺惩清国"。日本军界元老黑田清隆在给天皇的条陈中提出,节省开支,扩充海军,多建铁路。三年内与中国一战,夺取朝鲜,说"中国自战法以后,于海陆各军,力求整顿,若至三年后,我国(日本)势必不敌"。伊藤博文反对速胜,说:"所云三年后中国必强,此等事直不必虑"。"虽此时于水陆各军俱似整顿,以我看来,皆是空论。现当法事甫定之后,似乎奋发有为,殊不知一二年后,则又因循苟安,诚如西洋人形容中国所说:又睡觉矣"。他主张"此时只宜与之和好,我国速节冗费,多建铁路,赶添海军,三五年后,我国官商皆可充裕,彼时看中国情形再行办理"(《清光绪朝中日交涉史料》第六卷中国驻日使馆密探朝比纳报告)。

一八八七年,日本参谋本部拟订征讨清国策,提出统一的中国是实现日本扩张计划的很大障碍,必须乘中国衰弱时发动进攻,"以五年为期作为准备,抓住时机准备进攻"。日本的一些政客宣扬日本人口过剩应努力向外殖民,到朝鲜、中国取得土地和生存条件。一八九二年,日本完成扩军计划,建成拥有六万三千名常备兵和二十三万名后备兵的新式陆军,海军各类舰船达到五十余艘。日本参谋部不断派遣特务间谍潜入中国,窃取情报,绘制地图。以联日防俄为外交方针的清朝,面临着日本侵略者日益迫近的严重威胁。

第三节　官办工业的扩展与
海军的兴建

同治朝所谓自强的新政,旨在增强国力以抵御外侮。光绪帝即位后的二十年间,主要在两个方面取得新的进展。(一)官办的机器工业即所谓新式工业由军事部门扩展到民用部门。(二)军事部门,改造传统的水师,采用西方模式兴建新式海军,制造新式兵舰,训练作战。

(一)官办工业的扩展

官办机器工业的扩展,从内容来说,由主要制造武器弹药的军事工业发展到矿冶、电信、交通、棉纺织业等民用工业部门,引用机器技术开设厂矿。从经营方式说,由单纯的官办,扩展为官方招集商股集资,雇用工人劳动,自认盈亏。"官总其大纲,察其利病"(李鸿章语),即所谓"官督商办"。

412

清廷泛称涉外事务为"夷务",主要是指外交事务。新式工业的创建需要购买外洋的机器,学习外国的生产技术,因而被称为"洋务"。倡办新式工业的官员,被史家称之为"洋务派"。

一、矿　冶

中国的矿冶业有悠久的历史,但历代相沿,都只是采用手工业生产。光绪以来,先后设立唐山开平矿务局和湖北铁政局,采用购进的机器采矿,开始有了新式的矿冶。

开平矿务局——光绪二年(一八七六年),直隶总督李鸿章派遣曾受雇于英商上海怡和洋行、新委任的轮船招商局(见下文)总办唐廷枢与英国矿师马立师(Morris)去唐山查看开平镇手工开采的煤、铁矿藏。次年,唐廷枢提出开采煤矿计划,经李鸿章奏准设立开平矿务局,委托唐廷枢任总办,招集商股,主持开矿。前天津道丁寿昌与天津海关道黎兆棠督办。

光绪四年(一八七八年),包括唐廷枢本人投资在内的港、粤商人共集商股银二十余万两,自国外购买机器,开始钻探煤矿开采。七年开始产煤,日产量约三百吨。以后,逐年增长,至光绪十年日产超过九百吨(参见张国辉:《洋务运动与中国近代企业》)。十四年,投资商股开始发放股息。十八年,唐廷枢病死,李鸿章委派江苏候补道张翼接任。

汉阳铁厂

湖北铁政局——光绪十六年(一八九○年)湖广总督张之洞在汉阳建立湖北铁政局,委候补道蔡锡勇任总办。同年,开采大冶铁矿,全由官办。又在汉阳兴建铁厂,光绪十九年建成,应用购自英国的机器设备,冶炼钢铁。次年投产,日产生铁百余吨,钢六十吨。因合用的煤炭缺乏,开炉五个月后停产。

二、交 通

交通事业包括工业建设与商业经营。光绪即位之初,轮船招商局购买外国轮船,经营水上航运。又在一些地区修建铁路,购买蒸汽火车,经营陆路运输,是中国交通史上的新创。

轮船招商局

轮船招商局——成立于同治十二年（一八七三年），原以官款为主，兼集商股。次年改组，扩大招商，入股近百万两，形成主要资本。李鸿章委任唐廷枢为总办，开创了官督商办的先例。水上航运业原由美国旗昌轮船公司与英国太古轮船公司所垄断，彼此竞争激烈。光绪二年（一八七六年）轮船招商局以二百二十万两的高价收购旗昌公司的轮船、机器厂、码头、趸船等全部资产，得大小轮船二十只。合前此购置的轮船共有船二十七只。轮船招商局以商股为主，但可获官款接济，拥有为官府经营漕运的专利，是最早创办的一家官督商办的航运企业。成立后十年间，营业净收入由八万一千两增长到九十一万两。

轮船招商局附办保险招商局，承保航运船只。总局设在上海,各口岸设立分局,商股集资二十万两,是中国自办的第一家保险企业。

铁路的修建——开平矿务局成立后,开采煤石,亟需外运。唐廷枢首先提出修建铁路运煤的计划,向李鸿章建策。光绪六年(一八八〇年)建成自唐山至胥各庄铁路一段,次年,开始用火车运煤,是为我国最早修建的一段铁路和最早使用的蒸汽火车。

光绪十一年(一八八五年),李鸿章经由醇亲王奕譞奏请清廷,为加强海防,将唐胥铁路向南延伸至大沽、天津,向北延伸至山海关,先修南段,再修北段。成立开平铁路公司,招股集资办理。清廷准奏,以伍廷芳、吴南皋主持公司,招商兴建。十四年南段经塘沽至天津全线完工。李鸿章又提出接修天津至通州的铁路,因朝中反对而作罢。

吴淞铁路机车

416

光绪十五年(一八八九年),因俄国在远东争先修路,清廷定议,命李鸿章督修关东铁路至吉林,支线通营口。十七年在山海关设立北洋官铁路局,全由官办。次年兴工,十九年修路到山海关,实现了原来的北段计划。次年向关外延伸,因对日作战(见另章)而停止。

台湾巡抚刘铭传奏请在台湾招商修路。光绪十三年(一八八七年)兴工,因集资困难,改为官办。十九年建成自基隆经台北至新竹一段,停工。

三、邮 电

邮政 清朝官方公文传送,原经官设的驿站。沿海商埠民间通信经由民办的民信局。道光时,英国势力侵入,先后在广州、香港设立英国邮局,经办英人通信。随后,美国、法国也在通商口岸开办邮局,清廷称之为"客邮"。

光绪二年(一八七六年),海关税务司赫德向总理衙门提议兴办送信官局。总理

大清邮票

衙门委李鸿章与赫德酌议。商定在不禁民信局的前提下,由海关税务司筹办。四年,以天津海关为中心开始试办,在天津发行大龙邮票一套,面值银一分、三分、五分三种。雇用邮差,称津海关信差。北京和牛庄、烟台、上海分设办理邮政机构称华洋书信馆。经营范围包括中国和外国官民邮件。水路由上海轮船招商局与英商太古轮船公司的轮船和北洋军舰运送。陆路雇用骑差。

光绪八年(一八八二年),海关税务司建立海关拨驷达(英文 post 的音译)局,即海关邮政局,裁并各地华洋书信馆。各口岸邮政统由海关邮政局经管。

电信 各地向清廷奏报,清廷向各地发布谕旨历来利用传统的驿马传递,时日稽延,极为不便。遇有战事或对外交涉,更易贻误事机,同治朝即有架设电线兴办电报之议,但朝臣中议论不一,未能实行。光绪五年(一八七九年)曾经反对架设电线的直隶总督李鸿章因海防的需要,开始在天津与大沽炮台间架设电线。次年,奏请设立天津电报总局,在天津上海间架设电线兴办电报。此后,各地的电报通信事业得到较快的发展。

津沪线——光绪六年(一八八〇年),李鸿章奏准在天津设立电报总局,任命幕僚、轮船招商局督办盛宣怀(江苏武进人)为总办,曾经受雇于英商太古轮船公司,委任轮船招商局帮办的郑观应(广东归善人)襄理局务。次年,自天津沿运河经镇江至上海架设电线。当年架线工程完成,年底启用通报。工程费用全由北洋军饷垫付。八年,筹集商股改为官督商办,电报通信扩展到民用商务,并规定架设支线的权利。电报局在上海设分局,由郑观应任总办,上海绅商经元善(浙江上虞人)会办。

京津线——光绪九年(一八八三年)夏,总理衙门授意李鸿章继续在天津至通州架线,秋季建成后又由通州架设两线直达京师城内,一条为总理衙门专用的官线,另一条为民用商线。分设官局和商局管理。次年建成通报。清廷由此有了对外的电报通信。

苏浙闽粤线——津沪线通报后,上海分局又在苏浙闽粤四省境内架设另一条干线。光绪九年(一八八三年)春招集商股动工兴建。全线起自江苏苏州,经浙江湖州、嘉兴、杭州、绍兴、宁波、台州、温州,福建福宁、福州、泉州,广东潮州,通到广州。次年夏季建成。沿途所经,多是重要的都会和繁荣的商埠。电报的兴办,对各地的发展起着重大的作用。上海也由此成为电信的枢纽。电报总局迁到上海,盛宣怀仍任督办,郑观应为会办。

在此线架设约略同时,两江总督左宗棠奏请架设长江电线,全由商人筹款兴建。起自江宁经芜湖至安庆,再由安庆经九江至汉口。也在光绪十年建成启用。

各地商线——以上地区架设电线,开通电报后,通信大为便捷。其他地区也相继奏请集资商办或官商合办架线。光绪十一年(一八八五年),云贵总督岑毓英奏请在云南架线,廷谕电报局筹议。电报局议定自湖北展延,经四川入云南。当地筹款,与清廷拨款并举。自汉口至四川泸州为商线,泸州至云南蒙自为官线。贵州巡抚又请途经贵州毕节,设支线至贵阳。十四年,苏浙闽粤线自九江延展电线经南昌、赣州至广东南雄。十五年,陕甘总督杨昌濬奏准架线。由西安经太原至保定为商线,西安西经兰州至嘉峪关为官线。次年建成。十六年,湖广总督张之洞奏准,自湖北沙市延伸电线至襄樊。以上各线电报的兴办,主要由电报局招集商股投资,部分官助,因而概称为商线。

各地官线——此后数年间,江苏、直隶、奉天、吉林、黑龙江、新疆等省相继铺设陆路电线,台湾铺设水线,主要由官款经办,用于军事、政务,兼及商务。电报通信逐渐遍及全国。光绪十八年(一八九二年)闰六月,李鸿章奏称:"窃维中国创设电线,已阅十年。近来风气渐开,推行日广。东北则达吉林、黑龙江俄界,西北则达甘肃、新疆,东南则达闽粤台湾,西南则达广西、云南,遍布二十二行省,并及朝鲜外藩,殊方万里、呼吸可通,洵称便捷。"(引自中国史学会编《洋务运动》资料第六册电报编)电报的兴办使中国的通信事业迈入了一个新时代。

光绪二年(一八七六年)美国开始使用电话。五

420

年之后,丹麦大北电报公司获准在上海租界内开办电话业务,设立电话交换所,次年租机通话,用户不过二十余家。同年,英商也在上海设立电话交换所。光绪九年,英商中国东洋电话公司将两交换所兼并,成立上海分公司。但因经营不善,收费过高,用户甚少。清廷官方此时尚无电话业务经营。

电灯 光绪八年(一八八二年),英国商人在上海创建上海电气公司,在上海的主要街道装设电灯照明。十四年,北洋大臣李鸿章自丹麦购进发电机械,在皇宫西苑建电灯公所,为慈禧后的寝宫安装了北京城内最早的电灯。同年,两广总督张之洞也自国外购进发电机,在总督衙门装设电灯。广州城内开始有电灯照明。京师和广州应用外国发电机装设电灯,供宫廷和官府享用,还不是官办的产业性的工业,但发电照明技术的引进是一个进步。

四、纺 织 业

元代以前,纺织作为与农业相结合的家庭手工业,主要从事丝织。元代以来,棉织业逐渐普及。纺织工具和技术,历代续有改进,但仍是手工操作,效率很低。西方机织布的输入,开阔了人们的眼界,也侵占了中国的棉布市场,并策划在中国设厂织布谋利。有识之士逐渐认识到,采用机器织布,自办工厂的必要,上海和湖北先后成立了织布局。

上海机器织布局——光绪二年（一八七六年）李鸿章采纳天津海关道黎召民的建策，开始在上海筹办设厂，用机器织布。派遣幕僚魏纶先去上海招商，未获结果。两年后，四川候补道彭汝琮向李鸿章呈递条陈，建议奏请设立上海机器织布局，购买外国机器织造棉布（洋布），仿轮船招商局办法招商股集资办厂。此议获准，委彭汝琮与郑观应会同筹办。彭汝琮因筹资不力，受到李鸿章的斥责离任，郑观应辞职。光绪六年（一八八〇年），李鸿章委任翰林院编修戴垣主持其事，戴垣请郑观应再度入局协办，制定招股章程，集资五十万两，在上海杨树浦置地建厂，购买机器。建厂过程中，九年郑观应又因被劾挪用股本离职。此后，筹建的主持者屡次更换，直到光绪十六年，方在原直隶通永道杨宗濂及其弟宗瀚主持下，开始投产。上海机器织布局建成投产后，经营顺利，获利甚厚（月盈一万二千两）。十九年，杨宗瀚又建议招商附建同孚吉机器纺纱厂，用机器纺纱，全由商办。获准筹建。九月间，织布局车间不慎起火，全局均被焚毁。李鸿章命天津海关道盛宣怀与上海道筹议规复。依盛宣怀议，再招股集资，在上海织布局旧址重建新厂纺纱织布，定名华盛机器纺织总厂，官督商办。次年建成投产，有纱锭六万五千枚、布机七百五十架。（《海关十年报告》）

湖北织布局——上海机器织布局筹建时，李鸿章曾奏准十年不准另行设局，以图垄断纺织专利。光绪十四年(一八八八年),两广总督张之洞提出在广东设立官办的官局,供广东需用。商得李鸿章同意,即着手向英国订购纺织机器。官办不能招股,经费另需筹措。广东商界流行一种以预测科举入闱举子得中者姓名进行的赌博。赌者多为富商,号为"闱姓"。张之洞向闱商摊派商捐和"报效"(奉献),每年四五十万两,供购买机器建厂专用。次年,张之洞调任湖广总督,已购机器搬运到湖北,成立湖北织布局,在武昌建厂。经费不足,又向英商汇丰银行贷款十六万两(洋债),以应急需。十八年末,武昌纺织厂建成投产。次年,有纱锭三万枚,布机一千张。(《海关十年报告》)

以上官督商办的各项新式工业具有如下的共同特征。(一)官府控制操纵,包括"官总其大纲"即决定方针大计;任免局厂总办等主要承办人;给予减免税收、经营专利等优遇;拨付官款借贷接济。官股与商股比例不定。主管或主办的官员可以个人投股取利。官督商办工业依赖官府的支持,也不能不受到官府的控制。(二)商董承办。商人入股集资,并无限制。富有的商人可拥有较多的股份,形成集聚的资本。他们可以被委任为总办会办,也可作为董事主管企业的各部门的经营。既是拥有资本的股东,又是直接经营者。商董持有实权,对企业的兴衰,关系甚巨。(三)依赖外国。新式工业采用的机器生产技术并不是传统手工业工具和技术的改进,而是直接由外国购置和引入。因而具

423

有明显的对外依赖性。对传统手工业来说,新式工业是先进的,对外国的同行业来说,则仍是步其后尘。(四)贪污腐败。清廷官场贪污腐败成风。官场的积习不能不浸入到官督商办的事业。主办者依恃手中的权力,任用私人,牟取私利。贪污公款,套取回扣,以至挪用公款进行各种私人投机,种种营私舞弊现象所在多有。盛宣怀、唐廷枢、郑观应等人都曾因假公济私,遭到指责。各部门的各级承办者大小不等的损公肥私,不一而足。腐败现象的蔓延,不能不使新创建的工业受到内部的腐蚀。轮船招商局经营航运,应属商业范畴,腐败现象较之各工业局厂更为严重。

矿冶、交通、邮电、纺织等部门新式工业的创建是一个进步,但这个进步又不能不是艰难而缓慢的。

(二)新式海军的创建

道光朝,林则徐曾在广东购置西洋船炮,装备水师,以抵御英国的入侵。同治朝实行新政,继续购买西方船舰,福州船政局开始自造轮船。光绪初,为加强海防,先后建立广东、福建、南洋、北洋四支水师。

一、四洋水师的创建

光绪初年,拥有较多轮船的广东、福建、江苏三省已建立水师。随后又建立了北洋水师。

广东水师 广东水师创建较早。同治六年（一八六七年），两广总督瑞麟为了追剿粤东海面的盗匪，先后向英、法两国购买兵轮六艘。十三年在广州设机器局，又制造内河小轮船十六艘，用于巡防。光绪元年（一八七五年）刘坤一任两广总督，开始自制并外购大号轮船。三年，购买英国在黄埔的船坞和设备，制造"海东雄"号兵舰。次年，继任两广总督张树声进一步扩大广东水师，光绪七年购置英国造炮舰"海镜清"号。共有中小兵轮二十五艘。广东水师舰船数量多，吨位小，因为没有巡洋快舰和铁甲舰，只能用于近海巡防。在四支水师中是较弱的一支。

福建水师 同治时，闽浙总督左宗棠设福州船政局造船装备水师，自造兵船成功，至光绪元年（一八七五年），船政局已制造轮船十六艘。其中最大的一艘"扬武"号，排水量一千五百六十吨，推进功率二百五十马力，炉座轮机，仅与水面相平，烟囱三节可以随意升降，利于避炮。舰炮十三门，多是英制前膛炮，摧坚及远，威力较大，用为福建水师的旗舰。次年，一个英国军官参观福州船政局，认为技艺可与英国机械工厂媲美。（《中国近代工业史资料》第一辑上册）

光绪三年（一八七七年），船政局制造的第一号铁胁轮船"威远号"建成下水。这是中国自行制造的第一艘采用铁、木结构船体材料的轮船（此前所造皆为

425

木结构蒸汽轮船），排水量一千二百六十八吨，主机购入英国新式康邦卧机，推进功率七百五十马力。轮船的吨位、马力都超出了以往所造各船。不久，第二号铁胁船"超武"号、第三号铁胁船"康济"号相继下水。

船厂又仿造出更加先进、威力也更大的巡洋快船。光绪八年（一八八二年）第一艘快船"开济"号下水，排水量二千二百吨，装有新式卧机，马力二千四百匹，时速提高到十五海里。这是中国自行制造的第一艘近代巡洋舰。三年后，第二号快船"镜清"号、第三号快船"寰泰"号相继竣工。

福建水师因为有船政局自造的船只，发展较快，至光绪十年（一八八四年），船政局共造兵商轮船二十四艘，有十二艘编入福建水师。另购买外国船四艘。

船政局所造各船，除"扬武"外，多仿半兵半商旧式。虽然仿造出铁胁快船，但与外国铁甲舰比，还是强弱悬殊。中法战争中，福州船厂遭到法国军舰炮击，损失惨重，修复开工后始终未能达到战前的水平。至光绪二十年（一八九四年），先后造成大小船舰三十余艘。

南洋水师 同治时，上海江南制造局开始设厂造船。至光绪元年（一八七五年），已连续制造"操江"、"测海"、"威靖"、"海安"、"驭远"五艘兵轮。其中，"海安"、"驭远"两炮舰规模最大，排水量二千八百吨，马力一千八百匹，大小炮十二门。

光绪元年(一八七五年),沈葆桢升任两江总督兼南洋大臣,开始筹办南洋水师,负责江、浙两省沿海防务。水师舰只主要来自江南制造总局自造,次年建成"金瓯"号铁甲舰。光绪五年,向英国订购的四艘炮舰("蚊船"、"蚊炮船")"龙骧"、"虎威"、"飞霆"、"策电"编入水师序列,战斗力明显加强。沈葆桢任两江总督时积极筹划,南洋水师有较大发展。光绪八年左宗棠接任两江总督后,又在福州船政局订造了一艘巡洋舰"开济"号,并从德国订购"南瑞"、"南琛"两艘巡洋快舰。到光绪十年,南洋水师已有舰船十七艘,初具规模。

　　北洋水师　北洋水师筹建最晚,光绪元年(一八七五年),清廷命李鸿章、沈葆桢分别督办北洋、南洋海防事宜,每年从江苏、广东、福建、浙江、江西、湖北六省厘金税和闽海、粤海等关洋税中拨解四百万两作为海防经费。但各省、关应付海军经费连年拖欠,南北洋水师每年仅得银数十万两,视原定二百万之数,尚不及十成之二。以后,全部经费划拨北洋,专力发展北洋水师,经费情况有所好转。

　　李鸿章受命督办北洋海防,建设北洋水师。日本吞并琉球后,海疆形势紧张,北洋三省(直隶、山东、奉天)只有轮船四艘,系从闽、沪两厂借调。李鸿章认为"中国造船之银倍于外洋购船之价",水师舰船应以外购为主。从光绪元年至十年,清廷先后从英、德等国购进战船十五艘,南洋六艘,广东一艘,其余八艘全部编入北洋水师。内有六艘是李鸿章通过总税务司赫德从英国订购的新式炮艇,即"镇北"、"镇南"、"镇东"、"镇西"、"镇中"、"镇边"。这种炮艇形制较小,时称"蚊炮船"或"蚊船",只适应于近海作战,不宜外洋海战。李鸿章从英国添购二艘快船,命名为"超勇"、"扬威"。快船是用蒸汽机推进的铁壳巡洋舰,当时在西方也才开始制造。每艘价银三十余万两,船长约二五二英尺,宽三十二英尺,排水量一千三百五十吨,二千四百马力,时速十五海里。又从德国订造铁甲舰二艘,命名"定远"、"镇远"号。铁甲舰号称海战第一利器,每艘价银高达一百六十三万余两,是综合英、德两舰优点,并考虑中国近海水深情况而设计的。每艘铁甲舰吃水深十九英尺,时速十四海里半,中腰水线处钢面铁甲厚十四英寸,配备克虏伯十二英寸口径后膛炮四尊,八九寸口径后膛炮首尾各一尊,又加配雷艇、电灯、连珠炮(即手动供弹的小口径速射炮)、鱼雷裙网(船体周围置于水线以下的防雷铁网)等装备,达到了当时世界上的先进水平。

光绪六年(一八八○年),沈葆桢病卒于两江总督任所,南北洋海防事宜统归李鸿章管理,李鸿章设水师营务处于天津,命道员马建忠专管水师事务。又奏请任命曾赴英法德等国购置和考察兵舰的提督丁汝昌统领水师。英国水师总兵琅威理(Lang. William M)随订购的兵舰来华，受聘为北洋水师顾问、副提督。

光绪十年（一八八四年），因中法战争爆发，在德国船厂竣工的"定远"等三舰受德国政府阻挠未能如期运到。北洋水师仍是四支水师中装备水平最高、战斗力最强的一支。

二、海军衙门的设立与北洋海军建军

海军衙门的建立——清军四支水师各自为政，兵势分散，严重影响协同作战的能力。两江总督沈葆桢曾建议，任命一威望素著的大将，统一指挥各省舰只的操练，使号令划一。英籍海关总税务司赫德也乘机提出成立"总海防司"，并由他本人兼任，遭到沈葆桢等人的反对。光绪七年（一八八一年），中国驻日本长崎领事余乾耀率先提出建立海军衙门，总理全国海军事务。次年，翰林院侍讲学士何如璋曾提出海军发展的六条建议，奏请特设海军衙门，统领七省海防。光绪九年，总理衙门添设"海防股"，管理海防事务。中法战争爆发，建立海军衙门之意遂被搁置。

中法战争中，清军在陆路战场取得胜利，在海战中却遭到惨重损失。马江之役，苦心经营多年的福建水师和福州船厂毁于一旦。清朝水师难与法国舰队对阵，只能避战观望。中法战后，扩充海军的呼声高涨。光绪十一年（一八八五年）五月初九日，清廷发布上谕说："上年法人寻衅，迭次开仗，陆路各军屡获大胜，尚能张我军威。如果水师得力，互相援应，何至处处牵制？当此事定之时，惩前毖后，自以大治水师为主。"（朱寿朋《光绪朝东华录》）李鸿章提出，中国沿海七省洋面广袤万里，应在原有基础上建立四支水师，合直、东、奉为北洋一支；合苏、浙为南洋一支；合闽、台为一支；广东自为一支。每支必须有铁甲船两艘，快船四艘，捷报船（通讯船）两艘，鱼雷艇二十支，运兵船两支，以期先立根本，徐图发展。

李鸿章、左宗棠等人又提出仿照西方体制，添设专管海军的海防衙门。张之洞主张，海军仍分四大支，受各省节制，但应统一隶属于京师，由总理衙门总统。慈禧后命总理衙门与李鸿章制订海军发展计划。李鸿章认为筹饷选将不易，各洋难以同时并举，奏请先从北洋精练水师一支，作为表率，此后分年筹款，次第兴办。又建议钦派王大臣综理，责成疆臣专主其事。

光绪十一年（一八八五年）九月，慈禧后颁布懿旨，设立总理海军事务衙门（简称"海军衙门"），任醇亲王奕譞总理海军事务，所有沿海水师，悉归节制调遣；并派庆郡王奕劻、直隶总督李鸿章为会办，正红旗汉军都统善庆、兵部右侍郎曾纪泽为帮办，并谕"现当北洋练军伊始，即责成李鸿章专司其事"。（《清末海军史料》）

北洋海军建军——慈禧后任命醇亲王总理海军事务，显然旨在以满制汉，但北洋海军的实权仍操在李鸿章之手。李鸿章在北洋水师的基础上加紧购置兵舰，训练士兵，修建威海卫军港和旅顺船坞。

海军大沽造船所

光绪十二年（一八八六年）初，自德国购买的"定远"等铁甲舰到达，李鸿章请醇亲王亲赴北洋巡阅海军。四月，醇亲王奉旨自京出发，循运河至天津，与李鸿章等人同乘海晏轮出大沽口，检阅南、北洋合操的军舰。又在各舰护航下抵抚顺，观看诸舰操练。据说"各船旋转离合，皆视统领旗语为号，无不如响斯应"（周馥《醇亲王亲阅北洋海防日记》）。再到威海，阅看炮舰打靶演习。醇亲王非常满意，认为"讲求操习，持久不懈，可期渐成劲旅"。

光绪十四年（一八八八年），北洋海军已拥有大小军舰二十五艘，主力阵容包括德制"定远"、"镇远"两艘七千多吨的铁甲舰和德、英造"经远"、"来远"、"致远"、"靖远"、"济远"、"超勇"、"扬威"等快船（巡洋舰）七艘。"经远"、"来远"是德国造轻甲巡洋舰，排水量二千三百吨，马力五千五百匹，装甲较厚，防护能力强，但航速较慢，时速十五海里。"致远"、"靖远"是英国造轻巡洋舰，排水量二千三百吨，马力五千五百匹，全船无厚甲，航速快，时速可达十八海里，但防护能力较弱。此外，有英国造"镇中"、"镇边"、"镇东"、"镇西"、"镇南"、"镇北"等蚊炮船（炮舰）六艘，"威远"、"康济"、"敏捷"练习船三艘，"利运"运船一艘，鱼雷艇六艘。基本具备了近代海军的规模，号为仅次于英美俄德法西意七国的世界第八海军，实力超过日本。

北洋海军建军后，参酌英、德海军条例，制定了《北洋海军章程》，内容包括船制、官制、升擢、事故、考校、俸饷、恤赏、工需杂费、仪制等十四款。这是中国第一个海军章程，是北洋海军建军的重要标志。

北洋海军的编制，设提督一员、总兵二员、副将五员、参将四员、游击九员、都司二十七员、守备六十员。以提督统率全军，而受直隶总督和北洋大臣节制。第一任北洋海军提督为丁汝昌，左右翼总兵分别是林泰和刘步蟾。舰队官兵四千余人。全军归直隶总督兼北洋大臣李鸿章节制。

三、海军建设的停顿

光绪十一年(一八八五年)筹议设立海军衙门时,李鸿章曾提出,为了大治水师,每年须筹款五百万两,十年可以成军。海军衙门成立后,南、北洋海防经费统一管理,额定每年四百万两,实际岁入约为二百九十余万两,岁出则达三百二十余万两。虽然入不敷出,投入经费总额仍相当可观。但是,光绪十四年起,海军经费被大幅度减少,海军建设陷于停顿。

经费锐减建设停顿的原因,主要是治理黄河水患和修建颐和园工程。光绪十三年(一八八七年)九月,黄河在郑州武陟县决口,下汛十堡,宽一百数十丈,洪水溜头一直冲入洪泽、高宝两湖,湖水溢入运河,又造成运河河水陡涨。救灾赈济、鸠工疏导、筑堤堵口,恢复生产,均需巨帑。次年,户部用于郑州黄河工程的款项高达一千二百万之多。户部提出六项筹款办法,其中第二项是:暂行停购外洋枪炮船只及未经奏准修复之炮台等工程。海军衙门的经费因而被大幅度削减,光绪十五年仅有一百〇七万七千余两(支出九十九万七千余两)。由于经费锐减,光绪十四年起即停止自外国购置兵舰。

同治帝为慈禧后重修圆明园,遭到诸王大臣的抵制被迫停工。醇王总理海军事务,又倡修西苑清漪园,为慈禧后颐养之所。慈禧后谕准,由海军事务衙门经理。光绪十二年(一八八六年)开始修建,十四年改名颐和园,至光绪二十一年停工。先后历时十年,每年耗费平均在三百万两左右。经费源于户部积存的查抄、罚没等杂项库银,又由海军衙门以海防名义向各省募集"报效"。费用不济,即由海军建设经费中挪用。光绪十四年以后,海军经费削减,仍需每年拨出三十万两用于颐和园工程。醇王名为总理海军,实则着力修园。海军衙门堂司上下,见修园有大利可图,争相参与其事,贪污中饱,日趋腐化。海军经费日益减少,海军衙门日益腐败。海军建设停顿不前,是势所必然的。

中国海军建成后即停滞不进。日本却在此时投入巨资,大力购买和建造兵舰,至光绪二十年(一八九四年),已有大小兵舰七十余艘。原来实力超过日本的中国海军,被日本超过了。

第四节 满汉权势的消长

(一)满洲贵族统治的衰微

光绪帝幼年继位,慈禧、慈安两太后垂帘执政。恭亲王奕䜣仍任首席军机大臣兼领总理各国事务衙门。恭王在满洲诸王中较为了解外国情势,与大学士李鸿章合力推行新政,卓有成效,权势日隆,但与慈禧后往往意见不合，甚至当面争辩，矛盾渐重。慈安后逝后，慈禧后独操政柄，恭王遇事推诿，以求保全。法国侵略越南战起，恭王主和，朝野物议纷起。光绪十年（一八八四年）三月，慈禧后与醇亲王奕𫍽谋议，再次罢免恭王奕䜣命归第养病。军机大臣宝鋆（满洲镶白旗，大学士）休致，兵部尚书景廉（满洲正黄旗）、吏部尚书李鸿藻免值，降调右侍郎。工部尚书翁同龢（光绪八年入值军机）免值，仍在毓庆宫行走（次年调户部尚书）。授内大臣礼亲王世铎（太祖第二子礼亲王代善九世孙）首席军机大臣，军机要务与醇亲王会商。户部尚书额勒和布、阎敬铭、刑部尚书张之万、工部左侍郎孙毓汶、刑部右侍郎许庚身入值军机。另授御前大臣郡王衔贝勒奕劻（高宗子庆亲王永璘孙）管领总理各国事务衙门，不再由军机大臣兼领。世铎、奕劻都不曾亲历政务，才具平平，朝议多以为远不如奕䜣。慈安后病逝，奕䜣罢免，慈禧后独专国政，权力日益强大，满洲皇族在中枢的统治力量却大为削弱了。

皇室侈靡——慈禧后出身叶赫那拉氏官宦家庭，咸丰二年（一八五二年）年十七岁被选入宫为贵人，晋为懿嫔。六年生子载淳（同治帝）。次年正月，册封为懿贵妃。同治帝继统，与慈安后垂帘听政，被尊为圣母皇太后，年仅二十六岁。青年孀居，身处高位，日益追求生活享受，崇尚豪华。光绪帝即位，再度垂帘。慈安殁后，大权在握，更加侈靡无度。平居衣装头饰，穷极绮丽,据说曾用珍珠三千五百颗编制披肩。一履之费,耗银七十万两。同治朝修园之议受阻。光绪朝,续修西苑三海,兴建寝宫仪銮殿,前后耗银近六百万两。挪用海军经费修建颐和园,耗费逾三千万两(参见上节)。慈禧后归政后住在园内乐寿堂颐养,每日消费银万两。颐和园的管理维修,每年耗银过百万两。

光绪十四年(一八八八年)六月,慈禧后颁懿旨:明年为光绪帝举行婚礼(时称大婚)。为筹办婚礼,户部先后筹拨银五百余万两,相当当年户部岁入的三分之一以上。婚礼于次年正月二十七日礼成。所需打造首饰的黄金,耗费数千两。

慈禧后生日庆典是皇室侈靡的典型。光绪十年(一八八四年)十月是慈禧后五十寿辰,此前一年即开始修葺寝宫,准备大事庆祝,值中法开战,不得不稍事收敛,仍在宫中演戏二十余日,耗费银逾百万两。王公大臣的奉献和给予的赏赐,也是巨额的耗费。光绪二十年(一八九四年)是慈禧后六十寿辰。此前两年即着手筹办。命礼王世铎、庆王奕劻率中枢满汉大臣详议典礼。次年专设庆典处办理此事,依仿乾隆二十六年皇太后庆典之例,大事铺张。户部拨出库银及边防经费共四百万两。各级官员扣交廉俸银(正俸及养廉)及奉献报效银共约三百万两。又令粤海关呈交黄金一万两供造太后金辇仪仗及各种金器。此外,自军机大臣以下京内外各级官员、富商都还要奉献祝寿的贡品,竞尚珍奇。各地官员则以祝寿为名,肆意敲诈商人、百姓。民间歌谣说:"天子万年,百姓花钱。万寿无疆,百姓遭殃"。

清初皇族约二千人,至光绪末季,已发展到七、八万人。皇族人口不事生产,不服兵役,依靠朝廷"恩养",领取禄米俸银称为宗禄,岁支三百余万两,形成庞大的寄生群体。

贵族腐败——清朝皇族中约有十分之一,凭借皇族身份充任中枢至地方的各级官员,操持政柄,贪贿成风,日益腐败。

皇室诸王中恭王奕诉留意新政,但以"好货"(喜好财货)闻名。府第亭台巨丽,平素收取门包,据说"府中贿赂公行,珍货猬集"(《清穆宗实录》卷三四一)。光绪帝继位入宫后,醇王奕谭重建新府,慈禧后赏银二十六万两为修建之费。赏额之大,为前此所未有。醇王又在生前修造死后的陵园,耗国帑五万两。庆王奕劻贪黩之名昭著,人们说他"用人行政,无货(钱)不成"。(金梁《道咸同光四朝轶闻》)亲王为首的贵族卖官鬻爵,愈演愈烈,据说"内而侍郎,外而督抚,皆可用钱买得"。(崇彝《道咸以来朝野杂记》)

太后亲王,贪墨无度,王公贵族,起而效尤。朝廷与地方,京官与外官,贪贿成风,无所禁止。以送礼为名,行贿赂之实,更是习以为常。外官贿朝官,夏日称"冰敬",冬日称"炭敬",出任称"别敬"。贿送银票装入信函,标写隐语,入贿三百两,书"毛诗一部",一千两书"千佛名经"。以雅言掩秽行,不以为耻。

满洲八旗贵族出任各级官员,往往并无才干,凭贵族特权,就任要职。其中不少人无所作为,尸位素餐,只知中饱私囊,坐享荣华。地方行政实权渐为汉人官员、幕僚所操纵。

(二)八旗兵力的衰落与旗户的贫困

一、满洲八旗兵的衰落

满洲八旗军兵自道光以来,日趋衰落,至光绪时已腐败不堪,无力作战。清廷曾试图以新法训练,但收效甚微,不能挽回业已形成的败局。

军兵腐败——鸦片战争中清廷以宗室统军兵,奕山加号靖逆将军,广收贿赂,聚集珍宝珠玉,人称翡翠将军。奕经加号扬威将军,在军中竟日宴饮,拥妓歌舞,人称"琵琶将军"。清廷任用非皇族的八旗将领如满洲正白旗讷尔经额、正黄旗德兴阿、正红旗托明阿等统兵镇压太平天国,也都因兵败被革职。光绪朝不见有善战的八旗名将。驻防各地的八旗军官克扣军饷,贪污勒索,终日浪荡者比比皆是。

驻守京师的八旗兵号称禁旅,本应是旗兵的精锐。但注籍在营的兵丁多不去当差服役,只领甲米(军粮),臂鹰养雀,在街市闲游,茶坊、酒馆里消磨日子,甚至吸食鸦片,醉生梦死。遇有军营查点,出钱雇人顶替称戍班钱。禁军号称十余万,实际在营当差的兵丁不足兵额的十分之一、二。

驻防各地的旗兵,恃有特权,往往胡作非为,欺压百姓。太原驻防兵丁剽悍,窝盗为匪。(张集馨《道咸宦海见闻录》)荆州旗兵聚集营中无赖,私立"英雄会",寻衅滋事,稍不遂欲,即纠党持械,逞凶殴人。(《荆州驻防殴官塞署案牍》)居民视同贼寇。

太平军起,以"讨胡"为号召,在长江流域,连破驻防满城,八旗军队遭受沉重的打击。咸丰元年,太平军克江宁城,八旗驻防官兵数千人败死,满城人户死有四万人。太平军克乍浦,驻防旗兵并眷属约八千数百人死于兵火。咸丰十一年太平军攻破杭州,驻防官兵及眷属被杀或自杀死者多达八千余人。(张大昌《杭州八旗驻防营志略》卷一三)太平军所过之地,八旗军兵败溃所余无几了。

建神机营——咸丰十年(一八六〇年)八月,英法联军入京,八旗禁军一触即溃。战争过后,清廷不能不感到编练禁军的重要。恭亲王奕䜣、大学士桂良、户部侍郎文祥等满族大员奏言:八旗禁旅,素称骁勇,近来攻剿,未能得力,非兵力之不可用,实胆识之未优。若能添习火器,操演技艺,则器利兵精,临阵自不虞溃散。建议八旗各营普遍演练,再从各营中挑选余丁,另立营伍训练(《洋务运动》资料第三册)。

咸丰十一年（一八六一年）清廷制订京旗各营练兵章程，八旗各就所属地方设立公所训练，并挑选各旗精兵一万名，组建神机营。以俄国赠送的枪支一万杆、炮五十门装备。同治初年，醇亲王奕譞管理京师神机营，扩大到一万四千人，设马、步队二十五营。购备西洋枪炮，选派旗兵学习德国兵法。

同治、光绪两朝，神机营均由亲贵王公自将，营内设文案、营务、印务、粮饷、核对、稿案六处及军火局、军器库、枪炮厂、机器局、军械所、轮船公所。共有职官五百四十余人，竟比兵部还多三百余人。神机营建立日久，官兵渐染八旗腐化的积习。某日神机营会操，慈禧后遣内侍前往观察。回报说：罢操后，诸兵各手拿一鸟笼，已徜徉于茶肆间矣。民间谣谚，说他们"见贼要跑，雇替要早，进营要少。"仍多虚额雇替。慈禧后令醇亲王检阅在京旗营操练，只见士弱马疲，步伐错乱。有一马甲竟从马上跌落，摔断了腿骨。经查问，回答说："我是打磨厂卖臭豆腐的，哪能骑马！"

神机营会操在顺治门外校场口，会操前各兵丁已将附近各胡同口用帐幔遮掩。兵丁每操练一回合，即纷纷步入帐幔。有好事者绕道窥视，只见"满地排列鸦片烟具，各兵丁拼命呼吸，候令再出"。督操王大臣走后，即呼啸而去。用洋枪洋炮装备的营军，依然是一群无力作战的兵痞。

同治元年（一八六二年）二月，英法联军准备退出

440

天津时,曾拟招募广勇(广东的兵勇)保护洋行。驻天津的三口通商大臣崇厚认为广勇难于驾御,劝说洋商招募本地兵勇交英国军官训练,同时挑选京师八旗兵赴津一同受训。总理衙门出面,在京师火器营、健锐营、圆明园护军营中挑选兵丁一百二十名、章京六名,作为首批派赴天津的旗兵,与当地营兵一起接受外国军官的训练。

聘用洋教官练兵的办法,在天津试行后,沿海各省迅速推广。杭州、广州等八旗驻防地,都挑选部分八旗官兵,与绿营官兵一同接受洋教官的训练。不久,又改由本国教官以西法自练军队。练军制度打破旧有营制,以马、步单独成营,步队以五百人为一营,马队以二百五十人为一营,营下设哨,哨下辖队(棚)。

东三省是编练旗兵最多的省分。咸丰时,盛京将军玉明曾从八旗中拣选精壮二千五百人,编成练军,加练火器。光绪六年(一八六七年),编成"奉"字练军前后左右中马队五营,"奉"字中营步队一营。光绪十一年,清廷命原福州将军穆图善(隶镶黄旗)为钦差大臣,办理东三省练兵事宜。每省训练马队四起(每起二百五十人),步队八营(每营五百人),合计五千人。每省由练兵大臣奏派总统一员、帮统一员,由将军派马、步统领各二员,专任督操。每省八营步队分作洋枪队六营,洋炮队两营,平日操练用前膛枪,打靶及战时用后膛枪;马步队逐日试演洋枪、洋炮。练军在更大范围展开。第二年,穆图善在奉天编成"盛字营"练军(以与"奉字营"练军区别),共四千五百人。次年,吉林省编成马队四营、步队六营,共四千五百余人,立"吉字营"练军。黑龙江省选练四千五百人,立为"齐字营"练军。

光绪十七年(一八九一年),东三省改为每省练军各三千名,满三年后,视地方情形撤练归旗,再换一班接练。

新建的练军以新法训练,不按八旗旧制编组,军事能力有明显的提高。但练军只限于为数很少的选练的旗兵。八旗军兵在整体上的衰落并没有因而改变。练军不久也渐染积习,有人奏报说:新练之军聚兵既多,转以所给优饷为狎邪赌博之费,请饬实力整顿。

二、八旗人户的贫困

乾嘉以来,出现所谓"八旗生计问题",广大的满洲八旗人户,生计维艰。道光以后,生活更加贫困。同治、光绪年间已形成严重的社会问题。

饷银减少——乾隆以来,满洲八旗驻防京师及全国各地,携带家属定居,旗户分给旗地,兵丁领取饷银,供全家过活,不准经营工商。咸丰以来,清廷财政拮据,币制混乱,铸造大钱,票钞及铜铁钱多至二十余种。咸丰时银一两值大钱七千余,同治时值十千,光绪时跌至十七千。咸丰十年以来,又减发八旗官兵饷银,八旗兵丁只能领到原饷的七成左右。八旗军官任意克扣，侵吞兵饷，更使兵丁受到严重的盘剥。

旗地流失——满洲八旗人户自清初即各有"份地"。历代相沿，各地驻防八旗均有官拨的旗地，但人户并不耕作，多出租给当地汉人农民，坐食地租。生活不济，甚至私自卖给汉人。面对既成事实，咸丰时明谕顺天、直隶等处旗地，准许旗人民人（汉人）买卖。有此明谕，京畿以外各省，自可照行。光绪时，各处旗地已大量流失，所余无几。少量出租土地，也不亲自经营，多委汉人代管，从中侵渔，旗户不明底里，收租甚少，难维生计。

人口滋生——顺治十四年（一六五七年）统计，八旗满洲壮丁和蒙古壮丁共有七万五千七百余人，二百三十年后的光绪十三年（一八八七年），增加到三十万六千一百余人。八旗兵有定数，饷有定额，不得不以一份薪饷赡养越来越多的家口亲属，生活普遍下降。乾隆中叶，广州驻防旗人合计男妇老幼不过万余口，光绪十年（一八八四年）多至三万二千三十人。其中领饷的军兵不过五千三百六十五人（长善等纂《驻粤八旗志》卷一），一个兵要赡养五、六口家人。许多旗兵因无力养家而不娶。

生活贫困——同治朝，西安驻防满洲官兵因缺饷日久，饥寒交迫而毙命的多达二千人。（《清穆宗实录》卷六一）青州驻防旗人因粮饷缺乏，将所有什物变卖糊口,最后无可折卖,只好到周围农村乞食,死者甚多(《清穆宗实录》卷八八)。北京东郊、北郊一带的屯居旗人,大半衣食不足,甚至女子至十三四岁犹无完裤,困苦万状。京城内的贫困旗人,借贷无门,甚至"流为盗贼","堕为娼优"。(文廷式《闻尘偶记》)

清朝定制:旗人不准任意出行、迁徙,不准自谋生计。随着生计问题日益严峻,不能不放松限制。旧例:旗人逃走一个月,削去旗档,发往黑龙江给披甲人为奴。道光时改为:投回者免罪,仍准当差。又准许京师旗人屯居种地,闲散旗人(即余丁)告假,准外出营生,在外居住年久,并准改隶民籍。此后又规定"旗民生计维艰,听往各省谋生"。光绪时多有在京旗人去外省谋生,并获准与民人通婚。广大八旗人户日益贫困,与满洲贵族的骄奢淫逸形成鲜明的对比。光绪时,以慈禧后为首的满洲皇族依然牢牢掌握统治大权,但从总体说来,作为统治民族的满族已经日趋衰落了。

(三)汉人权势的增长

清朝建国之初,承袭满洲旧制,设议政大臣、八旗总管大臣统治全国,任用汉人官员,视为臣仆,畛域极严。咸丰以来的四十多年间,随着满洲贵族统治的衰微和八旗军力的削弱,汉人军阀、官僚、富商,在军事、政治、经济等领域的权势,日益增强。满汉势力的消长,逐渐改变着旧制的格局。

一、地 方 军 政

湘军淮军 清初定制,八旗兵之外,收降的汉人兵士组成绿营,是又一系军兵。八旗兵守卫京师,驻防通都大邑,绿营兵分驻各地城乡。八旗兵约二十余万人。绿营兵可多至六十余万人,是清廷的一支重要支柱。随着八旗官兵的腐败衰落,绿营官兵也走上了同样的道路。绿营兵饷低于八旗,军官克扣,兵士生活窘困,还要承担各种劳役。平日缺少训练,遇有操练甚至也雇用流民顶充。鸦片流毒也侵入绿营。山西、陕西、甘肃等地绿营兵吸食鸦片者十有七八。太平天国定都天京,清军江南、江北大营相继溃败。安徽、江苏、湖北、贵州、云南各省驻军也遭到农民起义军的打击,相继瓦解。湘军、淮军等汉人地方武装于是成为清廷镇压太平军、捻军及各地起义军的主力。

曾国藩以湖南练勇组建的湘军,在与太平军作战中,不断扩建,发展到五十多万人。湘军官给粮饷,但由曾国藩独立指挥,形成与清官军不同的"兵为将有"的汉人武装。湘军攻下太平天国的天京后,曾国藩恐遭朝廷疑忌兼以兵多难活,自请裁撤。至同治五年共裁三十余万人,仍余十多万人,分别由左宗棠率征西北,曾国荃督剿捻军。

淮军原来也是曾国藩授命组建。咸丰十一年(一八六一年)命当时襄办营务的幕僚李鸿章以淮南地方练勇为基础,编成淮勇。一依湘军章程,以营编组,每营五百人。湘军裁撤后,淮军成为镇压太平军余部和捻军的主力,有兵力约六万人。捻军兵败,李鸿章授任署两江总督。同治六年(一八六七年)实授湖广总督。九年调任直隶总督、北洋通商大臣。李鸿章购置外国枪炮,武装士兵,淮军成为装备先进的劲旅。光绪十年(一八八四年),中法战争中,淮军在广西战败。淮军裁减,仍有五十一营。李鸿章身为直隶总督、北洋大臣,淮军而外,又统帅直隶练军、天津海防练军。原在吉林、河南、山东等地的勇营也归他节制。共统兵一百二十七营,六万余人,形成以淮军为核心的北洋陆军。北洋海军建立后,也全由李鸿章及淮系军帅统领。北洋海陆军是清军拥有新式装备的最强大的主力军。兵权操于汉臣,与清朝的旧制迥然不同了。

府县乡绅 清制,府设知府一人,例用汉员。汉人地区的知州、知县也由汉人充任。州县地主豪绅,拥有大量田土,并且往往是世家大族。通过家族统治,称霸一方。倡办团练后,拥有武装,权势更大。府县官多依靠幕僚处理政务。乡绅与幕僚相勾结,往往得以操纵官府,控制政权。八旗驻防的一些都邑,官兵只知勒索扰民,并不能干预政事。

446

二、总督巡抚

清承明制，在各行省之上，分置总督，统治军民，综制文武，号为封疆大吏。清初，总督的设置地区，屡有变动。乾隆末年定制，分设直隶、两江、陕甘、四川、闽浙、湖广、两广、云贵等八职，后代相沿不改，称为疆帅。《清史稿》疆臣年表序说："清制：疆帅之重，几埒宰辅，选材特慎，部院莫拟。"顺治至雍正朝，历任总督均选自旗人（包括蒙军、汉军旗），不在旗的汉人，无人得任此要职。乾隆时期，间或起用汉人，仍以旗人为主。道光帝倚用陶澍、林则徐、邓廷桢等重臣，授任总督。但道光一朝任八总督者仍多为旗人。

同治以来，湘淮军帅因镇压农民起义，多人擢任总督。自曾国藩，左宗棠、李鸿章以次，先后任各地总督者多达十五人。光绪帝即位后的二十年间，只有满洲正白旗裕禄一人，在光绪十三年至十五年间曾任湖广及两江总督。其余年代的各地总督已全部都是汉人。湘淮两系而外，如直隶南皮人张之万出身进士，因在河南巡抚任内镇压捻军有功，擢任总督。张之洞也是进士出身，官至山西巡抚，擢任两广总督。

巡抚设于各省，综理军政刑狱。乾隆时定制，全国十八省除直隶省外，各置巡抚一人，满汉参用。咸丰以来，汉人渐多。光绪元年，十七省巡抚，只有安徽巡抚裕禄是满人。其余十六省均为汉人。历年续有变动。

满人任巡抚最多的年分,也不过二三人,汉人恒居多数。其后新疆设省,巡抚是随左宗棠出兵西北的湘军将领刘锦棠(湖南湘乡人)。台湾设省,任巡抚者是淮军将领刘铭传(安徽合肥人)。

督抚的民族成分在变动,督抚的权势也在增强。明代设总督、巡抚原为临时派遣,故无官印(方印)只给关防(长条印),其后渐成定制。总督责在总督军务,巡抚巡行各地抚军安民。各省长官承宣布政使司掌民政财赋,提刑按察司掌刑名,为常设命官,给方印。清沿明制设督抚,多用科举出身的文人,不领兵。遇有战事,朝廷另派满族大员为经略大臣统兵作战。各省布政司统属于吏部户部,按察司统于刑部。督抚督率两司,综制文武,察举官吏,但并不直接掌握民政财赋的实权。咸丰以来,湘军与太平军连年作战,地方供饷不足,获准自办捐输,加征厘金,拨用漕粮,提取关税,征收杂税,实际上掌握了地方的财赋大权。湘淮军帅任为督抚,拥有兵权、财权,进而控制政权,布政司与按察司成为督抚的属官,督抚甚至可以撤换两司。光绪时,各地督抚已渐成数省或一省的最高长官,称雄一方。朝廷对各省的控制,日益削弱。全国十八省竟被视为"十八小国"。(康有为语)

三、中 枢 政 要

汉人官员在地方权势日隆,在中枢机构的地位与

448

作用,也日益显要。

师相 咸丰帝二十岁即帝位,即位前教读的上书房总师傅山东滨州人杜受田加太子太傅衔,以刑部尚书协办大学士,成为青年皇帝左右的老师和重臣。咸丰帝说他"每召见时,于用人行政,国计民生,造膝敷陈,深资匡弼"(《清史列传》杜受田传)。于是开创汉人师傅参与国政匡弼皇帝的先例。同治帝五岁即帝位,原来授读的师傅直隶高阳人李鸿藻与大学士祁寯藻、翁心存、深研程朱理学的工部尚书倭仁(蒙军旗人)等在弘德殿授读。同治三年,翁心存病死。次年,命心存之子、咸丰六年状元、詹事府右中允(掌记注撰文)翁同龢在弘德殿讲授,升任翰林院侍讲,擢内阁学士。

李鸿藻在同治朝辅导皇帝,擢内阁学士、军机大臣,号为师相,权位极重。同治帝病危,至由李鸿藻代为批答奏章,为前此未见之创举。光绪帝继位,仍任军机大臣、总理各国事务衙门大臣、协办大学士、吏部尚书,直到光绪十年慈禧后罢免奕䜣,重建军机,李鸿藻才退出军机,降级吏部侍郎,礼部尚书。光绪二十年已年逾七旬,再次入值军机。李鸿藻以师傅而预国政,历事同、光两朝,在中枢汉臣中权位最高,声名最著。

光绪帝四岁继位,慈禧后命翁同龢与兵部侍郎夏同善在毓庆宫授读。光绪四年,夏同善出朝外任,两年后病死。翁同龢独任讲席,光绪帝极为敬重。八年,以工部尚书入值军机大臣。十年,与李鸿藻同时退出军机,仍在毓庆宫授读。十一年调任户部尚书。光绪帝亲政后,翁同龢常在左右,多加咨问,倚重无比。朝野尊称翁师傅。二十年,再与李鸿藻同值军机。

汉人师傅得向皇帝直接进言,参与机务,兼操政柄,权位更重。同、光两朝,李鸿藻、翁同龢等师相,名重一时,在中枢政务中,起着特殊的重大作用。

军机 雍正朝建立军机处以来,军机权力历朝日渐扩大,军机大臣入值内廷,总揽军政大计,实际上成为中枢的最高权力机构。军机大臣无定员,由内阁大学士、六部尚书、侍郎中简选入值,满汉兼用。同治帝即位,两宫垂帘。恭亲王奕䜣辅政,统领军机,直到光绪十年被罢黜。奕䜣自同治朝推行新政,屡遭谴责。光绪帝即位后,慈禧后执政,与奕䜣明争暗斗。奕䜣在罢黜前,已是遇事推诿因循,以求自保。继领军机的礼亲王世铎,朝议认为与恭亲王较"弗如远甚",才具平庸。

光绪朝汉人军机大臣权位渐重。光绪十年以前,李鸿藻以前朝师相,续值军机,达十年之久。入值军机的汉臣还有同治朝入值的顺天府宛平人兵部尚书沈桂芬,光绪六年病逝。浙江仁和人湖南巡抚王文韶,光绪四年以署兵部侍郎入值,八年十一月乞罢,翁同龢继任。在此期间,左宗棠曾于七年十一月入为军机大臣

450

八个月,九月出任两江总督。十年五月再值军机两月,七月授钦差大臣去福建督军。光绪十年至二十年间,授军机大臣的汉臣有原属湘军一系的户部尚书阎敬铭,刑部尚书张之万,刑部右侍郎浙江仁和人许庚身,工部左侍郎山东济宁人孙毓汶、吏部左侍郎浙江海盐人徐用仪。其中孙毓汶与醇亲王交结,在军机长达十一年,是慈禧后倚用的重臣。

内阁 清初设内三院置大学士,乾隆时更名内阁。军机处总揽军国大政,内阁掌管本章,权任渐轻,但仍然位居显要。内阁大学士、协办大学士均为正一品,授予功高位极的满汉命官,是最高的荣秩。军机首席多为大学士,入值大臣也多加大学士职衔。乾隆时定制,内阁三殿二阁,保和殿、文华殿、武英殿、东阁、体仁阁,各置大学士。殿阁排列次序即是大学士的班次。同治时,曾国藩、朱凤标(吏部尚书,浙江海盐人)、李鸿章、左宗棠等汉臣先后晋为大学士。光绪帝即位之初,满汉大学士四人中,李鸿章以武英殿大学士改文华殿大学士,位居武英殿大学士满人军机大臣文祥之前。左宗棠为东阁大学士,位居体仁阁大学士满人军机大臣宝鋆之前。时人评述说:"若同一殿阁大学士而汉居满前,则二公(李、左)以前未有,洵二百余年之旷典也"。(平步青《霞外攈屑》卷一)清廷朝会,内阁居文班之首,殿阁大学士汉班满前,确是二百余年所未有。李与左控制地方军政,光绪朝又始终位居内阁前列,汉臣地位之提高,于是成为朝野共见的事实。

总署 咸丰时,设立总理各国事务衙门之初,原是办理通商事务。随着外国侵略的加深与涉外事务的繁多,权限日益扩大,形成清廷管理一切涉外事务的枢要机构,与军机处并列,简称总署或译署。初设时,原由恭亲王奕䜣、文祥、桂良等满族三军机大臣兼领。下设满汉章京,无汉大臣。同治八年,汉人军机大臣沈桂芬始兼总理大臣。光绪帝嗣位,仍由奕䜣统领,汉人军机大臣李鸿藻、王文韶、左宗棠先后兼为总理大臣。光绪十年,礼亲王世铎代奕䜣统领军机后,汉军机阎敬铭、许庚身、孙毓汶先后兼总理大臣。此外,汉人尚书、侍郎也得简用,在总理衙门行走。汉大臣多人先后入于总署,又有多人先后出任驻外使臣,在清廷的外交事务中,汉人的作用日益显著。

北洋通商大臣与南洋通商大臣设立后,得自行办理对外交涉诸事,不隶属于总署。有事奏报,需经总署承转,但总署与两大臣互用咨文(平行),处于同等地位。李鸿章以大学士、直隶总督,兼任北洋大臣,权势尤重。总署有事也往往咨询李鸿章而后行。在光绪朝的对外事务中,李鸿章实处于举足轻重的显要地位。

清王朝面对农民军的反抗,不得不依靠汉人兵将镇压起义,面对外国侵略的深入,不得不依靠汉人官商兴办新式工业以求自强。咸、同、光三朝,从中枢到地方,军事、政治、经济各个领域,汉人权势都在不断增长。咸丰时肃顺、文庆等满大臣就已指出"欲办天下大事,当重用汉人",请"破除满汉藩篱"。(薛福成:《庸庵文续编》)同、光朝以慈禧后为首的满洲皇室不能不依靠汉臣的力量以维护其统治,又不能不防范汉臣势力的强大危及其统治。汉人权贵以求自强为名发展其实力,又时刻防范清廷加罪,力求保全其实力。满洲皇室与汉人臣僚的矛盾,时隐时显,贯穿于历史发展的进程。

人　名　索　引

二画

丁日昌　332，342，347，348，
　365，386

丁汝昌　409，428，432

丁灿庭　115，117

丁良俊　303

丁国健　314

丁宝桢　310，365

丁绍周　287

丁韪良（W. A. P. Mattin）
　329

卜罗德（A. Protet）　291，292

三画

士迪佛立（C. W. Staveley）
　292

士密（H. Smith）　50，51

万林桂　115

义律（C. Elliot）　45，46，48—
51，53，54，56，58—63，65—
69，71，72，74—76

广寿　355

广英　330

卫三畏（S. W. Williams）　47

马化龙　320，321

马文义　320

马文禄　320，321

马占鳌　320，321

马立师（Morris）　413

马永福　320

马地臣（J. Matheson）　38

马如龙　316，317

马国海　116

马宗禹　131

马建忠　409，428

马济胜　135

马济美　175，176

马格里（S. H. Macartney）
347，349

马效青　115

马登霄　116

马赖（A. Chapdelaine）　207

马嘉理（A. R. Margary）　376，
　377

马德新　316

四画

丰大业（H. V. Fontanier）
　341,342

丰臣秀吉　386

王元春　400

王文韶　365,450,452

王本梧　254

王有龄　271

王庆祺　353,357

王孝祺　400

王志元　88,92

王作新　148

王应元　304

王应蘋　253

王国英　82,83

王庭兰　168

王泰阶　319,320

王鸿仪　11

王鼎　29,30,32,86,87,128

王锡朋　76,77,80

王鑫　248

井上馨　409,410

韦玉钰　135

韦志俊　176, 179, 182, 188,
　234,236

韦昌辉　152, 160, 186—188,
　234,302

韦普成　304,305

木素满库里　120

区振祖　136

区润　249—251

尤渤　89

车克慎　168

戈登（G. Gordok）　293—295

牛鉴　80,87—90,92,93,97

毛拉阿里木库里　360

毛昶熙　271,344

毛精长　388

升泰　380

长春　72

长清　11,16,198

长龄　9—18,81

仁寿　257,279,280,282

从红　131

乌尔恭阿　275

乌尔恭额　57,59

乌兰泰　151,153,154

乌凌阿　9

乌勒欣泰　171

卞宝第　287

文乃耳（J. P. Neel）　337

文庆　274,453

文秀　256

文祥　40,276,285,323,346,
352,355,356,365,439,
451,452

文硕　379,380

文谦　172

文瑞　140,172

文煜　344

文蔚　80,82—84,115

文翰（S. G. Bonhanm）　109,
110,143,163,164,190

尹尚英　254

巴布科夫（I. F. Babkov）　333

巴加（William Parker）　74—
76,79,81—83,85,92

巴麦尊（H. I. T. Palmerston）
39,54,55,58,60,61,69,
74,76,79,86,95,143,207,
208,225

巴图　253

巴彦巴图　8,9

巴夏礼　204,205,207,211,
228,229,244

巴留捷克（L. th. Baluzeck）
328,334

巴富尔（G. Balfour）　192

巴德诺　401,403

允祥　275

允禩　70

邓光明　297

邓廷桢　40,41,44—46,49,
53,55,59,64,68,69,75,
77,116,447

邓廷彩　79

邓绍良　185

邓瀛　46

双福　129,155

五画

玉山　177

玉努斯　6,7

玉贵　129

玉素普　5,15,120

玉麟　14—16

甘先　249

456

世铎 282，402，435，436，450，452
古明发 118
札哈罗夫（I. I. Zakharov）333，334
札隆阿 14—16
左宗棠 242，253，262，289，291，295—298，305，306，310，311，321，337，347，349，350，365，366，368，371，372，374，389，419，425，427，430，445，447，448，450—452
石凤魁 176，179，181
石达开 149，151，152，160，176，181，182，185—189，233，234，237，239，251，257，291，302—305，317，319
石祥祯 176
布尔布隆（A. de Bour boulon）191，203，242，327
布尔利（C. Borrell） 56
布哈尔 120
布彦泰 116，121
布素鲁克 14，360，361

卡札凯维奇（P. V. Kazake wich） 231
卢应翔 248
卢坤 36，39，40
叶名琛 109，167，200—211，248，249
叶周 130
叶恒澍 33
叶炳忠 296，298
田兴恕 336，337
田秀栗 340
白齐文（H. A. Burgevine） 293
白彦虎 366，368，369
白凌阿 315，316
印登额 11
包令（J. Bowring） 200，201，203—208
包尔腾（J. S. Burdon） 328
乐斌 272
乐善 227
兰士丹 380
兰瓦（M. Lannoy） 106
汉华丽（Coruwallis） 94
宁正刚 136
冯子材 238，239，241，399—

457

401,403

冯云山　146—149,152—154,160

冯德馨　133,134,168

永芹　8,9

永瑝　80,273

尼格里（De Negrier）　400,401

加尼（L. Kearny）　101

六画

匡源　276,277,280

邢福山　168

吉文元　161,170,172,173

吉尔杭阿　184,185,198,199,201

亚马勒（J. M. F. do Amaral）　112,113

亚历山大二世（Alexander Ⅱ）　214

朴泳孝　410

西马縻各厘（M. Seymour）　205,206

西乡从道　344,345

西凌阿　170—172,181

西蒙克西克　310

达尔第福（T. de Moidrey）　296

达洪阿　77,116,171

列卫廉（W. B. Reed）　208,215

迈买的明　120,121

迈买底里　10,11,13,15,17,18,120

迈玛萨依特　8,9

成明　314

成琦　231

成瑞　320

托云保　171

托明阿　170,171,183—185,438

光绪帝　359,365,412,434—437,447,449—452

吕志恒　134,135

吕际韶　320

吕贤基　157,167,177

同治帝　286,351—358,433,435,449,450

吊噶尔拜　17,18

朱士华　254

朱凤标　451

朱兰　168

朱树　168

朱贵　82,83

朱洪英　321

朱洪章　300

朱桂秋　304

朱锡崑　161,172,173

竹添　410

乔治懿律（George Elliot）　54

伍廷芳　416

伍敦元　33

任化邦　308—310

任武　314

华尔（F . T. Ward）　242,243,
　291—293,295

华若翰（J. E Word）　223

华祝三　287

伊什旺布　247

伊兴额　247

伊克坦布　150

伊里布　57,59,64—66,85,
　86,91—94,97

伊格纳切夫（N. P. Ignatief）
　224—226,230,231

伊藤博文　410,411

向荣　144，151—158，176，
　182—185,191,199,239

向德宏　386,387

全庆　276

全贵妃　137

多尔衮　279,281

多隆阿　244，245，288，298，
　314,315

多隆武　11

色克精阿　250

色善　7,8

庆祥　4,7—11,13

刘开域　46

刘长佑　177,248,251,254

刘允孝　90,92,129

刘仪顺　318

刘立简　252

刘永福　391—394,397—399,
　403

刘光丰　89

刘廷斌　135

刘丽川　191,192,198,199

刘连捷　300

刘步蟾　432

刘坤一　251，313，371，388，
　425

刘取　130

刘松山　310,311,321

刘杰　341,342

刘明辉　52

刘典　296,306,310

刘秉璋　295

刘岳昭　302,303

刘官芳　236

刘绎　271

刘厚基　310

刘炽昌　254

刘洋　131

刘浔　108

刘通义　254

刘铭传　293—295,309—311,
　381—383,396,397,417,
　448

刘裕袗　177

刘蓉　310

刘锦棠　366—369,372,374,
　375,448

刘韵珂　78,80,81,84—86,
　97,130

刘韶珂　168

齐慎　71,85,90

关天培　44,46,50—52,61,
　62,64,67

米乐(Millot)　394

江国霖　251

江忠浚　177

江忠淑　176,177

江忠源　154,169,170,175—
　177,252,253

江继芸　76

汤林森(Tomlison)　86

安邺(Garnier)　390,391

安突德(P. Arstruther)　59

祁寯藻　141—143,273,286,
　352,353,449

讷尔经额　170—172,438

许乃钊　191,198,241

许庚身　278,435,451,452

许宗扬　173

阮元　33,36

阮文祥　394

阮福升　394

阮福时　390,394

阮福映　389

那尔巴图　6

那彦成　14,16,17

孙云鸿　168

孙鸣镝　256

孙家谷　330

孙葆元　168

孙毓汶　406,435,451,452

七画

麦华陀（W. H. Medhurst）
　143
麦都思（W. H. Medhurst）
　194,196
麦莲（R. Mclane）　191,201,
　203
玛弼乐（F. Mabileau）　339
孝全皇后　137
孝静皇后　274
志刚　330,331
花沙纳　171,218,220
花房义质　409
严烟　134
严树森　287
劳崇光　154, 250, 251, 311,
　313,337
克灵顿（Hope Grant）　225
克奇克罕　120
苏亚成　204
苏廷玉　44
苏伦保　11
杜文秀　115,316,317,320
杜龙（Durun）　199

杜白蕾（Duperre）　390
杜受田　139—141,143,145,
　167,273,449
杜堮　139
杜森尼（Dugenne）　395
杜翰　276,277,281
杜翿　271
巫宜禩　89
杨玉科　399
杨发贵　303
杨庆琛　168
杨坊　242
杨芳　11—16,64,65,68—72
杨秀清　147—152,156,158,
　159, 163, 165, 178, 181,
　186—188,232,236,302
杨应柯　296
杨昌实　132
杨昌濬　297,420
杨岳斌　300
杨宗濂　422
杨宗瀚　422
杨政谟　296,297
杨辅清　236, 241, 244, 245,
　257,298,299
杨遇春　10,12—15

杨禄之　168

杨殿邦　44

杨霈　180,181

杨德胜　310

李开芳　161,170,172,174,
175,302

李元度　318

李凤苞　396

李文茂　202,203,248—251,
312

李文学（又名李正学）　319,
320

李允　246

李世英　132

李世贤　234,235,238,241,
244,291,299,300,305,306

李世德　132

李永和（李短鞑）　314,315

李亚佑　135

李扬升　251

李光昭　354,355

李廷扬　78

李廷钰　168

李兆相　131

李庆琛　292

李安　312

李远继　298

李杨升　313

李利华（C. F. Lileralch）　106,
107

李秀成　175,184,185,187,
188,234,235,237—244,
291—295,299—302,307

李灿祥　247

李沅发　132—134,144

李若珠　240,241

李尚扬　296

李秉衡　403

李学东　319,320

李宗羲　344,345

李孟群　240

李枸（J. F. Rigaud）　340

李星应　408

李星沅　116,145,150,151

李昭寿　240,246

李品芳　168

李恒嵩　294

李泰国（H. N. Lay）　326

李鸿宾　36

李鸿章　289,291—295,301,
305,309—311,332,340,
342,343,345,347—350,

352—355，358，365，370，
371，377，378，387—389，
392，393，395，402，403，
405，408—410，412，413，
415—423，427，428，430—
432，434，446，447，451，452

李鸿藻　286，352，353，355，
356，435，449，450，452

李续宜　244

李续宾　239，240

李维业（H. L. Riviere）　391，
393

李敬芳　146

李朝斌　294

李辉　132

李棠阶　285

李遇春　316

李惺　271

李湘棻　168

李福猷　303

李熙　408—410

李僡　170，171

李鹤年　310，344，345

李鹤章　293—295

李翰章　377，378

吾守尔　368

吴人杰　295

吴大澂　410

吴元炳　365

吴长庆　409

吴文镕　177，178

吴全美　183，184

吴如孝　184，185，237，239，
246

吴其浚　130

吴忠恕　249

吴定规　239

吴南皋　416

吴振棫　316

吴健彰　190，191，194，195，
197，198

吴鸿源　314

吴德征　251

岑毓英　317，319，377，392，
394，395，398，399，405，420

利士比（Lespes）　381

何六　248，254

何文秀　253

何师孟　329

何如璋　386，387，389，396，
429

何伯（J. Hope）　222，223，

244,291,292,295

何胜必　303

何冠英　336

何桂清　189,216,220,221,
223,226,242,326

何培章　298

何梦松　250

何彩　339,340

何禄　202,203,248

何璟　386

作霍尔敦　17

伯麦（Bremer）　56,59,60,
62,63,67,74

伯克胡里　369

伯驾（P. Parker）　203

佟鉴　173

余巧珍　312

余龙光　255

余步云　57,59,65,78—80,
83,115

余承恩　311

余保纯　68,69,71—74

余乾耀　429

余朝　130

希尔阿里　120

邹成彪　304

邹庆云　255

邹鸣鹤　151,167

邹恩隆　254

庇利那　110

汪海洋　297,298,305,306

汪敦族　128,129

沙玉陇　118,119

沙金陇　118

沙敖　362

沙鲁赫　5

沈兆霖　280,285

沈志亮　113,114

沈岐　168

沈盈　115,117,119

沈桂芬　323,356,450,452

沈振达　117,119

沈淮　355

沈葆桢　338,344,345,350,
427—429

沈惠平　135

沈毓寅　136

宋关佑　252

宋晋　350

宋景诗　247,287,288

张士淳　93

张之万　286,435,447,451

464

张之洞 389,399,403,414,
　420,421,423,430,447
张小沅 116
张化龙 78
张玉良 241
张世贤 115
张世保 118
张丙 134,135
张龙 246
张四 303
张乐行 307
张光藻 341,342
张汝霖 110
张芾 155,157,175,314
张秀眉 318,319
张国梁 184,185,237,238,
　240,241
张佩纶 369,396
张宗禹 246,307,309—311
张树声 391,425
张树珊 309
张禹爵 307,309,311
张亮基 155,169,176,252,
　253,267,303,318
张格尔 4—15,17,68,70,
　71,360,373

张喜 92,93
张景渠 296
张赋林 254
张集馨 170,172,439
张富文 255
张锡嵘 310
张鹏万 250
张镇南 133
张翼 413
陆应谷 170
陆建瀛 143,157
陆顺德 294
陆费泉 132
阿古柏 360—364,366—369
阿布尔奥格兰 363
阿礼国（R. Alcock） 194,
　197,335
阿克恰干 120
阿姆斯特朗（J. Armstrong）
　208
阿隆阿 176
阿鲁特氏 351,353,358
阿精阿 64,68,70,72
陈开 202,203,248—251,
　312,313
陈化成 88

陈办 134,135

陈玉成 181,184,185,233—
235,238—241,243—245,
287,291,307

陈北斗 252

陈仕保 173

陈兰彬 332

陈永秀 321

陈阡 168

陈阶平 56,80

陈连 134,135

陈连升 61,64

陈孚恩 167,175

陈阿林 199

陈阿贵 136,144

陈坤书 295,299

陈枚 140

陈国泰 184

陈国瑞 342

陈金钊 311,312

陈金绶 157,158,185

陈宝铭 128,129

陈宝琛 388

陈承瑢 187,188,234

陈香晚 136

陈炳文 292,293,296—298

陈振邦 311

陈娘康 249

陈能义 183

陈维岳 248

陈琼 251

陈辉龙 179

陈德才 307,315

邵用之 134,135

邵灿 271

邵纶 252

邵知文 131

八画

武隆阿 10,12—14

青麟 180

苗沛霖 287,288

英和 19,24

英俊 133

英桂 288

英隆 68

范小黑 116

范汝增 296

范若瑟（E. J. Desfleches）
339,340

林凤祥 160,170,172,174,
175,302

466

林则徐　42—53,55,57—61,
　64,65,68,69,71,78,87,
　101,107,114,116—119,
　128,141—143,145,169,
　424,447
林启容　239
林绍璋　245,302
林俊　256,257
林泰　432
林爽文　134
林捷云　256
林维源　384
奇明　80
欧阳利见　397,398
欧格讷　406
拉萼尼(Merie de Lagrene)
　103—106
卓弗尔(C. Driver)　90
卓兴　311
卓秉恬　141,142
尚泰　343,386
昆寿　251
明巴什　15,17
明谊　333,334
旻宁　3,137
罗大纲　181,183

罗天池　115,116
罗玉斌　175
罗亚旺　135
罗安当(Antoine Arot)　338
罗孝全(I. J. Roberts)　147
罗泽南　176,178,181,254,
　289
罗惇衍　140,145,211
罗淑亚(de Rochechouart)
　340,342,343
罗遵殿　252
和春　177,237,238,240,241
季芝昌　168
彼罗夫斯基(P. N. Perofski)
　223,224
金玉均　410
金安清　28,31
金应麟　23
金相印　360
金顺　365—367,372
金能亨(E. Cunningham)　196
金混秋　117,119
金登干(J. D. Campbell)　402
周于塈　303
周之琦　168
周天受　239

周天培　239—241

周天爵　145,151,152,157,167

周曰庠　117,119

周凤山　182

周凤岐　150

周立春　255

周汝筜　254,255

周国虞　253

周荣寿　88

周逢春　254

庞钟璐　271

怡良　44,46,67—70,72,80,
　199

郑观应　418,419,422,424

郑国鸿　76,77,80,82

郑金　312

郑祖琛　132,133,144,145

郑鼎臣　82,83

法尔思德（E. Forrester）
　292,293

波滑（Douet）　393,394

宝兴　29

宝海（F. A. Bouree）　392

宝鋆　285,323,356,435,451

官文　181,286,311

肃顺　223—225，228，232，

275—280,453

参逊（A. R. Johnston）　46

练业坤　296

练四虎　311

孟云　404

孟斗班（Montauban）　225

孤拔（A. A. P. Courbet）　381,
　382,394—398

经元善　419

经额布　44

九画

赵长庚　320

赵邦璧　252

赵光　280

赵沃　392

赵启　255,256

赵畏三　337

荣全　364,367

荣维善　319

胡中和　303

胡以晃　160,161,175—177,
　181

胡有禄　321

胡达雅尔　120

胡林翼　178—181,188,239—

468

241，244，262，265，274，289

胡枚 199

胡超 15，16

胡缚理（L. Faurie） 336，337

茹费里（J. Ferry） 392，401，
402

查顿（W. Jardine） 38

柏尔德密（J. F. G. Berthemy）
337，339

柏郎（H. A. Browne） 376，
377

柏贵 210，211

柏葰 275

柳原前光 343—346

咸丰帝 139—145，151，154，
155，157，167，169—174，
177，178，180，182—185，
189，195，199—202，206，
207，211，214—228，230—
232，237—242，247，257，
258，264，265，267，270—
277，279—282，286，322，
358，449

咸龄 93

威妥玛（T. F. Wade） 290，
328，344，346，352，362，

377，378

威理（Lang William M） 428

威廉斯（Williams） 404

贵宝 354

贵顺 86

哈米阿 16

哈芬 171

哈朗阿 17，18

思的克 360

钟人杰 128，129

钟灵 29，30

钟祥 21，44

郜云官 292，295

科尔帕科夫斯基（G. A. korpa-
kovsky） 364

段永福 82

钮祜禄氏（皇后） 272，277

侯登云 320

律劳卑（W. J. Napier） 39，
45，65

俞树风 255

胜保 170—174，228，240，
246，247，264，265，278—
280，287，288，314，315

施鸣盛 136

奕䜣 137—139，272

奕誴 137,138,324,325,356

奕䜣 137—139, 172, 228—
  232, 273, 274, 276—281,
  285, 286, 290, 311, 323—
  330, 334, 335, 337, 341—
  348, 350, 352—356, 358,
  362, 388, 401, 402, 434,
  435,437,439,449,450,452

奕詥 137,139

奕譓 137,139

奕谟 137, 139, 279, 280,
  286, 325, 353—356, 358,
  402,416,430,435,437,440

奕山 63—65, 70—72, 74,
  81,115,120,121,210,215,
  216,218,224,225,438

奕纬 137

奕劻 355, 356, 406, 430,
  435—437

奕经 80—85,115,120,170,
  438

奕继 137

音德布 176,177

恒山 119

恒文 115

恒春 316

恒福 222,223,226,227

姜台灵 246

洪天贵 151

洪天贵福 301

洪仁发 189

洪仁达 189

洪仁玕 146,147,234—236,
  243,245,301,332

洪协 130

洪秀全 145—152, 154—
  156, 159, 165, 178, 186—
  189, 191, 233—236, 238,
  239, 243, 244, 253, 292,
  293,295,299—302,307

济尔哈朗 275,278

宫慕久 192

祝庆蕃 168

费果荪(J. H. Ferguson) 352

姚莹 77

贺长龄 25,115—116

骆国忠 293

骆秉章 176—178,180,248,
  250, 251, 289, 303—305,
  315,337,339

十画

秦日纲 160,161,173,176,

181，184，185，187，188，234，302

珠勒亨　82

班禅　121

载垣　228，232，270，273，275—280

载铨　172

载淳　232，272，276，279，281，282，351，352，356—358，435

载湉　358，359

载熙　168

载澂　353，356

袁世凯　410

袁甲三　177，246，266，290

袁祖德　191

都兴阿　320

耆英　85，86，91—109，111，112，122，123，141—143，218，275

莫仕暌　293

桂文灿　331

桂良　171，172，218—223，227，276，285，286，323，439，452

格尔斯　372

格兰特（P. V. Grant）　388

格兰斯顿（Clad Stone）　54

格维纳（T. G. Grosvenor）　378

索尔兹伯里（R. A. T. Salisbury）　405

哥士耆（M. A. Comte Kleczkowski）　336—338

贾桢　280，286

夏同善　359，449

夏廷樾　176

夏銮　179

顾盛（C. Cushing）　101，102

热西丁　361

热福理（F. L. H. Geofroy）　352

晏仲武　253

晏端书　271

恩华　171，172

恩昌　157

钱寿仁　293

钱桂仁　293

特克慎　172

特依顺　80，82，85，86

倭仁　140，286，324，329，347，352，353，449

倭里罕　120，360

倭良嘎哩（A. G. Vlangaly）
352

倪文蔚 392

俾斯麦 （ O. Von Bismarck
Schon hausen） 331

徐广缙 109，110，113，144，
154，155，167，202，253

徐用仪 451

徐有壬 242

徐光弼 130

徐步云 303

徐树琳 329

徐宧 83

徐桐 355

徐继畲 329

爱玛尔 6—8，10

翁心存 286，449

翁同书 185，238

翁同龢 352，356，359，370，
371，435，449，450

高二先 252

高廷镜 313

郭大安 252

郭松林 294，295，309—311

郭金堂 113

郭梦龄 171

郭崇高 130

郭望年 116

郭富（H. Gough） 75，76，
81—83，85，92

郭椿龄 254

席宝田 318，319

唐友耕 303，304

唐廷枢 413，415，416，424

唐树义 168

唐炯 302

唐晚 136

唐景崧 392—394

唐鉴 167

凌志 76

海古拉 368，369

海龄 90

容安 16

容闳 203，235，332，347，348

容照 82

诺依金彭错 123

祥厚 157

祥符 87，116

陶文毅 31

陶廷杰 168

陶茂林 314

陶恩培 180，181

陶新春　319

陶澍　24—26，29—32，42，
　44,86,447

桑春荣　271

绥善　7,8

继伦　89

十一画

琅威理（Lang William M）
　428

勒伯勒东（Le Brethon de
　Caligny）　295,296

黄开广　207

黄中模　33

黄文金　245

黄文楷　254

黄玉林　28,29

黄再兴　180,181

黄再忠　304,305

黄有　257

黄伦　256

黄呈忠　296,298

黄佐炎　391

黄位　256

黄春生　256

黄泰　83

黄桂兰　391,392

黄恩彤　93，97，102—104，
　108,109,168,272

黄盛均　146

黄鼎　310

黄鼎凤　313

黄德美　256

黄臻　44

黄爵滋　41—43

黄翼升　293,294

黄懿端　174

乾隆帝　5,80,373

萧立山　132

萧庆衍　300

萧庆高　303

萧捷三　181

萧朝贵　147—149，152，154，
　156,160

萧德扬　310

萨木萨克　5—7

萨比尔罕　120

萨迎阿　120

曹三祝　256

曹克忠　314

曹毓瑛　285

副岛种臣　343,344,352

龚自珍　44,374

龚孝拱　290

龚德树　246

盛元　254

盛宣怀　418,419,422,424

常大淳　155

崔大同　203

崇纶　178,180,355

崇实　337,339,340,365

崇厚　311，340，341，343，350,369—371,441

崇恩　132,172,174

崇绮　351

脱利古（A. Tricou）　393

麻汝淮　118

麻恭（Malcolm）　93

康国器　297,298,306

康熙帝　70

章沄　35

阎敬铭　435,451,452

梁成富　307,315

梁昌　249,250

梁宝常　168

梁培友　248—250,312

梁章钜　88

梁萼涵　168

密妥士（J. A. T. Meadows）　350

隆文　64,71,72

隆福　86

维多利亚女王（Victoria. Queen）　363

绵宁　3,4

绵愉　172,218

十二画

琳贵妃　137

琦善　15,24,26,44,57—69，87，114，121—123，141，142，155，157，158，170，182,183

塔瓦克尔　120

塔齐布　178—181

塔劳布　93

塔斯哈　15

博勒恭武　155

喜塔腊氏（孝淑睿皇后）　3

彭汝琮　422

彭禹兰　296

彭毓橘　309

彭蕴章　274,276

斯普莱（R. spy. le）　376

葛云飞　76,77,80

葛罗（Gros）　208—210,215,
222,225,229,230

董元醇　277,279

董正勤　293

董占元　170,171

董福祥　320,321

敬敏　47

蒋文庆　155,157

蒋攸铦　26,29

蒋益澧　250,251,296—298,
313

蒋蔚远　176

韩山文　147,234

韩殿甲　348

森有礼　407

惠吉　116

惠庆　250

惠征　284

斐列勒（Theophile Ferreiere）
104

景寿　276,277,280,355

景廉　435

赐德龄（J. Stirling）　203

黑田清隆　411

程学启　292—295

程祖洛　135

程焕采　168

程矞采　117,154,155

程懋采　131

傅恒　5

傅绳勋　168

焦祐瀛　277

舒尔哈善　9

舒兴阿　177,316

斌春　330

斌静　4,7,8

善庆　430

善禄　170—172,174

普提雅廷（E. V. Putiatine）
215,216,218,219,224

普鲁斯（F. W. A. Bruce）
242,243,327

道光帝　3,4,7—10,13—20,
22—26, 28—38, 40—44,
46,48,52,53,57—60,62,
64—72,74,75,78—85,87,
91—93,96—98,100—102,
104—107, 109, 110, 114—
117, 120—122, 130—135,
137—139, 142, 273, 275,
373,447

曾天养 176,179

曾水源 183

曾玉珍 147

曾仕和 304,305

曾立昌 173,183,302

曾如炷 129,130

曾纪泽 371,372,391,402,
405,430

曾国荃 244,245,291,298—
301,305,371,446

曾国藩 140,141,167,169,
177—182,239,241,242,
244,245,265,267—270,
274,286,289—292,298—
302,305,308,309,325,
326,332,341,342,347,
348,350,353,371,445—
447,451

游百川 355

裕诚 142,143

裕禄 447

裕谦 65,66,71,76,78—80,
88

谢子澄 172,173

谢邦翰 176

谢朝恩 78,80

谢满禄 396

谢福音(C. M. Chevrier) 341

十三画

瑚松额 135

瑞常 286

瑞麟 228，246，247，351，
390,425

蓝成春 307

蓝朝柱 314,315

蓝朝鼎 314,315

蓝蔚雯 203

蒲安臣(A. Burlingame) 328，
330,331

蒙得恩 234,235

赖文光 307—310

赖汉英 175,176,183

赖恩爵 50,63

赖绵荣 144

赖裕新 303,304

雷以诚 264

雷正绾 314

雷再浩 132,169

嵩孚 33

詹天佑 332

詹通 134,135

鲍开运 252

鲍起豹 155

鲍超 301

鲍源深 365

慈安后 281,353,359,435

慈禧后 281, 324, 325, 329,
352—354, 356, 358, 359,
371, 395, 402, 421, 430,
433—437, 440, 444, 449—
451,453

窦振彪 135

褚汝航 178,179

福宁 33

福兴 155,185

福格 250

福森 29

福禄诺（Fournier） 395

十四画

静贵妃 137,138,273

嘉庆帝 3—5

赫文选 320

赫明堂 314

赫德（R. Hart） 326, 327,
329, 330, 378, 401, 402,
417,418,428,429

蔡元吉 298

蔡元隆 294,297

蔡寿祺 324

蔡昌荣 307

蔡映斗 255

蔡锡勇 414

蔡锦清 338

镂斐迪（F. F. Low） 352

僧格林沁 171—174,222,223,
226—229, 246, 247, 279,
288,307,308

廖际湘 255

廖春晚 136

廖鸿荃 168

辣厄尔（La Guerre） 199

端华 270,275—278,280

赛尚阿 142, 143, 151—155,
351

谭廷襄 217,218,271

谭体元 306,307

谭纯卿 339,340

谭绍光 293—295

谭钟麟 374

谭桂村 250

十五画

慧成 170,172

慧妃　353

暴煜　110

黎召民　422

黎维祺　389

德兴阿　185，237，238，240，
　288，438

德克碑（D'Aiguebelle）　297，
　298，349

德庇时（J. F. Davis）　39，
　101，108，109，122

滕嗣武　294

颜伯焘　75，76

潘世恩　87，141

潘祖荫　287

潘鼎新　293—295，399

潘曾玮　290

潘锡恩　167

潘霨　345

额尔金（Elgin）　208—210，
　215，221，222，225，228—
　230

额尔德尼　5，6

额特赫　86

额勒和布　435

豫堃　44，46，53

十六画

璞鼎查（H. Pottinger）　74—
　77，79，82，84—86，89，91—
　95，97—99，101，108，123

薛之元　240，246

薛焕　226，242，290—292，
　378

薛福成　180，406，453

颠地（L. Dent）　38，45，48，
　54，60

霍隆武　157

霍集占　5

十六画

穆扬阿　284

穆克德纳　211

穆拉维约夫（N. N. Muraview）
　212—216，218

穆图善　320，441，442

穆荫　171，228，275—277，
　280，285

穆栋额　320

穆腾额　123

穆彰阿　25，87，141—143

478

十七画

戴文澜　177

戴垣　422

戴鹿芝　337

戴潮春　313,314

鞠殿华　237,238

魏纶　422

魏喻义　296,297

十八画

瞿振汉　255

瞿腾龙　183

璧昌　15,16,18

二十二画

懿贵妃　272,277,435